人类命运共同体法律研究丛书

中国工人在新加坡的生存状况与权利保护法律研究

Legal Study on Living Conditions and Rights Protection of Chinese Workers in Singapore

范姣艳 著

厦门大学出版社 XIAMEN UNIVERSITY PRESS
国家一级出版社
全国百佳图书出版单位

图书在版编目(CIP)数据

中国工人在新加坡的生存状况与权利保护法律研究/范姣艳著.—厦门:厦门大学出版社,2019.7

(人类命运共同体法律研究丛书)

ISBN 978-7-5615-7210-8

Ⅰ.①中…　Ⅱ.①范…　Ⅲ.①华工—生活状况—研究—新加坡—现代②华工—劳动法—研究—新加坡　Ⅳ.①D634.333.9②D933.925

中国版本图书馆 CIP 数据核字(2016)第 004707 号

出 版 人　郑文礼
责任编辑　李　宁
封面设计　李嘉彬
技术编辑　许克华

出版发行　厦门大学出版社
社　　址　厦门市软件园二期望海路 39 号
邮政编码　361008
总　　机　0592-2181111　0592-2181406(传真)
营销中心　0592-2184458　0592-2181365
网　　址　http://www.xmupress.com
邮　　箱　xmup@xmupress.com
印　　刷　厦门市金凯龙印刷有限公司

开本　720 mm×1 000 mm　1/16
印张　17.75
字数　300 千字
插页　2
版次　2019 年 7 月第 1 版
印次　2019 年 7 月第 1 次印刷
定价　78.00 元

本书如有印装质量问题请直接寄承印厂调换

厦门大学出版社
微信二维码

厦门大学出版社
微博二维码

前　言

早在中国与新加坡建交之前的1985年，我国劳务人员即随工程承包进入新加坡劳务市场。1990年中新建交之后，中国对新加坡劳务合作迅速增长，1996年至2004年，新加坡是我国最大的对外劳务合作目的地国。其后日本赶超新加坡成为我国第一大对外劳务合作目的地国，但新加坡一直保持第二大对外劳务合作目的地国的地位。2010年以来中国在新加坡劳务人员每年保持在20万人左右，占新加坡外国工人比重的20%左右。这些劳务人员主要来自山东、江苏、黑龙江、吉林、辽宁以及福建等省的广大农村地区。除了少数高技术人员外，绝大多数为持WP准证的低技术人员，他们主要服务于新加坡劳动力相对缺乏的建筑、电子加工、制造以及服务等领域，成为新加坡外籍劳工市场上不可或缺的重要力量之一。凭借华人占多数的便利条件，以及花园城市国家的魅力和相对较高的工资待遇，新加坡在吸引中国劳动力上具有独特的优势。随着中国与新加坡友好关系的进一步发展，在新加坡中国劳务人员的数量将在相当长一段时期内保持相当的规模。

如此大规模的中国劳务人员在新加坡长期工作生活，他们的生存状况如何？他们在新加坡工作生活会遇到什么样的困难和不便？他们的合法权益是否能受到有效保护？基于这些问题的思考，笔者开始探索我国在新加坡劳务人员生存现状和权利保护问题。2016年7月，笔者通过与新加坡保护外国劳工权益的非政府组织“客工亦重”联系，希望到该机构实地调研我国在新加坡劳务人员的权利现状并了解新加坡外国劳工相关法律制度，得到了该机构王贤勤(Russell Heng)先生和区伟鹏(Alex Ou Waipeng)先生的认可和热情帮助。在新加坡“客工亦重”调研期间，笔者也了解到在新加坡还有其他非政府组织如“情义之家”“康侣”等机构在保护外国劳工方面也做了大量的工作，并同时申请到这些机构进行了调研。在新加坡为期近2个月的田野调查，使笔者得以近距离接触我国在新加坡工作的劳务人员，对他们在新加坡的生存现状有了具体的印象，获得了关于我国在新加坡劳工权益现状的一手资料。

在对我国在新加坡劳务人员生存状况有了具体了解之后，笔者开始思考当前现状产生的原因。首先，笔者考察了我国公民赴新加坡劳务的历史，希望从中获得些许启示。随后，笔者查阅并研究了新加坡《雇佣法》《外国劳动力雇佣法》等相关法律，并对我国相关法律制度和司法实践进行了探索。现行新加坡不利于外国劳动力保护的制度以及我国相关法律制度的不完善是当前我国在新加坡劳务人员生存状况不理想的主要原因。因此，为改善我国在新加坡劳工现状，更好保护我国在新加坡劳工的权益，应加强两国法律制度上的改进和完善。笔者最后就此提出相关建议。

写作的过程中笔者遇到很多困惑。首先是对新加坡输入中国劳动力历史的考察，如何从中吸收对当代有益的借鉴和启发？如何将这些内容与主题内容联系起来？鉴于掌控能力的不足，我最终决定将这部分内容放在正文的首要部分即第二章，并在最后一节进行了总结，但是显然不够全面和深入，因此希望读者在对这部分了解之后，能有超出笔者之外更多的收获。其次是理论与实践的结合方面。在掌握了大量第一手实践资料之后，如何进行理论分析与升华？在写作的布局上，如何进行实践资料的表述，同时进行理论分析？因为实践的资料较多，而且表达的含义较为复杂，因此笔者将它们集中放在第三章并主要按照取得原始资料时的记录呈现出来，同样也是希望读者从中获得更多的启发。第四章理论分析更多是笔者个人观点的表达，可能有不够全面和深入之处，而读者在对原始资料阅读之后则可能有更多的启发。但是如此安排布局仍有理论与实践结合不紧密的瑕疵。最后，在第五章建议与对策方面，主要借鉴菲律宾的经验，尚显不够充分。总之，笔者对本书的布局和内容撰写尚有许多不足之处，还请读者批评指正。尽管如此，但笔者觉得有责任和义务将这本书完成并出版。其一，我国在新加坡务工人员这个群体需要国家和社会的更多关注。其二，本书写作中笔者得到了很多朋友的无私帮助和支持，如果不完成于心有愧。首先，在新加坡调研期间，笔者得到了新加坡很多人士的帮助。除了笔者前面提到的王贤勤和区伟鹏先生，“客工亦重”“情义之家”和“康伺”的其他工作人员也给予笔者很多有力的帮助，如“客工亦重”的社工李康耀(Jasson Lee)、Russiga 和敏一(Minyi)，“情义之家”的社工陈先生

(Luke Tan)、黄伟明、明明和义工关先生等均给予笔者热情的帮助和支持，还有很多人笔者无法一一列明。同时，在这些机构中笔者遇到的所有中国工人均对笔者的工作给予很大的帮助与鼓励，并配合笔者的访谈。他们希望有人关注他们，希望笔者能作为学者，通过写作对他们提供一些帮助。笔者在本书中记录的事件几乎都来自他们的亲身经历，他们的姓名在本书第二章有所提示，在此笔者就不具体列举。这些访谈为笔者的作品提供了最重要的实践材料。在异国他乡，笔者和工人之间有一种天然的亲近和友情，他们和笔者一样怀有同样的梦想。希望有一天我国在新加坡的劳工、所有我国在外国的劳工，在目的地国能受人尊重，能享有和当地工人更接近的地位和权利。

同时，笔者工作单位的领导和同事们也给予笔者很多帮助。唐祖爱院长、田强书记、骆东平副院长、王守文副院长对科研工作给予大力支持，各位同事均给予笔者很多帮助与鼓励。没有他们的支持和帮助，笔者无法在近年较为繁重的教学工作之余，仍有机会和时间到新加坡实地调研并完成本作品。笔者的学生张丽、覃雅、杜安琪等均给予笔者一些帮助和支持，她们努力奋进，勤奋自立，认真完成好自己的学业和工作，保障笔者有更多时间和精力完成本研究工作。

还有笔者的家人，对他们的感激笔者无法用语言表达。他们对笔者的支持和帮助融入了笔者生命的整个过程。父母的养育之恩和默默支持伴笔者终生。目前笔者的父母年事已高，他们在家乡自己生活，因为工作原因，笔者很少回家陪伴他们，他们总是鼓励笔者以工作为重，不愿意给笔者增加任何压力。笔者的孩子们也十分理解笔者的工作，他们懂事自立，给予笔者很多鼓励和精神支持。尤其是笔者的先生付军华，在笔者的整个求学与工作旅程中，一直默默给笔者支持与鼓励，在精神上、经济上给予笔者最大的支撑。笔者在新加坡调研期间，他在自己繁忙的工作之余照顾好孩子，还不断鼓励笔者。在日常的工作生活中他总以笔者的工作为重，为此牺牲了自己很多的时间和精力。尤其是在本书最后的收官阶段，由于笔者的家乡天气寒冷，久坐写作对关节和身体不适，他放下手头的工作陪笔者到海南，在温暖如春的美丽文昌陪伴笔者写作，使笔者得以顺利地完成了本书的最后工作。家人的支持与帮助给笔者无尽的动力和温暖，是笔者今生最珍爱的财富。

另外，我国在新加坡务工人员得到了当地非政府组织的无私帮助，他们的辛勤付出和爱心令人敬佩。除此之外，新加坡还有很多对外国劳工抱有同情之心或提供实质性帮助的组织和个人，包括新加坡政府，他们给予我国工人的帮助，是中国工人也是包括笔者在内的中国人应该尊敬与感谢的，向他们致敬。同时，我国在新加坡使领馆及有关部门也在保护我国在新加坡工人权利上做了诸多努力，他们的工作值得所有中国工人感谢和尊重。

最后，厦门大学出版社是笔者工作单位的合作单位，在前一部作品《我国对外劳务合作争议解决的法律问题实证研究》的出版过程中，邓臻编辑给予笔者很多帮助，他专业而高效的服务给笔者留下了很深的印象。本书也委托厦门大学出版社出版，邓臻编辑为本书前期的校订做了大量工作。2018 年 7 月，邓臻编辑因升迁调离厦门大学出版社后，认真负责的李宁编辑担任本书的责任编辑，为本书的出版付出了辛勤的劳动。在此谨对他们的敬业精神和专业的工作表示衷心的感谢。

尽管能力所限，瑕疵缺陷随处可见，但笔者的拳拳之心可鉴。唯愿读者能在文字之外收获更多自己想要的东西。

范姣艳

2018 年 12 月 10 日

目　录

第一章 研究综述与研究方法

一、研究综述

十多年前我在武汉大学读博士，面临毕业论文选题时，我十分困惑。当时我想，不管怎样，选择一个对于弱者权利保护相关的主题应该错不了。作为学习法律的女性，我对于通过法律手段保护弱者权利这类的主题通常情有独钟。最后我决定以“国际劳动合同的法律适用问题研究”作为我博士论文的选题，该选题必然会涉及与我国出国务工人员有关的法律问题。至今我仍想不起当时我为什么选择了这个主题，也许是相关领域有意义的选题已多为学长们所研究过，而我偶尔想到的这个问题当时还鲜有人探究。但当时这个主题无疑显得很生僻，甚至引起很多争论，即该主题是否涉及国际私法上的法律适用问题，或者它只涉及跨国劳动法即公法的问题？因此在咨询学长们时，有人认为研究这个主题有一定风险，即我最后有可能难以完成这项研究工作。犹豫了一段时间后，我还是决定选这个主题，并得到了我的指导老师黄进教授的肯定。最后我顺利完成了博士论文取得了学位，并在后来的十多年里一直关注涉外劳动法律问题。2008 年我出版了博士论文《国际劳动合同的法律适用问题研究》(武汉大学出版社)，2009 年我申报的“中国海外劳工权益保护的法律问题研究——从国际私法的视角”获教育部规划项目立项，2012 年完成项目出版《中国海外劳工权益保护法律制度研究》(中国经济出版社)，2014 年《我国对外劳务合作争议解决的法律问题实证研究》(厦门大学出版社)出版。其间，我也发表了多篇相关论文。今天我对该主题依然热情不减，一直从事相关研究。正如中国海外移民研究专家李明欢教授所言：海外移民研究的海洋中，我所知只是其中一钵水，该领域问题值得更多的人去研究。

当前中国海外劳工保护法律问题研究在我国受到了广泛关注，越来越多的学者进入该研究领域。前面所说的李明欢教授是一位令人敬仰的学者，她从事该领域研究二十余年，出版多部有影响的著作，发表了大量相关论文。《国际移民政策研究》(厦门大学出版社，2011 年版)从政治、经济、文化、人口及族群等角度研究了各国移民政策的制定与变化，劳务移民政策正是其中的一个方面，使我们对各主要劳务引进国家的政策及变化有一个清晰的了解。《跨国化视角：华人移民如何实现梦想》(*Seeing Transnationally: How Chinese Migrants Make Their Dreams Come True*)(浙江大学出版社，2013 年版)则是李明欢教授国际移民研究论文成果的汇编，这些论文成果给我们提供了丰富的国际移民研究内容，也间接展示了李明欢教授探索国际移民问题的历程，展示了她对国际移民问题研究的热情与期望。其中，中国海外移民包括劳务移民的有关问题是李明欢教授研究的重点之一，正是基于对包括劳工在内的中国海外移民的关切和牵挂，李教授二十余年坚持不懈地研究该主题，取得了丰硕的成果。

新中国成立以来，我国关于海外劳工问题的研究主要是改革开放之后才逐步开展起来的，最初主要针对我国对外劳务合作实践，对对外劳务合作进行介绍性、试探性和局部性的研究，如肖村《巴西的工程、建筑劳务出口》(《世界经济》1981 年第 8 期)，徐裕荣《中东劳务市场与亚洲劳务输出》(《世界知识》1982 年第 23 期)，翁全龙、陆福英《发展中国家劳务出口问题初探》(《经济问题探索》1983 年第 9 期)，何宪开《国际劳务市场与对外劳务合作》(机械工业出版社，1988 年版)等。其后进入我国对外劳务合作进一步发展时期，对外劳务合作成果更加丰富，如刘永强《"八五"期间世界劳务市场及中国劳务出口的前景分析》(《中州学刊》1990 年第 5 期)，李荣民《对外劳务合作发展战略的思考》(《国际经济合作》1995 年第 3 期)，邢厚媛《加强外派劳务合同管理，保护外派劳务合法权益》(《国际经济合作》1997 年第 8 期)，李正刚《浅议我国劳务输出工作》(《对外贸易实务》1998 年第 2 期)，邱灿《试论加强对外劳务合作项目的管理》(《江西社会科学》2001 年第 4 期)；等等。这些成果主要从经济学或管理学的角度阐述，很少涉及法律问题的研究，而且很少聚焦海外劳工权利保护问题。

进入 21 世纪，我国对外劳务合作规模不断扩大，我国对外劳务合作研究也进入了一个更加深入的层面，尤其是全面进入法学研究的领域。著作如姜爱丽《我国外派劳务关系法律调整理论与实务》(北京大学出版社，2004 年版)就对外劳务合作中的合同、侵权等法律问题及法律责任等进行了研究。王辉

《国际劳务合作中的劳工权利保障研究》(浙江大学出版社，2013 年版)就我国对外劳务合作中工人权利保护进行了研究。论文如单海玲《我国涉外劳动合同立法之完善》(《政治与法律》2002 年第 4 期)对我国涉外劳动合同立法进行了较为全面的梳理，张国华《涉外劳动关系的法律调整——以我国外派劳务人员的权利保护为视角》(《杭州师范学院学报(社会科学版)》2007 年第 4 期)就我国对外劳务合作中劳动关系的法律适用等问题进行了研究，孙国平《我国海外劳工法律保护之检视》(《时代法学》2013 年第 11 卷第 2 期)就分析了我国海外劳工权利现状，并提出我国相关法律保护机制不健全，需要进行完善的观点。吴峰《我国海外劳工权利保护机制构建》(《开放导报》2014 年 6 月)从我国对外劳务合作实务程序出发，阐述完善我国海外劳工权利保护机制的若干建议等等。前述学术论文更广泛、更深入地阐述了我国对外劳务合作法律问题，并触及我国海外劳工权益保护问题。同时，也有不少成果涉及中国在新加坡的劳工问题，如林梅《新加坡的中国劳务人员状况调查分析》(《南洋问题研究》2009 年第 3 期)在对新加坡劳务人员进行实地调研的基础上，归纳出其现状及特点，并提出若干对策；范若兰等《大陆中国人在新加坡：一个实地调查》(《东南亚研究》2001 年第 1 期)分析了在新加坡的中国人的各种地位和现状，包括劳工现状；沈燕清《新加坡建筑业中国劳工纠纷及其对策》(《东南亚》2004 年第 1 期)分析了新加坡建筑业中国劳工面临的问题及原因；廖小健《新加坡外籍员工政策的变化及影响》(《东南亚纵横》2011 年第 10 期)介绍并分析了新加坡外籍劳工政策及特点；傅玉成《在新加坡中国劳工管理的有关问题》(《国际经济合作》1997 年第 8 期)从实务的角度或者说从企业的角度分析了在新加坡中国劳工管理的有关问题；陈小谊《新加坡外籍劳务政策及其经验借鉴》(上海交通大学 2010 年硕士论文)较为系统地研究了当时的新加坡外籍劳工政策产生的政治经济背景及对我国的借鉴；[英]布赛尔《东南亚的中国人》《南洋问题资料译丛》和[苏]H. A. 西莫尼亚《东南亚各国的中国居民》《南洋问题资料译丛》均涉及新中国成立前在新加坡的中国劳工的有关问题。

国外关于劳务移民的研究成果颇为丰富，研究著作呈多学科、多视角的特点。其中，从经济学角度对国际劳务移民进行研究的代表著作有 *The Economics of Immigration: Theory and Policy* (by Örn B. Bodvarsson & Hendrik Van den Berg, Springer, 2nd ed., 2013)分析了劳动力跨国移动对劳务输出国、劳务输入国经济发展影响，可以此从经济学视角分析劳务移民目的国的劳务移民政策。*Us and Them? The Dangerous Politics of Immigration Control* (by Bridget

Anderson, Oxford University Press, 2013)从社会学的角度分析了移民工人较之当地工人的弱势地位,以及移民控制的困难和融入的重要性。*Welfare States and Immigrant Rights*(by Diane Sainsbury, Oxford University Press, 1st ed., 2012)从政治学的角度研究了主要发达福利国家移民的社会权利和政治权利,可为研究移民工人权利提供参考。*Migrant Workers in International Human Rights Law—Their Protection in Countries of Employment*(by Ryszard Cholewinski, Clarendon Press, 1997)从国际法学的角度研究了移民工人的法律权利,包括国际劳工公约和联合国公约赋予移民工人的权利。*The Legal Status of Migrants Admitted for Employment: A Comparative Study of Law and Practice in Selected European States*(by Ryszard Cholewinski, Council of Europe Publishing, 2004)通过分析欧洲典型国家劳务移民政策和法律,以移民工人的法律地位为中心,阐述了作为劳务目的地的德国、英国、奥地利、荷兰、波兰等8个国家对劳务移民的法律制度等。

国外论文研究成果也十分丰富,主要有四类。一是关于亚洲劳务移民制度的研究成果,如论文集 *Citizenship and Migration in the Era of Globalization, The Flow of Migrants and the Perception of Citizenship in Asia and Europe*(by Markus Pohlmann, Jonghoe Yang and Jong-Hee Lee, Springer, 2013),其中多篇论文分析了韩国、新加坡、马来西亚和泰国劳务移民的法律地位及韩国的劳务移民政策。"Why Is There So Little Migrant Settlement in East Asia?"[by Dong Hoon Seol & John D. Skrentny, *International Migration Review*, 2009, 43(3): 578-620]比较了东亚的韩国、日本与欧洲对劳务移民不同的政策及文化背景。"Foreign Workers in Turkey, Their Rights and Obligations Regulated in Turkish Labor Law"[by Gaye Burcu Yildiz, *European Journal of Migration and Law*, 2007, 9(2): 207-227]分析了土耳其劳务移民政策。"Rights of Migrant Workers in Asia: Any Light at the End of the Tunnel?"(by Piyasiri Wickramasekara, International Labor Office, Geneva, *International Migration Papers*)就亚洲劳务移民现状和法律制度进行了分析。二是涉及我国海外劳工的法律地位的研究成果,如"Vulnerability of Chinese Migrant Workers in Italy: Empirical Evidence on Their Working Conditions and the Consequences"(by Bin Wu, China House University of Nottingham University Park, www.chinapolicyinstitute.org)通过实际调查研究的方法分析了中国劳务移民在意大利的生存状况。"China and New Chinese Migrants in Europe"[by Carine

Gurassimoff, *Migrations Societies*, 2003, 15(86): 21-28]分析了中国在欧洲劳务移民的历史及现状和移民工人的地位。三是关于主要劳务输出国法律制度的研究成果,如 *Recruitment Practices of Employment Agencies Recruiting Migrant Workers*. A review aimed at improving recruitment regulations and drafting recruitment guidelines(ILO Country Office for Sri Lanka and the Maldives, March 2013)就斯里兰卡对外劳务招募管理制度进行了分析;*Protecting Overseas Workers: Lessons and Cautions from the Philippines* (by Dovelyn Rannveig Agunias & Neil G.Ruiz)从劳工权益保护的角度,分析了菲律宾对外劳务管理的有关经验与教训;*Reintegration with Home Community: Perspective of Returnee Migrant Workers in Sri Lanka* (ILO Country Office for Sri Lanka and the Maldives, July 2013)分析了移民工人回国后的重新融入问题。四是专门针对新加坡劳务移民问题,如 *Hired on Sufferance: China's Migrant Workers in Singapore*(compiled by Aris Chan in China Labour Bulletin on February 10, 2011)是香港劳工在线在对新加坡中国工人进行调研的基础上,比较详细地分析了中国工人的地位及原因。"Economic Growth and Foreign Workers in ASEAN and Singapore"[by Shandre Mugan Thangavelu, *Asian Economic Papers*, 2012, 11(3): 114-136]从新加坡经济发展角度提出提高新加坡生产率,减少对外国工人的需求。"Managing Foreign Labour in Singapore and Malaysia Are GCC Countries?" (by Elizabeth Ruppert, *Policy Research Working Papers*)分析了新加坡和马来西亚对外国劳动力进行管理面临的问题。"Transient Workers Count Too? The Intersection of Citizenship and Gender in Singapore's Civil Society"[by Lenore Lyons, Sojourn, 2005, 20(2): 208-248]分析了外国工人在新加坡面临的不利地位,并提到了新加坡慈善机构对维护外国工人权利的努力。"Subcontracting, Foreign Workers and Job Safety in the Singapore Construction Industry"[by Yaw A. Debrah and Geogre Ofori, *Asia Pacific Business Review*, 2001, 8(1)]分析了新加坡建筑企业外国工人面临的工作安全问题。"'Foreign workers' in Singapore: Conflicting Discourses, Language Politics and the Negotiation of Immigrant Identities"(by Rani Rubdy and Sandra Lee McKay, *International Journal of the Sociology of Language*, 2013, 222)阐述了外国工人在新加坡面临的语言及身份认证等问题。

除此之外,国际劳工组织发布了许多国际劳务移民的文件,发表和出版了许多著作和论文,如前述有关成果即为国际劳工组织出版,尤其是其专门针对劳务移民的文件"Towards a Fair Deal for Migrant Workers in the Global Economy"(International Labour Conference,92nd Session,2004,Report VI,International Labour Office,Geneva)系统地就全球劳务移民现状、原因、法律制度、移民管理等进行了阐明,是迄今关于劳务移民最为全面的文件之一。联合国也发起了对劳务移民权利保护的研究,并制定了两个重要公约。

由此可见,国内外关于劳务移民的研究成果较为丰富,有关法律研究成果也已具一定规模。但专门针对在新加坡外国工人的法律研究,尤其是针对在新加坡中国工人的法律研究成果则并不多见。尽管如此,由于目前新加坡是我国对外劳务合作第二大目的地国,[①]我国在新加坡劳工人数众多,他们的权利保护问题是我国海外利益保护的重要组成部分。我国是世界上人口最多的国家,劳动力资源丰富,作为我国"走出去"战略的一种部署,促进对外劳务合作是我国当前以及未来相当一段时间的重要政策。随着我国海外劳工人数不断增加,加强其权利现状调研,探索维护我国海外劳务人员权利保护的法律途径,对维护我国海外权益,保护我国公民的人身财产安全具有重要意义。

二、研究方法

出于对在新加坡中国工人权利保护现状及相关法律问题的关注,近年来我多次到新加坡搜集相关资料,并试图实地调查在新加坡中国工人的现状。2014—2015年,我曾三次到新加坡国家图书馆搜集移民工人权利保护相关文献资料,并个别接触在新加坡的中国工人,但数量有限,对在新加坡中国工人的法律地位和权利状况没有产生明确的认识。2016年7月至9月,我到新加坡保护外国工人权利的慈善机构"客工亦重"(英文名称 TWC2,Transient Workers Count Too 的简称)做志愿者以进一步深入研究。

在新加坡"客工亦重"(TWC2)工作期间,为了实现本研究的目标,我采用参与性观察小样本并深入性访谈的方法,即观察到该机构寻求帮助的外国工人(主要是中国工人),并针对特定人员进行访谈,以获取第一手真实材料。从而通过这种对个案的关注来寻求抽象化、普遍化的规律,抽绎出我国在新加坡工人的现状,进而对保护我国在新加坡劳工利益进行思考。我没有采用大范围的调查问卷方式,有客观和主观两个方面原因。客观上看,在异国他乡的新

① 根据我国商务部有关统计,我国第一大对外劳务合作目的地国是日本。

加坡，我难以接触到大规模数量的中国工人，而且新加坡法律是否允许外国人在其境内进行这样的问卷调查或是否须经过特定的批准程序才能进行，不得而知，因而难以实施。主观上，我认为对在新加坡中国工人现状不是通过问卷调查这种方式可以充分了解的。问卷调查在了解中国工人的工资、休假等较为确定的信息上比较有效，但是对特定工人权利现状总体情况，他们在新加坡工作期间面临的复杂多样的困难和问题则无法了解。因此我决定采用针对特定个体的深入访谈法，对特定工人生活的各个方面进行深入探究，以准确和深刻地了解他们的现状。我放弃了问卷调查方法，采用自认为更合适的深度参与和访谈方法。虽然小样本访谈方式在反映宏观、整体性研究中不具备优势，但更利于对细节的观察和观察者亲身体验，通过与受访者或被观察者互动，能获得更详细、更深入的资料。同时，在针对特定个体的访谈达到一定量时，其中规律性的、共同性的内容一定会体现出来。因此，在研究方法上，我主要采用这种针对特定个体的深入访谈法，并争取采访对象达到一定的数量，从而力争得出科学的结论。同时，"客工亦重"长期以来对外国工人在新加坡的现状进行调研，如外国工人在新加坡的工资水平，雇主克扣工人工资情况、工人工伤及赔偿情况等，这些研究成果均在其网站上公布，可为我的研究所借鉴利用。另外，我在新加坡国家图书馆及南洋理工大学网站上也搜集了一些文献资料，在新加坡政府网站搜集了新加坡《雇佣法》和《外国劳动力雇佣法》等相关法律，为本研究提供了较为丰富的文献资料。

在"客工亦重"工作期间，我了解到在新加坡除"客工亦重"之外，还有其他几家保护外国工人权利的慈善机构，即康侗（Healthserve）、"情义之家"（HOME）和"移民工人权利保护中心"（MWC）等，它们与"客工亦重"一起，可称为新加坡客工权益保护的四大慈善机构。[①] 通过"客工亦重"主席区伟鹏的推荐，我也分别到"情义之家"和康侗进行了较深度的调研，并访问和简要调研了"移民工人权利保护中心"。除此之外，我也拜访了在新加坡以处理外国工人劳动纠纷和工伤事故著名的"何进才律师事务所"，对何进才律师进行了

① 这四个机构成立的宗旨都是维护在新加坡的移民工人的权利，但工作的侧重点上稍有不同。"客工亦重"主要服务于在新加坡的普通低技术工人，偏重孟加拉、印度及缅甸等东南亚国家工人，"情义之家"的工作重点是菲律宾女佣和中国工人，康侗主要为受伤的工人提供免费医疗服务，而"移民工人权利保护中心"则主要致力于移民工人整体权利保护，如提高移民工人宿舍的条件，推广移民工人间的传染病预防以及节假日慰问等。我了解到，这四个机构中，中国工人最集中的机构是"情义之家"和康侗。

采访。我也联系中国驻新加坡大使馆,希望前往了解他们在保护中国工人权利方面的工作,虽然因为中国驻新加坡大使馆的工作繁忙,没有成行,但从网站上我了解了他们的相关工作。我在前述新加坡三大客工慈善机构采访了大量工人,也同这些客工慈善机构的工作人员进行了多次的访谈。

因此,通过此阶段的田野调查,我实地了解到在新加坡中国工人的现状及他们在维权中的困难和艰辛,并通过采访新加坡相关律师事务所,中国驻新加坡外交机构,了解到我国在维护在新加坡工人方面的努力和存在的问题。通过此次研究,我希望国内外各界更多关注国际劳务移民这个群体的生存状况,关注在新加坡的中国工人的生存状况,也希望我国针对在新加坡的中国工人的具体情况,调整相关对策,加强对在新加坡中国工人权利的保护,更进一步促进我国对外劳务合作有序发展,维护我国在海外公民的合法权益。

三、需要说明的相关问题

本书的研究对象为中国在新加坡持有 WP 准证的低技术工人。根据新加坡《外国劳动力雇佣法》的规定,在新加坡的外国工人有三种类型:(1)工作准证(Work Permit,简称 WP 准证)持有者:他们是工资较低(2016 年规定月薪在 2000 新元以下)的技术工,非技术性劳工,或到新加坡受训为期一个月以上之外国人。主要从事新加坡人或永久居民不愿意做的更为艰苦的体力劳动。(2)就业准证(Employment Permit,简称 EP 准证)持有者:即外国高级技术人才、管理人员。该类人员通常拥有大学或以上学位,或拥有专业资格,他们的工资较 WP 准证持有者高(2016 年规定基本月薪超过 2500 新元)。(3)特别准证(Special Permit,简称 SP 准证)持有者:特别准证是 2004 年 7 月 1 日新加坡劳工部开始实施的一类新型工作准证,主要是技师、护士等熟练工人和半专业人士。

在新加坡的中国工人主要是 WP 准证持有者,他们的生存状况和权利保护存在一些问题。而其他两类外国工人的地位相对要高,在新加坡的生存状况和权利保护相对较好。其他两类外国工人,即就业准证持有者和特别准证持有者的生存状况和权利保护不在本书研究之列。

在本书阐述中,对于在外国工作的中国工人,为了表述方便,有时候也称为"出国劳务人员""海外劳工""移民工人"以及"外国劳工"等,无论作何种称谓,在新加坡的中国工人均是指根据新加坡《外国劳动力雇佣法》规定,在或即将在新加坡持 WP 准证工作的中国工人，包括通过个人、中介机构或对外劳务合作经营机构拟赴新加坡务工的人员，已经由新加坡劳工部颁发了原则性批准信(In-principle Letter)后在中国等待出国务工的人员，持原则性批准信进入新加坡尚未取得 WP 准证即将工作或已经开始工作的人员，取得 WP 准证工作的人员，工作期限届满回国的中国工人或因各种理由被新加坡雇主解雇的各种人员。但是在新加坡非法务工的中国人，虽然本书调研部分有所涉及，但本书并未将其权利保护纳入研究范围。

第二章 中国工人在新加坡的历史与现状

我国清朝末年“留学之父”、著名外交家和社会活动家容闳在《西学东渐记》中写道：“当1855年，予初次归国时，甫抵澳门，第一遇见之事，即为无数华工，以辫相连，结成一串，牵往囚室。其一种奴隶牛马之惨状，及今思之，犹为酸鼻。”①历史上中国工人的悲剧状况令人感叹唏嘘。

何藻翔《部崖诗集》中《星坡船上见赴荷兰华工恻然口占》②一诗中描写在新加坡看到的中国华工：“瓦盆草席苎衣单，腌菜干鱼饭一箪；莫慕《黑奴吁天录》，牧猪儿有兵必丹。”华工凄惨的形象跃然纸上。

明清大量文学作品以出国华工为主体，如《苦社会》《劫余灰》《人镜学社鬼哭传》《黄金世界》《拒约奇谈》《苦学生》《侨民泪》《猪仔还国记》以及《反美华工禁约文学集》等③，描述了一个个悲惨血泪的故事。文学是现实的真实反映，从这些文学作品中也可见我国华工的悲惨境地。《苦社会》第二十五回写道：“一堆一堆，带着链子，蹲在地上，满满的没些空缝；也有四五个散手散脚的，却挤在中间，盘膝打坐。四人到了里面，照样坐地。却有一件好处，顶上有块玻璃窗，隐隐透进日光，不像房舱里的黑暗。外国人走了，还留两个工头，前前后后的梭巡。有撒尿拉屎的，会齐十几个人，扣一条长索，一个押着，一个留下，相定了大众，眼也不斜一斜，脚也不动一动。有欠伸起立的，除有掩眼法，容你自在；不是这样，就一个一鞭子打下，一个乱嚷乱骂，嘴也不晓得干，手也不晓得酸。”

---

① 参见容闳著，沈潜、杨增麒评注：《西学东渐记》，中州古籍出版社1998年版，第158页。

② 赵颖：《新加坡华文旧体诗研究》，陕西师范大学2012年博士论文，载中国知网，http://cdmd.cnki.com.cn/，下载日期：2017年1月30日。

③ 杨颖：《晚清华工小说价值论——以“赴美华工小说”为论述主体》，安徽大学2013年硕士论文，载中国知网，http://kns.cnki.net/kns/brief/default_result.aspx，下载日期：2017年7月1日。

前述作品对近代海外中国工人的形象进行了生动的描述，历史上海外中国工人的生存状况可见一斑，本章第一节将进行更详细的阐述。[1] 以史为鉴，通过考察中国人民出国劳务史，探究其生存状况，并与当代我国出国务工人员相比较，由此为解决当代的问题提供历史的经验和思路。

第一节　中国人在新加坡务工历史

一、中国人出国史

（一）中国人民出国具有悠久的历史

据说中国周朝就同南洋地区的国家有贸易往来。据菲律宾大学某教授考证，约在周秦时代，中国人民与菲律宾人民之间已发生贸易关系。其谓："在中国周秦时代，菲律宾之统治者，履朝中土，而中国商人亦运输绸米于菲岛为贸易，经三月而返。"[2]而到战国时期，中国同外国交往则更为频繁，尤其是朝鲜、日本邻近齐、赵、燕三国，因气候和地理环境相似，经济和文化交流很频繁。在中国发生战争或自然灾害时，很多中国人逃往邻国朝鲜或日本。秦朝时有广为人知的徐福率领三千童男童女驾船去日本的传说。魏晋南北朝时期，为了逃避频繁的战争，中国人也纷纷逃往国外，多是逃往朝鲜和日本。中国人的到来大大促进了当地经济文化的发展，尤其对日本的发展发挥了重要的作用。汉朝时期，中国人出国更为普遍。公元前183年张骞出使西域并在西域居住30年，足迹及于印度、波斯。后汉时又派班超出使西域，历葱岭以东50余国，并曾遣部将甘英使大秦，最远抵达安息。汉朝还派黄趾望出访南海诸岛[3]，也有中国人被流放到亚美尼亚并定居下来的记录。据记载，5世纪中叶时阿美尼亚国史家摩西氏谓："纪元前一世纪，其国王梯格伦斯第六在位时，有外国移

---

① 丁伯龄：《中国近代小说全集》（第一辑），博远出版有限公司1976年版，第55页。

② 参见陈里特：《中国海外移民史》，山西人民出版社2014年版，第4～5页。

③ 陈里特：《中国海外移民史》，山西人民出版社2014年版，第1～2页。

民数队来奔，内有中国人甚多。王使居阿美尼亚省境内。考今日亚美尼亚世家大族之宗系源流，颇有来自中国之迹象。”①总之，唐代之前这些零星和不系统的中国人出洋，主要是因为经济交流、逃避战争、被流放或寻求政治避难，主要目的地是朝鲜半岛和日本。

唐朝被认为是中国人海外移民的正式开始时期。唐朝时期很多中国人出国并对世界产生了很大影响，以至今天海外中国人仍被称为“唐人”，在外国的中国人聚集区被称为“唐人街”。当时中国人出国的目的地主要在朝鲜半岛、日本、南海诸岛和中亚地区。唐朝同朝鲜联系密切，并牢牢地控制着新罗王朝。成千上万的中国人定居日本，高僧鉴真五次东渡日本，最后双目失明，为中国文化向日本传播做出重大贡献。另外，中国和东亚地区的国家的联系也很频繁，有很多中国商人旅行到该地区并定居下来。在中亚地区，据传 751 年在唐朝和中亚诸国的怛罗斯之战中，唐朝军队被击败，一万多俘虏被留在阿拉伯王国。在其他类似战争中，也有很多中国难民和俘虏留在域外。唐朝还鼓励南下移民，大量中国人下南洋从事贸易，海上丝绸之路繁荣，商业活动非常活跃。南海诸多岛屿上均有中国人居住的遗迹，特别是在菲律宾、印度尼西亚、马来西亚、新加坡、泰国以及其他一些国家。当时东南亚的几乎所有城市和港口都有中国人聚住区。中国海外移民数量开始快速增长并形成规模。

此种繁盛景象一直持续到宋朝及以后各个时期。由于造船技术的发展以及指南针的发明，宋朝中国人出国活动之繁荣更甚从前。其后，元朝时期，随着蒙古大军南侵和蒙古族的统治，更多的中国人迁居海外，海外中国人规模更加扩大。在菲律宾和印度尼西亚有成千上万中国人定居的“新村”。1368 年明太祖称帝后，向周边的东南亚诸国大力推行友好外交政策，而对东南沿海的日本侵入者予以驱逐。明太祖授予东南亚各岛统治者各种头衔官阶，并表达与他们友好相处的愿望。明朝永乐年间，政府鼓励海外移民，大量中国人移居海外。因为造船技术的发展，交通十分便利，也有很多人自己决定移居国外。在郑和出使西洋之前，中国已经有大量移民在海外。郑和出使西洋是中国历史上最重要和最引人注目的大事之一。尽管有观点认为郑和七次下西洋是为了彰显大明国威，向沿途各国显示大明的政治和军事力量，但毫无疑问，这是中国历史上最伟大的航海探险活动，成功地扩大了中国的对外交往，加强了同外界接触，也进一步促进了中国人民的出国活动。15 世纪，蒙古人在中国东

---

① 参见陈里特:《中国海外移民史》，山西人民出版社 2014 年版，第 1～3 页。

北大势扩张，倭寇也不断骚扰中国东南部沿海城市，但中国的海外移民却并没因此减少。明朝后期，到海外务工的中国人已经具备一定规模。

清朝是中国最后一个封建王朝，它的统治者是中国东北部的少数民族满族。清朝早期，为了逃避满族的残酷统治，许多中国人流亡国外。同时清政府为了防止明朝残余势力从海上抵抗，对中国各边疆实行严格控制。清朝统治稳固并进入繁盛时期，即康熙、雍正和乾隆盛世后，清王朝击败了西部蒙古人的势力，并征服统治了新疆、西藏及台湾诸岛，中国的疆界领土大大扩展，同时中国人去外国通商等活动恢复正常，繁荣景象不亚于历代王朝。清朝后期，尤其是第二次鸦片战争以后，中国人出国进入一个特别时期，即大量中国劳工（华工）被掳掠到海外从事苦力劳动，从而成为中国人出国史中的一段血泪史。此时期中国劳工的生存状况为本节阐述的重点。

综上可见，中国人出国具有悠久历史，历朝历代从未停息。明末清初之前，中国人出国有如下几个特点：(1)中国海外移民群体主要是民间自主形成的，人民出国主要是出于自己的选择，没有官方参与，因而是一种无序的状态。(2)移民类型多种多样，诸如流放、难民、经商、航海、僧侣以及学者交流，其中商人占主要组成部分。很多中国人在外国从事一些传统手工艺活如冶炼、陶瓷、缝纫等，但中国海外劳工并没有形成一个独立的群体。(3)移民目的地不断扩大，中国海外移民遍布许多国家。(4)中国海外移民的影响不断扩大。中国移民将先进的政治制度、科学技术和文化等传播到目的地国家或地区，极大地促进了当地经济和社会发展，中国的国际影响力也在不断增长。

需要强调的是，这一时期出国的中国人并不能说就是海外中国工人，而只能说是海外中国人。明末清初之前，中国人出国主要是从事贸易活动，专门去国外提供劳务的人员并不多，而且没有特别记载。虽然有很多中国人到外国从事一些传统手工艺活如冶炼、陶瓷、缝纫等，但他们究竟是工人还是手工业作坊主，则无法区分。因此，此阶段，中国海外劳工并没有作为一个独立的社会阶层而存在，或者很难将他们从整个海外中国人群体中单列出来。即使某个时期中国人作为劳工在海外存在，但他们的状态也是不稳定，可以随时改变的。经常发生的情况是，中国人出洋到他国做工人，省吃俭用积累了一定的财富后，即出来自己开店经营，从工人身份转换为老板、雇主。由于中国人勤劳、节俭，这样的事件是很常见的。实际上在资本主义产生之前，是没有真正意义上的工人阶级的。因此，笔者认为，在明末清初之前的中国人出国历史上，并没有出现现代意义上的海外中国工人阶级或海外劳工阶层。这个时期，无论是海外中国工人还是商人，他们的身份地位并没有明显的差别，或者说海外中国工人并没有形成一个具有自身特征的群体。明末清初时期，中国海外劳工才开始作为一个特殊的群体出现，并在晚清时期，尤其是在第二次鸦片战争后迅猛增长，引起世界各界的关注。①

（二）中国海外劳工的产生与发展

1. 明末清初中国海外劳工

中国人到南洋务工，大约从明代（1368—1644 年）就开始了。明隆庆元年（1567 年），明朝政府依照福建巡抚涂泽民开放海禁的建议，准许人民在东西两洋通商，贸易商船往来频繁。闽越沿海地区人民，常在同族、同乡的指引下，自愿结伙随泉、漳商船到南洋各地谋生。出洋劳工常自发与中介（当时称为“客头”）订立协议（当时称为“公凭”），规定在一定时期内，以部分劳动所得，扣还中介垫付的船费。②

清朝初年，清政府为防止东南沿海的反清复明势力，在东南沿海实行海禁，但是海上贸易并未停止，海上屡有商船往来，常有人民随船出洋。据记载，1675—1683 年，往吧城华船有 38 艘，留居吧城者当以万计，大部分是华工。③雍正五年（1727 年），福建总督高其倬在其奏疏中，对康熙年间的偷渡规模之大，有更具体的描绘：“查从前商船出洋之时，每船所报人数连舵、水、客商总计不过七八十人，少者六七十人，其实每船皆私载二三百人。到彼之后，照外多出之人俱存留不归。更有一种嗜利船户，略载些须货物，竟将游手之人偷载四五百之多。每人索银或十余两，载往彼地，即行留住。此等人大约闽省居十之六七，粤省与江浙等省居十之三四。”④又有记载，18 世纪前期，安南北部铜矿、

---

① 著名的华人史研究专家王赓武教授将 18 世纪以来的 200 年间中国海外移民分为四大类型，即“华商型”“华工型”“华侨型”及华裔或再移民型。在他的分类中，将工匠（包括矿工及技术工人）、学徒等，均归入“华商型”（the trader pattern）移民，将其作为早期至 18 世纪中国移民的主流。对“华工型”移民，王教授则认为在 1850 年以前并无重要意义。

② 此为后来契约华工的由来。

③ ［荷］包乐史：《巴达维亚华人与中荷贸易》，庄国土译，广西人民出版社 1997 年版，第 114～117 页。

④ 中国第一历史档案馆编：《雍正朝汉文硃批奏折汇编》，江苏古籍出版社 1991 年版，第 580 页。转引自谢美华：《清代前期中国海外移民的主要类型》，载《八桂侨刊》2010 年第 3 期。

银矿多是中国移民开采。安南的宜兴、太谅、宣光、聚龙、兴化、呈烂、玉碗、太原、爽木、安欣、廉泉、送星、务农、金马、三弄金厂，昆铭铅厂，谅山、怀远等铜厂，南昌、隆生等银厂，大部分位于越南北部毗邻中越边境地区，当地官员将矿场承包给华商，华商再回国招乡人入越，“一厂佣夫至以万计”。[①] 因此有学者认为，清代前期的海外中国移民多数仍是佣工，仅少数从事商贩行业。尽管当时华商所占比例不小，但中国海外移民的主体仍是华工。[②]

此一时期中国人出洋谋生具有特定的时代背景。明朝时期，从 1365 年至 1615 年发生过 29 次大旱灾，平均八年一次。[③] 到了清朝道光年间几乎年年有灾，灾区遍及全国。同时，随着人口迅速增长，中国耕地严重不足。福建和广东两省 1661 年至 1812 年 150 年间福建人口增加 9 倍，耕地仅增加 32%，每人平均占耕地数从 7.11 亩降到 0.9 亩；广东人口增加 20 倍，耕地仅增加 27%，每人平均耕地从 25 亩降到 1.67 亩。[④] “山之坡、水之浒、暨海中沙滩、江中洲址均已垦无余”，然“竭一人终岁勤劳之力，往往不能仰事俯蓄”，由此“力难自赎”，以致“流为游手，为佣丐、为会匪者，所在多有”。[⑤] 而且由于地权高度集中，苛税繁多，并各种经济外强制剥削，中国农村人民被剥夺得一无所有，不得不离乡背井，去海外谋生，其中很多成为海外劳工。

因此，在特定的历史背景下，我国明末清初已经具有一定规模的海外劳工。这一时期作为佣工存在的海外劳工，基本上是在与海外雇主签订契约的基础上形成的，没有明显受强迫和严重盘剥的情况。作为“猪仔贩运”或“苦力贸易”对象的契约华工，即作为贩运谋利对象被诱骗出国的中国海外劳工，则是在 18 世纪以后才发生的事。

2. 清朝末年的中国海外劳工

(1)产生背景

清朝末年，中国已进入封建社会晚期，由于政治腐败和经济的衰退，危机四伏。而在西方国家，随着资本主义的发展和新航路的开辟，在全世界范围内最大限度地占有原料产地和商品的销售市场的需要，驱动其开始了对外的殖

---

① [越]潘清简：《越史通鉴纲目》(卷 43)，台北“中央图书馆”影印 1969 年版，转引自谢美华：《清代前期中国海外移民的主要类型》，载《八桂侨刊》2010 年第 3 期。

② 谢美华：《清代前期中国海外移民的主要类型》，载《八桂侨刊》2010 年第 3 期。

③ 彭家礼：《十九世纪开发西方殖民地的华工》，载《世界历史》1980 年第 1 期。

④ 蒋良骐：《东华录》，中华书局 1980 年版。光绪十七年(1891 年)，引徐继畲奏。

⑤ 薛福成、蔡少卿：《薛福成日记》(第六卷)，吉林文史出版社 2004 年版，第 12～14 页。

民扩张，大量“落后国家”纷纷成为西方列强的殖民地。殖民主义扩张必然需要大量劳动力开发殖民地资源，而随着近代西方人权思潮的兴起，奴隶贸易和奴隶制度被废除，世界市场上的劳动力供应十分紧张。

根据实践经验，殖民者发现了契约华工是一种最理想的劳动力，从而开始了世界近代史上贩掠华工的血泪史。英国政府早在1811年就认识到从中国输入廉价“苦力”对于开发英属西印度的重大好处。1834年和1844年两次从非洲输入黑奴的代价进一步促使英国政府坚定其从中国输入“苦力”的打算。[①] 美国政府为了开发大西部也将目光投向中国的劳力市场。秘鲁、古巴由于“黑奴贸易”的取消同样急需大量“苦力”填补黑奴的空缺。西方殖民者对契约华工(苦力)的大量需求，促使了贩卖华工谋利现象的盛行。华工为雇主带来了丰厚的利润，据说每一名华工在一年内可生产高过拐运费以及投资费用3倍以上的价格的农产品。1860年7月11日，英国外交大臣在其给驻外大使的信件中宣称：“关于中国苦力的劳动效率是无须多说的。那已经为一切有过使用他们经验的人们所公认”，因此，必须大力“推动中国移民出洋”，以满足“从中国获得”“劳动力的需求”[②]。19世纪中期，英国借发动鸦片战争之机，打开了中国的“海禁”和封闭的国门，使其掠夺中国劳工合法化，从而掀起了人类历史上继奴隶贸易之后又一场悲惨的贩卖“猪仔”华工的掠贩人口的狂潮，大批大批的中国劳工贩卖至新加坡、马来西亚和世界各地。[③] 西方殖民者不惜跑到遥远的东方，采用诱骗或拐贩的手段掠贩华工，并招致不少投机中介机构加入其中，从而出现了中国近代史上血泪斑斑的“猪仔贩运”或“苦力贸易”。

(2)契约华工、苦力贸易还是“猪仔”贩卖？

契约华工、苦力贸易以及“猪仔”贩卖均是近代史上受剥削受奴役中国工人的代名词。尽管有学者认为这三个概念是有区别的[④]，但更多的学者长期将它们当作内涵、外延完全相同的概念来看待和使用[⑤]。殖民者在中国招募

---

① 陈翰笙主编：《华工出国史料汇编》(六)，中华书局1984年版，第2～3页。

② 陈翰笙主编：《华工出国史料汇编》(一)，中华书局1984年版，第363～365页。

③ 陈翰笙主编：《华工出国史料汇编》(一)，中华书局1984年版，第109页。

④ 陈翰笙主编《华工出国史料汇编》“序言”中认为，“猪仔贩运”与“苦力贸易”是华工出国过程中的两种不同情况，它们是有区别的。参见《华工出国史料汇编》(一)，中华书局1984年版，序言。

⑤ 沈毅：《也谈猪仔贩运与苦力贸易异同问题——就教于〈华工出国史料汇编〉的〈序言〉作者》，载《东南亚研究》1988年第4期。

华工，因为应募者要订立契约，所以称为“契约华工”。“苦力”一词为英语 coolie 的译音，源出印度泰米尔语，指从事繁重苦工的体力劳动者。“猪仔”一词最早出现于 19 世纪 20 年代。1827 年张心泰撰《粤游小志》称：“东省……有诱愚民而贩卖出洋者谓之卖猪仔。”①道光十九年（1839 年）七月林则徐在其《查明外国船只骗带华民出洋情形折》中即已指出，在 19 世纪 20 年代，“每岁冬间夷船回国，间有无业贫民私相推荐，受雇出洋，但必择体力强壮之人，其稚弱者概不雇佣。议定每人先付洋银六七元，置买衣物，带至该国则令开山种树，或做粗重活计，每年口食之外仍给洋银十余圆，三年后任其他往。又查另有一二夷船惯搭穷民出洋谋生，不要船饭钱文，俟带到各夷埠，有人雇用，则一年雇资俱听船主取去，满一年后仍按月给予本人工资。当其在船之时，皆以木盆盛饭，呼此等搭船华民一同就食，其呼声与内地呼猪相似，故人目此船为买猪仔”。实际上比这种贩卖“猪仔”的活动还早，1800 年槟榔屿便已出现公开标卖华工的行情。②

清朝法律规定人民出国是违禁的。《大清律例》第 225 条明文规定：“一切官员及军人等，如有私自出洋经商者，或移往外洋海岛等，应照交通反叛律处斩立决。府县官员通同舞弊，或知情不举者，皆斩立决。”③这就客观上给殖民者从中国获取充足“苦力”的企图造成了障碍。第一次鸦片战争后，清政府被迫接受不平等条约，开放五口通商，尽管还未废除华工出国的禁令，却不敢明确禁止外国对华工掠贩。第二次鸦片战争后，中国和西方列强签订一系列不平等条约。1860 年中英《续增条约》规定：“以凡有华民情甘出口，或在英国所属各处，或在外洋别地承工，俱准与英民立约为凭，无论单身或愿带家属一并赴通商各口，下英国船只，毫无禁阻。”④中法《续增条约》也作了同样规定。1864 年，西班牙与清政府签订《和好贸易条约》，获得招工特权。1868 年《蒲安臣条约》（即《中美续增条约》）第 5 条：“大清国与大美国切念民人前往各国，或愿常住入籍，或随时来往，总听其自便，不得禁阻，为实现在两国人民互相来往，或游历，或贸易，或久居，得以自由，方为利益。”⑤在外国人的迫使下，清政

① 陈翰笙主编：《华工出国史料汇编》（一），中华书局 1984 年版，第 7 页。
② 陈翰笙主编：《华工出国史料汇编》（四），中华书局 1984 年版，第 147 页。
③ 陈翰笙主编：《华工出国史料汇编》（一），中华书局 1984 年版，第 1 页。
④ 王铁崖：《中外旧约章汇编》（第 1 册），三联书店 1957 年版，第 145 页。
⑤ 王铁崖：《中外旧约章汇编》（第 1 册），三联书店 1957 年版，第 262 页。

府再次丧失了内政权利，以政府的名义允许华工自愿出洋，招工合法化写进条约，为华工出洋和外国人在华招工提供了条约依据，清政府有义务在某些外国政府要求华工时，给它们提供劳工。1864 年同西班牙签订天津条约，准其在华招工。自此，华工出国大门大大敞开，在不平等条约的保护下，外国殖民者可在中国合法地掳掠大量华工，输往其在世界各地的殖民地，利用华工的血汗为他们敛集财富。

西方国家招募华工，应募者仍要订立契约，所谓"契约华工"。侵略者除招收那些为生活所迫而自愿出洋谋生者外，还采取拐骗、掳掠的方式获取华工。1860 年广东巡抚耆龄上奏称："夷人在粤东，利诱内地匪徒，拐骗人口出洋，名为买猪仔。"第二次鸦片战争期间，英法联军占领广州，迫使南海、番禺两县知县发表告示："既系两方各自甘愿共同协议，自毋庸阻其随外人出洋。"[①]三天后，广州巡抚柏贵发出公告："设若实属情甘自愿，自可毋庸禁阻。令其自便与外人立约出洋。"[②]这一告示出台，"从今以后，外国人就可以按照最令人满意、最无可非议的条件招工；他们需要多少劳工，就可以为他们提供多少了"。[③] 1859 年 11 月 10 日，英国招工专员奥斯丁在广州西关挂起了"招工公所"的牌子，正式成立了"合法"的"招工馆"。这些"合法"招募的华工均被称为"契约华工"。

实际上，招募"契约华工"与"猪仔"贸易并没有明确的区别。第二次鸦片战争后，"猪仔"贸易大量存在。1869 年两广总督瑞麟颁发告示称："奸徒拐卖人口出洋，谓之卖猪仔，其害最烈，为祸无穷。"李鸿章 1875 年奏称："澳门等处，向设有招工局，即俗名猪仔馆，愚民一入局中，遂至长逝不返。"[④]"猪仔"在装船载运出洋之前，都在暴力胁迫下订立卖身契约，画押申明系自愿出洋。契约内容详载应募到何处，做何工种，做工期限，每月工值多少，每月工作多少时间，旅费由雇主负担，由工值内扣除等。登船时，每名"猪仔"均有一张票，写明他所去的最终口岸，船费已否付清或赊账。到达新加坡或槟榔屿，"猪仔"立即被带往猪仔馆。仅新加坡一地，1877 年英国特许开设的猪仔馆有 22 家。猪

---

① 陈翰笙主编：《华工出国史料汇编》(二)，中华书局 1980 年版，第 178 页。

② 陈翰笙主编：《华工出国史料汇编》(二)，中华书局 1980 年版，第 179 页。

③ 陈翰笙主编：《华工出国史料汇编》(二)，中华书局 1980 年版，第 181 页。

④ (清)文庆等：《筹办夷务始末》(第一册，咸丰朝卷)，上海古籍出版社 2008 年版，第 35～52 页。

仔馆内拥挤不堪，每处苦力平均多达200人，缺水、不通风，卫生条件极差。新客上下船都由会党押送，猪仔馆也由会党把守。“猪仔”达到后，“猪仔”贩立即通知矿场及种植园的工头，工头闻讯即前来选购。“猪仔”选出后，由猪仔贩与工头订立契约，由“猪仔”画押或打指模。契约上载明工作地点、工作性质、工资数额、工作时间、工作年限、预付工资额等。其实只是一纸虚文，猪仔贩从不把内容告诉“猪仔”，雇主也从不履行契约，不过是表明“猪仔”从猪仔贩手中贩卖到雇主手中的完成，并用契约作为束缚“猪仔”的工具而已。契约签订后，“猪仔”即被带往矿场、种植园等去从事繁重的开发工作。其服役期限，一般为半年至一年，甚至也有三年、五年的。在服役期间，“猪仔”任由雇主支配使用，随时可以转卖给别人或别处。可见，出洋的“猪仔”华工几乎都要被迫签订条件苛刻的契约，名义上也是“契约华工”。

因此，作者认为，尽管明末清初沿海人民出洋务工出于自愿，订立公凭，约定以劳动所偿还船费等债务，这是一种相对平等条件下的契约华工。但是，随着殖民者的扩张，当殖民者开始采用诱骗或拐贩的手段掠贩华工，所谓的契约华工与苦力、“猪仔”就没有本质的区别。从契约方面看，华工被掠至中国沿海城镇的猪仔馆后，被迫签订契约。契约内容包括：华工本人承认出洋纯属“自愿”，劳动年限，契约有效期内华工绝对服从雇主调遣等。订约后，华工就被装船出洋。其实，合同的作用对于殖民者来说，一是可以束缚华工，加重剥削和压榨；二是以合同系华工自愿签订来欺骗社会舆论，逃脱拐掠华工的罪名。至于在什么地方签订，什么时间签订，是否签订，取决于殖民者的需要。劳动者的自由受契约所列条件和法律的限制。契约劳工所承担的义务实质是在契约载明的时间内不得停工和离开雇主……契约条款常使劳工处于不利地位，甚至使他们接近奴隶状态。[①] 所以，中国近代史上的华工，无论他们的名称是契约华工、“猪仔”还是苦力，就他们的工作性质和受尽奴役和剥削的地位而言，没有本质上的区别。从某种意义上看，所有被掳掠到东南亚与拉美等地的华工都是契约华工，他们同时也是苦力和“猪仔”。

清朝被推翻之后，大规模华工出国主要发生在两个时期：一是第一次世界大战期间，英、法、俄三国共在中国北方招募赴欧参战华工23万人，其中年龄在20～40岁，大多是山东籍；二是20世纪三四十年代，动乱的中国社会导致

---

① 《不列颠百科全书》(英文版)(第27卷)，美国不列颠百科全书公司2007年版，第226页。

了大量人民出国逃避战争，而他们大多数也主要靠为迁居国提供劳动力而谋生。

二、历史上东南亚及新加坡的中国劳工

（一）东南亚的中国劳工

东南亚位于亚洲东南部，分为中南半岛和马来群岛两大部分，物产丰富，地理位置重要。它不仅是沟通亚、非、欧、澳之间海上航行的必经之地，也是南北美洲与东南亚之间物资交流、航运通达极为繁忙的地区。从战略地位看，它不但地处海洋交通要冲，控制着太平洋与印度洋之间的重要国际海峡，而且在国际政治经济格局中也具有极其重要的战略地位。它处于东西方海上交通生命线、海上丝绸之路和新航路开辟以来的国际贸易孔道的中枢点上，号称全球经济生命线的"咽喉"。

1. 古代中国与东南亚

东南亚各国是我国的近邻，自古以来就和中国有着密切的关系。早在西汉武帝时，我国就确定了对东南亚的朝贡体系，并开辟海上丝绸之路。《南史·夷貊传序》记载："海南诸国，大抵在交州南及西南大海洲上，相去或四五千里，远者二三万里，其西与西域诸国接。汉元鼎中，遣伏波将军路博德开百越，置日南郡。其徼外诸国，自汉武帝以来，皆朝贡……"隋唐时期，中国对外关系发达，东南亚成为中国海外对外关系的中转站和中枢站。明成祖朱棣遣使郑和下西洋，更是把古代中国的朝贡外交体系发展到了顶峰。因此，自西汉以来，中国就与东南亚维持长期友好、和平共存和礼尚往来的关系。

华人移居南洋的历史相当久远。早在先秦时代就有华人移居东南亚，这在东南亚地区的考古发现中业已证实。[①] 西汉武帝时，海上丝绸之路开通，华人下南洋者渐多。唐宋时期已经有明确记载。南洋地区不称华侨为中国人，而称唐人，由此可见华侨之大批南移。10 世纪的阿拉伯作家马素提的《黄金草原》中记载，在 943 年（后晋天福八年）他途经印尼苏门答腊东南沿海地区，

---

① 郭振东：《华侨华人在世界的分布及发展》，载《八桂侨刊》2005 年第 2 期。

看见那里有许多中国人从事耕种，尤其是在巴邻旁（巨港）一带，中国人最为集中。[①] 虽然在很长的历史时期内都有中国人不断移居南洋地区，但华人大规模的移民出现在明代中期以后。

明清时期，中国的造船技术和航海技术都有了相当程度的发展，郑和下西洋以来，华人大批地移居南洋，如菲律宾的吕宋、文莱（渤泥）、马来西亚的满刺加和印度尼西亚的爪哇、苏门答腊等地。一支又一支浩浩荡荡的商队，定期地航行于中国与东南亚各国之间，使中国东南沿海地区大量向海外移民成为可能。同时明清两代由于人口和政治压力，中国东南沿海的劳动人民迫于生计，成群结伙，随贸易商船到南洋佣工或移民。明万历二十年至二十二年（1592—1594 年）福建巡抚许孚远在《通海禁疏》中说："东西二洋商人，因风涛险恶，有经冬不归国者，吕宋尤多。漳（州）人于该地交易，父兄长期居住，子弟时常往来。如今留居吕宋者不下数千人。"[②]同时，中国历代封建王朝的末年，不堪战乱的普通百姓和权力失落的前朝贵族纷纷移居海外，东南亚常常是中国移民最重要的迁徙地和避乱所。

入清以后，清王朝在 1683 年消灭郑氏反清力量之前，严格实行"海禁"。1684 年收复台湾后重开海禁，后又出于政治上的安全考虑，开始担心海口贸易和民人出国会给其统治造成危害，遂于 1717 年下南洋禁航令，规定：商船照旧可往东洋，安南等处贸易，外国船只亦可准来中国贸易，但商船不许往南洋吕宋、噶罗巴等处贸易，由广东、福建水师负责巡察，违禁者严拿治罪。[③]（住澳门夷船不在禁内）以后商船出洋，"所去之人留在外国，将知情同去之人枷号一月，仍行文外国，将留下之人解回立斩"[④]。清政府实行南洋禁航令，既为了隔绝南洋与内地互相联系，又可防止内地人到南洋，不使南洋华侨聚集增多而成为清政府所担心的反清隐患。南洋禁航令的实行严重影响了东南沿海地方豪绅和官员的利益，并给当地人民的生活也造成了极大的困难。1727 年，从福建总督高其倬所请，清政府重开南洋海禁，在贸易管制上实行了松动。[⑤] 但

---

① 陈伟明、侯波：《20 世纪以前的南洋华侨在中外饮食文化交流中的作用》，载《东南亚研究》2006 年第 1 期。

② 陈伟明、侯波：《20 世纪以前的南洋华侨在中外饮食文化交流中的作用》，载《东南亚研究》2006 年第 1 期。

③ 章开源主编：《清通鉴》（一），岳麓书社 2000 年版，第 1241 页。

④ 章开源主编：《清通鉴》（一），岳麓书社 2000 年版，第 1241 页。

⑤ 赵尔巽等编：《清史稿》卷 297《高其倬传》，中华书局 1977 年版，第 10303 页。

禁止民人出国和对海外华人的不信任这一思想丝毫未有改变，并因袭到第二次鸦片战争之前。

尽管清政府实行海禁，“华工仍多私自出洋者”。雍正五年（1727 年），广东、福建的地方官员曾经受命调查前往噶喇吧、菲律宾等地船只的情况，据说当时的噶喇吧已经“有万余人，或称有数万人者”。到清末时，东南亚的华人人口数量已经是非常庞大。从 1880 年至 1910 年，移民到马来半岛的人数达到 410 万，移民到槟榔屿的人数达 157 万。而且有些地区华人在数量上占有绝对优势，如柔佛，“柔佛居民十一万五千人，内有华民七万五千人，巫来由四万人”。新加坡，“今户口十八万四千有奇，而华人得十二万二千，西人五千二百有奇”。特别是一些与中国山水相连的边区，华人数量更占优势，如越南北析，“华人在谅山、高平者，由广西陆路而来，娶越妇，长子孙，视为熟路。故二省民数，华民居三分之二，越民不及三分之一”。有些地区，华人的数量，在人口总数上并未优势，但在外来人口中，其数量也占据首位。如吕宋，“擅工商之业者，华人为多。华人之至吕宋，实先于西班牙人，皆娶番妇，长子孙。今华种人约二十一万有奇，西班牙种人只一万有奇”①。

2. 西方殖民者与东南亚的华工

东南亚重要的战略地位，丰富的自然资源，刺激了西方列强势的贪欲。明代中期以来，西方殖民者来到东方，开始了对东南亚地区的侵占或掠夺。而中国明政府由于受日益衰退的国力，日益尖锐的社会矛盾和传统朝贡思想的束缚，对西方列强的掠夺毫无作为。1511 年 8 月，葡萄牙人占领马六甲，随后西班牙、荷兰、英国等西方殖民者纷至沓来。西方列强来到东南亚后，不断地排挤、虐待、驱逐乃至大屠杀华人，破坏华人和当地人之间的善邻友好关系，并和中国产生一系列矛盾、摩擦和冲突。② 华侨受到剥夺和剥削，马六甲的商旅贸易逐渐衰落，中国商人转赴其他地方贸易，中国商人对葡属殖民地避而远之。虽有中国村、中国溪、中国山（三宝山）和漳州门，但华侨人数有限。③

1641 年 1 月，荷兰殖民者攻陷了马六甲，马六甲又一次遭受空前浩劫，完

---

① 陈伟、明侯波：《20 世纪以前的南洋华侨在中外饮食文化交流中的作用》，载《东南亚研究》2006 年第 1 期。

② 何爱国：《略论十六～十七世纪中国与欧洲列强关于东南亚事务的冲突》，载《昆明理工大学学报（社科版）》2001 年 12 月第 4 期。

③ 陈翰笙主编：《华工出国史料汇编》第三辑，中华书局 1984 年版，第 64 页。

全变成废墟。马六甲人口由围城之前的2万变成城陷之后的3000，7000人死亡，1万人离开了马六甲。由于人口大量减少，劳动力十分缺乏，荷兰殖民当局非常希望有更多的华侨来参加马六甲的重建工作。为了帮助垦殖中国山到南郊之间被摧毁的菜园，提供各种水果，避免农业的进一步衰落，能找到"八百到一千个中国人，那将是非常有用的"。[①] 直到1678年，马六甲的荷兰总督博特(Balthasar Bort)在给他上司的报告中还谈到需要吸引大量人口，尤其是华侨的问题，他说："这个国家必须要有大量的人口，特别是勤勉的中国人，以便可以继续必要的土地垦殖和其他的交通和贸易。"[②]

为了吸引华侨到马六甲来，荷兰殖民者当局采取了一些措施，包括可以让在城陷后幸存下来的华侨继续留下来和取消人头税。幸存华侨约三四百人，允许"三四百个华侨小店主、手工业工人和种植者，如果愿意在他们自己的地区种植蔬菜，就让他们按照自己的方便定居下来，他们可以租用或占用尚不至倒塌的空房子"。[③]"葡萄牙人用鞭子来惩罚人，荷兰人则用蝎尾鞭来惩罚人。"继续实行垄断贸易和海盗掠夺争端，甚至许多方面超过葡萄牙人。他们吸引华侨和其他人民的希望始终未能实现。1678年，马六甲人口4884人中，华侨只有426人。其中男127人，女140人，儿童159人。[④]

葡荷破坏了马六甲的商业发展，造成当地经济萧条，地位不断衰弱。[⑤] 这一时期，华侨所从事的职业不详，但多数从事商业，也从事手工业、农业和园艺业。在15世纪初期，有华侨矿工在马六甲的山林中开采锡。[⑥] "闽粤人至此采锡及贸易者甚众。"(清代谢清高在其口述《海录》"麻六甲"条，《丛书集成初

---

① Victor Purcell, *The Chinese in Malaya*, *Kuala Lumpur*, Oxford University Press, 1967, p.29.

② 林远辉、张应龙：《新加坡马来西亚华侨史》，广东高等教育出版社2008年版，第72～73页。

③ Victor Purcell, *The Chinese in Malaya*, *Kuala Lumpur*, Oxford University Press, 1967, p.29.

④ Victor Purcell, *The Chinese in Malaya*, *Kuala Lumpur*, Oxford University Press, 1967, p.30.

⑤ 林远辉、张应龙：《新加坡马来西亚华侨史》，广东高等教育出版社2008年版，第77页。

⑥ 林水豪、骆静山合编：《马来西亚华人史》，马来西亚留台校友会联合总会出版1984年刊本，第241页。

编》本)华侨和当地人联合反对殖民统治。[①]

殖民者在东南亚开发中,出现了劳动力紧缺的困难。在初期,新加坡、槟榔屿、马六甲的华侨投机商,即“客头”或“猪仔贩”,受当地需要华工的雇主委托,租下船只,开往澳门、厦门及其家乡附近,然后派人到内地乡村进行诈骗、绑架,把“猪仔”运往新加坡或槟榔屿后,客头上岸去找买主,接着成交。据不完全统计,1881 年至 1930 年,华人到达海峡殖民地共达 830 万人次,平均每年 10 多万人。这些到达海峡殖民地的“猪仔”,多在新加坡或槟榔屿登岸,然后运往各地。[②] 从中国直接招引劳工主要有两种方法,一是由英国东印度公司驻广州商馆招雇,一是委托槟榔屿的华侨甲必丹回中国代办召集。初时在中国招引劳工只是“悄悄地在虎门以外,或在伶仃洋,把找到的人送上公司的船舶”。至 1805 年槟榔屿正式设立了招募华工的机构,根据印度总都的训令制订了一个从中国有计划、“有组织地运送契约工人出洋的方案”,规定把中国劳工先集中于澳门,再用葡萄牙的船只装运,以避免与当时尚严禁人民出国的中国政府“发生纠葛”,从而达到安全运送到槟榔屿的目的。[③] 从 1805 年至 1815 年的 10 年间,每年都有 500～1000 名华工被从澳门运到槟榔屿。他们均立有契约,“一般都以他们自己的身体作为抵押,换取出洋船票和沿途伙食。这些钱总数约有西班牙银圆 20 元,是由种植园主们先行支付,后来再从出洋的人每月所得工资中扣还”[④]。1800 年,槟榔屿的市场上即已出现公开拍卖华工的行情,订约一年期的华工每名价格为西班牙银圆 30 元。[⑤] 随着劳动力需求的不断增加,自中国招引而来的华工越来越多,到 19 世纪第三四个十年,每年到达槟榔屿的华工达 2000～3000 人。每年一二月载着中国劳工的船只到达港口还没有抛锚碇泊,买主便争先恐后涌到船上进行挑选,按级付价,“一名熟练工匠——裁缝师、铁匠或木匠——1～15 元,一名苦力售 6～10 元,一名虚弱有病的苦力 3～4 元或更少”,其后这名劳工就得为雇主工作 12 个月,只

---

① 林远辉、张应龙:《新加坡马来西亚华侨史》,广东高等教育出版社 2008 年版,第 72 页。

② 陈翰笙主编:《华工出国史料汇编》(三),中华书局 1984 年版,第 116 页。

③ 陈翰笙主编:《华工出国史料汇编》(三),中华书局 1984 年版,第 502～504 页。

④ 陈翰笙主编:《华工出国史料汇编》(三),中华书局 1984 年版,第 504 页。

⑤ 温雄飞:《南洋华侨通史》,东方印书局 1929 年版,第 221 页

供食物、衣服和几元零用钱。[①]

华侨"勤奋驯良，遍布马来各邦，各种手艺，无不为之，零卖商业，亦归其掌握"，"马来人自远古以来，常以锡供给华人，而熔炼矿苗，则唯华人是赖"[②]。1788年，槟榔屿的人口达到1000人，其中华侨占2/5。1818年，人口达到35000人，其中华侨约8000人。到了1860年，槟榔屿的人口达到39956人，华侨超过28000人，超过了其他任何民族。有人形容"槟榔屿已经变成华人的城市了"。

进入槟榔屿的华工被广泛应用于城市港口的建设和土地的开发。19世纪槟榔屿先后兴起的胡椒园，豆蔻、丁香园和甘蔗园，无论为华侨所有还是为欧籍资本家所有，差不多全为华工所开发与种植。1788年，槟榔屿上已经开辟了40公顷的土地，1795年达到240公顷。1790年，岛上开始种植胡椒，不久胡椒遍布全岛，1810年年产胡椒达到400万磅。此后胡椒种植逐渐衰落，豆蔻和丁香种植代之而起。至1860年，豆蔻和丁香种植园面积达到5000公顷，整个槟榔屿几乎成为一个香料园。利用华工种植甘蔗也于19世纪在威利斯省兴起，至19世纪50年代，威利斯省已经成了一个庞大的甘蔗种植场，仅一个英国资本家即拥有甘蔗园1100公顷。1850年输出蔗糖达2550吨。几年后又增加到3750吨。华工为槟榔屿创造了大量的财富。在1805年，仅种植业一年就为槟榔屿提供10万英镑税金的收入。每年从华工身上榨取的鸦片、酒和赌博的税银即达"十余万两"。[③]

东南亚各地华工所受虐待，以荷属邦加、勿里洞锡矿及德里烟叶种植园为最狠毒。一位华侨控诉说："历年以来，惨死者实以万计"，"有以粪污令新客(华工)自食者，有以乱棍击死者；有以辫子系在马车之后，纵马奔走，而致手足折伤，因之毙命者，有以四肢用绳悬起，抛击致死者；有以乱脚踢毙者……不一而足。"[④]

英属马来亚华工的死亡率特高。从1910年至1920年这十年中，华工的死亡率每年平均为20%，比同一时期、同一地区的当地居民的死亡率要高7

---

① Victor Purcell, *The Chinese in Malaya*, *Kuala Lumpur*, Oxford University Press, 1967, p.60.

② 书蠹编：《槟榔屿开辟史》，顾因明、王旦华译，商务印书馆1936年版，第78～82页。

③ 林远辉、张应龙：《新加坡马来西亚华侨史》，广东高等教育出版社2008年版，第73～78页。

④ 陈翰笙主编：《华工出国史料汇编》(三)，中华书局1984年版，第505～506页。

倍,比当地欧洲人要高 23 倍至 30 倍。这样高的死亡率说明华工受虐待的惨酷程度。

“闯关东”“走西口”“下南洋”是中华儿女在近代史上的三大移民壮举,其迁徙人口之多,涉及地域之广,举世罕见。“闯关东”和“走西口”是发生在国内的移民浪潮,而“下南洋”则是中国人走出国门的移民潮,长路漫漫,充满了无尽的血泪心酸。[①] 据权威资料统计,从 1860 年开始到 20 世纪 50 年代初,近一百年的时间里,大约有 1500 万中国人到东南亚国家寻找机会。这一规模庞大的活动,即是下南洋。[②] 东南亚各地华工在港市、铁路、公路、矿山、工厂、农庄以及香料、蔗糖、可可、橡胶、烟叶等种植园,通过多年的艰苦劳动,为东南亚经济的发展做出巨大贡献。

(二)新加坡的中国劳工

新加坡位于马来半岛南端、马六甲海峡东出入口,领土由新加坡岛和附近 54 个小岛组成,北隔狭窄的柔佛海峡与马来西亚紧邻,南部隔新加坡海峡与印尼巴淡岛相望。南面有新加坡海峡与印尼隔海相望,北与马来西亚相隔柔佛海峡,以长堤相连。地理位置十分重要,向称“东方十字路口”。由于地理位置特殊,新加坡在二战以前一直是英国在东南亚最重要的据点,当前是亚洲经济发达国家,也是亚洲重要的服务和航运中心之一。

1. 古代中国与新加坡

新加坡与中国的交流古已有之。《汉书》卷二八一记载道:“自黄支船行可八月,到皮宗;船行可二月,到日南、象林界。”[③]《古代南海地名汇释》中解释道:“其故地有如下说:指马来半岛西南岸外的皮散岛,或泛指马来西亚的柔佛及新加坡一带;或指今泰国北大年一带。”[④]此条史料中“皮宗”即可作为新加坡最古老称呼。在以后史志中新加坡还称为“蒲罗中”、“莫河信洲”、“多摩苌”、“罗越”、“凌牙门”(又作“龙牙门”“龙牙山门”)、“麻里予儿”、“单马锡”、“淡马锡”、“淡马锡门”、“长腰屿”、“星忌利坡”、“息力”(又作“昔里息辣”)、“日

---

① 李硕征:《想象与领悟——饰演现代琼剧〈下南洋〉阿龙的体会》,载《戏剧之家》2014 年第 9 期。

② 沈健:《历史上的大移民:下南洋》,北京工业大学出版社 2013 年版,第 5 页。

③ 班固:《汉书》(卷二八下),中华书局 1962 年版,第 1671 页。

④ 陈佳荣、谢方、陆峻岭:《古代南海地名汇释》,中华书局 1986 年版,第 285 页。

柔佛”、“石叻”、“叻埠”、“新加峡”、“星加坡”、“星嘉坡”、“新嘉坡”等[①]，也有以“星洲”“狮城”或“星国”等简称来描述新加坡。

宋汝适《诸蕃志》卷上“佛啰安国”条：“佛啰安国，自凌牙斯加四日可到，亦可遵陆。其国有飞来佛二尊，一有六臂、一有四臂。贼舟欲入其境，必为风挽回，俗谓佛之灵也。佛殿以铜为瓦，饰之以金。每年以六月望日为佛生日，动乐铙钹，迎导甚都；番商亦预焉。”“三佛齐国”条，说中国商船到三佛齐，必先在“凌牙门经商三分之一”，然后始到三佛齐。[②]

由此可见，古代新加坡是东西方海上交往的必经之地。唐代开始，直到宋元时期，新加坡逐渐成为重要的贸易枢纽，并有华人在岛上居住。唐代以后，随着经济的迅猛发展以及航海技术的提高，经济中心逐渐南移，出现了交州、广州、泉州、扬州等四大港口，唐朝对外贸易平稳发展，中国与周边国家的关系进入新的阶段。《新唐书地理志》中记载有“广州通海夷道”，即海上通道，从广州出发，沿越南、马来半岛沿岸，可进入印度洋。欧阳修、宋祁所撰的《新唐书》卷四三有这样一段文献记载：“广州东南海行，二百里至屯门山，乃帆风西行，二日至九州石。又南二日至象石。又西南三日行，至占不劳山，山在环王国东二百里海中。又南二日行至陵山。又一日行，至门毒国。又一日行，至古笪国。又半日行，至奔陀浪洲。又两日行，到军突弄山。又五日行至海峡，蕃人谓之质，南北百里，北岸则罗越国，南岸则佛逝国。佛逝国东水行四五日，至诃陵国，南中洲之最大者。又西出峡，三日至葛葛僧祇国，在佛逝西北隅之别岛，国人多钞暴，乘舶者畏洋之。其北岸则个罗国。个罗西则哥谷罗国。”[③]这段引文中的“罗越”是今天的新加坡。最早居住在新加坡的人种，乃是原始马来人的后裔，称作“奥郎罗越”。《新唐书》卷下中又谈道：“罗越者，北距海五千里，西南哥谷罗。商贾往来所凑集，俗与堕罗钵底同。岁乘舶至广州，州必以闻。”[④]

宋元时期，中国和新加坡的贸易往来更加频繁。宋代赵汝适的《诸藩志》有这样一段描述：“三佛齐间于真腊、阇婆之间，管州十有五。在泉之正南，冬

---

① 李奎：《新加坡〈叻报〉小说初探(1887—1919)》，上海师范大学 2010 年硕士论文，载中国知网，http://cdmd.cnki.com.cn/，下载日期：2017 年 1 月 30 日。

② 赵颖：《新加坡华文旧体诗研究》，陕西师范大学 2012 年博士论文，载中国知网，http://cdmd.cnki.com.cn/，下载日期：2017 年 1 月 30 日。

③ 欧阳修：《新唐书》(卷 43 下)，中华书局 1975 年版，第 1153 页。

④ 欧阳修：《新唐书》(卷 222 下)，中华书局 1975 年版，第 1154 页。

月顺风月余方至凌牙门。经商三分之一，始入其国。”“三佛齐”，又称室利佛逝、佛逝、旧港。鼎盛时期，势力范围包括马来半岛和巽他群岛的大部分地区，新加坡囊括其中。宋代，正值摩诃拉甲统治三佛齐时期，势力显赫，版图扩展。“凌牙门”是三佛齐管辖的众多地区之一，即元、明两代称谓的龙牙门，是当今新加坡的岌岌巴海港。海商中三分之一涌入三佛齐，主要集中在作为国都和主要港的占卑，众多的海商亦必途经凌牙门（今新加坡）。三佛齐地产爪渭、香料，并从西方等国输入香药、象牙、珠宝、番布等，以此交换中国的金银、瓷器、丝织品，以及糖、酒、米、大黄、铁器等的食品、药品和日用品。作为航程必经之地的凌牙门，汇集来自中国和西方的商货，成为东西方商货的集散地。

元代旅行家汪大渊，在其亲历的手记《岛夷志略》一书中，提及古代新加坡及其海港："门以单马锡番两山相交，若龙牙状，中有水道以间之。田瘠稻少。天气候热，四五月多淫雨。昔酋长掘地而得王冠。岁之，始以见月为正。初酋长戴冠披服受贺，令亦递相传授男女。兼中国人居之，多推髻，穿短布衫，系青布绡。”“贸易之货，用赤金、青锻、花布、瓷器、铁鼎之类。盖以山无美材，贡无异货。以通泉州之货易，皆剧窃之物也。舶往西洋，本番置之不问。回船之际，至吉利门，舶人须驾箭棚、张布幕、利器械以防之。贼舟二三百只必然来，迎敌数日，若晓幸顺风，或不遇之，否则人为所戮，货为所有，则人死系乎顷刻之间也。”①14 世纪的单马锡，利用自己交通便利的优势，利用交易甚至掠夺商船的方式纳财。同时“兼中国人居之，多椎髻，穿短布衫，系青布捎”说明当时已有前来经商的中国人客居于此。宋元时期，中国的海外贸易非常蓬勃，东南一带的不少商贾都积极到东南业一带经商，乘帆船由水路运送商品。新加坡处于东西交汇的交通要地，自然是这些商贾停留的其中一站。

明朝时期，郑和下西洋是中国和南洋各国交往的巅峰，与郑和随行的费信，在郑和使团中担任通事教谕，每到一地，“伏几孺毫，叙缀篇章，标其山川夷类物候风习，诸光怪奇诡事，以储采纳，题曰《星槎胜览》”。《星槎胜览》中关于其时新加坡的表述："龙牙门，在三佛齐之西北，山门相对，如龙牙状，中通过船。山涂田瘠，米谷甚厚。气候常热，四五月间淫雨。男女推穿短衫，围稍布。掳掠为豪，遇有番船，则驾小船百只，迎敌数曰。若得顺风，侥幸而脱，否则被其截，财被所劫。泛海之客，宜当谨防。诗曰：山峻龙牙状，中通水激瑞。居人为扩易，番舶往来难。人夏常多雨，经秋且不寒。从容陪使节，到此得游观。”

---

① 汪大渊：《岛夷志略》，中华书局 1981 年版，第 213～214 页。

这首诗应该是新加坡华文旧体诗有文字记载后的第一首。诗中记录的“龙牙门”，同元代汪大渊笔下的龙牙门大同小异，但是由元代的“田清稻少”而为“米毅甚厚”，生产应该是有所发展的。但在贸易方面，因地居要冲，凭借地利之便，使得“遇有番船则驾小船百只，迎敌数日，若得顺风，烧幸而脱。否则被其截，财被所劫。泛海之客，宜当谨防”。①

晚清政府意识到新加坡的重要性，在新加坡设置领事。“光绪四年，置新加坡临时机构，后改总领事。”②“领事则在保卫商贾，护持贸易，有事则据公法和约为办理，或有不行，则禀陈己国使臣，或转请之外部大臣，以俟裁决，此其大略也。”③由此，新加坡成为中国第一个在海外设置领事的地方，中国直接派遣到海外的第一个领事左秉隆，作为首位专业外交官，不断致力于提高当地华人的文化水平，设立会贤堂毓兰书室、养正书屋，给中国侨民很大的心理安慰，有利于改善了华人生存环境，提升华人的社会地位和形象。

贸易方面，由于地理上的优势，新加坡成为南洋地区最大的埠头。清政府考察商务大臣杨士琦奏考察南洋华侨商业情形④，折中云：“地股之极南，有岛曰新加坡。幅员甚小，农产亦低。自应开掉后免税以广招徕。由此商舶云集，百货汇输，遂为海南第一巨埠。”⑤清政府向新加坡输出的商品种类更加繁多，如家具、成衣、墨和纸都成为输出的商品。这些商品满足了人们的生活需要，也丰富了新加坡社会的经济生活。许多华侨华人开办了小型的商店或商号，直接促进了新加坡的经济交流和对外贸易。这些新加坡的华人又借助自身的努力和新加坡交通便利的条件，经济条件逐渐好转，使得“叻中华人最多亦最富，有拥赀称千万这，有数百万者，若十万八万之户，但云小康，不足齿于富人也，但究其发迹，多在三四十年前，近则鲜有暴富者矣”。许多人在此定居，甚至纳娶当地女子为妻，繁衍后代，“中华海商来者既众，步头繁盛，遂为南洋第

① 费信著，冯承钧校：《星槎胜览》（前集），中华书局1954年版，第19～20页。

② 赵尔巽等撰：《清史稿》（卷一一九），中华书局1971年版，第3449页。

③ 王韬：《强园文录外编》（卷二），中华书局1959年版，第53～54页。

④ 晚清时期，政府派出大批官员出使西方，这项举动具有外交和考察的双重意义。同时，总理衙门要求这些出国游历者撰写日记。而这些清廷公使出使西方，走海路经过新加坡时，对于当地社会文化也有所记载，如郭嵩焘的《使西纪程》、曾纪泽的《使西日记》、薛福成的《出使英法义比四国日一记》等都有所述。其中又以李钟玉的《新加坡风土记》最为详尽。

⑤ 王彦威：《清季外交史料》（卷二一），书目文献出版社1987年版，第10页。

一。近世西南洋诸国，莫不知有星家坡而盛称之。闽粤人特重，谓之新州府。若不知其初为弹丸岛国，于中华甚无足重轻也者，盖姓家谱距闽粤都不过五千里，海船来最便。闽粤人流寓岛中，纳巫来由土女为室者，不下数万人。”[①]又“新加坡本非国，乃斗入南海中一大峡，地方两千里，距澳门水程十更，香味闽广客民流寓，约两万人”。[②]

2. 殖民地时期新加坡的中国劳工

如前所述，早在 1511 年 8 月葡萄牙人占领马六甲后，中国商人为了逃避歧视、压迫和剥削大量转移到其他地方贸易，华人急剧减少。[③] 1641 年 1 月荷兰殖民者攻陷了马六甲后，又对马六甲实行屠杀，人口大量减少，劳动力十分缺乏。荷兰殖民十分希望有华侨来马六甲工作。[④] 为了吸引华侨到马六甲来，荷兰殖民者当局采取了一些激励措施，但他们吸引华侨和其他人民的希望始终未能实现。1678 年马六甲共 4884 人，华侨只有 426 人。[⑤]

(1)殖民地早期的中国劳工

随着荷兰海上殖民势力的是削弱，英国海上霸权的扩张。为了追求更多的利益，打破荷兰人在马来半岛的垄断，从 18 世纪中期开始，英国东印度公司便马不停蹄地在印度次大陆进行征服与镇压。在扩张中英国东印度公司企图在马来半岛开辟据点，新加坡作为商业据点引起英国东印度公司的注意。马六甲驻扎官威廉·法库尔在呈交给英国东印度公司的报告中是这样描述：“新加坡岛，由一条海峡将它同柔佛王国隔开，但是还是柔佛王国的组成部分，受它管辖，在新加坡最南端海角处，同时又有许多小岛屿环绕；新加坡的位置刚刚好和廖内一样远离大陆，可以以新加坡为制高点观察廖内的行动；所有前往中国贸易经过廖内海峡的同时，也相应地经过新加坡，新加坡是一处优良的港

---

① 余定邦、黄重言：《中国古籍中有关新加坡马来西亚资料汇编》，中华书局 2002 年版，第 249 页。

② 魏源：《海国图志》(卷六)，中州古籍出版社 1997 年版，第 16 页。

③ 林远辉、张应龙：《新加坡马来西亚华侨史》，广东高等教育出版社 2008 年版，第 64 页。

④ Victor Purcell, *The Chinese in Malaya*, *Kuala Lumpur*, Oxford University Press, 1967, p.29.

⑤ Victor Purcell, *The Chinese in Malaya*, *Kuala Lumpur*, Oxford University Press, 1967, p.30.

口,似乎在每一个方面都十分符合我们的期望。"[①]英国东印度公司的 T. S. 莱佛士(Thomas Stamford Raffles)来到新加坡加入法库尔,对新加坡更是难以割舍。"我们将看到将来的某一个时期,可能在短期的十年至二十年之间,它将由一个盐泽一跃成为一个富饶且繁荣的殖民地,同时每年可能带来价值三百万吨左右的货物。"[②]1819 年初,莱佛士和法库尔来到新加坡,与当地首领东古·隆王子和天猛公达成协议,东古·隆王子等获得相应数量的金钱补偿,英国相应获得对新加坡土地使用的权利。从此英国开始取得对新加坡的租用,并进而控制并统治新加坡。

英国进入新加坡后,开始对新加坡进行开发。但当时的新加坡岛,除了几个稀疏的小村落外,其余都是荒原、沼泽和山丘。"除各条河的河口和沿海岸一带有少数的居民外,依然是一片充满了原始丛林的地带。"[③]殖民者进行开发面临不少困难,其中劳工供应是最困难的,成为制约开发的瓶颈。"当莱佛士于 1819 年 1 月 28 日到达时,这里仅有的居民约 120 马来人和 30 个中国人。"[④]

为了解决新加坡人口稀少、劳动力奇缺的困难,英国殖民者便大量地从印度、中国输入大量廉价的劳工。佛莱士在 1813 年强占新加坡之前,就已经从事贩卖中国劳工的活动。在《1634—1834 年东印度公司对华贸易系年纪事》收录的公司驻广州商馆大班往来函件或记事中记载:罗伯兹先生于 1812 年从英国出来的时候,曾接到佛莱士先生的口头要求,招雇一批中国人前往他在邦加(网甲)岛上所建的居留地文岛。罗伯兹到达澳门之后,曾经先后在 1813 年 12 月 13 日送出一批共 700 人,1814 年 2 月 8 日送出 425 人,连同其他零星小数,总共送出 1700 多人。这些工人都在澳门装上船。各船船长这一次为运送移民所得客运收入,是按每一人 30 元计算的。

---

① Charles Burton Buckley, *An Anecdotal History of old times in Singapore*, *Singapore*, Fraser and Neave Ltd, 1902, pp.304～305.

② R. Montgomery Martin, *History of the British Colonies*, *vol* 1, *possession in Asia*, London: Cochrane and Mcrone, 11, Waterloo place, Fall Mall, 1834, p.440.

③ Victor Purcell, *The Chinese in Malaya*, *Kuala Lumpur*, Oxford University Press, 1967, preface.

④ Victor Purcell, *The Chinese in Malaya*, *Kuala Lumpur*, Oxford University Press, 1967, 序言, p.xi. 转引自林远辉、张应龙:《新加坡马来西亚华侨史》,广东教育出版社 1990 年版,第 101 页。

1819 年，佛莱士雇用了二三百个华人、马来人和印度苦力平山填泽，从事新加坡的城市和港口建设。[①] 首先移入新加坡的华侨，多由马六甲和廖内群岛而来，他们不堪荷兰殖民者的残酷掠夺和压迫，千方百计冲破荷兰殖民者的封锁线移入新加坡。至 1821 年，又有直接从中国而来的华工。这一年年初，满载着货物和劳工的中国帆船直航抵达新加坡。

此后从中国来的劳工不断增多。仅厦门一地，于 1825 年即有二艘船运载 1295 人到新加坡，1829—1830 年有 9 艘船载 1870 人到新加坡。[②] 至 19 世纪 30 年代，每年“十二月和一月份输送到新加坡的华工，从未少于 6000 或 8000 的数目”[③]。到 40 年代中又增至 10000 名，1853 年增至 13000 名。[④] 到达新加坡的华工，也是契约华工。佛莱士于 1823 年 5 月通过颁布一项法令使这种契约华工制度合法化。虽然这项法令也规定每名华工的价格不得超过 20 元，服役年限不得超过 2 年，但这只是要使契约华工制合法化的装饰，实际上其价格往往在 20 元，服役年限往往 2 年以上。[⑤] 华工在新加坡服役三四年之后能够回中国的只有 1/10，有的要熬五六年，8 年甚至 10 年，“而绝大多数在新加坡劳动了二十年，终于死在海峡殖民地”[⑥]。

新加坡的劳工很多是通过“猪仔贸易”贩运来的，新加坡因此形成了当时世界上最大的“猪仔贸易”市场之一。在英国殖民当局操纵和庇护下，由当地华人黑社会恶霸式人物出面经营的。海峡殖民政府设有华民政务司专管华工事。“猪仔”头在新加坡开设收容华工的客馆，名为猪仔馆，实际是牢房。这些客馆同澳门、香港、厦门、汕头、海口等地的猪仔馆声气相通。它们在内地密布爪牙，一得到需要华工的消息，便立即活动，大肆诱拐。从诱拐到运至新加坡，

---

① Song Ong Siang, *One Hundred Years' History of the Chinese in Singapore*, Singapore: University of Malaya Press, 1967, p.7.

② 傅衣凌:《厦门沧海石塘(谢氏家乘)有关华侨史料》,载《华侨问题资料》1981 年第 1 期。

③ Chinese Repository, Vol. 6, Oct. 1837, pp.299～300. 又见姚贤镐:《中国近代史对外贸易史资料》(第一册),中华书局 1962 年版,第 463～464 页。

④ Chinese Coolie Immigration in Nineteenth Century Singapore, in *Review of Southeast Asian Studies* (Nanyang Quarterly), Vol. XIV, June 1984, p.45.

⑤ 布莱司:《马来西亚华侨劳工简史》,载《南洋问题资料译丛》1957 年第 2 期。

⑥ Song Ong Siang, *One Hundred Years' History of the Chinese in Singapore*, Singapore: University of Malaya Press, 1967, p.7.

要经过许多层次，每一转手，都要分得一份人头钱，而这一切支出，最后一股脑儿都落在华工身上。全部支出包括旅费、饭费等约20元至40元不等。到达新加坡的“猪仔”（亦称“新客”）即住在“客馆”等待出售。售价一般约90元至100元，要在契约期内，在华工微薄的工资项专加利（月利理纬）扣还。成交以后，由“猪仔”头以暴力威迫华工到华民政务司问话，当场同买主签立契约。期限从半年到一至三年不等。契约期内，华工无人身自由，一切任从雇主摆布，要受雇主或工头的鞭挞，并可能被转卖。契约期满，如债未偿清，契约即无限期延长。据不完全统计，从1881年至1930年到达海峡殖民地的华人，共约830万人，其中绝大多数是“猪仔”。这5年共运近600万名华工，每年平均要去10多万名。1881年，新加坡签订契约的劳工中89.1%是华工，其中只有17.6%的签约华工留在新加坡做工，绝大多数是签约到马来各士邦、荷兰属地、澳大利亚和暹罗等地去做工的。[①] 在整个19世纪中，开发霹雳和雪兰莪的苦力都是从新加坡和槟榔屿的人口市场上购买的。1874年邦咯条约签订后，大量“猪仔”从新加坡或槟榔屿被运入各士邦去开发甘蔗园、橡胶园等，在1895—1927年的32年间，进入半岛马来亚的华人达到600万以上。[②]

英国殖民者通过“猪仔贩运”及其他招徕华侨、特别是华工的政策，使新加坡的人口，主要是华侨人口迅速增长。1819年6月11日，即佛莱士在新加坡登录后约四个半月，他在一封信中说：“我的新加坡殖民地非常迅速地兴盛起来。建立不到4个月，人口却已经增加到5000人以上——主要是华人，他们的人数每天都在增加。”[③]1821年新加坡总人口4724人，华侨1150人；1840年总人口3.5万人，华侨1.7万人，已占近一半。

进入新加坡的华工也被广泛使用于城市、港口、道路的建设和土地的开发。19世纪20年代到50年代，新加坡岛的胡椒和甘蜜的种植几乎全靠华工，供应新加坡的蔬菜也几乎全为华工所种。自20年代起，甘蜜、胡椒市场的中心即自廖内群岛转移到新加坡来。30年代和40年代，新加坡岛上共有甘蜜和胡椒园四五百个，面积达26800多英亩，使用华工达万名以上，1848年时

---

① Pitt Kuan Wah, Chinese Coolie Immigrants Nineteenth Century Singapore, in *Review of Southeast Asian Studies*(Nanyang Quarterly), Vol. XIV, June 1984.

② Choo Keng Kun, Population Growth and Development of Penang: A Demographic of History, in *Nanyang Quarterly*, Vol. XIII, 1983, p.33.

③ Victor Purcell, *The Chinese in Malaya*, *Kuala Lumpur*, Oxford University Press, 1967, pp.88～89.

甘蜜胡椒园达到 600 个。甘蜜和胡椒的产量在 1836 年分别达到 2.2 万担和 1 万担,1839 年达 4.8 万担和 1.5 万担,1848 年增加到 6 万担和 3.1 万担。这两种经济作物占新加坡耕地面积的 3/4,同时也占新加坡农产品出口总值的 3/5。

由于华侨,主要是华侨劳工的进入,使新加坡的荒凉面貌很快地发生了巨大的变化,迅速地成长为著名的国际港口城市、东南亚的经济中心。1820 年 3 月 31 日,新加坡驻扎官法库尔写信向佛莱士报告说:“今天,我看见港内有 20 艘以上的大帆船,3 艘来自中国 2 艘来自安南,其余都来自暹罗。此外还有其他船只。在新加坡河对岸的沼泽地,现时几乎盖满了华人的房屋。”任何人看到新加坡的迅速繁荣都会惊奇不已,不相信这是只建立不够 20 个月的新加坡。1825 年,马六甲的贸易刚刚超过 30 万英镑,槟榔屿刚刚超过 100 万英镑,而新加坡据估计已达到 281 万多英镑。英国一位博物学家在 1854—1862 年几次对新加坡进行访问参观后,这样描绘:“官吏、驻防官及主要商人是英国人,而大宗人口却是中国人,包括若干富商、内地农人以及一般机器匠和劳动者。”“新加坡各民族中最显异而且引人注目的是中国人,他们人数众多及不断的活动给予本市以多量中国式城市的外观。”“在中国商场内有好几百间小商店,店内摆列五金、铁器及布帛等项杂货,并且有许多杂货卖得非常便宜。”“在城市四周有几十个木匠同铁匠。木匠所做的主要器皿似乎是棺材同厚漆美饰的衣箱。铁匠大半是做枪的,都用手工把铁棍穿成枪管。他们天天独做这种不耐烦的工作;而且做好的枪都有雅观的燧石枪支。”“至于待雇的苦力同船夫是到处可以遇到的”,而“在本岛内的中国人或在丛林内砍下树木,锯成木板;或垦植蔬菜,携往市场;或种植胡椒树同儿茶,成为出口的重要物品”。①

同治八年(1869 年),清政府和英国签订的《中英新定条约新修条约善后章程》。章程规定凡英国属地各口均可派领事官驻扎。光绪元年(1875 年),清政府即着手准备在英国及其属地设置领事馆。光绪二年(1876 年),清政府根据英国的要求,由专使郭嵩焘赴英。后来,又根据英国的要求,郭嵩焘从专使变为驻扎英国使臣,成为中国历史上第一位驻外使节。自从清廷在新加坡设立领事馆以后,华人移居到新加坡就更多,到了 19 世纪 80 年代末的,已经占新加坡总人数的 60%以上。② 新加坡借助于廉价华工,得到迅速的繁荣发

① 窝雷斯:《马来群岛游记》,吕金录译,上海商务印书馆 1939 年版,第 29~31 页。

② 林远辉、张应龙:《新加坡马来西亚华侨史》,广东高等教育出版社 2008 年版,第 96 页。

展，到19世纪70年代，新加坡已经成为东南亚冲要，商业繁荣，华人众多的大埠。

(2)资本主义经济危机时期

1929—1933年世界经济危机爆发后，马来亚的英国殖民者颁布限制移民法令，限制男性中国人入境，规定自1931年1—9月每月限额为5238人，自10月限额为2500人，1932年8月以后又减为1000人。① 同时，英国殖民者又把大批失业的华工遣送回国，出现了从马来亚出境的中国人多于入境的情况，计在1931—1933年出境的中国人比入境的多241661人。② 1941年年底太平洋战争爆发以后，中国人进入马来西亚、新加坡基本停止了。此期间新加坡、马来西亚人口结构发生很大变化，女性比例增大，侨生比例增大。据统计，1934—1938年，进入马来西亚被分送到各个种植园、矿场和工厂的中国妇女劳工人数在19万以上，大多为广府籍或客家籍的农村妇女或工人。③ 据统计，新加坡在1937年共有劳工68959人，其中华侨工人43143人，占62.6%；④ 1947年从事制造业的工人共68000人，其中华侨工人56000人，占82.4%，运输业工人52000人，华侨工人占59.6%。⑤

华侨工人阶级的第一批职业工会出现于1925年前后，1926年南洋各职业公会宣告成立。20世纪30年代，新加坡先后成立了黄梨、建筑、码头、火锯、电车、饼干等工会和星洲赤色总工会(简称星总)，还有新加坡各民族各业工人联合会等。各个工会出现以后，立即组织工人投入反英斗争。1927年和1928年，新加坡电车工人和鞋业工人罢工；1936年，星洲建筑工人工会的工人3000多人到华民政务司请愿要求注册。⑥ 1936年，新加坡罐头厂工人和建筑工人要求提高工资，实行社会保障，反对随意解雇工人和保障工人劳动权利举

---

① 林远辉、张应龙：《新加坡马来西亚华侨史》，广东高等教育出版社2008年版，第370页，转 Victor Purcell, *The Chinese in Malaya*, *Kuala Lumpur*, Oxford University Press, 1967, p.203.

② 郁树坤编：《南洋年鉴》(癸部)，新加坡南洋报社有限公司1931年版，第62页。

③ 布莱司：《马来西亚华侨劳工简史》，载《南洋问题资料译丛》1957年第2期。

④ 林远辉、张应龙：《新加坡马来西亚华侨史》，广东高等教育出版社2008年版，第398页，转引自郁树坤编：《南洋年鉴》(乙部)，新加坡南洋报社有限公司1931年版，第155页。

⑤ 厦门大学南洋研究所编：《马来西亚的经济发展》，载《南阳问题资料译丛》1963年第1期。

⑥ 林远辉、张应龙：《新加坡马来西亚华侨史》，广东高等教育出版社2008年版，第401页。

行了总罢工。20万工矿企业工人举行反迫害大罢工,种植园和锡矿业30万工人罢工,坚持9个月,取得胜利。

(3)日占时期至新加坡独立之前的中国劳工

日占时期,新加坡、马来西亚华人充满抗日爱国热情和奉献精神,为中国的抗日战争做出贡献。1945年8月15日日本宣布无条件投降后,英国打着“盟友”的旗号于9月3日首先在槟榔屿登录,并于9月15日在新加坡建立军政府,以恢复其殖民统治。1963年马来西亚获得独立,1965年新加坡脱离马来西亚独立。

日本宣布无条件投降后,1947年新加坡华人占新加坡总人口的77.6%,1957年占75.4%。[①] 但新加坡战后华侨人口的增长,主要是当地出生人口的增加,并非新移民浪潮所致。实际上,由于战后初期新加坡、马来西亚社会生活的困苦和局势动荡不安,华侨离境多于入境。[②] 1945年10月21日,新加坡7000名码头工人举行罢工,要求增加工资,反对运送军火到印尼供给荷兰殖民者进行殖民战争。1946年1月29日,新加坡爆发大罢工,抗议英国当局镇压民主人士,参加人数多达17万人。同年7月新加坡军港15000名工人举行罢工长达22天。亚洲籍政府职员不满英国当局在欠薪问题上的种族歧视,1947年举行抗议集会。1945年9月—1947年9月爆发大小工潮243次,参加人数达214377名。1948年英国以共产主义威胁为由,悍然发动新殖民战争,分别于6月18日和6月24日宣布马来西亚和新加坡进入“紧急状态”,出动军警,逮捕大批民主人士,查封进步刊物和社团。1948年6月至1953年初,拘禁和驱逐华侨达24036人,杀害华侨3510名。“紧急状态”成为战后初期华侨政治发展的一个转折点。[③]

1949年中华人民共和国成立后,中国向外移民活动基本停止。当地出生的华侨人数急遽增长,与华侨社会男女比例接近有很密切的关系。华侨男女比例接近和平衡,有助于华侨建立正常的家庭生活,有利于整个华侨社会的稳

---

① M.V. Del. Tufo, *Malaya: A Report on the 1947 Census of Population*, London, 1949, p.40; Victor, pp.218～226.

② 林远辉、张应龙:《新加坡马来西亚华侨史》,广东高等教育出版社2008年版,第480页。

③ 林远辉、张应龙:《新加坡马来西亚华侨史》,广东高等教育出版社2008年版,第493页。

定，从本质上反映了华侨落地生根的历史发展趋势。[①] 朝鲜战争后，失业问题变得尖锐起来，为反对英殖民者的劳工政策，争取劳动条件的改善，1954 年 4 月新加坡成立了各业工厂商店职工联合会，林清祥任秘书长。各业职业联会勇于为广大下层劳工改善劳动条件和反对殖民统治斗争，赢得工人的信任和用户，1955 年年底会员由成立之初的 200 名增加到 3 万名，成为新加坡最有影响力的工会组织。1953 年新加坡人民行动党正式成立，提出结束殖民统治，争取独立和自由平等，改善劳工福利等主张，深得人民的支持和拥护。1955 年新加坡工会组织增加到 187 个，会员近 14 万人，罢工工潮达 275 起。1955 年 4 月，福利联合巴士公司工人为抗议资方无理开除工会会员举行罢工，5 月 12 日，英国军警进行镇压。2 万多各业工人举行大罢工声援，取得胜利。动摇了英殖民统治，推动了新加坡自治运动的发展。[②]

三、历史上中国海外劳工的法律地位

（一）中国海外劳工法律地位概况

1. 明末清初中国海外劳工的法律地位

明末清初的海外劳工，多为闽粤沿海破产农民。因家乡生活困难，多往南洋谋生，由于资金短缺，一般采取两种方式出国：一是自发结伙出海，公推一名“客头”，垫付船资伙食，到海外以劳动所得偿还欠债，立有“公凭”为据；另一种是个体农民，把自己质押给船户，到海外找到亲友或雇主，垫付所欠船资等费，约定以劳动偿还。清朝于 1684 年开放海禁，涌赴噶罗巴（今雅加达，当时泛指爪哇岛）蔗园谋生的华工多采取后一办法。他们出国一般皆出于自愿，未见以拐贩谋利的事件。然而史料关于此类劳工（佣工）的记载不是很多，分析此类劳工具体生活状况和地位的文献资料也很少。但总体而言，此类劳工是以劳动力换取报酬，他们与雇主的关系基本上是一种平等的契约关系。虽然劳工会受到雇主的剥削，且受到“客头”或“船户”的欺压，但他们仍享有基本的人身

---

① 林远辉、张应龙：《新加坡马来西亚华侨史》，广东高等教育出版社 2008 年版，第 511 页。

② 林远辉、张应龙：《新加坡马来西亚华侨史》，广东高等教育出版社 2008 年版，第 493～511 页。

自由和权利。至于他们与政府的关系，通常与当时政府的外侨政策相关。在禁止华民出洋时期，私自出洋佣工者，可能被视为“疏通外国”而受到严厉处罚，根本得不到中国政府的保护。但这一时期，海外劳工人数不是很多，他们的地位和保护问题不是很突出。

2. 鸦片战争后中国海外劳工的地位

鸦片战争以后，西方殖民者利用坚船利炮打开了劳动力供应的大门，在沿海大肆掠卖华工。尤其是第二次鸦片战争以后，随着外国人在华招工合法化，清朝国势更加颓败，被迫同意以约法的形式将华工出洋程序合法化，并将外国人招工的范围从广州一处扩大到各个通商口岸，大量华工被掠卖到国外。我国海外劳工队伍日益壮大，他们所受到的奴役和压迫日益严重，尤其是“猪仔贸易”下，华工的权益受到严重侵犯。容闳曾描写他在澳门见到华工时的状况：“当 1855 年，予初次归国时，甫抵澳门，第一遇见之事，即为无数华工，以辫相连，结成一串，牵往囚室。其一种奴隶牛马之惨状，及今思之，犹为酸鼻。”①尽管 19 世纪中后清朝政府和外国交涉出台了相关的招工章程，华工出洋程序逐步完善，但是弱国无外交，我国广大海外劳工处于水深火热之中。

容闳在与秘鲁交涉时，以质直之辞告秘鲁专使：“贩卖华工，在澳门为一极寻常之事，予已数见不鲜。此多数同胞之受人凌虐，予固常目击惨状。当其被人拐诱，即被禁囚室中不令出。及运奴之船至，乃释出驱之登船。登船后即迫其签字，订作工之约，或赴古巴，或赴秘鲁。抵埠登岸后，列华工于市场，若货物之拍卖，出价高者得之。既被卖去，则当对其新主人，再签字另立一合同，订明作工年限。表面上虽曰订年限，实则此限乃永无满期。盖每届年限将满时，主人必强迫其重签新约，直欲令华工终身为其奴隶而后已。以故行时，每于中途演出可骇之惨剧。华工被诱后，既悟受人之愚，复受虐待之苦，不胜悲愤，辄于船至大洋四无涯际时，群起暴动以反抗。力即不足，宁全体投海以自尽。设或竟以人多而战胜，则尽杀贩猪仔之人及船主水手等，一一投尸海中以泄忿。纵船中无把舵之人，亦不复顾，听天由命，任其漂流。凡此可惊可怖之事，皆予所亲闻亲见者。”②由此可见，我国海外劳工的悲惨地位体现在他们出国前、船

---

① 容闳著，沈潜、杨增麒评注：《西学东渐记》，中州古籍出版社 1998 年版，第 158 页；转引自孙世雄：《容闳、郑观应与猪仔贸易》，载《成都教育学院学报》2006 年第 11 期。

② 容闳著，沈潜、杨增麒评注：《西学东渐记》，中州古籍出版社 1998 年版，第 158 页；转引自孙世雄：《容闳、郑观应与猪仔贸易》，载《成都教育学院学报》2006 年第 11 期。

舶运输过程中、到国外工作期间甚至回国后生活等各个阶段。整个华工出国的过程充满了血泪和苦难。

(1)华工出国前多被拐骗

西方国家由于劳动力的缺乏,为了能够保证劳动力的供应,通过各种政策鼓励招收外国劳工,并纷纷提高招工的佣金,答应种种优厚条件,这些手段刺激了各国投机商人和招工贩子纷纷涌向中国。

因为清政府直到 19 世纪中叶还禁止人民出国,更不许有掠卖人口的专业机构存在,猪仔馆这一机构最初设在国外,即槟榔屿、新加坡以及被葡萄牙强占的澳门等地。槟榔屿,特别是新加坡成为向马来半岛和东南亚其他地区以致世界各地转贩"猪仔"的最大基地和中心。早期的买卖,属于中介性质,猪仔贩只是从中间赚取佣金。后来因为对华工的需要量大增,利润优厚,遂逐渐形成了以掠贩"猪仔"为专业的投机组织,像招工馆、巴拉坑、接待站、食店和客栈等,俗通称为"猪仔馆"。由于清朝地方官员的腐败无能①,一些外国商人在本国政府的默许下,逐渐建立一种供应"苦力"的代理制度,他们要么把机构直接设在通商口岸,要么派代理人驻在各通商口岸,在通商口岸设立许多的"苦力营",负责向海外公司或雇主提供"苦力"②,从中获取丰厚的佣金。"客头"或"猪仔贩",也称掮客或苦力经纪人。由于白人"苦力"贩子直接诱骗拐绑"苦力"较为困难,他们就在中国寻找合作者,即"掮客"或"客头"。"苦力"掮客从白人"苦力"商那里领取一定数额的佣金,然后采取发人头钱的办法笼络控带一伙拐子手(从 1849 年至 1852 年,仅厦门一地就有几百人)③。为了追逐利益,这些拐子手往往采取诓骗、下蒙汗药、打闷棍,甚至直接绑架的手段招致"苦力"。他们无所顾忌,甚至光天化日之下"竟敢潜向僻地掳捉孤单行人"④。因为他们都来自中国人群内部,熟悉当地语言,了解当地民情,普通人对他们不加防备,容易相信他们的胡言乱语。他们或甜言蜜语,编了许多发财故事,极力渲染海峡殖民地的挣钱致富机会,并答应准备为出国做工的人付旅费。或诱骗进城,介绍到赌场赌博,乃至输得囊空如洗,再诱惑或胁迫强制,使他们

---

① 陈翰笙主编:《华工出国史料汇编》(二),中华书局 1980 年版,第 2～8 页。

② [美] P.C.坎贝尔、丁永祥:《外国人对中国劳动力的竞争》,载《南洋问题资料译丛》1963 年第 3 期。

③ 陈翰笙主编:《华工出国史料汇编》(三),中华书局 1985 年版,第 8～10 页。

④ 陈翰笙主编:《华工出国史料汇编》(三),中华书局 1985 年版,第 17 页。

移居海外以便偿还赌债。或强行绑架、使用迷药。各种掳掠、拐骗方法无所不用其极。另外,这些拐子一般都与秘密会社有关系。会党本来是反政府组织,可随着社会及其自身的发展,有许多组织龙蛇混杂,尽干些不道德的勾当。东南沿海是秘密会社最活跃的地方,再加通商口岸的掩护,这些拐子手就更肆无忌惮,有时官府也莫奈其何。在这种"苦力"代理制度下,大量华工被诱拐绑架出国做苦力。初时每拐骗、掳掠一名"猪仔",就能得到1元的佣金,以后随着对劳动力需要的增加,佣金不断提高,1852年涨到5元,后又涨到8元、10元,最高时涨到95元至100元。[①]

"苦力"代理机构在通商口岸设立许多收买、囚禁和转卖"苦力"的集中营,是"苦力"惨遭迫害的活地狱。据一个叫阿久拉的苦力贩子亲口供称:"从澳门运出的苦力是充满了血腥纪录的。"[②]"苦力"上船以前,要在这里接受检查和询问,"苦力"必须回答:因为穷,无以为生,愿意自卖自身到外国做工,如有违抗,则施以酷刑拷打。拷打"苦力"时,故意敲锣打鼓,鸣放鞭炮以掩盖"苦力"的惨号。查问时如默不作声,便只当同意;有时拐子手混在人群中大喊大叫,干扰提问,把表示不愿的声音掩盖下去;有时干脆冒名顶替,蒙混上船,等船出海后,再把"苦力"送上船去。"苦力"营的"苦力"如果逃跑,一抓回即鞭打至死,或立即枪杀。一个"巴拉坑"每天十几个苦力自杀是常有的事。[③]

西方投机商还利用其本国获得的治外法权为这些非法招工的"客头"提供保护。香港、澳门、厦门、汕头、宁波、福州的洋行都有专为扣押华工等候装船的卖人行,这些地方都是高墙铁栅,并雇用了大批打手,而且有外国领事的庇护。西方殖民者采用这些手段招工几乎是没有遭到中国官府的有效制止。厦门的英商德记洋行,竟把他们招工的猪仔馆设在清朝官吏衙门的旁边。鸦片战争后,开放厦门、广州等港口,1860年允许列强在华招工合法化之后,香港、澳门、广州、汕头、海口、厦门、上海、宁波等,便出现了大批的猪仔馆。1876年仅在汕头一地,便有猪仔馆二三十家。猪仔馆之间彼此联系,互通声气,交换"猪仔"供需情况。[④]

在这种"苦力贸易"制度下,中国海外劳工出国之前的基本权利都得不到

---

① 陈翰笙主编:《华工出国史料汇编》(一),中华书局1984年版,第116页。

② Watt,steewart, *The Chinese Bondage in Peru*,North Calorina. U. S1951,p.46.

③ 陈翰笙主编:《华工出国史料汇编》(三),中华书局1985年版,第10页。

④ 陈翰笙主编:《华工出国史料汇编》(六),中华书局1985年版,第108页。

保障。普通老百姓一旦落入“苦力”贩子之手，便坠入无边苦海之中，他们的基本人权甚至生命安全都被剥夺，陷入任人宰割的境地。

(2)华工运输过程中的悲惨遭遇

由于当时交通运输技术的局限，西方殖民者在中国拐骗大量华工后，只能通过船舶海上运输到殖民地。漫长的海上航行，对于出国华工无疑是一场地狱之旅。“客头”或“猪仔贩”为了节省费用，将更多的华工运输到殖民地，往往提供非人性的运输条件。在漫长的海途中，华工在船上衣不遮体、食不果腹，受尽难堪的折磨和野蛮迫害。在船上，华工们被当作牲畜一样对待，由于拥挤超载而导致疾病频发，械斗与混杀事件不断；加上淡水与食物匮乏，许多华工在途中死亡。去古巴的华工海上死亡率平均为15.20%，去秘鲁的为30%，个别有高达45%的。[①]

董丛林在《华工史话》中将运送中国华工的船称之为“浮动地狱”，十分形象。广大华工在踏上洋船之后，都遭遇了难以想象的身心虐待，正如话本小说常说的“猪羊走入屠宰家，一脚脚来寻死地”。

表 2-1[②]

输入国别	次数	船次	装船人数	海上死亡人数比例(%)
古巴	31	14952	5509	36.84
秘鲁	26	111471	4036	35.18
美国	4	2523	1620	64.21
圭亚那	25	1445	433	30
巴拿马	2	752	168	22.34

表2-1反映了一段时期华工在船上的死亡率，其中输入美国的华工死亡率竟高达64.21%。据记载，作出统计的数据来自有关国家官方资料，华工的死亡数字已被大大压低，实际上很多数字是统计数字的两三倍之多。殖民主义者却掩饰说，“苦力的大批死亡，并不是任何人的过失，而是上帝的意志”，以将华工在船上的死亡罪责推脱干净。高死亡率表明华工在洋人船上的生存条件十分艰苦，他们遭受了非人的身心迫害。

① 陈翰笙主编：《华工出国史料汇编》(六)，中华书局1985年版，第108页。

② 董丛林：《华工史话》，社会科学文献出版社2011年版，第37～79页。

(3)在工作地受到残酷折磨

经过无数磨难的华工抵达目的地后,他们还将面临更大的灾难。华工在海外的悲惨地位在世界历史上罄竹难书,其中以古巴、秘鲁华工最具有代表性。例如,被贩卖到古巴矿区的华工,抵达目的地后,要被剥光衣服进行体检,并在胸口盖上印章并编出号码,像奴隶一样被当众拍卖到矿区。矿井劳动和生活就是地狱。剧烈的劳动强度,每天劳动时间长达 12 小时。经常连续几个月内终日在水里劳动。加上安全设备不足,矿井内时常发生爆炸事件,工伤、死亡之华工时有发生。由于从事极繁重艰苦的工作,生活条件极端恶劣,患病后难以得到医治,死伤者不计其数。生命几乎没有保障,全操之于当地的雇主手里。另外,因平时食不能果腹,又动辄受鞭笞虐待,不少华工因为不堪忍受而自杀。在古巴,华工在契约期内的死亡率高达 75%,劳动寿命平均只有 5 年,连死后的遗骸也要化为骨灰,作为蔗田肥料。秘鲁也是一样。1861 年被掠往秘鲁钦察岛挖鸟粪的四千华工,全部去世,无一生还。[①] 1868 年 12 月中旬(同治七年十一月中旬),因为中秘两国尚未建交,秘鲁华工通过美国驻秘公使诉说苦情求援:"恶夷等恃富凌弱,丧良藐理,视合同如故纸,菅人命如草芥。衣食工银惟知吝啬,憔悴惫倦莫肯恤怜。常见苛求,恒加打骂,或被枷锁而力作,或忍饥寒而耕锄。在东家既属苛残,官府依然阿比,纵尔鸣冤,反遭谴责,时时闻屈死之惨,处处有自尽之哀。"[②]后清政府派容闳前往秘鲁查访时发现:①大多数华工是被掳拐而来,事前并不知道自己往何处去,发卖后所立合同亦是虚假或根本未予履行。②工作环境相当恶劣,劳动强度相当大,受伤致残者极多,工主视华工如黑奴尤不如,饮食生活,居住场所猪狗不如,一年所得寥寥无几。③华工被迫害致死者数不胜数,有累死的,伤病死的,屈打致死的,不能忍受自尽而死的。[③]

其实,海外华工所处地位和所受虐待,各地大致相同。华工在工作地的劳动和生活同样是地狱。既无人身自由,又无法律保障,一切基本人权均被剥夺,集中住在监狱式的收容所或寮棚,内设各种刑具,门禁森严,华工不能越雷

---

① 陈翰笙:《华工出国史料汇编》第 1 辑第 3 册,中华书局 1985 年版,第 1040～1050 页。

② 陈翰笙:《华工出国史料汇编》第 1 辑第 3 册,中华书局 1985 年版,第 1050 页。

③ 陈翰笙主编:《华工出国史料汇编》(第一辑),中华书局 1985 年版,第 1043～1059 页。

池一步。每天在工头(管工)率领和监督下，劳动长达 11 小时至 16 小时，甚至有劳动 20 小时的。稍有懈怠，即遭鞭笞，即使劳动好也要打，有华工质问："为什么我劳动好，还要打?"回答说："把你买来就是为了打。"除鞭打外，还要戴着脚镣劳动，晚上睡觉用特制木器锁脚。好容易熬到期满，雇主不给证明，领不到满工执照(俗称满身纸，证明是自由人)，强迫华工续约，否则送官罚做无钱官工，同罪犯一样。做了若干年官工后，还要做"绑身工"，即由官方将华工出租，每月工资 90%上交，华工只得 10%，勉维生活。种种苛虐难以细述。[①]

在最艰苦的劳动条件下，华工只能领取微薄工资。华工的工资水平在 20 世纪初的南非，已无法招到任何一种劳力，包括当时价格最低廉的黑人劳力。英国殖民者在中国招募华工时，契约合同上规定的工资数往往与华工到达南非后实际所得的相去甚远，实际的劳动量也远超出合同所定。而且雇主还随意克扣工资，工人日用消费品价格也十分昂贵，华工几乎每月都入不敷出。虽然契约中常规定华工"或可带妻儿"，但华工工资微薄，华工中"实际带入南非的只有两名妇女和十二名儿童"。

因此，这一时期的海外华工地位比奴隶不如。殖民者通常是在很短时期内，用最残忍的手段，榨尽华工的全部血汗。1860 年，英国《威斯敏斯特评论》刊有一篇关于华工出洋的论文说，"契约华工劳役一听主人之便(按指任意剥削)，华工虽至劳死，亦非所顾，较之黑奴又下等矣。盖黑人乃永久之役，主人常恐其积劳致疾，有误其工，故待之较优。若华工则因期限有定，如不严加逼责，必致期满尚有余力。故在八年内，力求其食用少而出力多，倘能于一年内竟八年之功，则其身虽毁亦可弗恤"。[②]

(4)清政府漠视海外劳工权益

清政府长期严申海禁，视海外华工为化外，对华工被虐杀漠不关心，扬言"人已出洋，已非我民，我亦不管"[③]，指责华工"是敝国的坏人，死了不要紧"[④]。

---

① 陈翰笙主编：《华工出国史料汇编》(第一辑)，中华书局 1985 年版，第 1050～1059 页。

② 陈翰笙：《华工出国史料汇编》第 1 辑第 3 册，中华书局 1985 年版，第 1050～1059 页。

③ 陈翰笙：《华工出国史料汇编》第 1 辑第 3 册，中华书局 1985 年版，第 1050～1059 页。

④ 陈翰笙：《华工出国史料汇编》第 1 辑第 3 册，中华书局 1985 年版，第 1050～1059 页。

如1858年负责谈判天津条约的直隶总督谭廷襄同美国代表谈话即有类似的表示。鸦片战争以后,清政府签署了一系列出卖人民的条约,洋务派当政后更是变本加厉。为了"消除乱萌",洋务派极力鼓吹和提倡华工出国,以便从中分润油水,对外国来华招工,求之不得,千依百顺,委曲求全。① 还有一些封疆大吏,如福州将军,为贪图招工费,竟使与外国领事及投机商互相勾结,狼狈为奸,准其拐骗、掳掠华工。② 关于各口所设洋务委员,据新加坡华侨反映,各口"无洋务稽查之时,猪仔头尚有惧惮,设洋务委员以后,则明目张胆、通同作弊,益无惧惮矣"而"为委员者任从而鱼肉,以饱其私囊。近年历任汕头、北海之委员,皆储积数十万金"。③

清政府对外国政府迫害华侨无动于衷,听之任之。1740年8月,荷属殖民地爪哇岛巴达维亚城发生荷兰殖民当局屠杀华侨的"红溪谷惨案",近万余华侨遇害。④ 一年后消息传回中国,在统治集团中引发了一次是否禁止南洋贸易的争论。清朝官员认为:被惨杀华侨原系"内地违旨不听招回、甘心久住之辈,在天朝本应正法之人,其在外洋生事被害,咎由自取"。"此等被番栽害汉人,皆一久居吧地,当前次禁洋开洋之时厂叠荷天恩宽有,而贪念不归,自弃化外,按之国法,皆干严宪,今其被找杀多人,其事堪伤,而实财自作之孽。"⑤清朝政府对于华侨被害毫无同情之心,更无讨还公道之意。他们只考虑贸易或者禁止民人出海,而对于被惨杀的华侨则毫无怜惜之情。连乾隆皇帝也声称:"天朝弃民,不惜背祖宗庐墓,出洋谋利,朝廷概不闻问。"⑥"红溪谷惨案"对清政府的外交政策产生丝毫影响,"南洋商贩仍听经营为便"⑦。后来,荷兰

---

① 陈翰笙:《华工出国史料汇编》第1辑第3册,中华书局1985年版,第1050~1059页。

② 陈翰笙:《华工出国史料汇编》第1辑第3册,中华书局1985年版,第1050~1059页。

③ 陈翰笙:《华工出国史料汇编》第1辑第3册,中华书局1985年版,第1050~1059页。

④ 温雄飞:《南洋华侨通史》,载《民国丛书》第三编(22),上海书店1991年,第97~102页;又见周南京主编:《世界华侨华人词典》,北京大学出版社1993年版,第340页。

⑤ 陈翰笙:《华工出国史料汇编》第1辑第3册,中华书局1985年版,第1050~1055页。

⑥ 华侨志编纂委员会编:《华侨志总志》,台北出版社1956年版,第96页。

⑦ 陈翰笙:《华工出国史料汇编》第1辑第3册,中华书局1985年版,第1050~1055页。

人恐清廷因“红溪谷惨案”问罪，派使臣奉书谢罪，而乾隆帝却回答说“莠民不惜背弃祖宗庐墓，出洋谋利，朝廷概不闻问”。[1] 此一时期，包括海外劳工在内的海外华人利益丝毫得不到清朝政府的保护，得到的反而是漠视和排斥。这是清政府长期以来敌视甚至打压出洋华民政策的体现。

(5)回国后生活无保障

大难不死能回国的华工已经不多，但清政府并未对他们予以保护。由于清朝末年国内动荡，归国华工很多受到当地土豪的欺凌，清政府并未采取有效的保障措施。由于国内民不聊生，归国的华工同样面临生活的艰辛。他们在国外劳累坏了身体，在生活上面临更多的困难。

清朝历来将出国华人视为敌对或化外。清朝前期，为了防止东南沿海反清复明势力，实行严格的海禁，后虽于 1684 年放松，但清政府禁止民人出国和对海外华人的不信任这一思想却丝毫未有改变，并因袭到第二次鸦片战争之前。经过雍正、乾隆、嘉庆、道光四个朝代，清政府在限制华侨出入国方面制定了种种禁令，并且日益完备。这些禁令针对海外华人出洋和回国的严格规定，丝毫没有考虑海外华人的利益。皇帝认为，出洋华人在外数年，若逾期不回，是其人甘心流于外方，无可悯惜，应不令其复回内地。根据皇帝旨意，清政府规定：定限一年，如有愿回之人，不论年分远近，俱准其附船回籍，查明交地方官点验查管，不许复往，如一年限内不回，即系甘弃乡土之人，一即不准其再回，敢有违禁私纵入口，发觉之日，官民俱照容留逃人例议处治罪。并将这一政策以传单形式发出洋贸易商人带海外晓谕。[2] 乾隆年间又规定，无照私自外出之人、在番地充当甲必丹供番人役使者，或“已在番地娶番妇，生有子女，与夷人结有姻娅，并庐墓田业，情甘异域者”，“永远不许入口”[3]。清政府的这一系列禁令，将海外华人拒之门外，即使准许回国，也将他们视为敌人。清政府为了维护自身统治地位，不惜损害归国华人利益。1728 年，有 31 名在南洋、安南佣工的华侨遵谕回国，清政府先是对他们设法诱问，然后将其迁移于内地，远离故土，又派人“留心察访其情形”，以防有他。[4] 1775 年，许多在越南佣工的矿工因“张德裕”之事纷纷逃回国内，清政府认为这些贫民“系不安本分

① 李长傅：《南洋华侨史》，上海书店 1991 年版，第 32 页。
② 庄国土：《中国封建政府的华侨政策》，厦门大学出版社 1989 年版，第 93 页。
③ 章开源主编：《清通鉴》(二)，岳麓书社 2000 年版，第 337 页。
④ 庄国土：《中国封建政府的华侨政策》，厦门大学出版社 1989 年版，第 95 页。

之人”，恐留在边境，“旧久难保其不再外窜”，仍滋事端，乃将这二千余人一部分“稍觉奸悍者”发遣乌鲁木齐，一部分“尚驯懦者”酌量于内地省份安插，并责成地方官严加管束，细心防范。倘有在路脱逃之人，抓到之时即行正法。①1780 年，安南百姓因不堪安南政府的盘剥压榨，以黄文桐为首举义旗造反，许多华民因畏惧战争逃回内地，两广总督李侍尧将此等难民均予发遣，并将于彼娶有妻室者办以死罪。②

总之，“贩卖猪仔”“苦力贸易”给中国人民造成了极大的伤害。从“苦力”被诱拐、被禁于“苦力营”以及长途的“浮动地狱”，最后在异国他乡的奴隶生活，都充满着血泪。鸦片战争之后中国海外劳工毫无法律地位可言，完全处于一种被奴役被迫害的地位。

（二）新加坡中国劳工的法律地位

英国海峡殖民政府保护苦力贸易，颁布一系列劳工法令、移民法令等，1877 年新加坡设立华民护卫司署，规定新客必须带到华民护卫司署问话，自愿佣工签字立约，又纵容秘密会党、猪仔贩暴力强迫新客承认自愿，披上合法外衣，使之得以公开、大规模进行。③ 在新加坡中国劳工除了具备一般中国海外劳工的特点外，还具有如下具体特征。

1. 以合同确定华工的被剥削地位，但违约事件常发生。在新加坡不同地区、不同行业的各个矿场及种植园等地，华工与雇主所订立的合同内容是不尽相同的。如 1890 年英国殖民当局委托一个委员会调查海峡殖民地和受保护各士邦劳工情况，该委员会报告中所列举了几个士邦的矿业和农业合同条款，其内容存在差异。例如在霹雳和雪兰莪矿业合同条款规定：“（一）每年工作 360 日。（二）每年工资四十二元。（三）扣除旅费不超过 22 元，半年扣一次，每次扣除十一元。（四）供应伙食。（五）供应蚊帐及一般衣物。（六）如一年后还有欠债，须继续工作，但予以自由苦力的工资。在签订合同时不预支款项。”在彭亨矿区的合同条款规定：“（一）每年工作十二月。（二）每年工资三十元。（三）在保护司付给十六元作为偿付旅费及其他开销，其余十四元在合同期内

---

① 陈翰笙主编：《华工出国史料汇编》（一），中华书局 1984 年版，第 494～496 页。

② 章开源主编：《清通鉴》（二），岳麓书社 2000 年版，第 979 页。

③ 林远辉、张应龙：《新加坡马来西亚华侨史》，广东高等教育出版社 2008 年版，第 125 页。

交与苦力。(四)供给伙食。(五)供给一般衣服等物。(六)如一年后还有欠债,须继续工作,工资每月 5 元,供给伙食。"在海峡殖民地及各土邦从事农业的合同条款规定:"(一)每年工作 360 天,但日期不一定要连。(二)工资每年三十元,在签约时不预支。(三)由这项工资中扣除旅费及离华费用共十九元五角。(四)雇主供应伙食。(五)无代价供应一顶蚊帐及几件衣物。(六)如一年后还有欠债,须继续工作,工资每月 3 元,供给伙食。"这些合同条款除了在表述上有些许的区别外,在尽量剥削工人的实质上没有显著区别。

即使同一地区同一行业,其合同条款在不同时期也有所变化。如霹雳英国殖民当局在 1895 年颁布劳工法,与 1885 年的劳工法和 1890 年调查委员会报告相比,其合同条款就作了某些重要的修改:"(一)每天工作 10 小时减为 8 小时。(二)工作一年后仍欠债者,其待遇由过去规定的继续工作给付自由苦力的工资变为延长契约期。"同时还增加了某些新的条款:"(一)雇主有权调遣劳工。(二)劳工逃走被捉获,其捉获逮捕的费用,由劳工负担。"[①]修改后的条款明确规定了每天工作时间,但是对华工的控制和管理规定更详细。前一项修改是因为矿区使用机器生产后劳工劳动实行三班制,以适应增强劳动强度和紧张程度的需要;后一项修改和新增加条款,则是为了更有效地控制华工,惩治逃跑的苦力,保护雇主的利益。因此,本质上也是以尽量剥削华工为目的,对华工是十分苛刻和不合理的。即使这样的合同也常常不为雇主所遵守,违反合同虐待华工的事层出不穷。

2. 艰苦的体力劳动,饱受虐待,生命安全没有保障。最初的锡矿开采,多为露天采掘,工具是锄头、铁锹和粪箕,手锄肩挑,全靠华工的艰苦繁重劳动。在雪兰莪新街场有一个旧矿地,长 3200 米,宽 1200 米,深 125 米,共挖去 1600 万立方码的泥土。在丰发矿区附近一个更大的矿洞,深 310 米,共挖去泥土 3000 万立方码。这些全部是由苦力华工一锄头一锄头地挖,一担一担地搬走的。[②] 苦力华工每天"从破晓至凌晨七时,从事清除夜间矿坑中所积聚的水。七至八时早餐,八至十一时作工,十一时至下午一时午餐,下午一时至五

① 温雄飞:《南洋华侨通史》,东方印书局 1929 年版,第 296～298 页;又傅无闷编:《南洋年鉴》,新加坡南洋商报社 1939 年版,第 62～63 页。

② Victor Purcell, *The Chinese in Malaya*, *Kuala Lumpur*, Oxford University Press, 1967, p.234.

时作工”[①]，身穿粗布短裤，腰缠毛巾，光膀赤足，头戴斗笠，长时间工作在南洋的高温酷热之下，挖土的要不停地挖，挑土的要不停地挑，每次要肩负100多斤重的泥土行走在一个个倾斜狭窄的木制跳板上，稍一不慎，即有跌落水中的危险。动作稍有迟滞，即遭工头的鞭责。住的是简陋的茅草屋，集中住在一起，一人一床，“床是用四根木桩子打到地里去，上面架块铺板或竹条编成的床架，再铺上一张席”[②]，吃的是粗米饭、青菜和咸鱼，天天如是。

早期锡矿地带，杂草丛生，瘴气、毒蛇、毒水、害虫遍地皆是。苦力工作繁重，饮食又差，尤易得病，因缺医缺药，死亡率很高，特别是疟疾鼠疫。著名华侨大富商陆佑在发迹后多次回忆卖身当采锡矿工的亲身经历：“苦力常常遭到虐待，有病不得医治。有的矿主将患病的苦力折磨至临死边缘，然后将他们解雇，病死于道旁。”[③] 1873年，霹雳拿捏一位矿主说：“由中国直接移民到拿捏来的苦力，每年有二千至三千，在开拓森林时，约有百分之十至二十的苦力死于热病，当矿山开始开采，已有百分之五十死去了。”又一位于吉隆坡附近的一个矿区，1857年开发时，第一批运来苦力87人，两个月后便死了69人，活下来的仅18人，死亡率近80%。[④]

种植园的苦力华工，比从事矿工尤过之而无不及。在工头的严密监视下，终日工作在炎荒烈日之下，稍不如意，则遭鞭打。在沼泽烂泥中垦荒，腿部常常被碎片刺伤溃烂成疮，或因瘴气而患水肿。新加坡、马来西亚各地在“开发之初，荒山密林，幽翳深邃，皆猛虎毒蛇栖息之处”。开辟荒林的苦力，“不死于酷刑者，或多为猛兽果腹之物”。如新加坡，开埠30多年后的19世纪50年代，岛上内地仍是“虎、像、毒蛇的乐园”，经常有老虎出没，虎患严重，“平均每天要嗜杀一位华人，主要是那些位于莽林新开辟地甘蜜园作工的华工”[⑤]。如某山场，初招募猪仔50名进行开发，半年之内，仅存2名，其他48名“则死于疾病水土不宜有之，死于蛇蜇者有之，死于虎嗜者有之”。场主再招“猪仔”50名，又经半年，垦荒始毕，种上胡椒，生存者仅14名。后场主又招30名“猪仔”，但因“周围密树丛莽，幽翳深邃，虎蛇巢窟”，常有猛虎伤人之事。于是人

---

① 巴素：《东南亚之华侨》，郭湘章译，台北正中书局1968年版，第463页。

② 布莱司：《马来西亚华侨劳工简史》，载《南洋问题资料译丛》1957年第2期。

③ 林水豪、骆静山合编：《马来西亚华人史》，马来西亚留台校友会联会总会1984年刊本，第209页。

④ 布莱司：《马来西亚华侨劳工简史》，载《南洋问题资料译丛》1957年第2期。

⑤ 傅无闷编：《南洋年鉴》，新加坡南洋商报社1939年版，第61页。

心汹汹，要求离开，场主只得“将猪仔转卖他处，此山场于是遂废”[①]。

开荒垦殖的苦力每天天未明而出，日暮始归，橡胶园的苦力工作时间尤长，每天工作 17 个小时，“在季节工作时间，工人从早上 5～6 时开始割胶，安排盛具，直到晚上 8～9 时为止，然后还需 2 个小时收取乳胶”[②]。住的也是茅草和芦苇搭成的亚答屋，一人一床一席，“晚上睡觉还要被锁起来，以防逃跑”。[③] 天天吃的是咸鱼、蔬菜和粗米饭，直到 20 世纪 20 年代，任何肉类都是奢侈品，从来不是每天都能吃到的。[④]

无论是矿场还是种植园，雇主都有卖鸦片、酒和开赌的专利权。他们常以鸦片、酒和赌博诱引苦力，高价赊给苦力以鸦片、酒、肉和其他食物，使苦力长期负债而遭奴役，“苦力做完了他的工作年限之后，常常比当初工作时所负的债还要多”。[⑤]

广大的华工，包括种植园和矿区以至建筑港口、城市、公路、铁路的华工等，不堪忍受非人的虐待、牛马不如的生活，无数次进行了怠工、破坏工具、逃跑、罢工等各种斗争。英国殖民当局不断颁布各种法令，通过立法保护雇主利益，用逮捕、监禁、罚款、扣工资、延长工期等各种措施来严惩怠工、罢工、逃跑的华工，但斗争始终没有停止过。[⑥]

（三）中国近代海外劳工法律地位评析

中国近代史上的大量中国人出国的主要有国内和国外两个方面的原因。从国内原因看，如前所述，由于中国社会半殖民地半封建化过程的加深，土地兼并情况严重让农民失去赖以生存的土地，人口与土地压力的加剧，以及西方列强在中国的商品和资本扩张，使农村自然经济的日渐解体。同时，自然灾害和苛刻的战争赔款、战争费用转嫁到广大百姓身上使下层民众日益贫困化。清朝末年，社会动荡，民不聊生，广大人民生活苦不堪言，许多人不得不离乡背

---

① 温雄飞：《南洋华侨通史》，东方印书局 1929 年版，第 181 页。

② B.H.詹扬粘科：《美英帝国主义争夺橡胶的斗争》，载《东南亚研究资料》1963 年第 4 期。

③ 布莱司：《马来西亚华侨劳工简史》，载《南洋问题资料译丛》1957 年第 2 期。

④ 陈翰笙主编：《华工出国史料汇编》（第一辑），中华书局 1985 年版，第 45 页。

⑤ 布莱司：《马来西亚华侨劳工简史》，载《南洋问题资料译丛》1957 年第 2 期。

⑥ 林远辉、张应龙：《新加坡马来西亚华侨史》，广东高等教育出版社 2008 年版，第 180 页。

井,到处流浪,以至漂洋过海,另谋生路。另外,清政府在1860年的《北京条约》中被迫解除了华侨出国的禁令,使华侨出国合法化。在1866年与英法签订招工章程,允许其任意招募华工,同意中国人赴英、法殖民地或外洋别地做工,或愿常住入籍,或随时来往,一律听其自便,不得禁阻,打开了劳动力向外国流动的大门。从国外原因看,随着资本主义的发展,西方资本主义经济快速增长,其国内需要大量的劳动力。同时,西方殖民者开发东南亚、美洲、非洲和大洋洲需要大量劳动力。此历史原因为当代劳务移民推拉理论提供了生动的论证。

由此可见,中国海外劳工阶级是随着西方殖民主义的扩张而逐步产生和发展起来的,尤其是第二次鸦片战争后一系列不平等条约的签订,外国人在华招工合法化,西方殖民者在中国招收华工达到高潮,直到20世纪30年代才告结束。据估计,200多年间我国出国华工约有1000万人次,华工的踪迹几乎遍及世界各地。这200多年正是西方资本主义向东方侵略扩张,野蛮掠夺海外殖民地,残酷奴役落后国家人民的时期,同时也是中国封建社会从缓慢解体到濒于崩溃,沦为半殖民地、半封建社会的时期。成千上万华工被掳掠到西方殖民地做苦力,从而形成一个特定的阶层——中国海外劳工,出现在世界历史舞台上,他们以勤劳智慧、英勇顽强,作为中国工人阶级的前身,在生产建设、科技、工艺以及同资本家斗争等方面留下了不可磨灭的业绩,在世界近代史上闪耀着灿烂的光辉。同时,他们作为一个阶层,在殖民地所经历的苦难与血泪,也是殖民主义残酷掠夺中国不可磨灭的铁证。

四、清朝及民国政府对华工的有限保护

(一)清朝政府对华工保护的一般措施

尽管清政府长期敌视甚至打压出国劳工,并有不少排斥和迫害华侨、漠视海外华侨利益的行为,但是到了清朝晚期,尤其是第二次鸦片战争后,随着《北京条约》的签订,华工出洋合法化,华工出洋数量庞大,海外华侨(华工)逐渐形成了一个庞大的队伍,华工权利受到侵害的事件日益增多。清政府认为这样有损尊严,开始重视海外华工权益保护,制定了相关政策并同有关外国签订了一系列包含华工权益保护的条约。这些条约虽然仍是软弱无能的清朝政府同西方列强在不平等的基础上签订的,但其中保护华工的条款客观上对华工取

到了一定的保护作用。可谓聊胜于无,这些条款的内容值得我们研究,并为当今参考和借鉴。

1. 查办贩卖人口行为

第一次鸦片战争前已有贩卖人口出洋之事。由于当时不平等条约中开放的口岸尚未形成,大规模的"苦力贸易"还未开始,而且当时请政府面临的主要问题是鸦片的泛滥,无暇顾及其他。因此,虽然清政府已经发现有南方贩卖人口事宜,但并未引起重视。1839 年 7 月 17 日,军机处令钦差大臣两江总督林则徐在禁烟的同时留心此事,"实力查禁,以卫民生"[①]。林在广东查询过程中,发现确有"数人贩卖猪仔"之事,但认为"并无栽害生命之举"。道光皇帝也仅以殊批"知道了"三字批文,亦未作进一步指示。[②]

鸦片战争后,中国口岸大开,苦力贸易的规模已经较之战前大大扩展,尤其在南方已肆虐日深,可朝廷对此却几乎还是无动于衷。1845 年至 1859 年这 14 年间,晚清朝廷一直沿袭传统立场,漠视"苦力贸易"造成的各种弊端。但"苦力贸易"的弊端有目共睹的,苦力所遭受的残酷、非人道待遇使沿海地区居民非常痛恨苦力掳掠的行为,使得"广州城内和附近地区的居民已经意识到大家共同面临着一场重大灾难"。为了自保,人们愤然行动起来,"只要那些拐掠人口为非作歹的匪帮有一个落入他们手里,便按他们自己的方式伸张正义,发泄怨愤",群众抗击事件频频发生。1852 年的"厦门抗英事件"[③]中,为抗议英商"德记洋行"拐骗劳工,厦门 1500 余名群众在"德记洋行"门前示威。1859 年,"上海民夷冲突"事件造成英人一死三伤。在处理上述冲突事件中,晚清政府既体现了维护国家律令的积极一面,又暴露了屈服于外人的软弱一面。尽管大部分地方官吏阳奉阴违,"明哲保身",也有不少官员害怕洋人、欺压百姓,甚至对自己的同胞进行残酷镇压或借机勒索或接受贿赂。但是"苦力贸易"的种种罪恶和"苦力"的悲惨遭遇促使清朝政府和部分地方官员及"开明士绅"开始认识到苦力贸易的弊端,从而检讨传统的敌视华侨的政策,并开始对"苦力贸易"采取一些积极控制措施。因为对享有治外法权的外国商贩无可奈何,清朝的地方官将打击的矛头直指向内地参与苦力拐卖的拐贩。为了加强打击拐匪的力度,两广总督柏贵颁令"饬令所属县道,暗差引线,务将拐犯拿获,从严

① 陈翰笙主编:《华工出国史料汇编》(一),中华书局 1984 年版,第 5 页。

② 陈翰笙主编:《华工出国史料汇编》(一),中华书局 1984 年版,第 5 页。

③ 陈翰笙主编:《华工出国史料汇编》第二辑,中华书局 1981 年版,第 13 页。

讯办”;同时号召“军民人等见有形迹可疑之外乡流氓,三五成群,身怀利刃者,立即报名该管有司并协同捕捉之归案究办”。这两个告示体现了对拐匪依法严惩,决不宽贷,与民除害的积极态度。[①] 拐匪活动频繁的顺德、东莞、香山三县知县也相继颁布了严禁拐匪的命令,召令人民协助捕役缉拿拐犯,并镇压了以金新发为首的一伙罪大恶极的拐匪。[②] 广东巡抚发起的这场打拐运动,在保护人民方面取得了一定成效。

2. 签约保护华工利益

实际上,惩治“苦力”拐贩的活动不可能从根本上解决日益猖獗成灾的苦力贸易问题,也不可能扭转中国在苦力贸易中所处的被动地位。第二次鸦片战争前中国的苦力贸易持续增长。第二次鸦片战争后,清政府同英法等国签订了不平等的《北京条约》,被迫承认殖民者在华招工的合法性。中英《北京条约》第5款规定:“戊午年(咸丰八年,1858年)定约互换以后,大清大皇帝允于即日降谕各省督抚大吏,以凡有华民情甘出口,或在英国所属各处,或在外洋别地承工,俱准与英民立约为凭,无论单身或愿携带家属一并赴通商各口,下英国船只,毫无禁阻。该省大吏亦宜时与大英钦差大臣查照各口地方情形,会定章程,为保全前项华工之意。”中法《北京条约》第9款也有类似规定。据此,殖民者实现了畅通无阻地在中国招收华工的目标。

尽管如此,中国民间的反抗情绪给西方殖民者在华招工造成很大影响,部分地方官对殖民者在华“合法招工”也采取不配合的态度。英法等殖民主义国家急需在中国招收大量华工,以解决殖民地劳动力极度缺乏的困境,便主动与中国政府商议制定招工章程,希望在华招工制度化,以稳定地满足殖民地对劳工的大量要求。清政府也开始认识到“苦力贸易”的罪恶性,认识到苦力贸易带来的社会问题,意识到保护华工的重要性,逐渐加强了对出国华工的保护。因此,清政府在与殖民者缔结招工章程的过程中,通过艰苦的谈判和讨价还价,签订了一系列保护外国在华招工、规范招工程序以及保护华工利益等内容的条约,从客观上对华工的利益保护起到了一定积极作用。

(1)《外国招工章程十二条》

鸦片战争后招工合法化之前,为了打开利用中国劳动力的大门,英国政府于1859年10月特派招工专员来华谈判制定招工制度事宜,并申请建立招工

① 陈翰笙主编:《华工出国史料汇编》第三辑,中华书局1984年版,第22～23页。

② 陈翰笙主编:《华工出国史料汇编》第三辑,中华书局1984年版,第23页。

所。当时的两广总督劳崇光同意英特使的要求，并发布告示，准许其设立招工所，招聘自愿出洋者，并谈判议定《外国招工章程十二条》，附款五条。具体内容包括："一、公开招募。凡需要招募华工的外国人，只能通过在地方政府准许的地方开设的招工公所，招收情愿出洋的中国人；不得私设馆所，或者通过停泊在水面的墩船，私自招收华工，从而避免可能导致的拐骗情况。二、招工公所的设立程序。凡愿开招工公所者，必须先将合同一纸，并将公所各项规章，呈交管理招工税务司，并地方官查看合同规条，各例实系公平，并无妨碍，方准遵照章程开设。三、招工公所招工程序必须合法。（一）各招工公所必将合同式样，并公所内各项条规，粘贴大门以及公所内人所共见之处，以便众人随时一览而知。（二）各招工公所每日早八点开门，晚四点关门；自早八点钟至晚四点钟，任随工人出入，招工外国人等，均不得阻拦，此时内，所有各工人亲戚朋友，亦准随意往来瞧看。（三）所招工人，或在公所居住，或先行回家，听候定期下船，均由本人同招工之外国人当面商议，各随其意。如有工人携眷来公所暂住，听候下船，一同前往外国，由公所外国人另设僻静房屋，令其一家居住，以示男女有别，不得混杂。（四）所派管理招工税务司委员等必须每日亲往招工所，问明本日共招工人若干名，是否情愿自投，按名点验，将本人年貌、籍贯、住址、家属注册，以便稽查；并将招工合同，各给本人一纸，令人当面朗读给听，逐句详细讲解，以便合同内所议各条，本人均得明晓。（五）自将公所合同讲给本人听明之日起，过四日，由招工税务司并委员等问明本人，此四日主意已定否：如果情愿前往，即可令其画押，听候下船；如不愿前往，即听其自便，或令其出公所，或再候数日，均由本人同招工外国人彼此自行斟酌，招工外国人不得借口用过饭食衣服，勉强工人受雇画押。（六）画押之时，由管理招工税务司委员等当面再问本人，如果实系情愿受雇前往，方可画押，不准丝毫勉强；一经画押，合同内如载有先给洋银若干，必由招工外国人当面如数交与本人收领。自画押收银之后，即不准本人再出公所。本日当即下船。（七）画押后，由招工税务司并委员等每名先给验单一纸，作为下船凭据。并准管理招工税务司并委员于每纸验单，向招工外国人取银二两，以为招工经费。待该船出口，请发红牌之时，由管理招工税务司并委员上船查看，在船工人是否与验单相符；如有未给验单之人，明系私收，应将私收之人，速带上岸，即行释放。并将如何私收各情，会同该国领事官查明，分别办理后，再准该船出口。（八）下船之后，如各工人内有故不肯前往，或地方官因案查起者，招工外国人，亦须按名交出，除事毕即送回船外，其有不能送还者，应由地方官将本人所先领之银若干如数交回招工外国人收领，以免亏负。”[①]各招工公所必须按照前述规定的程序招募华工，以实现“杜绝拐案”“保护华人”的目的。

《外国招工章程十二条》是中国和外国签订的第一个具有保护华工意图的条约，条约内容具有积极的一面。其一，清朝地方政府认识在当时民不聊生的形势下，人民贫困无依，无法生存，不少人想往海外谋生。他们属于自愿出国务工性质，与被拐匪掳卖人口有所不同。“此等人口，可令其前往，毋庸阻拦。”[②]其二，在广东沿海，要禁止人民出国是很难的，拐贩之风已危及广州地区的秩序，社会各阶层纷纷抱怨，因苦力贸易产生中外人民之间的冲突已十分严峻，一味加以禁止是行不通的，也无法改变事情的根本原因。[③] 因此，设立管理机构，议定招工章程，规范招工程序，客观上起到防止拐骗行为的作用，而且通过与外国签订招工章程协定，可以监察缔约国的船只、商行、招工所的行为，必要时可以取得缔约国领事的协助，避免贫民为拐匪诡计所害。[④] 招工章程在打击拐匪，保护华工利益方面的努力具有积极意义。两广总督劳崇光在批准章程之后两天，便派一支船队驻守黄埔，缉获了 36 个拐匪，释放了李福等 41 个受害者。以金长光为首的 18 名拐匪被斩首示众，11 名受到严惩。[⑤] 并监视河面上外国舰船，特派一千总在长州一带“督带战船严密戒备，巡查河道，缉拿拐匪”，以防外国招工船与中国人贩子进行交易。[⑥] 总之，《外国招工章程十二条》的制定在客观上对出洋华工起到了一定的保护作用。该招工章程制定之后，美国、荷兰、法国领事和一些外商均表示愿意遵守。

该招工章程言明其制定目的是“杜绝拐案”“保护华人”，但招工章程的厘定及对拐匪的惩治并不能杜绝拐骗之风，这在后面将有阐述。因为当时世界对于华工的需求远远大于供给，而无约国不准招工，该招工章程实际是为了保护英国在华招工的利益而制定的。招工章程颁布之后，英国人设立的招工公所正式成立。广东地方政府接受外国在华招工的既成事实，敞开了劳动力供应大门。广东地方政府配合派员联同英国人分途到广州附近乡村广泛宣传招

---

① 陈翰笙主编：《华工出国史料汇编》第三辑，中华书局 1984 年版，第 62～64 页。
② 陈翰笙主编：《华工出国史料汇编》第二辑，中华书局 1981 年版，第 194 页。
③ 陈翰笙主编：《华工出国史料汇编》第二辑，中华书局 1981 年版，第 183 页。
④ 陈翰笙主编：《华工出国史料汇编》第二辑，中华书局 1981 年版，第 195 页。
⑤ 陈翰笙主编：《华工出国史料汇编》第二辑，中华书局 1981 年版，第 205～223 页。
⑥ 陈翰笙主编：《华工出国史料汇编》第二辑，中华书局 1981 年版，第 225 页。

工制度,“涌入公所报名出洋的中国人,多到无法收容的地步”[①]。

当然,该招工章程也有许多不足:第一,招工章程规定繁多,程序烦琐,不能得到很好的实施。第二,“苦力贸易”巨大利润的诱惑下,人口贩子仍铤而走险,拐骗人口行为不可能得到有效控制。第三,招工章程对华工在外洋的保障只字未提,不能全面保护华工利益。

(2)《续订招工章程条约》

《北京条约》签订后,除俄国外,英、法、美三国在南方均设有招工所,招募大量华工出国工作,仅1860年至1862年,经香港出国的契约华工就达10万多人。[②] 同时,因为“苦力”供不应求,《北京条约》本身只适用与中国缔约的国家,与中国没有条约的国家如古巴、秘鲁,又急需劳工,只有继续依赖澳门的非法贸易供应。[③] 西方人贩子在利益驱使下,经常避开地方官府,唆使拐匪效劳。1866年春,上海法租界就有“外国流氓与内地奸民(福建省陈春)私相勾引”企图诱卖乞丐之事。广东诱拐人口出洋之案,亦是“层见叠出”。[④] 另外缺乏明确的招工章程亦是拐骗事件和中外纠纷产生的原因。以广东为例,“愚民被胁诱,动辄数百十人……被卖者语言不通。自以为受雇佣工。一经出洋永无下落”[⑤]。拐贩之风有愈演愈烈之势。在这种形势之下,制定一个更具体、更具有普遍适用性的操作章程,规范外国人在华招工,成为中外双方的共同愿望。[⑥] 对外国人来说,招工章程的制定可以避免地方政府对其自由招工的诸多限制,而对清政府来说可以适当保护华工利益,阻遏拐骗之风继续增长,减少或避免中国人和外国人之间的冲突。[⑦] 1866年3月5日中、英、法三方经过反复谈判磋商,制定了《续订招工章程条约》。

《续订招工章程条约》共22条(款),虽然和前述《外国招工章程十二条》一

---

① 陈翰笙主编:《华工出国史料汇编》第二辑,中华书局1981年版,第223～224页。

② Robert L. Iriek, *China Policy Toward the Coolie Trade* 1874—1878, Materials Centre, 1982, pp.151～152.

③ Robert L. Iriek, *China Policy Toward the Coolie Trade* 1874—1878, Materials Centre, 1982, pp.153～155.

④ 陈翰笙主编:《华工出国史料汇编》(一),中华书局1984年版,第54页。

⑤ 陈翰笙主编:《华工出国史料汇编》(一),中华书局1984年版,第50～51页。

⑥ 黄小明:《晚清华工政策研究》,湖南师范大学2003年硕士论文,载中国知网,http://kns.cnki.net/kns/brief/default_result.aspx,下载日期:2017年11月29日。

⑦ 陈翰笙主编:《华工出国史料汇编》(一),中华书局1984年版,第117页。

样规定了外国人设立招工公馆的程序，但规定更加具体，而且内容更广泛。主要包括如下方面：

①外国人开设公馆应具备的条件、招工公馆的注销、转委托业务的要求。开设招工公馆的外国人应说明拟招募哪些工人，怎样与工人订立合同以及如何管理所招募工人等均应制定规章制度，并将拟与工人订立的合同底稿，请该国驻中国领事官查阅，并由领事官查明该外商是否遵纪守法。领事官查明其确实属殷实妥当之人，就对其所提交的合同章程等文件进行查核，不妥之处"酌情删改"，然后转交管辖地区的地方官查阅，一切妥当后，地方官立即发放官文，准设招工公所，领事官即将官文及合同等件，在总理衙门公署登记备案。设立招工公所的官文既出，该招工公所即不能无故注销。因故需要注销者，必须地方官与领事官共同商定，如果意见相同，该招工公所方可关闭罢招，且不准追请赔偿。合同章程等文件须于招工公所门外、房中书写悬挂，以便工人均可知其详细。合同章程等文件既经地方官和领事官查明准办，该外国商人嗣后修改，均须通报说明，只有经过地方官和领事官批准，才能实行。由此可见，领事官员在海外劳工招募中开始发挥作用。另外，如果该外国商人需要找人代觅承工，需将合同章程等文件禀请领事官及地方官批准并盖官印，发给确认文件，才能派人分赴该省镇乡等处，代为招工。如果外国商人想要请中国人代觅承工，其所派遣的中国人，必须先有地方官盖章批准信才能前往，如果未经批准派遣中国人，无论是故意还是过失，均应追究责任，该事项具体归地方官依法查处。

②外国人雇佣华工合同的具体条款及违约责任。外国人雇佣华工的合同应明确写明去什么国家的什么地方工作以及年限多少，期满回国时给予多少回程费，在外国的工作日期和具体时间，以及应享受的衣物食物等各方面的利益。也应写明工人生病时享有病假工资。如果工人只身出洋，家属仍留在中国时，应写明按年计月拨给多少养家费等。除此之外，任何人不准擅自增加工人的义务，擅加条款无效。外国商人应按时逐条认真履行合同，违约应该承担责任，依照该外国法律承担违约责任。此处首次提及涉外劳务合同适用工作地法。

③中国政府和外国领事对招工过程的监督。凡有招工事宜，中国专派委员协同监理，中国人想要去外国工作，自愿去招工所时，外国商人和该委员将意欲出国务工人员登记在册，登记完毕之后，工人可以自由回家或在招工馆等候，有便船时乘船出国务工。未满 20 岁的中国人想要去外国工作，必须先取

得父母的书面同意，且有地方官盖章确认，才能招募；如果无法取得父母的书面同意，至少应有地方官盖章的书面凭据，否则不能招募其出国工作。所有华工在姓名登记注册 4 日后，才能在监理委员面前，将合同具体条款念给其听清楚，问其是否愿去外国工作，如果是确实愿意去外国工作，应让其当场在合同上签字画押。合同签字画押之后，该工人能否离开该招工所，应经该招工商人同意，不能随便出入。到工人上船出发之日，监理委员应亲自到招工公所，与各华工当面确认合同上的签字画押是否属实，并由领事官将该合同抄存备案。该船即将出发之前一日，海关监督并领事官，亲自前往或者派委员到船上，将船上华工按数点明，核对清楚，将出国华工名单交到海关监督、领事官处，并签字保持备案。点名之后，如果有华工反悔不肯出国工作的，可以查明其在招工所居住多少日期，追取其每日饮食费用一钱后，允许其离开；如果该工人无钱返还饮食费，应交有管辖的官员依法处置。

④对外国招工商人及华工的管理。华工在招工公所居住期间，如果有滋事等违法行为，可以立即扣押，待地方官委员查收，依法处理，招工公所中的外国商人等人员不准擅行行使处罚权。两国委员可以随时进出所有招工公所，传问华工。招工公所中的所有房间均由该员查管，为其中夫妻分配单独房间居住团聚。房间必须整洁干净，才能保证华工养足精神出国工作。华工在合同上签字画押以及登船之时，该委员等也应当在场监视，如果委员发现华工所乘之船似不妥当，有人身安全等方面的隐患，可以命令华工暂停上船，等医生或熟悉船舶的专家查明裁定之后再作决定。船内华工如有患传染病者，应立刻令其离船上岸。华工登船时，委员根据登船名单，向该招工之外国商人收取每名华工三银圆的费用，交付海关银号收存，作为监理委员进行管理的经费。如果是在逃犯人或者越狱犯人想要出国工作，一旦地方官查出，照会领事官交出，领事官应立即移交给地方官，并根据该犯人在招工公所居住的日期，向该外国商人每日补偿一钱银，登记册上注明付给该犯人的银钱衣物等，也应一并偿还。

⑤华工在目的地国的有关待遇。外国商人在工人出发之前发放的银钱，应作为招工奖励费用，不准追还。如果工人想要支取安家费，外国商人可以预支，从此后的工资中每月扣还一元，还清为止，但总数不得超过工人 6 个月的工资。[①] 此笔银两，领事官应想法令其作为安家费，不得挪作别用，并且除此

① 该规定与当前新加坡对中介费的规定相似。

之外支借各项，一概不准。严禁以华工在船上或在该外国曾借银钱等物的理由，同工人约定工作期满后做工抵还。华工工作期满将欲回国之时，外国商人可以申诉，以前述借款为由申请扣留华工，也不准对其拦阻。合同规定华工工作年限，不能超过 5 年。华工工作期满回国，外国商人必须按照合同规定将工人回国的路费等费用，全额支付，找便船带工人回国。[①] 工人工作期满后不愿回国的，有两种处理方法：一是由该外国地方官裁定是否可以留下，如果裁定可以留下，应将合同原定路费全数付给工人由其支配。二是允许其继续工作，但需另立合同，将原合同中约定的路费付给一半，由工人自己支配。续订合同仍不能超过 5 年，期满后根据第一合同规定，原数支付路费由其乘船回国。如果工人到外国后，生病不能作工，工作期限未满时，允许提前按数支付路费送回，如果不支付路费，工人可到当地申诉。华工夫妇到外国工作，不能分派两处工作，不满 15 岁的儿童不能令其离开父母工作。[②] 中国人被招工到外国工作后，外国雇主的田亩或铺面转让给他人，该工人应视受转让之人为雇主；如果原雇主还有其他田亩或铺面，或者因其他原因，想让工人到其他雇主处工作的，除非工人同意，否则不准强行更换雇主。[③]

⑥运输工人船舶的条件、下船后的登记制度。各国运载华工的船舶，应按照规定布置舱房，预备伙食，保持整洁。招工商人想要将华工运送到外国之前，应先向领事官报告，经过领事馆查明确实符合规定，才能起运。如果领事官已经批准可以起运，但其他委员认为该船仍有不适合运输之处，应向地方官报告该船不宜出洋，海关应暂时停止发放通行红牌，等候查明具体情况后，转报该外国钦差大臣会议决定。华工登船点名列单，应一式两份，一份存留，一份随船带往。船舶到达指定外国口岸，船主先在该名单上注明哪些华工还在途中，哪些华工已经死亡，所生疾病等等，呈报该外国领事官及当地地方官等，并分别请他们签字画押，以备送回，当该名单送回到中国时，招工商人必须将该单呈交给领事馆，然后由其转移给地方查明确认。[④]

另外，《续订招工章程条约》还规定，如果中国人不经过招募程序，自己出国工作，中国各级地方官不得阻拦。但是，如果外国商人想要在中国招募工

---

① 当前各国立法均规定，雇主支付工人往来路费。

② 该规定在当时是比较先进的，现在很多国家并没有此类规定。

③ 现在很多国家法律均规定，工人不得更换雇主。

④ 陈翰笙主编：《华工出国史料汇编》(一)，中华书局 1984 年版，第 156～161 页。

人，不遵本章程，而另谋其他渠道招募中国人的，本章程严厉禁止，一经查出必定重罚。特别是当中国人不愿意出国务工时，私下采取欺骗手段，勉强或胁迫其前往的，根据刑部新规定，立即处以死刑正法[①]。根据本招工章程规定，各通商口岸设立招工公所，必须经地方官和领事官共同监管，才能设立，如果各通商口岸官员不受理设立申请，外国商人不得开设招工公所。

总体而言，该章程在满足外国人招工需求的同时[②]，顾全了清政府“保全华工”的意图。中外双方各取所需，英法领事在控制招工的事情上增强了影响力与地位，中国官员亦可通过章程控制出洋事宜。概括而言，本章程具有如下特点：

①外国领事官员在招工中的权限大大提高，同时“中国专派委员协同监理”，此规定同时兼顾中外双方的利益追求。

②华工利益得到一定保障。通过对外国开设招工公馆设立条件、招工程序规范性要求、合同必须具备条款要求、华工在外权利和利益的规定、对运输工人船舶条件的要求以及较为严格的监管规定，在一定程度上有利于保护华工利益。

③招工范围扩大。年未满 20 岁华民，如有父母准往凭单或经地方官许可，可以承招出国工作，有利于外国招收更多华工。

④中外双方对待拐骗绑架华工的行为达成一致态度，均认为此种行为非法的，应按照招工章程的规定合法招募华工或华工自愿出国工作。

⑤仍体现了外国在招工中的特权，对外国人招工违法没有规定任何惩罚措施，仅规定任凭领事官自行断定，是殖民者在中国一种治外法权的体现。

其实，从中国政府内部各官员的立场来看，该招工章程只不过是各种不同

---

① 此规定对非法劳务中介的惩罚是非常严厉的，即使今天的立法也鲜有对非法劳务中介规定死刑制度的。

② 英法两国公使对章程的评价标准是看它是否有利于本国招工。为此，他们在以下四个方面提出自己的要求：(1)提高领事在招工中的地位。凡是有中方监督官的地方必须有领事官的存在，查船、验明照会一事须由领事委人处理，否则“殊难照料”。(2)防止骗诈钱财。受雇之人下船之后方可派发薪水。(3)减少招工成本。按每名工人交经费银三元，以备委员之薪水……莫若每月定出薪水之数。(4)“罚不上洋人，招工不受影响，违犯招工章程的招工者，不应由招工所负责，应归罪犯本身，即使招工所违章遭禁，亦应交外国领事执行。”除此之外，英、法两国公使还要求减少下船前对华工的保护细则。英、法公使力求加强本身在招工中的主动性与控制权，从而获取更大利益。

观点的一个折中。[①] 但该章程的订立，说明了清政府对“苦力”贸易造成的弊端有了比较清楚的认识，标志着其传统漠视海外华人利益立场的转变，开始奉行关心和保护“苦力”的政策。但该章程在实际操作中仍存在许多困难。首先，中国通常在外国没有设立使领馆，华工在外国的利益往往只能建立在有关外国人自觉遵守章程规定的基础上，而实际上，出于追逐利益的需要，外国商人常常想尽各种办法剥削华工，该招工章程在外国的实施得不到保障，广大华工在外国同样过着非常悲惨的生活。其次，章程在中国的实施也还得依赖条约口岸各领事官的认同和配合，外国领事官的配合对于打击招工过程中拐贩行为，维护华工利益发挥着重要作用，但当时很多领事并非真心配合，在很多时候仍以维护外国商人利益为重，不利于该章程的实施。此外，由于各招工船开往的地方并不一定是其本国或所属国，条约中没有规定招工者只能为本国招工，因此招工商人所属国领事的监管往往不能及与工作地，而工作地国家领事对非其国民的招工商人的监管又于章无据，章程的规定存在一定的技术上困境。最后，章程将华工划为“自由出国华工”和“受招募出国华工”两类，该章程不适用于“自由出国华工”，而清政府对自由出国华工又无具体管制措施[②]，容易为苦力贩子和猪仔头所利用，导致实际上的苦力贸易和猪仔贩卖。

《续订招工章程条约》签订后，英、法两国政府均拒绝批准该条约。其理由是对条约某些条款不能同意，如第 9 款“承工年限不准逾于 5 年，期满如欲回

---

① 此前负责草拟章程的税司赫德认识到“中国人民在外国居住，其一切均归该国管理，中国于彼毫无管理之权”，所以他建议总署与各国钦差就以下四方面进行磋商：(1)外国官员应视华工为本国子民，尽量照料华工所需；(2)佣工必须按合同进行；(3)对雇工的疾病给予治疗；(4)不准雇主以借钱的方式强留雇工，保证工人在期满后可以归国。对于华工未离国之前他也提出四种保护方法：(1)查明华工出洋是否情甘自愿；(2)使华工务必明白约中内容；(3)检查运载船只是否达到要求；(4)严防未签约者上船，以堵拐贩之风。同时他又强调“凡有船载华工出口者，须先报明前往外国何口，俟船到彼口，须由该口官员，将其到口日期并华工数目，行文原招工口岸领事官，由领事官转知本处地方官查照，仍须由该口将华工派往何处，所作何工，以及有无病故各等事，随时详晰注明”。以防将所招工人带赴不知何处，或私行转卖与人为奴，或令其做苦工。为了保障章程的实施，杜绝拐骗事件，赫德在第 17 款规定：如有违犯章程者，即将该公所之人重罚，或将公所查禁。因此，赫德关心的是使招工合理化、秩序化，保证有约国对劳力的需求，避免“苦力”出口的无序进行。而两广总督毛鸿宾和广东巡抚郭嵩焘则倾向通过章程控制华民出洋，主张更强硬的措施。

② 当前我国关于公民自行出国务工的情形也没有相关规定。

国，彼处必将合同所驻水脚路费若干按数备妥，交付便船送回中华……”法国政府要求延长承工年限到8年，英政府不肯承担工人回国路费等，但真正原因应该是条约附言声明“严禁有招致之法”，“有人胆敢私行骗往，勉强胁从，即照刑部奏定新章，立予正法”对殖民者造成了威慑。实践中，殖民者为了掳掠到华工，常常会采取欺诈胁迫手段，而此条规定令他们有被“正法”之险，因此找出各种理由不想受到条约的约束。该条约签订后，清政府将其作为正式条约颁布施行，而英、法两国政府则始终不愿意遵照条约办事。在此后30多年中，“英国政府与商人继续滥用该条约的权利而不受条约义务的拘束，使被骗诱出国的中国工人的权利得不到任何保障”[①]。

(3)中国与西班牙和秘鲁签订的保护华工条约

19世纪70年代后，世界各主要资本主义国家劳力市场基本饱和，海外华工受虐事件的引起全世界的关注，世界反“苦力贸易”运动的兴起。出于舆论压力，西方资本主义国家不得不纷纷表示反对“苦力贸易”，葡萄牙政府由此关闭了在澳门的“苦力贸易”。[②] 尽管如此，由于殖民主义国家发展进程不同，西班牙属古巴、秘鲁等地仍需大量华工，希望在中国招收华工。于是西班牙就招收华工问题与清政府进行交涉，中日(西班牙)、中秘就华工出国问题进行多次谈判，展开了激烈的辩论[③]，最终签订相关条约。

①《中日会订古巴华工条款》。1877年10月13日，中国和西班牙在北京签订《中日会订古巴华工条款》，主要内容包括：“一、自愿原则。中国公民到西班牙属地古巴工作，必须以情甘自愿为原则，禁止通过诱拐手段招致华工，违背此约者一律严办。如果中国人自行前往古巴居住，中国不应阻拦，但应先到海关报名领取护照后送西班牙领事官签字盖章，如果经查没有办理护照签字等手续，应立即撤回许可。二、中国驻古巴领事官与当地官员共同承担管理和保护华工的责任。中国向古巴派驻领事官，古巴各地方官自应尽力照料。中国派驻古巴总领事官与当地官员可以联合发布命令，要求已在古巴工作的中

① 张芝联：《1904—1910年南非英属德兰斯瓦尔招用华工事件的真相》，载《北京大学学报(人文科学)》1956年第3期。

② 因为澳门不在中国管制范围内，历来是苦力贸易最猖獗的地区。

③ 奕䜣等上《派员查访华民在外洋做工受虐情形折》，清朝皇帝奏准派遣驻美留学生监督陈兰彬“就近往查”古巴，“查明该处华工是否实受凌虐”，同时并官员随同前往。根据艰难的调查取证，认定中国在古巴华工的受虐地位，陈翰笙主编：《华工出国史料汇编》(一)，中华书局1984年版，第156～161页。

国人以及今后来古巴之中国人均应登记注册发给执照以方便地方官查验。三、中国人在古巴的待遇。中国人在古巴可以自由往来及创业。已经在古巴的中国人和今后到古巴工作的中国人享有同等优惠待遇。中国人作为原被告在古巴参加诉讼,享有最惠国待遇。合同期未满的华工应按照合同完成工作期限,后到古巴的华人与已经在古巴的华人享有同等待遇。在古巴关押的各处华人,待条约签字后一律放出,他们与其他在古巴华人享有同等待遇。四、回国路费。合同期满的华工有雇主的,依照合同规定应由雇主出资送回中国的,依照合同规定,如果合同没有规定回国路费条款,则由领事与地方官想办法送回。中国人是愿意继续留在古巴还是想离开,悉听尊便。对于从前在中国读书作官之人及其亲属、年老不能工作者以及孤寡妇女,无论是否有合同规定,均可由西班牙出船资送回中国。五、运送中国人出国的各船舶也应遵守该条约的规定。"①

《中日会订古巴华工条款》在保护古巴华工权利上仍做了许多努力,为赴古巴华工争取到了较好的利益。虽然该条约内容不多,但是对于华工在船上以及在工作地的待遇作了详细的规定,有利于在古巴华工权利的保护。该条约签订后,中国向古巴派驻领事,中国驻古巴领事采取了许多护侨举措,如发给执照以保护华人;关心在岛华人,为华人联系免费医院,打官司,聘律师,讨取工钱;协商废除当地不利于华人的法律规定,保护在岛华工权益等等,在当时的历史背景下,对保护华工的利益起到了一定作用。

②中秘《通商条约》中保护华工的条款。1820 年秘鲁脱离西班牙独立时,只有二百多万人,地旷人稀,急需劳力发展经济。由于黑奴贸易的废止,秘鲁政府也像其他欧美国家一样,将目光投向了中国。秘鲁商人及其他国家的"苦力贩子"纷纷涌向中国,通过澳门开展"苦力贸易",争相拐贩中国人。1838 年,第一批华人被运送到秘鲁,随后大批华人源源不断地被运送到秘鲁。至 19 世纪 70 年代,已有约 10 万华工生活在秘鲁,其中被凌虐、伤病致死者不计其数。1868 年 11 月和 1871 年 4 月,秘鲁华工向美国驻秘公使诉说其悲惨状况,向美国驻秘公使请求帮助,美驻华公使将华工提交的两份察文转交给清朝的总理衙门。因为秘鲁与中国没有缔结条约,清政府无可奈何,只能请美国公使"设法援手",同时派遣官员私下调查华工在秘鲁受欺压的情况。为了进一步扩大引进华工的规模,使在华招工合法化,1873 年,秘鲁派使前来中国签订

① 朱寿朋编纂:《光绪朝东华录》(一),中华书局 1984 年版,第 484~488 页。

条约，清朝政府趁此机会就华工保护问题与秘鲁进行了交涉。[①] 1874 年 5 月 13 日，中国和秘鲁签订《通商条约》，共 19 条，其中有 5 个重要条款涉及华工保护及移民问题。其中华工保护及移民规定的主要内容是："一、中国派官员前往秘鲁，彻底查办华工在秘鲁受虐待的情况。中国官员到达时秘鲁应通知各地方官实力相助，尽职办理。二、中秘两国都承认其人民有旅行自由及长期定居的权利。两国政府现在发布命令，严行禁止在澳门及各口岸拐骗中国人后运往外国工作。三、合同期满及有愿意回中国的华工，应立即命令雇主出资送回中国。四、两国相互设立使领馆保护其国民。五、中国人在秘鲁享有与秘鲁人同等的诉讼权利。"[②]

中秘《通商条约》较之前面的各项条约，更进一步加强了对华工权益的保护，如条约所赋予中国派员调查与设置使领馆的权利，使清朝政府能有机会收集秘鲁华人受虐的具体证据，使清政府对秘鲁华人保护成为可能；中国在秘鲁享有诉讼权利上的国民待遇有利于通过当地法律维护华工利益；条约对秘鲁在澳门从事"苦力"贸易的禁止客观上对于终止澳门"苦力贸易"起到了一定的积极作用等，这些进步的取得是中秘双方在条约谈判过程中斗争妥协的结果。例如条约谈判过程中，中国要求所有华工回国均应由雇主出资送回，最后的结果是对方承诺由雇主出资将合同期满华工送回中国。中秘《通商条约》中，保护华工的规定在清末一系列不平等条约中是相对较为合理的。

总之，中国与西班牙和秘鲁签订的条约加强了对华工利益的保护，保护范围和力度较之从前有所增强，在当时的时代背景下具有一定的进步意义。

(4)《中英保工条约》

英国是最先凭借坚船利炮打开中国劳务出国大门的资本主义国家之一。为了保障英殖民地对华工的大量需求，先后同中国签订了《外国招工章程十二条》和《续订招工章程条约》，为保障其招工需要，并迫于世界上保护华工的舆论压力，在条约中规定了保护华工的条款，客观上对华工权益起到了保护作用。尽管 19 世纪 70 年代后其国内劳力市场渐趋饱和，招募华工数量大量减少。但进入 20 世纪后，英国殖民者为了保障南非金矿招收华工的工作，援引《北京条约》，与清政府签订了《中英保工条约》，掀起又一轮新的华工出国潮。由于当时形势发生了很大变化，招工形式逐步转换为一种政府组织的劳工输

① 陈翰笙主编：《华工出国史料汇编》(一)，中华书局 1984 年版，第 965～966 页。

② 田涛主编：《清朝条约全集》(一)，黑龙江人民出版社 1999 年版，第 604～607 页。

出形式。中英双方于1904年3月27日在伦敦签订了《中英保工章程》15条，外加两个附件。条约主要内容包括："一、凡英属或归英保护之地如要招华工，必须将招工地地名、出洋港口、雇佣条款及工作报酬照会中国政府，中国地方政府应予以协助和管理。二、招工出洋港口管理海关事务的官员应派一名保工稽查委员会同该港口英国官员，将所去之地方的情形向出洋华工说明，华工出洋后，中国须派一名以上官员随同维护华工利益。[①] 三、招工办公、容纳华工住宿的房屋应如何设置，应由两国官员共同协商，费用由英方负责。四、雇佣华工的合同条款必须贴在招工所醒目位置，未满20岁的人应募须持有父母或监护人同意的凭证，受招募之人，如果已经签字画押，没有中英双方管理官员书面同意，不得擅自离开接受华工的地方。开船之前，由英方选派医生对工人进行体检，并于中英双方官员面前询问工人是否明白合同中各个条款的内容，然后合同由工人签字画押，人手一份。五、中国可派驻领事在华工工作地保护华工，中国驻该国领事享有与其他国家驻该国领事相同的权利，但中国选派的领事必须经英方认可，并仅为中国服务，具有中国籍。六、雇佣合同中应写明工作地、合同期限、工作时间、工种、工资、工资支付方式、承担工人往返的船费数额、医药费、餐饮、衣服供应，以及如果可以续签合同，续签合同条款应如何规定等等，华工所应享有的利益均应在合同中明确列举出来。同时，华工出洋也应享有通信邮寄的权利。七、如华工及家属等因合同期满，或因生病、受伤不再适合工作，必须将其送回至中国出洋港口，不得要求工人支付银钱抵扣船费。雇主也不得不经华工同意擅自将其转让给他人，即使华工同意转移到他人处工作，该华工所享有的利益不得低于前合同中的规定。另外，中国政府从招募的每名华工身上收取管理费，招工数不满一万'每人应抽费墨洋三元'，一万以上'抽费墨洋两元'，'以充稽查招工事宜之需'。"[②]同时，两国还规定了运载华工的船舶应符合《印工出洋条例》第57条、第58条、第113条及所

---

① 我国《对外劳务合作管理条例》有类似的规定。

② 田涛主编：《清朝条约全集》(三)，黑龙江人民出版社1999年版，第1305～1307页。

附之甲丙表的规定，这些条款对出洋华工在船上的待遇作了较详尽的规定。[①]

① 《印工出洋条例》第57条规定："中舱内或船面客舱内须备有一处专供工人之用，该地方高度至少不得少于六英尺，又船上务须按诸医病处一所，又所有工人之妇孺无论已嫁之妇未嫁之妇设法分别安顿，不得住居一处，船面客舱务须按置紧贴四面，妥为遮护，船面按置客舱一节须与保工委员或卫生医官商准办理。印工出洋条例所附之甲表：舱面若系生铁，则须紧紧铺盖木板，不令透水，或于船之两傍按照船头方向铺设木炕，所占地步当与舱位相等，此项木炕至多按置两层，如不敷用，可于船之中段添设一行或两行，随时酌核办理，惟坑之多少，务须详酌，各炕之前后，务须相距宽绰，下层木炕相离舱面不得少于十二英寸，惟下层木炕之底板务须横放，可以分段拆卸，俾易于移挪，各炕边傍须配有木板高英尺六寸，若船之中段设有木炕，两行列中可一木板高九英寸，将该木炕分隔两傍各宽六英尺，草席及羊毛毯务须备置以备工人应用，应备若干由照料该项事务之总医生定夺。"《印工出洋条例》第58条规定："凡载工之船工人所用之地方其应占地步每工人至少不得少于十二平方尺又七十二立方寸，如两工人年在十岁以内者则按此条可作一人论。"《印工出洋条例》第113条(此条曾于1903年2月24日修改)规定："凡载重轮船，无论其备有储水之具与否，要当配有大水池以储可饮之水，供工人水手人等之用，各池之大小以所装之水为足用一为率，池之工料以经用为主，该项需用之水亦可储于船头底舱或船尾之隔底舱或压载重物舱，惟须与船学工师商准而后行，汽锅或汽管下之舱不得用以储水。总水池及船头之底舱其大小尺寸以能容三千戞仑为率，不得逾于此数，至压载重物舱及船尾之隔底舱其大小尺寸以启行时能装需用之水及五分之二为度，不得逾于此数。各水池及船头之底舱，压载重物舱，船尾之隔底舱务须设法安置，俾船学工师可以详细察验，给与不漏水之凭单，并须配有量水管、开闭水管机及合叶等件用以接连吸取清水机器，此外又须配有抽气筒，装配亦须合法，俾秽物与海水皆不能透入水池水舱。凡机关及合叶等件除上文所载用以探水放水者不论外，其通入海水者或通入货舱者或上达船面者皆不得入于池中，所用抽取饮水之水龙亦止准用以吸水，不准有别项用法。水池及别项盛储饮水之具，是否完善是否干净，是否大小合用，须由船学工师查验出结，除验得可用之压载重物舱及船尾之隔底舱可用以储水外，其余船上储水之具不得盛储工人及水手等所饮之水。"《印工出洋条例》所附之丙表规定："所用之蒸水器具务须配有汽机以运行冷水抽机，该项汽机须专为汽锅添水而设，如遇失火自亦可用，以补他机及甲表所开之抽水机之不及至，轮船中所用之蒸水器具所须凉水，如由总机器或总机器之抽水机运送者，则该项轮船即可不照此章办理。蒸水器具须配有滤水机件或人气合叶，其滤水机件须装有动物炭，凡由食物锅所出之蒸水不得不滤而任其流入盛储饮水池，饮食所需之水皆系热水所用，引水引气管不得以铅为之。船上应行预备之件：验水重性表一枚，寒暑表一枚，锤一把(多配把一)，平头钻子二把，尖斜形之钻子二把，钻洞锥子一把，锥子四个分为一旋八分寸之三之口径，一旋半英寸之口径，一旋八分寸之五之口径，一旋四分寸之三之口径，做螺丝钉之全副家具一套，拔螺丝钉之箝子，口径能大能小之拔螺丝钉之箝子，行总吸水管所用之管至少须多备十二英尺，小管所用之材料，汽挺须多备一根，锅上所用之量水表须多备六枚，船上所用之水圈须多备二十五个，蒸水机上所用之量水表如要多备须多备六枚，树圈亦多备二十五个，蒸水机抽桶所用之合叶须多备全分一付，镶物所用之料须备七磅，锉刀六把各配有把，镶物所用之铜头棍一根，接管所用之煤气籍二付，铁夹子一副，铁匠所用之炉一个，铁匠所用之铁墩一个，锅炉所用之大籍三付，锅炉所用之铁铲二把，大棍全分一副，常用之铁钉等件须多备四打，口径四分寸之三之直管，口径半英寸之直管，口径四分寸之三之曲管，口径半英寸之曲管各预备二分，硼砂七磅，松香七磅，动物炭质五十七磅，红铅十四磅，白铅十四磅，绒头等类十四磅，桐油一戞仑，润机所用之油十戞仑，棉花等件十磅。船上所用之煤除水手用十墩，各舱位用五墩，每百工人用五墩泡煮饭食外，须装二十个礼拜所用之英煤，计须四十墩，该项媒斤按照路途远近随时增减，别项煤斤如质地可与英煤相抵者可用以相代，蒸水机所用各管皆须安设于稳妥之处万无意外之虞者，并须妥为盖护，其吸水总管及放水管则尤当加意，查验之时务须将蒸水机运动令其出水，所出之水受之以桶，桶之大小至少能容该机半点钟所出之水，以部定之量水戞仑量之，一该戞仑即由船上预备，所出之水不得以机器未能尽善为之减算，一经试验得水，则视其第二次半点钟所出之水多少若干即可定一蒸水机之济用与否，所用各件务须呈与船学工师验看抉择，维精惬其意而后可，所用各器具须派能员一路照料，该员须与机照工师商派。所有泡煮饭食之锅凡与蒸物机相连者皆须外包以木并须配有保险合页，如船上之蒸水机每二十四点钟不能出水若干，俾得按照册开之数以供工人及水手人等之用，则该船合用凭单即不准发给。船上各华工每日所需之伙食开列如下：米不得少于一英磅又三分之一，面及做面包之物料不得少于一英磅半，咸鱼或鲜鱼鲜肉不得少于半英磅，合用之新鲜菜蔬不得少于一英磅又三分之一，盐不得少于一英两，糖不得少于一英两半，中国茶叶不得少于一英两之三分之一，中国味料以足用为率，饮食两项所需之水不得少于一戞仑，以上所开各物俱可以他物相代，惟其代用之物务须由船上医生视之足以相抵。"参见任贵祥：《孙中山、袁世凯及其代表的南北政府侨务政策比较研究》，载《江汉论坛》2005年第9期。

从实质上看,《中英会订保工章程》是为了满足英国招募华工的目的而缔结的。但从条约具体内容看,仍有许多保护华工利益的规定。章程的签订至少使清政府有权介入招工活动,以防止拐贩之风泛滥,保证了大部分中国人以“条约华工”的身份进入非洲,从而杜绝了奴隶贸易、“猪仔”贸易时代的华工利益保护无章可据。[①] 该条约相较于《外国招工章程十二条》和《续订招工章程条约》又前进了一步。首先,该条约对华工的利益予以一定程度的认可,如在出洋港口管制,工人在合同上签字画押及雇主转让华工须经其本人同意并签字画押,中国可派领事官前往外国维护华工利益等,而依据《印工出洋条例》若干条款办理华工运输出洋事宜,保证了华工在航海过程中的人身安全与卫生健康,避免了“浮动地狱”的重演。这些规定的确立反映了清政府在保护华工利益方面做出的努力,也表明清政府在保护华工利益上的态度日益明确和积极。但是,由于清政府的软弱无能,条约中也有某些退步规定,如 1866 年《续订招工章程条约》规定,外国商人要在中国招工必须将招工合同章程呈交中国当局,经核准后才能发给招工准证。但《保工章程》第 1 款却规定:“自后凡英属各处或归英保护之地如须招用立为约凭之华工,当随时即由英国驻京钦差大臣将该英属或归英保护之地之名以及将来招载华工出洋之通商口岸,招雇条款,拟给之工价,一一照会中国政府,中国政府当毋须别项照会,立饬指明各通商口岸之地方官竭力设法,俾招工事宜得以迅速办理。”从而赋予英国在华招工极大的自主权,英国对招工条件等项只需照会中国政府,中国政府则必须指令各通商口岸的地方官竭力设法使招工事宜得以迅速办理。此类条款无视中国主权,是清政府在殖民者压力下妥协的结果。

总而言之,晚清政府在列强的武力威胁和政治诱逼下,被迫打开了向外国出口劳动力的大门,殖民者利用其强势地位,逼迫清政府同其签订了一系列不平等条约,为其大量招募满足需要的劳动力提供法律保障。这一系列条约均是殖民者为自由合法在中国招工而缔结的,在这些条约的保障下,殖民者利用华工为其创造了大量财富,而广大华工却过着非人般的悲惨生活,流尽了血汗甚至献出了生命,这些条约对华工权利的保护并没有发挥实际作用。通过这些不平等条约对华工利益进行保护,无疑是不充分、不全面、也是不切实际的。尽管《外国招工章程十二条》《续订招工章程条约》《中日会订古巴华工条款》以及中秘《通商条约》中保护华工的条款,甚至《中英保工条约》中有限保护华工

---

① 陈崇凯:《华人华工与近代的中非关系》,载《文史杂志》1990 年第 1 期。

利益条约的签订，均表明晚清政府在对待海外华工态度的转变，清政府对华工利益保护也进行了些许的努力。但积贫积弱的国家面对列强，是难以实现对其海外国民的有效保护的，前述条约是腐败的清政府为了缓解社会矛盾、维护其统治地位而采取的行动，并未能从根本上改变华工在外国受奴役的地位和悲惨状况。因此，这些条约只是从客观上对华工起到了一定保护作用，但其中的某些条款客观上对中国海外劳工提供了一定保护，至少从形式上为当代提供了一些借鉴。

3. 民国政府对华工进一步保护

1912 年 1 月，孙中山领导辛亥革命胜利推翻满清政府，建立中华民国临时政府。中华民国刚刚建立，临时大总统孙中山即颁布了《大总统令外交部妥筹禁绝贩卖猪仔及保护华侨办法》《大总统令广东都督严行禁止贩卖猪仔文》《令内务部编定禁卖人口暂行条例》以及《审议华侨要求议权案报告》等法规、法令，对以后南北政府的侨务政策产生了深远影响。1912 年 4 月，孙中山辞去临时大总统，袁世凯接任总统，国会、临时参议院北迁，北京政府就此形成。北京政府初期的侨务政策与民国初的侨务政策既有交叉，又有延续性。

1912 年 12 月 11 日，袁世凯应形势所迫，发布《布告闽粤等省保护华侨文》，表明了保护华侨的思想。文中宣称："前清末造，亦有保护侨民之议，而奉行不善，实效未彰。方今民国肇兴，凡属中华国民，咸得享同等之权利。所有闽、粤等省回国侨民，应责成各该省都督、民政长，通饬所属，认真保护。其有藉端需索，意存侵害者，务当随时查察，按法严惩，俾遂侨民内向之诚，益彰民国大同之治。"①这一宣告表明了北京政府对护侨工作的重视，也因此做了一些护侨的工作。如 1923 年日本东京大地震，因此前中日交涉山东问题产生隔阂，日本人借机排华，凶残地屠杀华工和中国留学生（残杀华侨 609 人），并驱逐华工回国。日本的暴行引起华人的愤怒。而中国驻日大使张元节未尽保侨之责，甚至为日本政府脱罪，激起民愤。在社会各界的强烈呼吁下，北京政府派人同日本交涉并赴日调查。外交部向日本使馆提出惩凶、抚恤、发表调查结果等三项要求。双方屡经交涉，1924 年 6 月 24 日，日本外务省只表示向中国政府道歉，不予抚恤，中国在交涉中失败。

第一次世界大战爆发后，中国政府宣布中立。因英、法、俄协约国大量青

---

① 李宗一、章伯锋主编：《北洋军阀》第 2 卷《袁世凯的独裁统治》，武汉出版社 1990 年版，第 1365 页。

壮年征兵前线，缺乏劳工，遂来华大肆招募华工为战争服务。1916 年 2 月，法国首招山东华工 700 人赴法，随即由交通银行组织惠民公司，与法国订立合同，以民间公司名义招工，并规定华工不得从事与战事有关的工作，意在避免违背中立立场。法国开其招募华工先河后，英、俄接踵而至，于是大量华工赴欧。1917 年 8 月，北京政府对德奥宣战，并招募和派遣华工赴欧援助协约国参战，一战期间赴欧华工总数达 20 多万。为适应战局发展的需要，北洋政府颁布了《侨工事务局暂行条规》，宣布成立侨工事务局，直属国务院，负责监督侨工的招募和保护。这是我国历史上第一次颁布实施的侨务行政法规和正式设立的专门管理侨务的机构。侨工事务局对华侨实行登记制。它是临时性机构，战争结束即告撤销。从法国在中国招募华工之初，北京政府外交部即照会法国驻华公使，要求保护华工不受虐待，得到法国公使的承诺。为加强管理起见，北京政府于 1917 年 9 月公布《侨工事务局暂行条例》，据此设立侨工事务局，负责监督招募保护华工事宜。1918 年 4 月，北京政府又陆续颁布《侨工出洋条例》《募工承揽人取缔规则》《侨工合同纲要》等条例条规，对有关出国华工问题作了详尽的规定。北京政府也将一战侨工保护作为最大涉侨事务，中国驻外使节也相应采取了一些举措。如中国驻法公使曾为华工问题专电国内有关部门，提出招工之事宜严加规范，应有完善的招工合同，严加选择所招工人，教育出洋华工尊重个人名誉，外国水手不准虐待华工等。北京政府特任命驻法侨工委员，并要求其随时赴工地调查，如有违约或虐待华工者及时报告公使就近交涉，对有不守规则的华工严加教育，并将其情况定期向外交部汇报。中国驻俄公使也很注意华工问题，曾特别拟定《华工赴外工作章程》《地方官关于华工出境应尽事务章程》《通商事务员管理华工规则》等文件，对管理出国华工提出详细建议。1921 年 2 月 18 日，北京政府颁布《侨务局组织条例》，决定长期设立侨务局，1922 年 1 月，国务院侨务局成立，“掌办关于本国在外侨民的移植和保育事项”。总之，北京政府在保护侨工方面所做的工作，是有值得肯定的，虽然这种保护十分有限，而且一些内容流于形式，难以实施，如《侨工合同纲要》规定侨工“工资须与所往国为同样之工作者相等”的规定根本做不到，再如其附件规定“侨工不得于战争上之各项工作”，没有哪个国家履行。实际上大多数华工都是在战争前线充当炮灰，如大战期间在俄国和德国前线为战争服务死亡的华工即达 7000 多人。同时，由于政府首脑更迭频繁、政局不稳、军阀混战等原因，北京政府在华侨保护上未能发挥应有作用。[①]

孙山中逝世后，1925 年 7 月国民政府成立。国民政府成立后，重视侨务，在侨务工作方面制定了一系列的政策，并为此做了很大努力。到抗战时期，国民政府的侨务政策更加灵活务实，侨务工作成效显著。

国民政府成立后，撤销过去的侨务局，设立新的侨务机关——侨务委员会，直隶于国民政府，专管理海外华侨事务。1926 年 10 月，国民党中央执委会与各省党部在广州举行联席会议，通过了《国民党最近政纲》，其中第 9 部分列举了 3 项有关侨务的政策："设法使华侨在居留地得受平等待遇"；"华侨子弟回国求学者，须予以相当便利"；"华侨回国兴办实业者，须予以特别保护"。这是国民党正式公布的政治纲领中首次列有侨务政策。1929 年 2 月，国民政府立法院制定了《华侨回国兴办实业奖励法》，这是国民政府奖励华侨回国投资的第一部立法。[②] 世界经济危机时期，许多国家掀起排华限华事件，为此国民政府向各国提出交涉，把保护海外华侨利益提上议事日程。1930 年，国民党三届四中全会把"发展侨务"作为重要政策，提出"交涉取消待遇华侨苛例"。[③] 国民政府还在 1933 年的外交报告中把"侨民之保护"作为单独一章列出，专门就墨西哥、挪威等政府的排斥华侨行为提出抗议，并采取有力措施与之交涉，同时还"拨款救济失业华商护送难侨回国"。1935 年 10 月，国民政府立法院颁布了《工人出国条例》，侨委会根据这个条例的精神又制定了《募工承揽人取缔规则》和《出国工人雇佣契约纲要》等，禁止外国人以"卖猪仔"的方式招募华工。上述法令规定，募集华工的承揽人必须得到侨务委员会的批准并拿到许可执照，如有私自募工出国或以欺诈诱惑方法募集工人的，须受处罚，并赔偿工人损失；出国工人在出国前必须与雇主或其代表人订立雇佣契约，契约内须写明工作类别、雇佣期限、工资待遇、每日工作时间、是否有生命保险和抚恤金等。各项议定是否合理，必须由侨委会批准。法令还规定：雇主对待雇工，应与所在地工人平等，并应一律同等受国际间优待工人的办法，不得歧视；侨委会或所在地的中国领事馆，应派人到佣工工作地视察，雇主必须接纳或答

---

① 任贵祥：《孙中山、袁世凯及其代表的南北政府侨务政策比较研究》，载《江汉论坛》2005 年第 7 期。

② 包爱芹：《1925—1945 年国民政府侨务政策及工作述论》，载《华侨华人历史研究》2000 年第 2 期。

③ 王华：《晚清民国华侨档案整理与研究》，载《河南图书馆学刊》2015 年 12 期。

复有关查询等。上述法令公布实施后,海外华工的权益虽然并非都能得到绝对的保障,但作为一个国家政府能够比较详细地制定和实行这些法令,必定在立法和政令方面相当程度地维护了出国华工的权益。这是国民政府专门制定了保护海外劳工的法令,具有一定进步意义。

1937年,国民党五届五中全会通过8项侨务工作要点,其中包括推进华侨教育;进行侨民生计及一般生活的调查;健全各地侨民组织;宣传中央政府的政绩,传播中华文化等。1937年7月全面抗战爆发后,国民政府继续推行务实的侨务政策,采取各种措施,发动华侨支援祖国抗战,这是抗战时期国民政府侨务政策的重点之所在。由此出发,国民政府大力对华侨进行宣传教育工作,激发其民族意识,并把向华侨筹资募款,鼓励华侨回国兴办实业,开展救侨护侨、妥善安置归国难侨,继续发展华侨教育等,作为抗战时期侨务工作的主要内容。抗战爆发后,国民党侨务工作重点转到动员华侨人力、物力,参加祖国抗战上来,针对一些国家的排华现象,国民政府制定了保侨护侨的措施,另外,还号召华侨积极参加侨居地的抗战。

太平洋战争爆发前后,南洋各地相继沦陷,大批难侨返回祖国,救侨护侨工作迫在眉睫。1941年1月3日,国民政府颁布《紧急时期护侨指导纲要》。同年3月底,国民党的五届八中全会在《对于政治报告之决议》一案中,督促进行保侨工作,提出"对侨胞之安全与产业之发展,尽力予以维护"。这次会议还决定要趁中国同荷印当局关系密切、邦交改善的大好时机,"从速与荷印当局提出交涉,务达提高我华侨法律地位之目的,或根据平等互惠之原则修订中荷条约,以坚荷印华侨内向之心"。[①] 1944年,国民党五届十一中全会通过《改进侨务行政机构加强侨务工作案》,提出要"维护侨民利益,加强侨民管理"。为了救济归侨、难侨,1942年,国民政府行政院制定了《国外战区侨胞紧急救济办法大纲》,并成立回国侨民事业辅导委员会,还分饬西南各省政府分别组织紧急救济委员会,在广东、广西等地设立侨民回国临时招待所及归侨村,安排归侨的生活。在国民政府的指导下,侨乡相继成立了救侨护侨的组织机构。侨乡各地方还设立护送站、招待所等,同时还派出救护队、医疗队,协助救侨工作。重点侨乡广东仅在1942年上半年就救济归侨66万人,支出救济金

① 秦孝仪主编:《革命文献》第80辑,中国国民党中央委员会党史委员会编辑发行,台湾中华印刷厂,1979年版,第215页。

406.9 万元。[①] 国民政府采取了种种政策、措施以解决归侨所面临的各种问题,使广大归侨得到了比较妥善的安置。针对各地救侨护侨工作中出现的新情况、新问题,1944 年 5 月,国民党五届十二中全会又通过了《请政府切实救济归侨、侨眷、侨校侨生案》,要求政府采取更积极更妥善的政策,"切实救济,使贫苦侨民侨眷,得以稍延残喘;侨生侨童,不再有流落失学之苦"[②]。通过这一系列具体的措施,使华侨在海外和回国后的利益得到了一定保护。

4. 清朝及民国政府保护华工措施评析

西方殖民者为了满足其对外扩张对人力资源的需要,用大炮打开中国劳动力输出的大门,大量中国工人被掳掠到外国从事"苦力"劳动,晚清政府从而被迫接受中国人出洋的事实,直到 20 世纪 30 年代因世界反对"苦力贸易"浪潮的兴起和殖民者对苦力需求的急剧降低而结束苦力贸易,中国在近 200 年的时间里,向殖民地输出劳工约 1000 万人次,中国劳工遍及世界各地。这近 200 年的中国海外劳务出国务工历史里,清朝政府由最初的漠视和软弱,到由于中国人民的反抗认识到"苦力贸易"的危害从而打击非法贩拐行为,只是由于其维护统治的需要,而其对于中国人民在苦力贸易中受到的残酷奴役并没有也不可能采取有力的保护措施,对于海外劳工的权益,清政府从不愿意保护到无力保护体现了半殖民地半封建社会的特点。华工遭受的极端不人道待遇激起了中国人民的反抗,从而阻碍了殖民者大量掳掠所需中国劳动力的欲望。为了保障在中国招募华工的顺利进行,殖民者不得不寻求规范招募程序,适当保护华工利益的途径,来维持和保障其在中国招工的顺利开展,因此,殖民者和清政府签订了一系列的招工有关条约,客观上起到了维护华工利益的作用。

满清政府被推翻后,广大华侨逐渐关心祖国政治,从各方面关爱祖国。广大华侨期盼祖国强盛,以作侨胞的强大靠山,为此他们全力支持孙中山领导的辛亥革命,贡献了大量的人力、物力和财力。随着海外华侨经济、政治力量不断增大和在国内外影响不断扩大,国民政府重视华侨和华侨利益的保护,具有时代的进步意义。

---

① 广东省档案馆等合编:《华侨与侨务史料选编》(2),广东人民出版社 1991 年版,第 347 页。

② 华侨革命史编纂委员会编:《华侨革命史》(上),台北正中书局 1981 年版,第 106、111、119、107、121、125、127、126 页。

(二)新加坡对华侨及华工的管理

19世纪60年代以前,海峡殖民地并未制定切合本地殖民统治实际需要的法律措施,很多涉及华侨与马来人自己的事情还是各自按照他们本来的风俗习惯进行处理。殖民者实行自由贸易政策,大力鼓励和招引商人和劳工移入,在统治方法上也对华侨本身的事情暂时避免做过多的介入和干预。70年代以前,海峡殖民地对华侨采用间接统治的策略,任命华侨甲必丹,"把华侨大体置于他们首领的直接管理之下,为这些有权势的首领建立起中央的和发号施令的地位,并给予他们较大的权限,以便他们能充分有效地发挥警察的功能"①。

同时,殖民政府实行税收承包制,任由秘密会党的存在,以便利用秘密会党的头目对华侨进行有效控制。② 根据英殖民者的甲必丹制度,甲必丹对本族本帮拥有部分司法权和行政权,有权开庭审理小争吵、打架、宗教或家庭纠纷等案件。凡是在10西班牙银圆以下的案件,甲必丹的判决是不能更改的。10西班牙银圆以上的案件,可以向高等法院提起上诉。高等法院由一名英籍推事主持,由于语言方面的原因,甲必丹的判决通常是最后判决。除此之外,甲必丹必须协助管治本族人士,而且"必须保存所有居住于岛上的本阶层人士的出生登记和婚姻注册簿,报告所有新抵的本阶层人士的行踪,有多少管家主妇、确定的家庭数目、借宿一宿或更长时间的所有陌生人名字,调整对本阶层人士的一切评价,以及所有民间宗教祭祀、宗教仪式、公开表演"③。佛莱士占领新加坡后立即实行甲必丹制度,第一任华侨甲必丹是King An。1826年新加坡并入海峡殖民地后即废除了甲必丹制度,但仍私下默认一些华侨领袖的非正式甲必丹作用。

进入19世纪60—70年代,英国由于垄断资本的出现和商业霸权受到挑战,开始放弃自由贸易政策,加强对华侨的统治。1856年颁布《警察法令》和《管理法令》,涉及华侨的集会、游行、演出、丧葬、祭祀以及市场管理等广泛内容,完全要把华侨置于殖民当局的控制之下,引起了华侨的广泛抗议运动。

---

① 林远辉、张应龙:《新加坡马来西亚华侨史》,广东高等教育出版社2008年版,第211页。

② Victor Purcell, *The Chinese in Malaya*, *Kuala Lumpur*, Oxford University Press, 1967, pp.72～73.

③ 麦留芳:《星马华人私会党的研究》,张清江译,台北正中书局1985年版,第36页。

1857年1月2日，新加坡所有的商店关门、街上行人绝迹，所有苦力，包括船夫，都参加了罢工，“所有阶级都在一致行动”，使整个新加坡陷入瘫痪之中，甚至有反英的标语。英殖民当局不得不对《警察法令》进行部分修改。

如果说19世纪60—70年代以前，英国殖民当局还能依靠秘密会党的首领和华侨富商及甲必丹、非正式甲必丹来控制华侨，稳定其殖民统治，其后情况发生了变化。1872年小贩罢市和1876年邮政局暴动（私人会党纠纷、械斗），英国殖民统治者决定改变间接统治策略，对华侨实行直接的、更有效的控制和统治。随着殖民统治力量的加强和地位的巩固，也能够实行直接控制和统治了。1877年6月1日，根据《华人移民法令》成立了华民护卫司署（Chinese Protectorate），直接、全面地专门负责管理华侨、统治华侨。1904年改名为华民政务司署。华侨护卫司署是英殖民当局对华侨各项政策的参谋者、咨询者，也是英国殖民当局对华侨各项政策、法令、法案的执行者，是具体管理华侨的专门机构，凡有关华侨的移民、社会、政治、文化等问题，全在它的职责范围之内。

华侨护卫司署是华侨移民入境和出境的护卫司，也即华侨劳工移民的监督官。毕麒麟（W Pickering）一上任，立即对苦力经纪人和猪仔馆的情况进行了整顿，制订了一套管理华侨劳工移民的制度和措施，并在其后不断修改、补充，使华侨劳工移民处于华民护卫司的监督之下。从1877年《华人移民法令》《诱拐法令》以及海峡殖民地政府的年度报告中可以看出，华民护卫司对华侨劳工移民的管理主要是：检查运载移民进出口的船只和招工站，所有运载新客移民的船只必须停泊在指定的港口，并向华民护卫司报告，以便华民护卫司和他的助手能够立即对移民船只进行检查，查明新客是否已付船费，是否自动入境。所有苦力经纪人和猪仔馆必须向华民护卫司请领执照，未领有执照而私自招雇和贩卖苦力即为非法，要受到严惩。所有雇主契约均须在华民护卫司之面前签订，新客在签约前须由华民护卫司问话并申明为自愿，并将契约存在华民护卫司署。华民护卫司和他的助手要经常视察各地华工情况，检查契约是否执行。华民护卫司还要根据华侨劳工移民中出现的情况，向总督提出处理意见，参加制定并执行新的劳工法令或法案。这样以便使华侨劳工移民，即新客，自进入殖民地的港口起，便会完全处在华民护卫司的监督、保护之下，从而可以避免苦力贸易中存在的各种弊病，保证进入马来亚的华侨劳工能够享受到各种应有的合法权利，也给予苦力贸易以合法光环。

但实践中仍有许多私人社团拒绝废除由私商领取执照的猪仔馆代之以官办屯舍的建议，公然支持猪仔馆迫害虐待新客，对不服从的新客，竟“授以格杀勿论之权。客馆死毙，不问善终屈死，均无庸洋医相验，便可埋葬"。[①] 实际上华民护卫司很少到矿山和种植园去视察，视察时也是来去匆匆，这是"决发现不了许多虐待工人的事实，因为工人不敢控诉"。[②] 即使发现雇主有虐待苦力的事实，华民护卫司一般也不作具体的解决，有时甚至公开站在雇主一边，反对华工的合理要求。[③]

华民护卫司也确实制订和颁布了一些保护华侨劳工的法令，采取了一些改善华侨劳工处境的措施，如1877年《诱拐法令》禁止强迫或诱拐劳工往殖民地以外的地区，如苏门答腊等；1891年的华侨农业工人保护法令，1912年的劳工法令等，在工资、工作时间、超时津贴和卫生医药等方面，对华工作了些微小的改善规定；等等。但是，这些法令和措施的根本目的，在于确保有大量的、足够的华工以供驱役，因为当时东南亚其他地区也都急需劳动力从事开发，都在千方百计地吸引劳工。这些法令也是保护雇主的利益。《诱拐法令》根据"威斯利州种植园主的请求而制定的"[④]，在这项法令和1882年第1号法令、1883年第3号法令以及1891年的华侨农业工人保护法令等一系列法令中，对违反契约、怠工、罢工、逃跑等华工作出禁锢、罚款、延长工期等各种惩罚规定。

在华民护卫司的监督管理之下，大量华侨劳工以前所未有的规模和速度进入了马来亚，从而满足了英国开发、掠夺马来亚丰富资源的需要。仅毕麒麟10年任期内，在他管理下进入新加坡的华侨劳工即达70多万，其中20%为未付船费并在华民护卫司署签订契约的新客。华民护卫司署本身也在管理华侨劳工移民中敛聚了大笔财富，几百万入境的华侨劳工每名都要交纳0.5元(后改为1元)的费用。

1869年颁布《危险社团法》，1870年和1872年进行了补充，提出了所有社团注册原则，华侨会党通过注册可以成为合法的社团，希望减少危险的秘密会党的数量，利用会党监视华侨活动。所有秘密会党都要重新注册，按他们所在的地区登记。头目负有维持区内法案和秩序的责任，并有义务协助政府解决区内各敌对会党的争端，如果不能协助解决和有效控装置，就要受到处罚，甚至驱逐出境。"秘密会党的首领帮助警察当局逮捕其会党的犯法者，现在已经

① 陈翰笙主编:《华工出国史料汇编》(第一辑)，中华书局1985年版，第299页。
② 布莱司:《马来西亚华侨劳工简史》，载《南洋问题资料译丛》1957年第2期。
③ 布莱司:《马来西亚华侨劳工简史》，载《南洋问题资料译丛》1957年第2期。
④ 布莱司:《马来西亚华侨劳工简史》，载《南洋问题资料译丛》1957年第2期。

不是稀有的事了，而这在那个时期以前却是不可思议的。那些注册了的秘密会党(首领)竭尽全力来保护殖民地的和平和秩序。”19世纪80年代后期，新加坡连续发生1886年船坞苦力罢工、1888年家庭仆役抵制运动和走廊暴动等一系列下层华侨群众反抗英殖民统治的斗争，已登记注册的秘密会党首领由于投靠殖民当局失去了威信和影响力，没法阻止这些斗争的发生和发展，而感到无能为力。一些没有登记的会党领导权仍控制在下层苦力的手里。1889年《镇压危险社团法令》颁布，1890年1月1日起生效，各种会党的存在均为非法，所有秘密会党的标志、符号、神主必须公开销毁，主持非法会党的人要苛以极重的刑罚。1890年，华民护卫司署还成立华人参事局，由各帮的知名华侨组成，华民护卫司自任主席。成员由总督任命，无立法权，只具有参事与咨询的性质，最后决定权在主席。

总而言之，殖民地时期在新加坡的中国劳工是旧中国苦难华工的组成部分，他们和被贩卖到其他地方的华工一样，从招募阶段、运输途中、在殖民地工作期间甚至回国之后的权利根本得不到保障。殖民者出于掠夺资源和开发殖民的考虑，尽量榨取广大华工的血汗，不顾华工的死活，华工处于一种奴隶的地位，而清政府腐败无能，与殖民者处于不平等的地位，根本无法有效保护华工。殖民地的广大华工长期处在悲惨的地位。

历史上在新加坡的中国劳工流尽了血汗，在艰难的环境下，吃苦耐劳，忍受各种不公平的待遇，通过艰苦的劳动促进了新加坡的经济发展，为新加坡19世纪后期乃至今天的繁荣发展做出巨大贡献。西方殖民者也借助于廉价华工，敛聚了大量财富。今天新加坡已经成为亚洲发达国家，商业繁荣，人民兴旺，这离不开过去与今天中国劳工的辛勤奉献。

第二节　中国对新加坡劳务合作现状

1949年新中国成立后，以一个完全独立的主权国家形象屹立于世界舞台之上，真正开始了一个主权国家对其一切国内事项的管理。基于当时的历史环境。为了稳固新生政权，打破帝国主义的封锁，政府强调自力更生，关门搞建设。此后，在“左”倾政治思想指导下，不断地搞各种运动，采取闭关自守方针，特别是在10年“文革”时期，公民出境活动几乎处于停滞状态，导致中国在相当长的一段时期内几乎断绝了和外国的人员流动，也阻碍了与世界各国的经济文化交流。其后，直至改革开放以前，中国公民出境留学、经商、旅游均受到严格控制，需要经过层层审批。从1949年新中国成立至1978年近30年，中国政府仅批准公民因私出国21万人次，平均每年7000人次，绝大多数是华侨和侨眷。[①]

1978年改革开放之后，中国重新恢复向海外派遣留学生，对外联系和交往迅速增多，公民出境控制逐渐放宽。1986年5月我国《公民出境入境管理法》颁布，以法律形式肯定公民的迁移权利，加之欧美等西方国家也相继取消了一些明显歧视华人的政策规定，中国公民出入境更为便利。随着我国劳动力的不断增长和市场经济的发展，国内就业压力大。而当时世界大多数发达国家的人口出生率都很低，人口老龄化问题相当严重，劳动力短缺日渐成为其经济增长的瓶颈，急需大量劳动力。在此背景下我国对外劳务合作开展起来，并逐步进入一个繁荣时期。

一、背景：新中国对外劳务合作的发展与现状

（一）新中国对外劳务合作发展

改革开放之前，我国并没有真正开展对外劳务合作。20世纪50年代初期，新中国数万名劳务人员赴苏联、蒙古支援经济建设。60—70年代，大批的工程技术人员、医护人员、农技人员和工人走向亚非拉进行无偿或优惠的经济技术援助，这些活动带有浓厚的政治色彩和人道主义因素，不是真正意义上的国际劳务合作。1979年4月，经国务院批准，中国建筑工程公司、中国公路桥梁公司、中国土木工程公司和中国成套设备出口公司等以承包工程为主的企业率先开展国际劳务合作业务。由此，我国的国际劳务合作开始迈出艰难的第一步。我国从无偿地为受援国提供劳务，演变为由我国派出各类专业技术

---

① 李明欢：《跨国化视角：华人移民如何实现梦想》，浙江大学出版社2013年版，第2～10页。

人员和工人为雇主提供劳动和服务，形成互利的劳务合作。[①]

纵观改革开放后我国对外劳务合作的发展，大体经历了如下几个阶段：

1. 起步阶段(1978 年至 1982 年)

20 世纪 70 年代末，国际石油市场原油价格两次大幅上涨，阿拉伯石油输出国因此获得了巨大的石油外汇收入。一些石油输出国投入巨额资金，在该地区掀起空前的、大规模的经济开发和建设高潮。由于这些中东国家缺乏劳动力，施工力量不足，吸引了众多的国际承包工程公司和外籍劳务人员涌入该地区开展相关业务。时值我国改革开放政策实施，当时的对外经济联络部分析了国内国际形势，联合国家基本建设委员会向国务院上报了《关于拟开展对外承包工程的报告》，提出应抓住国际承包工程市场的有利时机，利用我国通过对外援助与中东各国建立起来的友好合作关系，尽快组织我国建筑力量进入国际劳务市场。国务院很快批准了这一报告。根据中央的批示精神及国内国外的具体情况，中国建筑工程总公司、中国公路桥梁工程公司、中国土木工程公司以及中国成套设备出口公司率先开展了对外承包工程和劳务合作业务。1979 年，这 4 家企业在伊拉克、埃及、索马里等国和香港地区共签订承包工程和劳务合作合同 36 项，合同金额 5117 万美元，揭开了我国对外承包工程和劳务合作业务的序幕，我国的对外承包劳务队伍第一次走向国际舞台。为了大力开拓对外承包工程和劳务合作业务，1982 年，按照国务院关于“每个省市、每个部委设立一家公司”进行试点的指示精神，在原有 4 家企业的基础上，国务院及外经贸部又先后批准成立了港湾、中航技、中水电、石油、化工、冶金等专业公司及省市“窗口”型企业，如四川、江苏、北京、天津、上海等国际经济技术合作公司，使享有对外承包工程和劳务合作经营权的企业增加到近 30 家，累计签订对承包工程和劳务合作合同 755 项，合同额 12 .5 亿美元，完成营业额 5.6 亿美元，外派劳务 10.26 万人次，1982 年年末在外劳务人数 3.16 万人。业务范围拓展到 45 个国家和地区，其中西亚和北非为重点市场。工程项目主要是房建和筑路，但项目的规模较小，承揽方式以分包和承包施工为主。[②]

---

① 我国对外劳务合作主要有四种途径：一是国际承包工程项目下的劳务输出。这部分劳务输出量占我国整个劳务量的 80%。二是我国公民通过对外劳务合作经营企业出国务工。三是我国公民自己通过亲友或国外中介机构直接同外国雇主签订合同出国务工。四是招募形式，即外国政府向我国政府提出该国所需劳务人员类别、人数和要求，经中国政府同意后，由指定的专营公司按要求选派劳务人员，并办理一切劳务输出手续。

② 武澜：《关于我国对外劳务合作的几点思考》，载《国际经济合作》1992 年第 3 期。

2. 逐步发展阶段(1983 年至 1989 年)

从 1983 年起,国际承包市场受全球经济不景气的影响,市场成交额大幅下滑,中东和北非地区的发包额急剧收缩,各主要工程发包国和劳务进口国陆续颁布了限制外国公司和外籍劳务进入本国市场的规定。国际承包工程公司之间的竞争日趋激烈,业主发包条件日益严格,我国刚起步不久的对外承包工程和劳务合作业务面临着严峻考验。此时,国家在政策、资金等方面给对外劳务合作企业很多支持,并颁布了相应政策和法规规范对外承包工程和劳务合作。1983 年年初,对外经济贸易部先后颁发了对外承包工程、劳务合作统计制度和计划编制试行办法,统一了各公司计划、统计的口径和方法。1984 年 4 月,对外经济贸易部、财政部颁发了关于对外承包、劳务合作及劳动制度等几项暂行规定,规定凡是国内派出的工程承包、劳务人员一律实行经济合同制。在国家政策支持和法律规范下,我国对外承包工程和劳务合作市场逐步扩大,业务量稳步提升。1983—1989 年,我国累计签订对外承包工程和劳务合作合同额 115.6 亿美元,完成营业额 72.2 亿美元,外派劳务 24.4 万人次,1989 年年末在外人数 6.71 万人次;享有对外经营权的企业增加到百家;市场进一步扩大,合作领域更加广泛。除中东、北非地区外,业务扩展到南亚、东南亚、非洲、美洲、西欧和南太等 130 多个国家和地区。其中亚洲地区的合同额占总合同额的 60%左右,成为我国最大的区域承包工程和劳务合作市场。对外承包工程项目中除以住房、路桥等土建工程居多外,也开始承揽一些技术含量较高的项目如电站、糖厂、化肥厂等。对外劳务合作涉及的领域比较广,包括土建、建材、纺织、电子、农业、渔业等行业的生产和管理人员。这一时期,我国对外工程承包和劳务合作经营企业不断壮大,为 20 世纪 90 年代对外经济合作的发展奠定了基础。

3. 快速发展阶段(1990 年至 2004 年)

1990 年的海湾战争给我国在中东市场的承包工程和劳务合作业务带来很大冲击。我国对外承包工程和劳务合作企业在政府引导下,及时调整市场格局,加大了对苏联、东欧、东北亚、东南亚、非洲和拉美市场的开拓力度。1994 年 5 月,外经贸部发布了《对外劳务合作管理暂行办法》。另外,为了提高外派劳务人员的素质,外经贸部于 1994 年 5 月制定了《关于实行外派劳务培训制度》。同时,国家有关部门通过提供优惠贷款和外汇额度、减免利税和其他费用、提供担保等措施,对对外承包工程和劳务合作活动给予大力扶持。企业在竞争激烈的国际市场上经营水平不断提高,在外承揽的业务规模不断扩大，档次不断提高，市场多元化战略初步形成，有对外承包工程和劳务合作经营权的公司增加到1000余家。2004年年底，我国派出各类劳务人员24.8万人，年末在外各类劳务人员总数为53.5万，对外劳务合作累计完成营业额308.2亿美元，合同额361.1亿美元，累计派出各类劳务人员319.3万人。2004年7月，商务部、国家工商总局颁布了《对外劳务合作经营资格管理办法》，将对外劳务合作与对外承包工程分开管理，取消了对企业所有制形式的限制，并允许经批准的外商投资职业介绍机构或中外合资人才中介机构申请经营资格。我国对外劳务合作发展进入快速阶段。

4. 优化并进入繁荣发展的阶段(2005年至2012年)

由于我国政府的高度重视和大力支持，我国企业的国际竞争力不断增强，对外劳务合作规模不断扩大，企业和公民走出国门已十分普遍，对外劳务合作的成效显著。2005年12月，财政部、商务部出台《对外经济技术合作专项资金管理办法》，地方政府出台各具特色的管理和鼓励政策。2005年，我国对外劳务合作业务规模实现跳跃性增长，全年完成营业额48亿美元，年度派出各类劳务人员27.4万人，年底在外各类劳务人员56.5万人，拥有对外劳务合作经营资格的企业有423家。2006年派出各类劳务人员35.1万人，12月底在外各类劳务人员67.5万人。据估计，2006年中国在外劳务人数占全国城镇就业人数比重已超过0.2%。2012年度派出各类劳务人员51万人，年底在外各类劳务人员85万人，累计派出各类劳务人员639万人。[①] 对外劳务合作为我国经济发展发挥了重要作用，为国家增加了外汇收入，减轻了国内就业压力，改善了人民生活。但是由于我国对外劳务合作的快速发展，相关政策法规跟不上发展的需要，管理制度和服务保障体系中的相关问题日渐增多，相关制度亟待完善。2004年，公安部、外交部、教育部、劳动和社会保障部、商务部、国家工商行政管理总局、国家旅游局7部门在全国范围内组织开展为期3个月的清理整顿非法出入境中介活动的专项行动“春雷”行动，对从事出国定居、自费留学、境外就业、劳务合作、自费出国旅游等出入境中介活动的中介机构进行一次全面清理整顿。[②] 随后全国各地进行了长期的打击非法出国劳务中介和其他不规范活动，有效地维护了我国对外劳务合作的发展，但是仍需要

① 上述资料来自中国商务部网站，http://fec.mofcom.gov.cn/。

② 人民日报记者：《七部门联合重点整治出入境中介》，载《人民日报》(海外版)2004年6月8日第七版。

进一步出台系统的相关法律规范。

5. 规范有序发展的阶段(2012 年至现在)

2012 年,我国对外劳务合作进一步发展,对外劳务合作规模不断扩大。2014 年我国对外劳务合作派出各类劳务人员 56.2 万人,新签劳务人员合同工资总额 120.12 亿美元,劳务人员实际收入总额 63.24 亿美元,年底在外各类劳务人员达到 100.6 万人,突破 100 万人,累计派出各类人员 748 万人次。为了促进我国对外劳务合作更规范有序的发展,2012 年 5 月,国务院颁布了《对外劳务合作管理条例》。随着《对外劳务合作管理条例》的实施,对经营主体的资格要求更加严格和规范,劳工权益保障工作进一步加强,各方参与人的权利和义务更加明确。2014 年,商务部、财政部发布《对外劳务合作风险处置备用金管理办法(试行)》,据此,各地方商务主管部门分别对所属范围内既有对外劳务合作经营企业的资格进行重新审核,对足额缴存 300 万元对外劳务合作风险处置备用金,具备资格继续从事对外劳务合作经营业务的企业名单重新进行发布。2015 年 2 月,具备对外劳务合作经营资格的企业共 820 家,比 2014 年同期的 920 家减少 100 家。同时,商务部加强对外劳务合作管理和服务体系建设①,2014 年全国共建立对外劳务合作服务平台 257 家。2014 年修订发布了《对外劳务合作业务统计制度》,将对外劳务合作外派人员、月末在外人员的行业构成表(LW1、LW2)根据中华人民共和国《国民经济行业分类》(GB/T4754—2011)标准进行了规范。另外,中国对外工程承包商会充分发挥行业协调自律职能②,健全完善与对外劳务合作新的管理体制机制相适应

① 商务部还加强了外派劳务人员咨询服务信息收集和咨询服务统计分析工作,为强化外派劳务人员权益保护工作提供决策参考。2014 年,商务部委托中国对外承包工程商会编写了《对外投资合作在外人员适应性培训教材》共 24 册,国别地区教材 11 册,语言教材 9 册,并在商务部网站对外投资合作在外人员信息管理系统发布。此外,录制了配套的视频讲座 12 讲(共 1200 分钟),并制作了包含有注意事项、常用联系方式、应急外语等内容的随身携带卡片。各地商务主管部门、对外投资合作企业和对外劳务合作服务平台可登录对外投资合作在外人员信息管理系统免费下载《培训教材》,视频讲座光盘和随身携带卡片另发至各地商务主管部门。

② 对外工程承包商会开设了“对外劳务合作行业服务”网页,针对性地推出一系列行业服务产品,提供对外劳务合作服务平台推介、外派劳务资源对接、政策法规和行业宣传资料下载等专项服务。中国对外工程承包商会下设外派劳务投诉中心,受理信访和提供咨询服务。同时普及出国务工一般常识、鉴别正规渠道和正规公司、帮助判别招聘信息真伪等方面的工作,涵盖出国务工各个环节,为对外劳务合作提供了良好的服务。

的行业协调自律体系。[①] 我国对外劳务合作进入一个规范发展的时期。

同时，基于我国对外劳务合作管理的日益规范，以及我国劳动力人口的日益收紧，加之金融危机以及对外劳务合作目的地国政策方面的原因，从2015年起我国对外劳务合作规模逐步缩小，2015年，我国出国劳务人员比前一年减少0.32万人，2016年减少5.8万人，2017年上半年即减少7.4万人。

（二）我国对外劳务合作现状

我国对外劳务合作经历了从最初的艰难起步到逐步发展壮大的过程。当前，我国对外劳务合作相对比较成熟，合作区域从初期的中东地区和少数国家扩展到目前180多个国家和地区；业务领域从最初向中小型劳动密集型工程项目派遣普通劳务为主，逐步发展到目前具有可向电力、化工、冶金、石油、通信等专业性和技术性较强的工程项目输出技术型劳务的能力。

我国是世界上人口最多的国家，人口约14亿，占世界总人口的约20%，劳动力资源总数超过8亿。2018年年底，我国海外劳工累计超过1000万。他们分布在全球180多个国家和地区，涵盖建筑工程、制造业、服装和机械加工等各个领域。我国外派劳务人员人数较多的依次为日本、新加坡、阿尔及利亚、印度尼西亚、巴基斯坦、老挝、马来西亚、沙特阿拉伯等国家。其中，日本占中国对外劳务合作总人数的14.2%，新加坡占9.7%。[②]

我国海外劳工人数分布比例最大的是亚洲，然后是非洲、欧洲和北美，对外劳务合作营业额最大的也是亚洲。我国对外劳务合作的行业领域主要分布在制造业、建筑业、农林牧渔业、交通运输业和饮食服务业。其中，建筑、纺织、渔工类劳务人员仍占外派劳务人员总数的80%以上，例如2006年，中国在制造业、建筑业人数都在21万以上，分别约占34%；农林牧渔7万多，约占12%；饮食服务行业约2万，约占3%。中国为国际建筑、纺织劳务和海员的重要来源地。此外，我国也有一些设计咨询管理、科教文卫体、计算机技术服务等高级技术领域的劳务人员，但所占比例不大。因此，我国海外劳工多集中在发达国家劳动力普遍短缺、工资较低的劳动密集型行业，纺织、服装、建筑、农业种植、海洋捕捞及水产加工等劳动密集型低层次劳务占了绝大多数。

我国对外劳务合作的经济效益和社会效益显著。据国内专家测算，我国

---

① 文月：《2014年中国对外劳务合作发展述评》，载《国际工程与劳务》2015年3期。

② 文月：《2018年中国对外劳务合作行业发展述评》，载《国际工程与劳务》2019年第3期。

对外劳务合作人员每年向国内转回外汇 40 多亿万[①],仅 2014 年我国对外劳务人员实际收入 63 多亿美元,年末在外各类劳务人员达到 100 多万人,累计派出各类人员 748 万人次。社会效益日益明显,700 多万外派劳务人员的家庭经济状况得到改善,并带领身边的人一起创业发家致富。

对外劳务合作为我国公民"走出去"提供了一条重要途径,让一部分劳务人员通过自己的劳动,实实在在地富裕起来,并促进了区域经济的发展。"派出一人,富裕一家,带动一片,安定一方"是对外劳务合作经济和社会效益的真实写照。因此,积极开展对外劳务合作,促进劳动力的跨国流动,是促进就业和改善人民生活水平的一个有效途径,也是促进我国经济发展一个重要方法。但是,由于新中国对外劳务合作起步较晚,我国相关法律制度不尽完善,我国对外劳务合作仍有许多不规范的地方,我国海外劳工利益保护效果不尽理想,我国对外劳务合作的规范化发展仍有待提高。

二、中国对新加坡外劳务合作现状

(一)发展历程

1965 年新加坡脱离马来西亚,建立独立的新加坡共和国后,由于特殊的国际和国内因素,新加坡与海峡两岸都未建立正式外交关系。尽管如此,中新两国仍保持经贸关系。1978 年邓小平访问新加坡,1978 年,李光耀两次访问中国,均就两国经贸合作关系进行了交流。1981 年 9 月,中新互设商务代表处。从 1965 年至 1990 年,新加坡成为是中国在东南亚最重要的贸易伙伴[②]。1990 年,两国建交,中国与新加坡的双边贸易增长迅速。1992 年,中新签订《科学技术合作协定》,强调进一步加强双边科学技术交流及人员合作。2002 年,成立中新"双边合作联合委员会"。

我国承包工程和劳务合作公司于 1985 年进入新加坡市场。1996 年新加

① 商务部新闻办公室:《"十一五"期间我国"走出去"取得跨越式发展》,载商务部网站,http://www.mofcom.gov.cn/aarticle/ae/ai/201010/20101007200262.html,下载日期:2017 年 1 月 10 日。

② 李一平、刘文正:《论冷战国际环境中的中国与新加坡关系》,载《厦门大学学报(哲学社会科学版)》2008 年第 1 期。

坡成为我国外派劳务的最大市场，并一直延续到 2004 年。我国对新加坡劳务合作领域已经从原来的建筑、制造和服务业进一步拓展到护士、幼儿教师、飞机维修人员、地勤服务人员、酒店中层管理人员、市场销售人员及厨师等，几乎涵盖了新加坡的所有行业，成为新加坡外籍劳工市场上不可或缺的重要力量之一。1999 年年底，中国向新加坡累计派出各类劳务人员 11.9 万人次。特别是 1992 年以后，通过各公司的不懈努力和国内、国外有关部门的大力支持，我国在新加坡的承包工程和劳务合作业务得到迅速发展。截至 2002 年年底，我国公司与新加坡累计签订承包工程和劳务合作合同额达 87 亿美元，完成营业额 73 亿多美元，累计派出各类劳务人员近 20 万多人次。我国在新劳务人员主要集中在建筑业、电子加工和制造业。尤其在建筑行业，中国建筑工人技术好，上手快，效率高，在新加坡建筑劳务市场上有较强的竞争力。[①]

2002 年 3 月，由于受建筑市场不景气、中新劳务合作市场经营秩序混乱、劳务纠纷及各种突发事件等因素的影响，新加坡政府暂停引进中国建筑劳工。暂停期间，在认真反思和总结教训的基础上，我国积极加强与新政府的沟通和交涉，敦促对方尽快重新开启建筑劳务市场；同时加大对劳务市场和经营公司整顿，加强规范力度。新加坡政府于 2003 年 7 月恢复受理在新加坡建筑级别为 B2 以上的建筑企业引进中国建筑劳工的申请。同时，我国对外工程承包商会在商务部及中国驻新加坡大使馆的支持下，经多次征求部分经营公司和各级政府主管部门的意见，起草了《中国对外承包工程商会新加坡劳务合作业务协调管理暂行办法》《经营公司开展对新加坡劳务合作业务经营资格条件》及《外派新加坡劳务合作合同主要条款》等文件，在行业内颁布执行。

2009 年 1 月 1 日，《中华人民共和国政府和新加坡共和国政府自由贸易协定》（以下简称《协定》）正式生效，内容涉及货物贸易、服务贸易、投资和其他经济合作。中新双方在《协定》中设立了自然人移动章节，明确了商务人员临时入境的纪律和准则，并就居留时间和条件做出具体承诺，便利了两国人员往来，并为自然人临时入境建立透明的标准、简化的程序投资和快速申请程序，有利于进一步促进我国对新加坡的劳务合作的开展。截至 2009 年年底，中国累计向新加坡派出各类劳务人员 45.8 万人，2010 年 6 月末在新劳务人员 8.1 万人，主要集中在制造业、建筑业和海员等领域。其中从事医疗护理、电子加工、酒店服务、销售管理等行业的中国劳务人员逐步增加，劳务合作结

① 魏军平：《淘金新加坡：互助与互补同行》，载《中国贸易》2004 年第 8 期。

构不断优化。[①]

其后,我国对新加坡劳务合作不断发展。2013 年,我国共向新加坡派遣各类劳务人员 32797 人,占我国当年外派劳务人员总数的 6.2%,期末在新各类劳务人员 73914 人。[②] 2014 年,我国共向新加坡派遣各类劳务人员 41202 人,比上年度增加 8405 人,占我国当年外派劳务人员总数的 9.3%,期末在新各类劳务人员 93635 人,比上年度大幅提升 19721 人。[③] 2015 年,我国共向新加坡派遣各类劳务人员 38312 人,比上年度的 41202 人减少 3090 人,期末在新各类劳务人员 102385 人,比上年度的 93636 人增加 8749 人。[④] 2016 年,共向新加坡派遣各类劳务人员 37724 人,比上年度的 38312 人小幅减少 588 人,期末在新各类劳务人员 100612 人,比上年度的 102385 人减少 1773 人,占我国当年在外劳务人员总体的 10.4%。[⑤]

实际上,上述商务部关于派往新加坡的劳务人员数据只包含通过商务部归口管理的对外劳务合作经营公司派出的劳务人员,我国在新加坡劳务人员实际数额远远高于商务部门统计。例如,我国有很多劳务人员是通过个人途径前往新加坡务工的,还有一些没有对外劳务合作经营资格中介公司,如留学服务咨询公司、出入境咨询公司也在事实上从事对外劳务派出,而且派出人员规模还很大,另外一些在新加坡的中国劳务人员在合同期满后与雇主续签新的劳动合同的人数也不在少数。因此,根据研究人员估计,2007 年在新加坡的中国劳务人员至少有 20 万人之多,占新加坡外籍劳工的 22 .2%(2007 年新加坡的外籍劳工为 900800 人)。[⑥]

在新加坡工作的中国工人主要来自山东、江苏和东北的黑龙江、吉林、辽宁等省份,也有部分来自福建、广东省的,主要集中在建筑业和制造业。新加坡政府规定服务业只能聘请 10%的中国劳工。尽管中国劳工在新加坡工作也面临很多问题,但由于新加坡的多种优势,如中新关系密切,对新加坡的宣传比较正面;新加坡华人占多数,沟通方便;外国劳工受法律保护以及收入比

---

① 焦朝霞:《小议中国—新加坡自由贸易协定对双方经贸合作的影响》,载《黑龙江对外经贸》2011 年第 2 期。

② 文月:《2013 年中国对外劳务合作发展述评》,载《国际工程与劳务》2014 年 3 期。

③ 文月:《2014 年中国对外劳务合作发展述评》,载《国际工程与劳务》2015 年 3 期。

④ 文月:《2015 年中国对外劳务合作发展述评》,载《国际工程与劳务》2016 年 3 期。

⑤ 文月:《2016 年中国对外劳务合作发展述评》,载《国际工程与劳务》2017 年 3 期。

⑥ 林梅:《新加坡的中国劳务人员状况调查分析》,载《南洋问题研究》2009 年第 3 期。

其他劳工高等;新加坡始终是中国公民出国打工的主要选择之一。据统计,2005年新加坡建筑业的印度、孟加拉等国劳工工资约为17～18新元/天,中国劳工则可获得约23～25新元/天的工资。2008年在新加坡的泰国劳工日薪约每天20～25新元不等,中国劳工的日薪一般可达约32新元,每个月可赚750～900新元。2010年的调查资料显示,中国建筑工人及技术工人每月的工资可在780～1500新元之间,折合人民币分别为4000～7500元,不仅比当地其他外国劳工工资高,也比中国非沿海地区的打工者收入高。如果是持S准证的技术工人,以及持就业准证的专业人士,收入就更高了。[①]

由此可见,随着中新经贸合作的不断发展,中国在新加坡劳务人员数量不断增加。目前在中国对外国劳工务合作目的地国中占第二位,仅次于日本。大量在新加坡工人的生存状况,他们的权利保护问题引起了各界的关注。

(二)现状及存在的问题

中国与新加坡劳务合作取得了较大的成果,同时也存在着一些问题,这些问题的存在直接制约着中新劳务合作的进一步发展。根据媒体报道和作者的调查研究,作者认为这些问题主要表现在以下几个方面:

1. 中国对外劳务合作市场不规范,出国务工人员的权利得不到应有的保护。中新对外劳务合作早期,新加坡经济快速发展,对外国劳动力的需求旺盛,中国出国劳务人员在新加坡可以获得较好的收入。我国劳务人员赴新加坡劳务的积极性较高。因此,我国对外劳务合作经营机构往往收取较高的服务费,不少不法劳务中介机构也乘机混杂其间,非法直接或间接向劳务人员索取高额代理费。随着我国对劳务市场多次整治以及《对外劳务合作经营管理条例》的颁布实施,非法中介现象有所好转。但是我国法律对于通过公民个人介绍出国务工的法律不健全,当前公民个人从事赴新加坡劳务带来了很多问题,尤其不利于出国务工人员权利的保护。而且随着新加坡经济发展放缓,新加坡劳务市场的工作机会日渐减少,工资日渐失去优势。但是由于国内的正面宣传较多,我国公民盲目赴新加坡务工的人员较多,造成了不少经济损失。

2. 新加坡对外国劳工权利保护不尽完善,中国在新加坡劳务人员生存状况不容乐观。新加坡由于其增强国际竞争力的压力,大量雇佣工资低廉外国工人以降低产品成本。新加坡对外国工人权利保护不尽完善,偏重维护

---

① 廖小健:《新加坡外籍员工政策的变化及影响》,载《东南亚纵横》2011年第10期。

新加坡雇主的利益，外国劳动力雇佣制度和政策不利于外国工人。在其现有制度下，新加坡雇主对外国工人拥有过大的权利，可以不需要任何理由随时解雇外国工人。不少雇主利用该制度压迫剥削外国工人，甚至通过恶意倒闭和中介串通等方式侵吞工人薪水或中介费，致使我国赴新加坡劳务人员蒙受损失。

3. 赴新加坡非法劳工现象屡禁不绝，非法劳工无法保障。非法劳工在新加坡被称作“自由工”。新加坡法律规定，新加坡雇主雇佣外国劳工必须缴纳保证金和人头税，为了降低成本，少数新加坡雇主寻求雇佣自由工。这些自由工有些是旅游签证到新加坡工作，更多是通过中介办理了工作准证，但到新加坡后不在准证上规定的企业工作，而是自由寻找工作。有些自由工每月还必须向挂名的公司缴纳几百新元的所谓“管理费”。这些工人在新加坡是非法的，雇主常常以此不付工资或少付工资，不仅利益经常受到侵害，也经常处于动荡不安中，回中国的自由也受到法律限制。

中国工人在新加坡的具体生存状况将在本书第三章进一步阐述。针对上述问题，中新两国一直在寻求有效的解决办法。随着中新两国政府对劳务市场监管力度的加大，有关管理措施的不断完善，目前中新两国在劳务合作领域内存在的问题会逐步得到解决。

第三节　中国工人在新加坡的历史与现状之比较

近代史上的“契约华工”“苦力”和“猪仔”与我国改革开放之后的对外劳务合作人员有本质上的区别。

一、区别

1. 时代背景不同

近代中国是在西方列强打开中国大门后，被动默认或承认外国人在华招工合法化，是被压迫被奴役的半殖民地半封建社会的劳工出洋务工；清朝末年积贫积弱的社会背景下，民不聊生，为了谋生人们被迫漂洋过海，受尽欺凌与剥削；我国改革开放之后的对外劳务合作，是国家积极实行对外开放政策，提倡对外劳务合作，鼓励人民走出去，为国家挣取外汇，改善家庭和个人生活条件，是一种积极的、正确的、有国家政策和法律支持的活动，也受到了人民群众的相应。改革开放之后，生产力不断提高，人民生活水平有了很大改善，同时，由于我国人口增长快，劳动力规模扩大并出现过剩，为了满足对更好生活的追求，解决国内就业压力，同时也为了鼓励人们走出国门学习更多先进的外国技术和知识，对外劳务合作并逐步开展起来，并且规模不断扩大，带来了较好的经济效益和社会效果。

2. 出国务工的途径和方式不同

中国近代史上的出洋华工，虽然有自愿应招募出洋务工，但是很大部分是被拐骗甚至绑架出国务工。自愿务工人员中也有很多是受欺骗而出国的。晚晴时期，人口贩子为了利益，坑蒙拐骗现象是非常严重的，虽经清朝政府多次打击，但仍然十分猖獗。清朝政府软弱无能，不敢对非法掮客动真格。工人在国内、运输途中直至在国外工作期间都充满了艰辛和血汗。新中国成立后的我国公民出国务工是在国家政策指导下的对外劳务合作，主要由具有对外劳务合作经营资格的企业经营，国家制定了相关政策规范出国务工人员招募，并不断完善相关制度。2012 年，我国对外劳务合作条例的出台标志着这一程序的进一步完善。我国公民出国务工完全是出于自身经济及发展考虑，自愿出国务工。虽然在早期我国对外劳务招募有诸多不规范的地方，但是随着法律制度的完善，以及我国打击非法招募出国务工人员力度的增加，当代中国公民出国务工的方式和途径与近代史上的“契约华工”“猪仔”或“苦力”出国务工的方式和途径截然不同。

3. 工人在工作地国家的地位和权利保护不同

近代史上“契约华工”“猪仔”或“苦力”相当于奴隶的地位，被称之为“债奴”，中国工人的生命和财产权利根本得不到保障，出国务工后能活着回来的比例不高，工人的权利受到侵害是非常普遍的，所在国基本没有对权利受到侵害的工人提供救济。而当代中国出国务工人员，根据工作地国家的法律，通常享有该国劳动法的保护，很多中国工人享有与工作地国工人同等待遇。虽然在实践中工人权利受到侵害的事件时有发生，但是工人对这些侵权行为是可以依法寻求救济的。

4. 政府对海外工人的态度和政策不同

如前所述，清朝政府对人民出洋一直持反对甚至敌对态度，对中国人在海外受到的迫害不闻不问，甚至冷漠地视之为弃民。尽管清朝末年，清朝政府逐步缓和了对海外华侨的态度，在古巴等一些国家设立使领馆护侨，但是因为清朝政府的软弱无能，并未发生根本性的作用；而新中国成立之后，坚持独立自主的外交政策，坚决维护海外华侨的利益，我国出国务工人员在海外遇到困难，可以向我国使领馆求助，我国使领馆依职责可以提供保护。实践中，我国驻外使领馆在保护我国海外劳工权益方面发挥了积极的作用，成为我国海外劳工权益保护的坚强后盾。

5. 雇佣关系的性质不同

在近代史上是以殖民者占绝对主导地位，工人常常是被强迫或欺骗而出国工作，而且雇主和工人之间往往是不平等的地位，工人的付出和应得到的报酬之间的差距很大，工人是一种被剥削奴役的地位。新中国成立之后，坚持独立自主的外交政策，以和平共处五项原则处理国际关系。我国对外劳务合作是在平等互利原则指导下开展的，我国海外劳工与雇主之间是一种平等的关系。我国海外劳工大多数享有当地劳动法的保护，当雇佣关系有失公平时，我国工人可以通过各种途径需求救济，包括向我国驻该国使领馆寻求帮助，并可以在平等协商的基础上解除雇佣关系，等等。

然而，尽管我国当代出国务工人员与近代史上的“契约华工”“猪仔”或“苦力”有着本质的不同，二者不可相提并论，但历史是现代的一面镜子，它可以映照当代并提供借鉴。其一，近代史上的“契约华工”“猪仔”或“苦力” 是特定历史时期的产物，但他们从本质上说也是一种劳动力的跨国流动，是中国公民到境外以自己的劳动力换取经济收入的活动，尽管这种活动在近代史上和当代的公平性和合法性有很大差别；其二，因为劳动力跨国流动，必然有中介参与其中，而中介机构的盈利目标往往会导致欺诈或违法招募行为的发生，当然历史上和今天这些行为的程度是决然不同的；其三，无论历史上还是今天，均是以合同形式确定当事人之间的权利义务，只不过历史上的“合同”往往是殖民者或雇主欺压工人的一种手段，而当代合同是确定当事人之间权利和义务的依据，公然违反合同是需要承担法律责任的；其四，工人在外国生活面临的困难有相似之处；等等。历史上因这种活动给中国工人带来的苦难，在今天应尽力避免，应更多地注重保护海外劳工的权利。

就我国在新加坡劳工而言，中国公民自古就有下南洋的传统，在新加坡开埠以后，英国殖民者也大量利用华工来建设新加坡，这也是导致新加坡华人数量占绝大多数的原因。华工为新加坡的建设和繁荣做出不朽的贡献。但是华工的地位是十分悲惨的。除了在招募阶段，华工多被以贩卖“猪仔”的方式运送到新加坡,其间遭受非人的待遇。在新加坡劳动期间,也面临各种困难,恶劣的环境,唯利是图的雇主,很多工人被折磨致死,华工在新加坡处于一种被奴役的地位,华工的生活充满了血泪。这一时期中国工人的地位是与晚清时期中国被奴役的地位密切相关的。丧权辱国的清政府,面对列强的大炮,连自己的地位和尊严都不保,根本没有能力保护在外华工,也不愿意真正维护华工的利益。这一时期在新加坡的中国工人相当于奴隶的地位。

新中国成立后,中国人民从此站起来了。新中国成立后,废除了旧中国的一切不平等条约,并根据联合国宪章确立的基本原则和和平共处五项原则,和其他国家平等互利,和平共处。尤其是改革开放以后,我国实行"走出去"战略,对外劳务合作得到了很大的发展,我国出国务工人员规模日益增加,几乎遍及世界各国,我国在新加坡务工人员数量日增。在这个时期,从法律上看,我国在新加坡务工人员与新加坡雇主通过签订雇佣合同,从而形成一种劳动关系。我国在新加坡工人受新加坡《劳动法》保护,享有新加坡《劳动法》赋予劳动者的一切权利。除此之外,在新加坡中国工人还受新加坡《外国劳动力雇佣法》等一系列相关法律的保护。此时,在新加坡中国工人是劳动法主体,具有劳动关系上的法律人格。尽管如此,但新加坡引进外国劳动力的目的是发展本国经济,在新加坡中国工人是为新加坡短期提供劳动力的"客工",他们是用劳动力和新加坡薪酬交换的个体,从某种意义上看,新加坡更多是将外国劳工作为商品,是一种劳动力交易行为,而较为忽视外国劳工的人权和利益。这体现在新加坡一系列法律上,如新加坡《外国劳动力雇佣法》规定,非经许可,外国工人禁止和新加坡公民或永久居民结婚,女性工人在工作时期禁止怀孕等等。同时,新加坡在外国劳工与新加坡雇主发生权益纠纷时,对保护外国工人权益的法律执行不严格。因此,虽然在新加坡中国工人形式上具劳动法上的主体资格,具有法律人格,但实际上,在新加坡的中国工人同在新加坡工作的其他国家工人一样,是被作为劳动力进行交易的,是某种意义上的法律客体。以史为鉴,只有加强外国劳工权利了意识,完善相关立法并严格执法保护外国工人的权利,在新加坡的外国工人才能成为真正的法律主体,实现真正意义上的平等合作与共赢。

6. 对工人法律保护的重点有所不同

对于我国历史上的出国华工,清朝政府和民国政府更多的是防止工人被拐骗,当时的制度及相关条约均是将防止工人被拐骗放在首要地位,这与当时殖民者为了扩大引进华工,纵容和授意非法中介拐卖人口的环境有关。

为了缓解中外矛盾，清朝政府制定了防止拐卖华工的政策，并与殖民者签订了相关条约。但是工人出国后，对于其人身权利和财产权利保护的法律极少。半殖民地半封建地的中国是没有能力保护海外华工合法利益的，我国在海外华工权利处于风雨飘摇之中。我国当前的对外劳务合作法律制度较为全面，不仅规定了对外劳务合作经营资格证制度，还规定了保证金制度、保险制度等，有利于保障出国务工人员在国内的权利。同时，我国《对外劳务合作经营管理条例》还规定了保护海外劳工利益原则，对外劳务合作经营机构对在外国工作的务工人员权利负有一定的保护义务，等等。随着中国在国际社会地位的提高，以及现代国际法基本原则的奠立，我国海外劳工的权利得到了应有的保护。

二、联系

以史为鉴，历史告诉我们许多不要重蹈覆辙的经验，同时，也给我们提供了解决目前问题的有益思路和启示。

1. 中国人出国务工的客观环境有部分相似之处。尽管古今中国人出国务工的绝对环境是不同的，即如前所述，新中国成立后，我国以独立自主的平等主权国家在国际法基本原则保护下进行对外劳务合作，而非半殖民地半封建国家被西方列强奴役被迫同意华工出国。但是，从客观上看，根据国际劳务移民理论中的“推拉”理论，即劳动力跨国流动，一定有劳动力输出国的“推力”和劳动力输入国的“拉力”[①]。劳动力输出国通常是在人口增长迅速而人均耕地面积大量下降的客观环境下，出现劳动力相对过剩、就业率相对较低以及工资水平不高等“推力”的情况下，人们才选择出国务工。而对于劳动力输入国，一定是随着经济的迅速发展，劳动力相对不足，从而提供较高的工资，形成一股“拉力”。我国公民出国务工，无论古今，均是在一定客观环境下发生的，即人口增长很快、劳动力相对过剩以及农村人均耕地面积大量降低等。

2. 雇佣外国劳工的目的相似。无论古今，新加坡引进外国劳动力的动机是因其国内劳动力短缺，尤其是低技术劳动力的短缺，从而需要外国劳动力补

---

① Örn B. Bodvarsson & Hendrik Van den Berg, *The Economics of Immigration/Theory and Policy*, Springer 2nd ed. 2013.

充其劳动力市场，满足其殖民者开发或其国内经济发展的需要。

3. 外国劳工与雇主之间的不平等地位相似。资本家贪得无厌逐利的本性，必然驱使他们想尽各种办法剥削工人，从而获取最大利润，甚至不惜冒违法之险。外国工人远离家乡，来到完全陌生的工作环境，依靠提供劳动力换取报酬。他们的经济、社会地位与新加坡雇主处于不完全平等的状况，是典型的弱势群体。

4. 东道国法律制度的制定以维护劳动力引进秩序为主要目标。因为外国工人与新加坡雇主谈判地位的显著差别，必然导致一方容易受到极度的剥削，从而影响劳动力引进秩序。只有通过政府干预，通过法律手段对外国工人的合法权利进行保护，才有可能适当缓解双方的尖锐矛盾，维持正常劳动力市场发展。因此，无论古今，有关外国劳工的法律和制度立法的目的，并非出于对外国工人人权保护或公平正义的考虑，而是为了维护其引进外国劳动力秩序，保障新加坡雇主对外国劳动力的需求。因此，新加坡外国劳动力相关法律制度中存在诸多固有缺陷，尤其是不利于外国工人的相关规定，屡受诟病。尽管随着新加坡非政府间组织和进步人士的不断呼吁，其法律制度中有所改进，但进展十分缓慢，不能满足保护外国劳工合法权益的需要。

5. 历史上的法律制度有可资借鉴之处。历史上可作为规范外国人在华招工的法律文件有 1859 年中英《外国招工章程十二条》、1866 年中英《续订招工章程条约》、1877 年中国和西班牙《中日会订古巴华工条款》、1874 年中国和秘鲁《通商条约》以及 1904 年《中英保工章程》等。尽管这些文件是殖民者强加给软弱的清政府，保障殖民者招募华工秩序的，而且这些法律文件也并没有得到真正的执行。但是鉴于利用外国劳动力的客观特点及维护劳动力引进秩序考虑，其中不少规定还是具有一定借鉴意义的。如 1859 年中英《外国招工章程十二条》就招工程序的规定十分详细且具有可操作性，“必将合同式样，并公所内各项条规，粘贴大门以及公所内人所共见之处，以便众人随时一览而知”，“管理招工税务司委员等必须每日亲往招工所，问明本日共招工人若干名，是否情愿自投，按名点验，将本人年貌、籍贯、住址、家属注册，以便稽查；并将招工合同，各给本人一纸，令人当面朗读给听，逐句详细讲解，以便合同内所议各条，本人均得明晓”等等。1866 年中英《续订招工章程条约》规定有华工在目的地国的有关待遇，1877 年中国和西班牙《中日会订古巴华工条款》规定“中国驻古巴领事官与当地官员共同承担管理和保护华工的责任。中国向古巴派驻领事官，古巴各地方官自应尽力照料”，“已经在古巴的中国人和今后到古巴工作的中国人享有同等优惠待遇。中国人作为原被告在古巴参加诉讼，享有最惠国待遇。合同期未满的华工应按照合同完成工作期限，后到古巴的华人与已经在古巴的华人享有同等待遇。在古巴关押的各处华人，待条约签字后一律放出，他们与其他在古巴华人享有同等待遇”等等。这些规定客观上对华工起到了一定的保护作用，对于中国与新加坡通过签订双边条约解决中国公民待遇问题具有一定的启示意义。

第三章
中国工人在新加坡具体生存状况
——以实地调研材料为基础

第一节　在新加坡实地调研情况

2016年5月,我通过电子邮件联系“客工亦重”,希望到该机构做义工并调研我国工人在新加坡的生存状况,得到了该机构的同意。2016年7月18日至9月9日,我在“客工亦重”进行了近两个月的实地调研,获取了很多关于新加坡外国工人权利现状及该机构在维护外国工人权利方面所做工作的资料。

在“客工亦重”工作期间,通过区伟鹏先生介绍,我也到保护外国工人权利的另外两个慈善机构“康侗”和“情义之家”进行了调研,采访了大量工人,对这两个慈善机构的工作人员进行了访谈。我也到新加坡政府工会下设的“移民工人权利保护中心”采访,了解他们的相关信息。这些慈善机构的工作人员多年站在维护外国工人权利第一线,对在新加坡的外国工人(包括中国工人)提供了很多帮助,同时也对包括中国工人在内的外国工人的地位比一般人有更多很深刻的了解。除此之外,我也拜访了在新加坡以处理外国工人劳动纠纷和工伤事故而著名的“何进才律师事务所”,对何进才律师进行了采访,了解他们在处理外国工人纠纷中的经验和感想。

在此期间,我也联系中国驻新加坡大使馆,希望前往了解他们在保护中国工人权利方面的工作,虽然因为中国大使馆的工作繁忙,没有成行,但从网站上我了解了他们的相关工作。

一、新加坡“客工亦重”调研材料

（一）客工亦重介绍

“客工亦重”是新加坡专为低技术外国工人（亦称客工，通常为 WP 准证持有者）提供帮助的慈善机构。2004 年依据新加坡《社会法令》登记为非营利性社会组织（登记档案号：ROS 0117/2004 WEL，登记日期：2004 年 8 月 12 日），同时在新加坡社会服务委员会（NCSS）和国内税务总署（IRAS）登记备案为慈善机构（慈善登记号：01971）。[①] “客工亦重”是新加坡四大客工慈善机构之一，是新加坡蓬勃发展的慈善机构的重要组成部分。

1.“客工亦重”的成立、职责与理念

2001 年 12 月，年仅 19 岁的印度尼西亚女佣莫娃那图·切桑娜（Muawanatul Chasanah）在新加坡经受其雇主长达 18 个月的非人虐待毒打后死亡，引起了新加坡社会各界的义愤和广泛关注。2003 年一个临时性团体“第二工作委员会”（the Working Committee 2）向社会公开宣布成立，其目标是通过教育促进对女佣的尊重，并通过法律和其他手段为女佣争取更好的待遇。通过一系列行动，并通过公共论坛、艺术表演、图片展览、论文竞赛等方式，邀请公众参与思考在新加坡外国女佣权利保护的有关问题，取得了很好的社会效果。其后，该“第二工作委员会”希望继续存在下去，并依《社会法令》登记成为永久性的社会组织，并在该组织登记时更名为“客工亦重”（Transient Workers Count Too），其服务范围也从女佣这一特定领域扩展到为所有移民工人利益服务的广泛领域。

“客工亦重”的英文名称 Transient Workers Count Too 中，Transient 意为“短暂”，Transient Workers 即是短期工人，亦称客工、移民工人、外国工人等。他们都是新加坡劳动队伍里的“短暂”（transient）劳动力，通常是低技术体力劳动者，以填补当地劳动力的短缺，在完成一定工作任务之后就会回到来源国，因此称为“客工”，意为“外来为客”，有礼貌之意。“客工”乃新加坡人力

---

① Alex Au，Overhauling Singapore's Migrant Labor System —An Alternative Plan，http://twc2.org.sg/2014/09/15/overhauling-singapores-migrant-labour-system-an-alternative-plan/.

资源市场上的重要力量。新加坡自1965年建国以来，短短四十年里由一个贫穷落后的国家发展成为新兴繁荣的现代化国家，离不开包括低技术客工在内的外国劳动力的贡献。但是在新加坡现代化国家发展的进程中，随着诸如外国劳工权益缺失等一系列社会问题的出现，社会对公平正义的呼声不断增高，各种慈善机构所提供的志愿性福利和社会服务无疑成为医治其社会顽症，缓解社会矛盾的一剂灵丹妙药。[①] "客工亦重"正是在这种背景下成立和发展起来的，以维护客工权利为宗旨的慈善机构。

在调研期间，通过与"客工亦重"社工和其他工作人员交流，他们都承认新加坡在对外国工人权利保护上存在诸多不足，外国工人在新加坡工作面临很多困境。根据"客工亦重"的调查，最为普遍的问题有中介欺诈、拖欠工资、克扣工资、拒绝给付加班费或少付加班费、拒绝给工伤工人提供补偿、拒绝给生病或受伤的工人休假和治疗以及强迫遣返工人等等，而且由于语言上的障碍以及新加坡政策等方面的原因，工人的权利往往得不到正常的保障。

"客工亦重"为工人提供服务主要从两个方面进行：一是直接为外国工人提供帮助。直接为需要帮助的外国工人提供服务，保障他们参与的案件得到合理的解决，保护他们在工作和生活条件中的尊严，帮助他们获得应有的医疗保障，维护他们的自主权。二是间接促进新加坡社会对外国工人权利的保护。主要包括对在新加坡的外国工人的现状进行调查研究，与政策制定者和雇主进行沟通，倡议给在新加坡的移民劳动者提供更开明的制度框架。

(1)直接向工人提供帮助

"客工亦重"直接帮助工人的工作主要包括三个方面：一是咨询服务，内容涉及法律和非法律等方面的问题；二是协助处理案件，主要涉及工作准证或S准证问题、薪资问题和工伤赔偿问题[②]，包括协助工人向劳工部投诉，准备文书，协助并陪同他们同雇主谈判，协助并陪同工人参加劳工法庭裁判，帮助他们聘请律师或处理相关法律事务等；三是提供爱心服务，如施粥站、免费住宿等。

A. 咨询服务。咨询服务是"客工亦重"提供的最基本服务。工人们在遇

---

① 陈文山：《新加坡志愿性福利组织研究》，苏州科技学院2011年硕士学位论文，载中国知网，http://cdmd.cnki.com.cn/，下载日期2016年10月。

② 客工亦重：《简介》，载客工亦重网站，http://twc2.org.sg/zhongwen/，下载日期：2016年6月1日。

到有关新加坡法律方面的问题，或涉及自身权益方面的问题，因为语言不通，或对新加坡的法律和制度不熟悉，在十分困惑时，他们首先想做的就是找到有关人士提供咨询，以决定下一步该如何做。“客工亦重”的咨询通常由社工或志愿者免费提供，主要通过三个途径：一是电话或网络咨询，工人们在有问题时，通过向社会公开的热线电话咨询，或者通过公开的电子信箱接受咨询，这时最方便、最直接的方法就是拿起电话或写一封邮件。而且这种方式具有保密性。在新加坡，工人是很害怕雇主知道他们求助慈善机构或有维权意向的，因为根据新加坡的《外国劳动力雇佣法》，雇主不需要特别的理由可以随时取消外国劳工作准证，因此工人很害怕雇主知道后随时解雇他们。这是很多有识之士公认的新加坡法律偏向雇主的痼疾之一。电话或电子邮件方式对更多考虑保密性而言的工人是最常采用的方式。二是社工或志愿者在办公室接待来访工人接受他们询问，这也是工人们经常采用的方法，特别是已经决定采取一定行动时，会专程到有关客工慈善机构询问，并可能在咨询后随即采取行动。我在“客工亦重”工作期间了解到，他们每周接待工人咨询 20 余起。三是社工和志愿者在施粥站现场为工人提供咨询。[①] 这主要是工人们在工作没有时间去办公室，或者因为受伤不方便去办公室，或者临时产生某些问题时，就在施粥站现场咨询。也有一些新来的工人是经过在“客工亦重”登记的老会员介绍来施粥站现场咨询的。但无论是电话网络咨询，还是在施粥站现场咨询，如果案件比较复杂，需要进一步的协助，或有文件需要出示，“客工亦重”会与咨询者预约到办公室进一步详谈。在提供咨询服务时，一要了解新加坡的法律，二要了解新加坡的实际情况。因此很多情况下，只能帮助咨询者分析一些可能的情况，如何取舍由工人自己决定。

B. 协助处理案件。对于到“客工亦重”办公室来访的工人，除了咨询，很多时候还需要协助他们解决一些实际问题，如协助工人向劳工部申诉，帮助工人写文书等等。[②]

C. 爱心服务。[③] “客工亦重”爱心服务包括：施粥站提供免费食物；关爱

---

① 客工亦重：《如何取得帮助？》，载客工亦重网站，http://twc2.org.sg/zhongwen/in-chinese-how-workers-can-reach-us-for-assistance/，下载日期：2016 年 7 月 20 日。

② 客工亦重：《客工经常面对的问题》，载客工亦重网站，http://twc2.org.sg/zhong-wen/ in-chinese-common-problems-faced-by-workers/，下载日期：2016 年 7 月 20 日。

③ 客工亦重：《Care Fund Projects》，载客工亦重网站，http://twc2.org.sg/what-we-do/direct-services-the-care-fund/，下载日期：2016 年 7 月 20 日。

基金(Care Fund)为工人筹募无法解决的手术及医疗等费用;医疗辅助和康复项目[Road to Recovery (R2R)/Medical subsidies]直接为工人提供康复和医疗辅助;交通费补助项目(Fare Go)为工人解决必要时的交通费;住房项目(Project Roof)为需要的工人提供免费住所。①

施粥站是"客工亦重"最大的爱心服务项目。现设有两个施粥站,一个Cuff Road施粥站,另一个是小印度施粥站,服务对象主要是在"客工亦重"登记的缅甸和印度籍工人。② 施粥站全年每周一至周五提供早餐和晚餐,周六提供午餐,每天为200~350工人提供免费食物。③

Cuff Road施粥站每天早上6:00—8:00,晚上7:00—8:30供应膳食。这是一个面积约200平方米的普通餐馆,日常也对外营业。他们提供10多种食物,工人们来进餐时从中选3~4种,主食有米饭和面点,主要是新加坡的大众食物,比较简单,但鱼肉海鲜蔬菜也兼而有之,不够可以再添加。每天有不少志愿者来施粥站工作,有新加坡本地人、有劳工本人、大学生以及一些在新加坡工作的外国人士。每次的志愿者不会相同。

志愿者的工作主要是帮助登记来进餐的工人,给他们发放额外的水果及一些小礼物。每个来进餐的工人都持有"客工亦重"发放的记录卡,正面写着工人的信息:姓名、性别、护照号、准证号、工作单位、什么时候受到什么工伤、服务的律师或法律工作人员等,背面是一个月的日期表格。工人每次进餐,志愿者就在背面的日期上做个记号,工人在签字本上签字。每张卡用一个月,每个月最后一天用完后就换新卡。每餐进餐完后统计进餐人数,与餐馆核对,"客工亦重"随即向餐馆付款。

通常来进餐的工人大部分是在工作中受工伤等待赔偿的工人,新加坡劳工部给他们颁发了特别准证。他们绝大多数是孟加拉、尼泊尔、印度、印度尼西亚等东南亚国家男性工人,有些来新加坡不太久,受伤后还不敢告诉家里,在新加坡等着劳工部赔偿。也有一部分是与雇主有工资纠纷或其他类型纠纷

---

① 根据新加坡法律,雇主应为工人提供了住宿,尤其是在工人因工资或工伤等问题向劳工部投诉后,工人是可以继续住在原来的宿舍的。因此,绝大部分工人仍可以住在原来的宿舍里,在工人害怕住在原来的宿舍或者某些特殊情况下没有住处的,客工慈善机构也可以提供免费住宿。

② 为中国工人提供服务的施粥站在TWC2发展计划中,目前还未具体实施。

③ 客工亦重:《Cuff Road Food Programme》,载客工亦重网站,http://twc2.org.sg/what-we-do/cuff-road-food-programme/,下载日期:2016年7月20日。

被雇主取消了工作准证而没有生活着落的工人。通常刚到进餐时间,来就餐的工人就络绎不绝,餐厅里排起了长队。“客工亦重”两个施粥站平均每天进餐人数 190 多人,每天在施粥站现场都有新的工人来登记。

除了协助登记进餐,志愿者还发放水果及一些新加坡爱心人士赠送的礼品。几乎每餐都有苹果发放。志愿者还要求在此观察工人们的伤情,询问工人们的身体和生活状况,了解他们案件的进展,回答工人们的疑问。也经常有新来的工人在施粥站等着寻求帮助。

在 Cuff Road 施粥站餐馆的二楼,“客工亦重”设立了一个工人活动场所,面积约 200 平方米,为工人们提供免费培训,开展医疗或康复服务,发放免费交通卡,为工人们提供休闲娱乐活动,同时也有房间为工人提供免费住宿。同时施粥站还设有咨询服务点,以便志愿者为工人提供权利或案件方面的咨询,指导工人案件的进程。

在某些特殊情况下,“客工亦重”也会直接给工人一定数额的钱接济他们的生活。但这一般在紧急情况下,例如在雇主拒绝给工人工资而工人手头没有积蓄,完全无法维持生活的情况下,“客工亦重”会给工人一些临时的费用,如交通费、电话费等等。在某一企业倒闭宣告破产,雇主失踪的情况下,接济的工人人数会比较多,有时近 20 人,但每人每次给予的金额并不多,即50~100 新元。

“客工亦重”每年为约 350 个受伤工人提供服务,包括通过劳工部程序索赔、提供免费食宿等。另外,因中介服务引起的纠纷也占一部分,主要是在来源国受到欺诈或在新加坡工作不到 6 个月要求退还中介费的纠纷。在所有的工作中,为陷入工伤赔偿纠纷提供帮助是“客工亦重”最有效的工作之一。

(2)间接地保护外国工人权利的工作

除了为客工提供直接服务,“客工亦重”还通过各种途径对在新加坡的外国工人的现状进行调查研究,例如在施粥站时工作人员通过统计数据和了解信息,全面了解工人遇到困难的种类和受剥削和虐待的程度。[①] 通过全面深入了解外国工人面临的困难,结合日常处理的真实案例和相关信息,做出客观可信的调查报告,提供给政府作为确定政策和完善立法的建议,以期通过这种

---

① 客工亦重:《Cuff Road Food Programme》,载客工亦重网站,http://twc2.org.sg/what-we-do/cuff-road-food-programme/,下载日期:2016 年 7 月 20 日。

间接方式帮助改善客工整体的权利。[①]

例如，工人受伤后，在通过劳工部提出赔偿期间不能离开新加坡，也不能工作。在这个漫长的等待期内，工人们经济困难，精神上也非常痛苦。“客工亦重”了解这个信息后，向劳工部建议，可以为在新加坡等待工伤赔偿期限超过一定时间的工人发放一种特别的工作许可，允许他们在此期间从事一些他们体力所能及的工作。2016年，劳工部即采纳了这一建议，允许向一定数量的工人颁发这样的特别许可。另外，对于雇主克扣工人工资现象严重，根据“客工亦重”的调研报告，新加坡劳工部要求雇主在发放工资时，要列明工资明细，电子和纸本凭据应保存等等。这些有效的工作有利于提供工人的整体利益。

客工亦重也注重宣传教育，加强同政府官员、移民工人、雇佣代理机构、合作组织及大众沟通，努力提高新加坡社会公众对外国客工权利尊重的意识。并致力于构建一个为雇主、公众获得信息资源的平台，倡导建立更开明规范的移民工人制度框架，促进移民工人的公平待遇。

“客工亦重”倡导这样一种观念：所有劳动者都有尊严，无论其种族、肤色、性别、语言、宗教以及阶层如何，都应该得到尊重和关怀。所有工人都应该免受不人道、有损人格尊严的待遇。雇主应诚实经营，具有社会责任感并迅速而合理地对工人进行补偿。“客工亦重”还希望通过对公众进行教育，使新加坡成为一个能承认和尊重移民工人重要贡献的社会，使对移民工人的剥削、歧视和不公正待遇成为历史。

2.“客工亦重”的爱心工作人员

“客工亦重”由9人成立的执行委员会领导，执行委员会包括主席、副主席、秘书与财务总监等。区伟鹏和王贤勤是执行委员会的骨干成员，也是“客工亦重”日常工作的负责人，我在“客工亦重”时主要由他们两人指导我工作。区伟鹏是“客工亦重”的财务总监，同时负责“客工亦重”网络交流和互联网管理信息系统，他具有商业和市场专业背景，但在新加坡以社会政治评论家和人权倡导者著称。偶尔为政治与社会性刊物撰稿，2013曾为“客工亦重”副主席。王贤勤于2003年“客工亦重”成立时便加盟，担任过“客工亦重”秘书长、财务总监，并在2011—2014年期间担任“客工亦重”主席。他是澳大利亚国立

① 客工亦重：《我们的工作》，载客工亦重网站，http://twc2.org.sg/zhongwen/in-chinese-the-work-of-twc2/，下载日期：2016年7月20日。

大学政治学博士，曾在新加坡报业控股集团《星期日时报》(*The Sunday Times*) 做专题编辑，并在东南亚研究所担任研究员直至2007年退休。[①] 区伟鹏、王贤勤和执委会的其他成员都不拿薪酬，为"客工亦重"提供免费服务，是"客工亦重"的常务志愿者。

"客工亦重"聘用5名员工：社工李康耀(Jason Lee Kang Yao)、敏义(Gwee Minyi Min Yi)和阿细卡(Rashiqa as-Shafi'i)，办公室主任Christina和财务主管Christine(业余)。因其所有经费乃公众的捐款，且为非营利性机构，因此要尽可能把办公室与员工人数维持在最小的限度，以减轻负担。[②] 这些员工都是爱心与能力兼具，工作效率非常高，付出比回报多。如李康耀为新加坡管理大学在读博士，每月薪水2000多新币，在新加坡属于较低的水平，但其工作强度是非常大的，很关心工人的疾苦，很多事情都需要在工作时间之外为工人处理。其他员工的工资都不高，但他们更看重"客工亦重"工作的慈善性质，他们在"客工亦重"工作就是在做善事。因此，无论是从工作强度还是从劳动报酬而言，在新加坡生活水平居高的形势下，其员工没有爱心是难以继续工作下去的。

"客工亦重"的经费主要来自社会人士资助。[③] 自成立以来，多次进入经济紧张状态，需要紧急向社会募捐，通过各种宣传活动，在获得捐助后才恢复正常。因此其经费并不充裕，大量工作需要志愿者来帮助完成。即使这样，"客工亦重"每年也要向政府或者政府规定的相关志愿机构提供财务报告和工作报告，政府则派管理志愿机构的专门人员对其进行检查，以检验报告的属实性。此外，政府部门可随时要求其提供近期活动的所有信息。[④] 因此，其财务上的管理是非常严格的，谁都不能随便花费一分钱。另外，在新加坡，人们普遍认为能够捐助或提供无偿劳动来帮助慈善机构救济和帮助穷人与弱势群体是一种美德。因此，"客工亦重"的志愿者是很充足的，除了"客工亦重"在编的志愿工作人员，其他编外志愿者常年维持在20个左右。

---

① 客工亦重：《People 2015—2017 EXCO》，载客工亦重网站，http://twc2.org.sg/who-we-are/people2013exco/，下载日期：2016年7月20日。

② 客工亦重：《关于客工亦重》，载客工亦重网站，http://twc2.org.sg/zhongwen/in-chinese-our-organisation/，下载日期：2016年7月20日。

③ 何晓裴：《新加坡社会组织考察》，载《群文天地》2011年第8期。

④ 陈文山：《新加坡志愿性福利组织研究》，苏州科技学院2011年硕士学位论文，载中国知网，http://cdmd.cnki.com.cn/，下载日期：2016年10月28日。

Debbie Fordyce 是“客工亦重”执行委员会成员，也是志愿者。她是一位70 岁左右的老妇人，是“客工亦重”的董事，也是“客工亦重”的志愿者。长长的柔软的褐色头发，温柔的绿色眼睛，看起来很精神。她是新加坡高级白领阶层人士，退休后致力于劳工权益保护慈善活动。我在一次参加施粥站的活动时认识她。我们一起坐在餐厅门口的长桌上给来免费进晚餐的工人登记和发放苹果。Debbie 好像和每个工人都很熟，不时同他们开开玩笑。这时一个工人来到她跟前，他生病发烧了，Debbie 伸出手温柔地抚摸他的头，试他的体温，然后安慰他，告诉他怎样办。她是那么慈祥，就像工人的妈妈，那个工人小伙子也很温顺地站在她身旁，信赖地望着她，场面令人感动。在施粥站还有很多像 Debbie 这样的人在关心着遇到困难的外国工人，他们过得充实而快乐。那天晚上，来了 3 个陌生的年轻女孩，她们扛着几大箱水果、食品过来，说是要送给工人。她们不是志愿者，是纯粹献爱心的人群。在我在施粥站工作期间，这种情况经常发生。当市民想要表达爱心，他们会送东西来施粥站送给工人。

志愿者巴郎(谐音)是一位中年妇女，马来西亚人，印度裔，微胖，穿红色长裙，热情开朗，不停地同工人寒暄。我是在施粥站的晚餐服务中同她认识的。她做志愿者 4 年了。4 年前她来新加坡找工作，一直找不到工作，她不愿意闲着就来“客工亦重”做志愿者。后来巴郎终于找到了工作，但她的志愿者工作仍坚持下来。这时一个工人来找我们帮忙在网上查询他的工伤评估结果。我们在网上看到了他的评估结果，是 7 个点。[①] 巴郎看了他的伤(两根手指受伤，其中一根伸不直)，思考了一下，认为劳工部的评估比较适中。因为如果工人觉得评估太低，是可以反对这个结果从而申请重新评估的(费用由工人承担)，或者不申请重新评估直接拒绝从而进入民事诉讼程序，这样程序会曲折许多。工人满意地走了。我问巴郎关于工伤评估的问题：由医院进行评估会不会有不公平的情况？同一个工人伤情由不同的医生评估会否给出不同的结果？巴郎告诉我，工伤评估只能由工人受伤后初次接诊他的正规医院的医生作出，一般中途不能换医生，除非他有证据证明这个医生会作出不公平的评估，向劳工部申请，经劳工部同意后劳工部给他换医生。一般情况下，医生的评估要依据新加坡医疗委员会制定的标准。这个标准是一个指导手册，手册中有人体图，其中哪些部分受伤及受伤程度如何评估都有建议，如一根大拇完全指切除评 7 个点，部分切除的，根据切除的不同比例给出不同的点。另外，

---

① 即丧失了 70%的劳动力。

评估还要结合工人的年龄等具体情况，最后给出一个综合的评价点数。这个点决定了工人取得工伤赔偿的具体金额。但是肺部损害及人体面部损害不在这个图册里。显然巴郎对这个图册很熟悉，并对打点比较有经验。根据工人的伤情，在劳工部结果还没有出来之前，她会进行一个初步估算，结果出来后，如果和她估算的差别太大，她会建议工人提起反对程序。这样一个很有经验的志愿者能实实在在地帮到工人，也体现了"客工亦重"志愿者服务的质量和效率。

"客工亦重"前主席王贤勤对外国工人的情况有较深入的研究。例如谈到中国工人在新加坡和印度、孟加拉工人的不同：中国工人一般都有书面合同，这是较好的，而印度、孟加拉等国工人很多是口头合同；中国中介公司提供的合同中有一些限制工人受到侵权或纠纷向媒体或非政府组织通报或寻求帮助的条款，而其他国家则是鼓励工人们争取权利的。中国中介公司提供的合同往往违反新加坡的法律，如前所述限制工人权利的条款。当发生争议时，到底是适用中国法律还是新加坡法律呢？这些条款在中国是合法的，在新加坡是非法的。雇主常常以此合同在中国合法来抗辩。因此，新加坡法院在处理此类纠纷时，常常会兼顾两国法律，最后调解结案。而且中国工人往往不愿意把事情闹大，息事宁人。中国工人很多为在新加坡承包工程的中国公司工作，这些承包商把在中国的一些对待工人的办法挪用到新加坡，而这些行为在新加坡是违法的，例如拖欠工资。

由此可见，我国在新加坡工人知道新加坡客工慈善机构及其职能和作用的并不多，能利用这些慈善机构来维护自己权利的人更少，通过"客工亦重"的调查可见一斑。随着长期的建设与发展，目前新加坡已形成了数目众多，覆盖广泛的各类慈善组织。包括"客工亦重"在内的客工慈善组织是其中重要的组成部分，它们的努力工作有利于弥补新加坡在移民工人权利保护政策与法律的缺陷，维护新加坡利用外国劳动力秩序的稳定，促进新加坡经济的和谐发展。① 同时，客观上也对外国工人权利起到了较好的保护作用。如前所述，新加坡外国劳工法律和政策更多地向雇主倾斜，我国在新加坡工人的权利现状不容乐观。因此，我国需要进一步利用"客工亦重"这样的慈善机构，以更好地保护我国在新加坡工人的权益。

综上，"客工亦重"自成立以来，在保护包括我国工人在内的外国工人上发

---

① 何晓裴：《新加坡社会组织考察》，《群文天地》2011 年第 8 期。

挥了重要作用。“客工亦重”保护客工主要通过直接为工人提供咨询、处理事务和一系列爱心服务等活动，以及通过调查研究、宣传呼吁和向政府提出建议等促进新加坡社会重视客工权利保护等间接方式进行。“客工亦重”工作的顺利进行离不开爱心员工和志愿者的无私付出，通过多年的努力，为外国工人提供了实实在在的帮助，也为保障新加坡持续获得其经济发展必需的外国劳动力做出贡献。改革开放以来，随着中新对外劳务合作的不断发展，我国在新加坡工作的低技术工人规模不断扩大。同时，由于新加坡外国劳工法律和政策向雇主倾斜的客观情况，我国低技术工人在新加坡的权利现状不容乐观。全面深入了解包括“客工亦重”在内的新加坡客工慈善机构的职能与作用，利用这些机构保护我国在新加坡工人的合法权利，是笔者此次田野调查及本书的主要目的。

（二）“客工亦重”调研实录

2016 年 6 月，我通过在网上搜索资料，了解到新加坡有一个保护外国工人权利的慈善机构“客工亦重”，通过浏览该机构网页，我了解到该机构在保护在新加坡外国工人方面做了很多工作，其中也包括为中国工人提供帮助。于是我按该网站公布的电子信箱给“客工亦重”写了邮件，申请去该机构做志愿者，并表明希望在该期间对中国工人在新加坡的现状进行调研并了解新加坡相关法律。

一周后我收到了“客工亦重”劳工部长王贤勤的回复，“客工亦重”接受我做志愿者，但一切出入境手续及相关费用自理。其间有一个小插曲，我在给“客工亦重”劳工部长王贤勤写邮件时，在附件里添加我的简历时，不小心将一个不相关的文档作为简历传上去了，王先生回复时，只是请我重新上传正确的简历文档。我在为自己的疏忽大意惭愧的同时，也深为王先生的胸襟和包容所感动。我相信我的“客工亦重”此行一定会不负所望。

2016 年 7 月 18 日，我按时前往“客工亦重”位于 Golden Mile Complex 大厦 9 楼的“客工亦重”办公室，开始了为期 6 周的志愿者工作。

下面为我在“客工亦重”工作期间的日记，基本是原文显示，但日记中少许内容与前述介绍有重合之处，也有不少口头表达方式。

2016 年 7 月 18 日　星期一

因前一天已经探好了路线，我 8 点从住处出发，大约 40 分钟就到达了“客工亦重”办公室所在的 Golden Mile Complex 大楼。这是一栋金黄色大厦，底层有很多商铺小店，有点类似牛车水，但主要是泰国人的集聚地。“客工亦重”办公室在 Golden Mile Complex 大厦的 9 楼。当我准时来到“客工亦重”办公室门口，心中不免有几分紧张和不安。在这里，我将认识什么样的朋友？我能和他们友好相处并有所收获吗？推开“客工亦重”办公室的大门，我向那些我只听其名未见其人的朋友走过去。他们是 Christine，Christina，Russell，Alex，Rashiga，Minyi，Jeson…… 后面我同他们会有怎样的交往呢？

Christina 接待了我，安排我在办公室等 Russell 和 Alex。大约 10 点钟，区伟鹏(Alex)过来了。Alex 看起来 60 多岁，个子不高，但很精神，很热情，他是祖籍广东的华人，但是只会用英文和我交谈。他是“客工亦重”的副主席，负责我的工作安排和监督我的工作，我的工作要向他汇报。因此他是我的顶头上司。他同我谈了一下我的工作安排，并同我签订了工作协议。根据该协议，我在 TWC2 的工作时间是 6 周，即从 2016 年 7 月 18 日至 9 月 8 日。工作内容如下：(1)每周任选 4 天到办公室坐班，工作时间上午 9 点至下午 6 点；(2)每周任选两个早上/晚上到 TWC2 设在小印度的施粥站工作(因英文的工作任务为在 soupkitchen 工作，我以为是去他们设在那里的厨房打下手，帮忙做汤。实际不是这样，主要对来免费就餐的工人进行登记，并接受他们的咨询)，我选择的周二、周三晚上，工作时间为下午 6:30—8:30。(3)参加每月一次在周日下午举行的、全体员工参加的、在工地现场进行的调研和宣传工作，即他们所说的“户外活动”(out-reaching)。(4)从事研究工作。包括熟悉新加坡与外国工人有关的法律，研究 TWC2 下设的两个社会工作委员会，指出新加坡法律的不足和实施中存在的问题，为其社工解决有关问题提供建议，接受主席交给的特别研究任务，我在客工亦重工作期间的直接指导人是主席区伟鹏，王贤勤先生协助指导。(5)每周一次负责办公室的杂务。

11 点钟左右，王贤勤也过来了。这是一位近 70 岁的老人，看起来儒雅宽厚，很温和。他是越南裔新加坡人，澳大利亚国立大学政治学博士，曾做过报刊编辑和东南亚研究所的研究员。退休后成为客工亦重的第一批元老，曾做过客工亦重总裁和财务总监，现在是劳工部长。王先生居然用汉语同我交流，说他早期曾到过中国交流。他希望我今后工作中遇到什么问题，也可以同他交流。他是一位很令人尊敬的长者。

第一天在客工亦重的工作,就是坐班,观察客工亦重的工作。在客工亦重,除了王贤勤和区伟鹏,还有上午接待我的办公室主任 Christina,财务总监 Christine,义工 Rashiga、Minyi 和 Jeson(李康耀),以及两个志愿者。上午有几个孟加拉工人来办公室咨询,一天下来,Jeson 接待他们。对于提供帮助的工人,客工亦重会在系统里登记,义工们对这一套工作流程很熟练,我还有一个适应的过程。

2016 年 7 月 19 日 星期二

今天是第一次到位于 CuffRoad 施粥站工作。这是一个很普通的餐馆。全年每天为在新加坡工作中因受到工伤而失去工作,正在等待新加坡劳工部处理结果的外国劳工提供免费的膳食。我们的工作并非到厨房工作,而只是在餐馆登记来进餐的劳工,了解他们的困难,并提供适时的帮助。当我们准点到达施粥站时,施粥站已经来了很多志愿者。每个工人每次进餐就由我们在记录卡背面的日期上做个记号,工人在签字本上签字。今天晚上我协助在进餐卡上做记号。进餐的记号中餐是将日期画上圆圈,晚餐就是在日期上划叉。从 6:30 开始,来晚餐的工人络绎不绝。他们全是孟加拉、尼泊尔、印度、印度尼西亚等国家人,全部是男性,95%以上都是受工伤失去工作没有生活着落的人。有些来新加坡不太久,受伤后还不敢告诉家里,在新加坡等着劳工部讨个说法,赔一些钱。这些工人全是弱势人群,很悲惨的。2 个小时下来,我帮着划叉,手都划酸了。进餐结束后统计,共 140 多人进餐。据其他先过来的志愿者介绍,“客工亦重”有两个施粥站,我们所在的这个人数较另一个少很多,但平均每天也有 190 人左右。震惊于新加坡外国劳工的生存状况,这么多人受工伤,新加坡的外劳制度或其工作安全保障制度中一定存在什么问题。这也是很多志愿者参与援助活动,很多新加坡和外国研究者关注该问题的原因。8:30 在施粥站工作结束的时候,我虽然觉得有些累,但是也因为正面接触和了解了新加坡劳工的一些现状而感到兴奋。白天是在办公室坐班,晚上在施粥站工作,这一天也算是很辛劳也还充实的一天。

在回来的路上,一起工作的小伙伴告诉我,明天是“客工亦重”讨论劳工纠纷法律意见的日子,一整天会很辛苦,几乎是整天在会议室讨论。他建议我明天捎带一点吃的到办公室,以备补充能量。

2016年7月20日　星期三

今天是“客工亦重”最忙碌的一天。平时接待来访工人，主要是进行登记，了解基本情况，给予初步的帮忙。涉及比较复杂的问题，尤其是涉及法律方面的问题，则通知他们周三再来。周三时绝大多数工作人员和志愿者会来办公室，其中很多是资深志愿者，其中有一些法律工作者，还有一些懂印度语、孟加拉语的当地人专程前来为英语不好的工人提供翻译服务。这是很忙碌的一天，“客工亦重”的两个社会工作委员会同时提供服务，分别接待不同的求助者。我在法律服务委员会，有经验丰富的专家针对每个来访者的情况，进行深入的处理。有的当场同劳工部或律师联系，进一步了解事件的来龙去脉，提出解决问题的建议或进一步的工作。一整天的日程往往安排得满满的，感觉没有喘气的时间。原计划今天来访的8人，但实际上远不止8人。办公室人来人往，颇为喧闹。我是生手，实在不知道如何帮上忙。但是他们这种工作方式和工作效率，毫不逊色业务繁忙的商业公司。

2016年7月21日　星期四

经过昨天一天的喧嚣，今天办公室显得格外安静。我和Ashiga来得最早。Ashiga是一位披着头巾的胖胖的女孩，很友善，“客工亦重”网站上没有她的简历，应该是新来的。但经过这几天的观察，发现她处理事情是非常熟练的。我和她只能进行简单的交流，但我断定她是一位非常善良的女孩。办公室很安静，也没有工人来访，于是我找出新加坡法律开始“研究”。新加坡涉及外国劳工的法律主要有《外国劳动力雇佣法》《雇佣法令》《工伤赔偿法》《刑法》等。因工人涉及工伤的较多，Alex希望我先熟悉《工伤赔偿法》中的工伤赔偿程序。我找到了中文的关于工伤赔偿程序的简介，但是没有《工伤赔偿法》全文的中文译文，其他法律也没有中文译本。Alex解释说，因为法律是很严谨的，不能随便翻译成外国文字，不然容易产生歧义。本来我在想着要是能把这些法律翻译成中文，印成册子发给中国工人，对他们维护自己的权利应该很有帮助。新加坡毕竟是一个法治国家，大家开口闭口都是法律。他这样一说，我也理解了新加坡劳工部网站上为什么只有英文本的法律，而没有中文本的了。但是民间的翻译只要不在法庭上援用，应该是没有问题吧，基本内容工人们知道就行。因此在考虑是否回去后将这些法律翻译成中文，但是这些法律是非常多而且繁杂的，工作量会很大，不知道这个想法能否实现？

在电脑上敲敲打打，时间过得很快，很快就11点多了。这时Alex来办公室了，Alex和Russell这些资深员工，可以不用按时上下班，看他们一般是快到中午的时候才来，下午5点左右就走了。Alex见到我，马上就安排工作。他说我经过这一周已经了解了“客工亦重”的工作程序和性质，应该知道以后怎么做了。他问我今后有什么计划。我大体说了一下我的想法。他予以肯定，然后给我安排了如下工作：(1)帮他们完成一个宣传视频，其中有英语、马来语、印度语和孟加拉语，但是没有中文，他希望我为它进行中文配音，这个片子不太长，应该没有问题。(2)完成词语对照翻译表。他们有一本语言对照表，其中英文对应马来语、印度语、孟加拉语和中文。但是其中中文的翻译似乎不太正宗。Alex希望我用正宗地道的、工人们常用的口语来给出翻译。因此他布置给我第三项任务。(3)接触中国工人，了解他们对有关英语词汇的口头表达。接触中国工人是我很希望的，这几天接触的全是印度、孟加拉工人，觉得交流上非常别扭，看到他们时我就想起中国工人是什么状况。Alex帮我联系了另一个外国劳工权益保护的外国劳工慈善机构“康伺”，它专门针对中国劳工提供帮助，这个之前我倒是不知道。通过电话联系之后，我决定立刻就去位于笼芽23号的康伺中心。

下午1点多钟，我来到了康伺。Alex帮我找的联络人是蔡财传(Jeff)，工人们称他蔡先生，是一位瘦瘦高高的新加坡华人，讲一口广东普通话。康伺中心在一个类似四合院的平房里，场地比较宽，办公室、工人活动室在一进门的一排平房中，办公室居中，工人活动室靠近门口，医院则在与它近乎垂直相邻的另一排房屋中。中间是草坪，还有球场。当我走进康伺中心门口时，看到有四五个中国工人围坐在一个石桌旁，正在下象棋。在办公室门口有一株栀子花树，上面开出了两三朵栀子花，有两个工人围在旁边嗅着，连说好香。在工人活动室内有人在高声聊天，不时有人进进出出。正在这时，一位来自新加坡管理大学的学生余贤芳(音)来进行采访调研，她是新加坡国立大学一位关于移民劳工地位研究项目的参与人员。她采访工人时，征得她的同意，我也进去旁听。工人们对于访问似乎很配合，正襟危坐地等着余贤芳发问。余贤芳先拿出一个访问单给他们，让他们先看后签字。主要是同意采访，配合参与项目活动，以及采访方的保密承诺等，从形式上看很正规。采访完毕后，他们就出去了。我同余贤芳简单交谈一下,她说我很幸运,这是她最后一次来这里进行这个项目的采访。然后她会去另一个外国劳工慈善机构“Home”采访。从她那里我知道新加坡关注外国劳工利益的外国劳工慈善机构不少。外国劳工是新加坡重要的劳动力来源,他们的权利和地位保障存在不少问题,有不少外国劳工慈善机构从事这方面的工作。

余贤芳离开后我继续留在康伺,找工人们聊天。获得了不少信息。在新加坡,中国工人和印度、孟加拉工人一样,受到工伤后权利保障上存在一些问题,在欠薪上的问题也很严重。虽然新加坡法律对一些行为规定了严格的惩罚措施,但是违法现象依然很多。正如“客工亦重”的 Alex 指出,新加坡在外国劳工法的实施方面是很薄弱的,存在明显偏袒雇主的一面。当然这个问题挺复杂,不是一两句就说得清。在这里我同工人们交流很轻松,不用为语音绞尽脑汁,而可以集中精力组织问题和观察。民族国家的东西是生来固有的,虽然人人都愿意公平中立,但是面对你所归属的那个群体时,情感上的亲切感是自然而然流露的,无法做作。

我一直遗憾“客工亦重”的两个施粥站没有中国工人,也很希望在新加坡的中国工人有这么一个场所,不仅仅是提供膳食,更重要的是大家能在这里找到同胞进行交流。我向蔡先生提这个问题,蔡先生告诉我康伺也有施粥站,即 Geylang Food Project,康伺中心的工人都是全天免费进餐的,并邀请我下午 6 点钟一起去他们的施粥站看看。Geylang Food Project 是在离康伺中心不远的芽笼 15 号的明利美食,这里看起来还宽敞明亮,除了工人用食,还有其他顾客在这里吃饭,从街道上远远便闻到一股香味,好像大白菜炖肉,有中国食堂的味道。康伺名单上列明有工伤人员 45 人,非工伤人员 24 人,另有 3 位是用笔临时加上去的,应该是新增加的人员。有 3 位标明“回”字,就是本月处理完事项已经回国的人员。今天来进餐的有 23 人,规模比较小,进餐表由工人自己安排的人值班打钩记录,程序很简洁,没有志愿者来服务。

2016 年 7 月 25 日　星期一

进入第二周的循环,没有第一次去上班的兴奋与不安。我到时只有 Ashiga 一个人到了。整个上午比较安静。其间有个工人进来了,Ashiga 接待他。听他们谈话,好像是工人的钱包找不到了,Ashiga 说这个事不属于我们这里管,就把他打发走了。“客工亦重”其实是维护工人劳动权利的,但很多工人把这里当成了求助中心,遇到各种事情都会找过来。例如上周有个工人在办公室坐了一个上午,就是来喝了一些饮料,吃了一点水果,然后不停地在一张白纸上随意写划。据说他是一个前两年头部受伤的工人,有些傻痴的样子。他每次来"客工亦重"都接待他,但是没有人会过多关注他。

下午的时候,办公室主管 Christine(看起来像菲律宾裔人,不是上次提到华人 Christina)让我接一个电话,说是一个中国人打来的,不会说英语。我接过来,原来是一位山东男子,他说他在一个公司当司机,但是公司生意不好,就让他做随车员。以前是每月两三次跟车,现在每月平均七八次,因而影响了工资收入。司机每小时工资比随车员要高 7 元钱,因此一个月下来他们要少拿好几百元,他们觉得受不了,问我公司老板这样做是否违反新加坡法律,如果违法,老板不按照合同约定的司机工种付工资,他们是否可以去劳工部告他?这个我不知道,我让他留下电话,我过一会再打过来回复。他听了,不是很乐意地留了电话,然后千叮万嘱说千万不能让他们老板知道,否则就会解雇他们,遣送他们回国。我说不会的,我都没有问你们是哪个公司,告诉谁呢?即使我问他是哪个公司他也不会告诉我的。根据新加坡的《外国劳动力雇佣法》,雇主不需要特别的理由而可以随时取消外国劳工的工作准证,这是很多有识之士公认的新加坡法律偏向雇主的痼疾。我向他保证,他才安下心来。下来问 Ashiga 这种情况怎样处理。她说这是非法雇佣,通常要向劳工部报告,劳工部在调查落实之后,可以让工人们换一个雇主。通常工人们到新加坡是绑定雇主不能跳槽的,除非劳工部许可。那么劳工部确定雇主违法,让他们另找雇主时,他们必须在两周内找到,否则两周期满没有找到工作,他们就会被遣送回国,这是工人们最害怕发生的。很多工人在国内交几万元的中介费,来工作不到几个月,花费的中介费都还没有赚回来,被遣送回国就是亏本,没有赚到钱还会背一身债。另一个途径就是容忍,维持现状继续待在公司。一般情况不要直接找雇主交涉,否则雇主就会直接取消工人们的工作准证遣送他们回国。另外还有一个取证的问题,只有工人们有证据证明雇主有违反合同的行为,才能得到劳工部的许可另找雇主。近年新加坡的经济不是太乐观,在"客工亦重"的许多案例中看到有些工人,在劳工部允许他们自己找工作时,半年多他们都没有找到工作的。因此,工人们求助劳工部其实风险是很大的。我把知道的这些转告给工人时，他沉默了。如何抉择要靠工人们自己考虑。我亦十分谨慎，不敢提出明确的建议，因为一着不慎，可能影响到工人们失去工作。只能祈祷他们自己处理好这件事，不要影响到后面的工作。这也是我到“客工亦重”后协助处理的第一件事吧，其实对新加坡法律有很多不懂，有很多需要学习。原来实践出真知，Ashiga 丰富的接待工人的经验，使得她能自如应对这些纠纷。想起另外一件事，即第一天到“客工亦重”工作时 Alex 转给我的一个中国工人的求助邮件。这是位 25 岁的中国陕西小伙子，他通过 QQ 邮件向“客工亦重”求助。他和一个印度工人是同事，这个印度工人平时常欺负他。一次，当他们的工人在宿舍做卫生时，这个印度工人把他的一个小箱子给扔了，箱子里有他的一些信件、小物品及 20 多元钱。当时他就在不远处工作，这个印度工人气都没同他吭一下。他很生气，向他们的小工头投诉。小工头也是个印度人，和前面那个印度人常常合在一起欺负他。他说他很生气，不知道该怎样处理这件事，请我们指点他，并且很害怕他同这个印度工人的矛盾会害得他丢掉工作。因为他是用英语写的，有许多不规范的表达，Alex 看不懂，所以 Alex 让我加这个小伙子为好友，问他到底需要什么帮助？可是当我多次申请加他为好友时，他居然没有接受。我回邮件他也没回，也就不了了之了。于是我问 Ashiga 这种情况如何处理？她告诉，这个中国工人可以给雇主写信，告诉雇主他的遭遇，雇主可据此向劳工部申请给这个工人换一个工作，即让他另找雇主。如果雇主不向劳工部申请，他自己可以向劳工部申请，在有证据证明的情况下，劳工部也是可以同意他换工作的。但是这也是有找不到工作被遣送回国风险的。因此，在强势雇主的环境中，外劳的境况是很艰难的。也是我没有经验，其实我应该问清楚这种情况下如何处理之后，直接告诉他可行的方法。处在弱势环境下的工人如惊弓之鸟，很担心向外求助的事暴露后会带来无法承受之重。这在新加坡外劳中是一种普遍现象。

下午有个工人找 Christine，在办公室同她聊了好久。工人走后，Christine 端来一盒点心请我品尝，说是刚才那个工人送给她的，是工人家乡的特产，手工做的。Christine 告诉我，这些工人经常会很感谢她，送一些小小的礼物。她说得到这种回馈她很高兴。“客工亦重”网页她的简历上最后一句是这样写的：“Always positive-minded, she finds it very rewarding to be part of a team that tries to make the world a little better."看来是真是如其所言。

2016年7月27日　星期三

今天又是"客工亦重"每周最忙的一天,工人们的纠纷集中在今天处理。上午来了很多工人,同样也来了志愿者。大家分两个组处理问题。因我另有任务,我待在里间处理自己的事情,但仍不时有人进来打招呼。见到很多新面孔,大家都很热情地打招呼,有些留下联系方式。这些志愿者来自新加坡各行各业,各社会阶层。因此,这里也是一个结交朋友的好地方。

曹惠虹(Choo Wai Hong)是新加坡女作家,也是"客工亦重"及其他几个海外劳工权益保护慈善机构的捐赠人。她曾经做过律师、记者,也是一位女权主义者。《中国日报》曾经报道过她在中国云南泸沽湖采访摩梭族的事迹,摩梭族是中国目前唯一尚存的母系氏族。她40多岁,皮肤白净,大眼睛,扎着俏皮的马尾,时尚干练。她到我所在的办公室同我聊天,谈到了她下半年准备在英国写一本书《女儿国》。这本书主要是她根据在云南采访时搜集的故事写成的。她也有意向将这本书翻译成中文在中国出版。因此问我有没有朋友有兴趣完成翻译,请我推荐。她希望能找一个赞同女权主义观点或对女权主义感兴趣的人合作。有感兴趣的朋友可以同我联系。认识这个有思想的朋友也是很高兴的。她说她曾在家里宴请朋友,大多是有钱人,吃饭后要这些人付款,有10多个朋友,平均每人约付2000新币,共收近2万新币。她将这些钱全捐给了中国劳工权益保护的慈善机构康伺。

正好我下午去康伺,进门时同样见到几个工人围坐在石桌旁下象棋。一位年轻的江苏连云港工人王雨(化名)一个人坐在一旁看手机。我坐下来同他聊天。王雨34岁,在新加坡做铁工,他手受伤了,还在治疗期。这是个很开朗的年轻人,不像其他工人那样看起来沉重,同他交谈很愉快。然后去工人活动室,大多是上次见过的工人。大家围在桌子边看手机,或聊天,还有两个躺在地上睡觉。这些都是在这里治疗或者等待劳工部评估的受伤工人。其中有一位老人很显眼,他穿着黑色的带绿边的T恤,皮肤黑黝黝的。我估摸着快80岁了。当他起身出去之后,我问其他工人。知道他来自山东临沂,才从新加坡监狱出来。因为违反新加坡法律非法务工被抓,判刑2个多月。他是够施用鞭刑的,因为他年纪超过50

岁，新加坡法律从人道主义出发，对50岁以上的人不施用鞭刑。这个老人叫公丕华（化名），实际年龄53岁，在新加坡工作整整20年了。2014年以前一直在合法打工，2014年因公司裁员被取消工作准证后就留在新加坡打黑工，今年2月半夜，新加坡警察在宿舍将他抓获。现在已经执行刑罚完毕，正在等待新加坡法院办理有关后续事项，然后遣送他回去。因没有去处，也接受康侗中心的服务。我专门找他进行了交流，感觉他是一个有些特别的人。

今天在康侗也见到了3个孟加拉工人。新加坡的劳工权益保护慈善机构服务对象往往有一定针对性。如“客工亦重”主要是服务孟加拉、印度和尼泊尔等南亚国家工人。康侗主要是中国工人。另外一个也很有影响的劳工权益保护慈善机构是“情义之家”，主要是针对菲律宾女佣及一些女性工人，但近年也有很多为中国工人维权的报道。因此，这些外国劳工权益保护慈善机构目前是各据一方，有识之士认为联合起来力量更大，更有利于劳工权益保护。不管怎样，这些慈善机构在劳工心目中的地位是很高的，它们往往和一些宗教机构及其他一些慈善机构联合，为工人提供了实实在在物质和精神帮助。

2016年7月28日　星期四

今天“客工亦重”来了一个中国工人。他叫翟大志（化名），23岁，来自河北，在一家建筑公司做木工。今年4月到该公司工作之前，在新加坡的另外一个公司工作过2年。今年6月份他在公司做木工活时，右手大拇指不慎被电锯切到，在医院就诊后被切掉，现已近两月。公司老板提出给他两个月工资让他走人。他觉得一根手指只值3000～4000新币太少了，因此在网上多次了解工伤赔偿的有关法律，决定到劳工部投诉。经过劳工部工作人员的指点，到“客工亦重”来咨询。这是我到“客工亦重”后见到的第一个来访的中国人。

新来的志愿者Colins接待他，我在一旁听他怎样处理问题。Colins首先看了他的准证，他是持有WP准证的。然后问他是因为什么而来。于是他讲了他受工伤手指被切除，老板只答应赔他两个月工资的情况。Colins接着问他老板说赔两个月的工资，是两个月的基本工资，还是全部薪水。他每月拿到的薪水约2000新币，但基本工资只有800新币。他不太清楚。他想知道，如果他向劳工部报案工伤会赔偿多少钱？于是

Colins请Minyi过来帮忙处理。Minyi反复看了他的手指受伤情况，根据新加坡工伤赔偿法规定的计算标准，初步估算了一下，可能赔偿7000～9000新币。但如果他不能证明自己的薪水是2000新币，而只能证明800新币的基本工资，有可能只能赔3000～4000新币。另外，Minyi告诉他，如果报工伤，处理的时间可能会较长，甚至达半年之久。他犹豫了一下，看得出他是很想回家的。最后他还是肯定地选择走工伤赔偿程序。他说，在他受伤后很痛苦的时期，雇主对他态度很恶劣，怀疑他是故意弄伤自己的手骗钱。看着他已经被切掉的大拇指和他憔悴苍白的脸，我相信任何一个人，都不会以牺牲自己的健康甚至生命，以巨大的肉体痛苦来换取部分的钱财。

当确认他要走劳工部工伤赔偿程序后，Minyi接手处理这个案子。Minyi是"客工亦重"年龄最小的工作人员，却也是一个较资深的社会工作者。她用汉语工作。Minyi平时不爱同人说话，个子也很小，但她做起事来实在认真。在帮翟大志填劳工部的报案表时，她和Colins一起，用了近两个小时，细致地帮他填好表的各个部分。表上要填劳工住址，可翟大志不记得他住的劳工营(劳工宿舍的别称)的名称和地址，只记得大概位置是在Woodlands，公寓门口有一个Key字。Minyi和Collins一起在google上搜索了半天，终于定位出目标公寓，并打开公寓的航拍图，让翟大志辨认，在翟大志确认后，帮他填上。在填写他受伤的地点时，也是这样的，翟只记得工地是在一个地铁旁，修建居民公寓，但哪个工地不记得了。Minyi根据他提供的线索，搜索该地铁站附近的正在施工的建筑，请翟辨认，最后确定下来。对于受工伤的过程、治疗过程、证人情况、雇主的反映等等，他们都做了详细的询问和记录。

填写完翟大志的基本情况，Minyi接着向他解释劳工部工伤赔偿程序。走劳工部程序，首先要报案，翟大志根据Minyi他们提供的报案表，签名后直接交到劳工部即可。报案后14天内雇主可以提出反对意见，例如他说工人不是在工作中受伤。这时候劳工部即开展调查，以确定事实真相。如果在14天内雇主不提出反对意见，直接进入赔偿程序，由保险公司进行赔偿。在进入赔偿程序时，劳工部会颁发特别准证，让工人在工伤赔偿程序完成之前留在新加坡，在此期间雇主必须提供给工人住宿、生活费和病假工资。但是工人在等待赔偿的期间不能工作，否则属于非法劳工，会影响赔偿，甚至构成犯罪。赔偿依据是劳工部颁发的、由医院进行的丧失劳动能力评估报告。该报告针对劳工丧失劳动能力的程度，确定一个百分点，作为保险公司计算赔偿金额的依据。就翟大志的情况而言，因为他的伤情基本稳定，如果结束治疗的话，一个月可以完成赔偿。这是最快的。但实践中拖个一年半载也是常有的。

Minyi耐心地向翟大志说明影响赔偿金额的主要因素，即翟的工资、医生的评估点以及雇主的反对，前两者由翟大志提供有关材料支撑，第三个劳工部调查可以解决。Minyi也同他分析了解决这些问题的办法。首先，如果医院评估点太低，他自己可以提出反对意见，要求医院重新评估。其次，如果老板提出较低的工资标准，他可以拿出自己的工资单和有关证明提供给劳工部证明。最后，如果他对劳工部可能的赔偿不能接受时，也可以直接向法院起诉提起民事程序。但是民事程序的风险更大。新加坡工伤赔偿民事诉讼胜诉的关键点就是，工人要有证据能够证明雇主在造成工人的工伤方面存在过错。如果不能证明雇主有过错，则案件可能败诉，工人得不到赔偿，还要缴纳不少的一笔律师费。但是成功的民事诉讼赔偿金额比走劳工部程序得到的赔偿额会更高一些，而且民事诉讼程序期间，受伤的工人是可以回家的。在此期间，工人可以将一应事务交给律师处理，等到判决结果出来后再来即可。但民事程序比劳工部程序经历的时间更长。更是一场缓慢煎熬的过程。无论如何，受伤工人只能在两个程序中选择一个，不能在劳工部赔偿后不满意再走民事程序，或者民事程序走到一半，不想打官司了，再回头来找劳工部报案索赔。

Minyi讲解完，表也填好了。于是Minyi又重头来逐项向他解释，叮嘱，直到他说懂了，才拿出表格后帮他复印了一份保存。翟大志拿着报案表回去了。Minyi和Collins松了一口。他们用汉语同翟大志交谈快半天，这对他们来说实不易。从他们的工作中我感受到了他们的认真和敬业，他们的爱心和耐心。社会工作者每天面临的都是些面临困境的人，大家的困难和麻烦大同小异，处理起来很棘手。如果没有爱心和耐心，实在难以想象如何坚持下去。Minyi他们在讲汉语时，有时有些词会一时想不起来，如工伤、中介、工地等，他们就求助于我。在他们眼中，我的汉语是很地道的。

于是志愿者Rebecca和李康耀也尽量同我讲汉语，不时拿一些想不起来的词来问我。当我夸他们的时候，他们总是很不好意思地表示没有学好汉语。真心感觉他们对学好汉语的热情和向往。

下午2点多，Russell也来办公室了。他来找我说话，居然也是用汉语。Russell是一位严肃而庄重的老人，但他的汉语讲得也挺好的，只是他在同我讲话时，眼球不停地往上翻动，显然是在动脑筋，在大脑里搜索词语。可见新加坡人说汉语，同我说英语一样，是一件很费脑子的事。

Russell用汉语同我讲了近半个小时中国工人与印度、孟加拉工人的不同。近半个小时后，当我同他说话时，他只不停嗯哈嗯哈，而没有更多的表达，我感觉他已经对应不上了，他讲汉语的时间已经达到了极限，于是我结束了对话。尽管如此，通过同Russell交流，感觉他对中国工人的观察还算是深刻的。

2016年7月29日　星期五

周末总是令人期待。想到今晚熬夜后明天不用起早床，很开心。今天依旧去"客工亦重"坐班。来访的人很少，办公室整天很安静。中午和李康耀、Rebecca一起去大排档吃饭，闲聊一下新加坡的孩子和父母的关系，闲聊一下新加坡人的生活，还是挺轻松的。这两个孩子很阳光，尤其是李康耀可爱得不要不要的。

新加坡的大排档通常是一些老年人在收拾吃剩的饭菜及桌椅。他们大多苍老而瘦弱，风烛残年的，看起来很悲惨。我问李康耀这些老年人工作，是因为生活所迫，还是不愿意闲着？李康耀说，因为新加坡早年的养老保险制度不健全。这些老人当年工作时只拿几十元的工资，所交的养老金当然就很少，因此拿的养老金非常少，又没有政府帮助，只能靠做工才能养活自己。不过他说他们这一代人没问题啦，都交了足够的养老保险。所以，当你在悠闲地用餐，愉快地享受美食时，看到这些佝偻瘦弱的老人在忙前忙后为你服务，为生活辛苦劳作，心里会是一种什么滋味呢？因此很感叹我国城市的退休或即将退休的人们是过着一种什么样的神仙生活了。我告诉李康耀我们中国的退休老人大多在到处旅游，跳舞打太极拳，生活悠闲，他露出了十分羡慕的目光。他问，你们中国的退休制度一直都是这样吗？将来你退休后也能过这种生活吗？我却不知道如何回答。

晚上到Cuff Road施粥站帮忙。李康耀听说我想找一些新加坡的雇主访问时，他告诉我找今晚在实施粥站的Debbie，她认识一些雇主。于是我今晚很高兴地认识了年近70岁的志愿者Debbie，她的故事令我感动。也知道了在新加坡还有很多像Debbie这样的老人在新加坡的一些慈善机构工作,为新加坡变得美好而工作着。他们过得充实而快乐。因此,想到我们中国的老人,在过好我们自己的退休生活时,有多少人会想到要去做善事,使我们的生活更有意义呢?或者即使有,公众会以一种什么样的态度对待它,是宣扬还是漠视?做慈善其实是很快乐的,帮助别人也是帮自己。在CuffRoad时,有3个年轻女孩扛着几大箱水果、食品过来,说是要赠给工人。这种情况经常发生。当市民想要表达善心,他们会送东西来施粥站送给工人。可见,当人们的善心能很便利地表达,当表达爱心的场所触手可及,他们才会更多地施与爱心,这个世界才会变得更美好。在新加坡,无论是本地人还是外来移民,几乎都公认新加坡的慈善事业是很发达的,对解决社会问题,促进社会和谐,起到了重要作用。

忙完施粥站的活,一起的几个志愿者邀我一起出去吃甜品,因为想早点回家休息,婉言谢绝了。感觉有些遗憾。

因有些私事要处理,同Alex和Russell沟通后,同意我请假一周。其间恰逢新加坡国庆节。

2016年8月11日　星期四

今天到办公室也比较早,不到9点就到了,但发现志愿者Sophia比我还早。今天没有具体目标,虽然想找雇主但不知道从哪里着手,于是继续在办公室翻译新加坡外劳法。一会又到Alex的办公室找书看,看到了John Gee写的关于"客工亦重"的书。John Gee的书主要介绍"客工亦重"的起源及早期的工作,关于家庭工人的较多,我翻看了一下,了解大体内容,没有精读,还回去了。另一本是关于劳动法的书,针对性不强,翻看了一会也放在一边了。Alex和Russell也来了,Alex给Sophia交代一些事,告诉她今晚去施粥站,回答她关于工人的一些问题。Alex很热情、风趣,他们在谈话时也问到我一些中国的情况。随后,Alex问我昨天到康伺的情况,要我把会见工人的具体情况向他汇报。Russell也过来听。我很详细地将昨天见到的3个人的情况一一汇报:刘师傅、蔡师傅和秦师傅(这三个工人的案情将在本节"二、情义之家调研资料"部分详细介绍)。虽然英语不是很流畅,但基本是讲清楚了。我讲时他们不时提问。如关于刘师傅,Alex说,医生开的病假10天,病假满了,但刘师傅病还没好,他没有去上班,因他的准证还没割掉,公司就可以向劳工部报告刘师傅逃跑，因此他的赔偿及后来的一切利益就没有了。因此我很为刘师傅担心，下次去康伺见到他一定要同他讲清楚。但是如果另一个医院给他开了更长的病假也是可以的。公司不给他割掉准证是给他下的套，他病没好没法去上班，而病假期限满了不上班是公司向劳工部报告逃跑的重要理由。因此他比较被动。通过咨询 Rashiga 和向 Alex 了解，刘师傅正确的做法是，向劳工部汇报医生的错误诊断，由劳工部另外指定医生诊断，同时劳工部可能向新加坡医疗委员会报告这个医生作假从而对这个医生问责。如果这些确定下来，刘师傅的案件可能会有所好转。

12 点多钟，办公室来了一位金发碧眼、高大的男人，50 多岁，随后又来了几个人，好像在做访问。我进到李康耀办公室，让他们在外面活动。其间 Alex 出来打了个招呼。Sophia 告诉我这个人就是 John Gee，去年她在新加坡就是见到了 John Gee，于是决定今年来这里实习的。John Gee 也同我招呼了一下，他问豪烈是否找的我。豪烈是"客工亦重"的志愿者，想向我了解中国对外劳务合作机构的工作程序，上周我已经见过他了。原来他也知道豪烈找我的事。我告诉他上午刚看了他写的书，表示敬意。因时间关系没同他多谈。他给了我他的名片，说有问题可以找他。但他现在在做其他事，很少来办公室。

下午继续翻译新加坡《外国劳动力雇佣法》。5 点多钟，约 Sophia 一起去施粥站。因和昨天是一个地方，我还是比较有信心能找到地方。李康耀也给她说明了详细地址。我们一起去排档吃了晚餐，一路交流。她不时找我问一些问题，感觉我成了 Sophia 的采访对象了。想起那句话"你在桥上看风景"，"看风景的人在楼上看你"。不知道在 Sophia 的风景里我是怎样的。一路上 Sophia 对中国也比较感兴趣，找出中国地图让我找到宜昌的位置。然后我告诉她宜昌邻接四川。并告诉她四川以 Hot Food 著名。她听不懂 Hot Food，我解释后她最后明白是 Spicy Food，而 Hot 在美语里是性感的意思。她大笑 Hot Food，我也好笑。很开心。到站点后还是 Sophia 通过手机 google，走的是比我近的一条路。但到达时仍晚了约半小时。Alex 也在。Sophia 第一次到施粥站很兴奋。Alex 鼓励她现场访问工人，她很积极地找来吃饭的孟加拉工人访问，感觉她很认真。兴奋的小脸表明她一定收获颇多。她也很感谢 Alex 的热情，感叹 Alex 对工人的爱心。记得我第一次到施粥站时，Alex 也是非常耐心地告诉我怎么工作。我和她有同感。"客工亦重"是一批爱心人士支撑出来的。

2016年8月12日　星期五

挺惦记着去情义之家(Home)看看,但是因为没有电脑同他们邮件联系,Alex也没有回音,因此还是在办公室翻译《外国劳动力雇佣法》。其间去Alex办公室看书,找到了*Why Am I Here? Overcoming Hardships of Local Seafarers*作者是S.R.Nathan,翻了一下,我立刻感兴趣起来。这是一本关于新加坡海员的书,作者曾作为官方对新加坡海员包括外国海员权益进行保护的工作人员。虽然是一部半自传体的书,但他在书中介绍了从马来西亚到新加坡期间有关海员权益保护的立法状况,他自己的经历与感受。行文处处透露着作者的感情和思绪,觉得挺好。因此从上午到下午一直坐着看这本书,其间做一些笔记。中间Alex来了办公室,然后又去哪里活动了,无暇顾及。下午4点多钟,基本看完。回头还有一些内容需做笔记。这时候Rashiga找我,告诉我今天是我值日做办公室卫生。我本是上周五值日,因上周请假,Minyi顶替我值日,所以这周该我还班了。Rashiga负责做外面大厅,主要就是用吸尘器清理地毯。我负责里面3个办公室。做起来很快。只是因为平时很少用吸尘器,有些笨手笨脚。

这时,Alex和几个工人一起回来了。他们在大厅的电视上放一段视频,主要是Alex对工人的采访,估计是刚录的。现在已经放到"客工亦重"网站上去了。

忙完,我同Alex谈了一下下周的打算。我想继续找雇主了解情况,Alex推荐了新加坡建筑商协会,我想找律师,Alex推荐了何继才律师事务所,我想去情义之家,Alex让我找Minyi,我找Minyi,她又让我找Alex。Alex答应下周联系。

李康耀等着和我一起下班,虽然不同路但我们还是共同走了一段路程。这个大男孩在读博士的业余课程,现在是去上课的。他的专业是健康领域的社会工作,之前他同我谈过他对保健行业感兴趣,不是太喜欢劳工问题,毕业后有可能到保健领域工作。一路他也问了我是否去下周在他家举行的"创价协会"聚会,因上次答应了Chrisitina,不知道是否会有冲突,不好回答他。通过同李康耀交谈,感觉新加坡人参加社会活动很多,人们在工作之余参加很多聚会或活动,基本上一周中每天都排满了,尤其是年轻人。虽然比较辛苦但充实。这应该是新加坡人的真实生活。我也同他谈了我今天看的书，他告诉我作者是新加坡前总统，让我觉得很惊奇。

2016 年 8 月 15 日　星期一

今天主要是翻译新加坡《外国劳动力雇佣法》。感觉是一件比较枯燥而辛苦的事。觉得做这件事还是有些意义，因此会坚持下来。

上午有一个孟加拉工人来找李康耀。原来他是 2014 年年底在工作中右脚大脚趾受伤，但到现在仍没得到赔偿。问题是他就诊的医生不给他出工伤评估报告，这样劳工部就没有办法继续下一步程序。感觉到新加坡的雇主对付工人的手段真是多种多样。工人受伤后最希望的就是尽快得到赔偿回国。尽管根据新加坡法律，雇主要负担受伤工人一年的住宿和基本生活费，但在得到补偿之前，工人是自掏腰包生活的。而且无所事事，又不能另找工作，家里人担心，身体痛苦，压力是非常大的。如果扛不住自己回国，则一切赔偿就没有了。之前江苏扬州的蔡师傅就经历了雇主的种种刁难。与这个工人的情形相似。我看了这个工人的脚趾头，与左脚比起来，他的右脚脚趾头神经受到破坏，基本不能动。

Sophia 同我简单聊了一下。她说觉得很累。每天坐班，而且晚上还要去施粥站，时差也没倒过来，有些受不了。我告诉她我有相同的感受，但上周末我好好休息了两天，现在精神好多了。Sophia 还是一个高中毕业 9 月份才上大一的女孩，独自一人来到新加坡，租房，每天还自己买菜做饭，每天按时到“客工亦重”坐班，很认真地完成工作，真是不容易。

上午同 Russell 谈了一下我的想法和计划。他担心我在“客工亦重”找不到我想要的资料。Russell 是一个很为人考虑的人，他是“客工亦重”的前主席，在“客工亦重”是很受尊重的一个人。Alex 也来了，他总是很忙，出出进进的。他也把情义之家的联系邮箱告诉了我。我很希望能联系上去情义之家考察，毕竟它是主要为中国工人服务的、在新加坡与“客工亦重”齐名的慈善机构。

下午 5 点 30 离开办公室，比下班时间提早了半个小时，其时 Alex 和 Russell 还在办公室没下班。今天约好去女儿学校拿她的电脑，在她们学校上网。地铁高峰期，居然一个半小时才到。绿线往 Jurong East 方向人太多，等上地铁的人排起了长龙。所幸车多，差不多两三分钟一趟，不然不知道要等到什么时候。

2016年8月16日　星期二

上午办公室很安静，没有工人过来。Sophia今天休息也没来。我自己在电脑上发QQ日志。中午一个人去大排档吃饭。现在办公室大部分人是自己带午饭来办公室，微波炉很方便。我的住处不方便做饭，乐得省心。

下午工人居然很多。李康耀忙碌不停地接待。本来约好五点半一起去施粥站，结果六点半才动身。社工是"客工亦重"案件处理的主要力量。他们是"客工亦重"的专职工作人员。除了周三"客工亦重"集中处理案件的日子，不少新加坡本地志愿者来帮忙处理案件外(其中有一些律师，以及一些多年协助处理案件很有经验的资深志愿者)，其他志愿者只是做辅助工作，志愿者也不得干扰社工工作。来"客工亦重"的很多志愿者主要工作是做研究。志愿者荷兰女孩Niki是能实在帮忙处理案件的。我因语言等关系目前尚不能独立处理完整的案件。

到施粥站时近7点，无疑是迟到了。每天到施粥站的志愿者挺多，多时达10人许，桌子都坐不下。因此晚到通常不影响工作。从前去过的康伺的施粥站没有志愿者服务，是由工人自己值班记录进餐人员，当然很有效率，但感觉人气还是差很多。因此志愿者到施粥站除了提供必要的服务，也有一种助威或提升人气的作用。今天我们到施粥站时已经有六七个志愿者在服务了，Pet也在。每次的志愿者不会相同，所以这也是一个认识朋友的场所。今天认识了志愿者巴郎(谐音)，一位热情的马来西亚中年妇女，她很有经验，给我很深印象。

志愿者Pet要回美国2个月，她回来时我已经回国了，这是此次最后一次见面。她鼓励我多参加"客工亦重"活动，她说她经历了很多年的锻炼之后才能熟练处理案件。Pet是很资深的志愿者，她协助"客工亦重"处理了很多案件，在新加坡劳工部的影响力也是很大的。在施粥站现场她还为一个工人的事给劳工部写了信。Alex和Russell都很尊重她，对"客工亦重"的贡献挺大的。她是一个很令人敬佩的爱心人士，很高兴认识她。

10点钟左右从施粥站回到住处，也算有收获的一天吧。

2016 年 8 月 17 日　星期三

今天又是“客工亦重”集中处理案件的日子，不少志愿者来了办公室。这些志愿者通常是很有爱心的一族，他们人来了，还随身带来不少食物。尤其是女性志愿者，他们将自己烤的蛋糕面点带来，满办公室洋溢着香甜的点心味道。这些点心给工人吃，也给我们办公室的人每人分一点。很有人情味。

中午写东西还没来得及去吃饭。这时康耀问我和 Sophia 愿不愿意陪他一起去 LRB 律师事务所，他要带一个工人过去咨询律师，LRB 律师事务所离我们办公室不远。这两天我一直在联系何继才律师事务所，今天已经约好明天下午过去采访。但康耀提供的这个机会很有诱惑力，毕竟对新加坡的律师事务所没有正面接触，而自己对新加坡律师事务所是非常好奇的。Sophia 毫不犹豫地答应一起去，我也决定一起去了。

从办公室步行约一刻钟，我们一行 5 人到达 LRB 律师事务所。J Rajashekar律师在前台等康耀。康耀介绍我们是“客工亦重”志愿者。J 律师发给我们每人一张名片，带我们进了一间会谈室。律师事务所的前台不是很宽大，我们 5 个人连同律师和律师助理站着有些拥挤。前台后面有四五个会谈室，会谈室不是很大，放一张圆桌几张椅子，我们一坐就满了。会谈室是玻璃门，我们进去时看到其他几个会谈室有律师在同当事人交谈。J 律师是孟加拉人，工人也是孟加拉人，工人说找 J 律师主要是能用孟加拉语交流。J 律师近 30 岁，棕色皮肤，洁白的牙齿，看着精力很充沛，很精干。康耀简要介绍了一下案情，接着工人讲具体情况，工人问能否用孟加拉语讲。可能是考虑到我们两个志愿者想听，J 律师让工人讲英语，说在英语表达不了的时候再讲孟加拉语。结果这个工人是全程用英文讲述的。

工人的情况比较复杂，涉及不同雇主之间转移工人、欠薪以及工人和雇主之间的钱款被盗事件[雇主说工人在办公室拿了他的钱，报了警，并因此割(取消工作准证的别称)了工人的准证。但工人说他并没有拿]，还涉及工人 5 月份的工伤。J 律师很详细地询问，尤其是涉及转移工人、钱款失窃以及工伤经过。看得出来他是很关切工人的。工人希望 J 律师接受这个案件走民事程序。但是 J 律师通过同康耀交流，最后还是决定这个案件走劳工部程序，因为涉及工伤赔偿，根据工人的陈述，J 律师认为认定雇主有过错很难。他耐心地向工人做了说明，他说就如没有米没有水做不成饭一样，这个案件没有充分的证据，他没有把握打赢这个官司。因此，最后还是由康耀协助工人向劳工部申诉，J律师也为康耀处理这个案件提了几点建议。J律师也向我们大体介绍了一下他们律师事务所，说他们律师事务所的办公室覆盖2层楼，2楼有办公室。由于时间关系，我们没有去参观他们的律师事务所。说实在话，整个会见律师的过程，基本程序我是清楚的，康耀和律师交流的主要内容我也听懂了。但是工人的具体案情我到现在还是云里雾里，不是很清楚，恐怕要向康耀用中文请教了。

从律师楼出来时，肚子严重咕咕叫了，赶紧去大排档吃饭，其时已近3点。

下午又去施粥站时，一个人坐车过去，到达时又已近7点，因路又忘记了，绕了一会圈子。这里全是印度或孟加拉餐馆，建筑物上全是印度语或孟加拉语，实在是分不清楚。晚上回来时和Sophia同路，一路拍照，希望下次过来时不要迷路。

因有私事要处理，向Alex和Russell请假两天，同时说明下一周到情义之家调研。

二、情义之家调研资料

"客工亦重"在保护外国工人方面的工作细致而有效，但是因为宣传不广泛以及实践等方面的原因，到客工亦重求助的中国工人并不多，虽然经Alex联系和引荐，我多次到康侗采访中国工人，但获取的信息毕竟不是很充分。在康侗采访期间，我了解到，在距离康侗仅仅一条街的地方，有一个深为中国工人信赖的慈善机构——情义之家，据说多年来它为很多中国工人提供过帮助。在康侗期间，有一次我曾独自前往探访，但是因为没有衔接好，情义之家并没有接受我前往采访工人。于是我再次向Alex求助，请他帮忙向情义之家引荐我，Alex同情义之家联系后，将情义之家的工作人员陈先生(Luke Tan)的邮箱告诉了我，通过多次与陈先生联系沟通，他最后同意我到该机构工作2周，即从8月19日至9月8日去情义之家做志愿者。客工亦重、康侗和情义之家均为新加坡为外国工人提供服务的慈善机构，他们的工作范围略有不同，而且他们之间时有合作，但在工作中仍有许多重叠的内容。尽管如此，为了满足我的调研需要，Alex多次无私地提供帮助，介绍我到其他的客工慈善机构工作，这是一个心胸开阔的人才能做到的。在情义之家期间，我的主要工作是协助接待工人。情义之家的工作人员，除了陈先生，还有黄伟明，一个憨厚可爱的男孩，二十五六岁的样子；碧云，一位很有经验，深受工人喜爱的中年女子；明明，负责募捐及财务等方面工作的中年女子。同样在情义之家有不少志愿者，关先生，一位60多岁的老人；Ivan，香港移民到新加坡的退休高级白领；还有小庄、刘先生等。所有这些人员在工作时间都是忙碌的，我协助接待，并在中文上进行一些简单的翻译。

来这里求助的中国工人占大多数，其间虽然有一些孟加拉工人来访，但是长期以来情义之家是以服务中国工人最多而闻名的，当然情义之家也为大量女佣提供帮助，只是工作地点设在其他地方。在情义之家的两周里，我访问了几十个前来求助的中国工人，了解了他们的困难，也亲历了情义之家对他们提供帮助的过程。我为新加坡这些客工慈善机构对包括中国工人在内的外国工人提供的大力帮助表示敬意，没有他们的帮助，在新加坡的外国工人可能更加艰难、悲惨。在这个过程中，我也进一步清楚了中国在新加坡工人的生存状况及他们权利保护中存在的问题。下面我将根据我采访工人遇到问题的不同类型进行叙述，同一类型下的故事基本按照时间顺序阐述。当然，这些分类不是绝对的，例如一些工伤纠纷中也有加班工资的追偿问题，一些工资纠纷中也有中介的问题，等等。另外，我也利用工作中的便利条件，采访了情义之家的工作人员。通过这些采访的故事，希望今后到新加坡务工的中国工人有所警醒，也希望我国政府和有关部门能从这些故事中找到更好的保护我国在新加坡工人的办法。文中的货币以新加坡元（简称新币）和人民币标明，其中新加坡元兑换人民币的比例按照当时比较接近的五比一计算。

（一）对工人的访谈

我在情义之家工作的两个星期里，几乎每天都有前来寻求帮助的中国工人。与客工亦重和康侗不同的是，来情义之家寻求帮助的工人更多，多数是男性工人，但是也有不少女性。需要帮助的不仅仅是传统的工伤和欠薪问题，还包括其他一些问题，如与雇主的矛盾等方面的问题。因此，情义之家处理工人权益纠纷涉及的问题范围更广泛。情义之家工作人员帮助工人的方法更激进，效果更显著。因此，很多在康侗享受进餐服务的工人，同到情义之家求助解决纠纷。下面这些案例只是我在这两周所接触案例的一部分，考虑到典型性，有些类似的案例我只选取其中一个来写。因为这两周我也有一些其他事情处理，并非每个工作日都待在情义之家，也有些来访的中国工人我没有接触到。但是，仅仅是我下面所介绍的这些案例，已经能比较有代表性地表明中国工人在新加坡面临的困难与问题。

1. 工伤，伤不起——在新加坡中国工人工伤赔偿情况调查

新加坡的安全事故及死亡率相对是较高的，特别是在建筑业和航运业。在2000年，新加坡每10万工人的死亡率为2.9，在建筑业则高达8.1，在航运业高达11.1，这两个产业近90%的工人是外籍劳工。中国工人在新加坡从事建筑业服务的比例较大。在新加坡建筑业，除了高空坠落或高空坠物外，工人在工作中被割断手指、被机械碰伤也是很常见的。在往返于宿舍和建筑工地的路上，也存在同样的危险。各种各样的工伤事故给工人们带来了身体上的伤痛，在寻求工伤赔偿的过程中也屡经精神上的折磨。

在新加坡工作的雇员如受工伤，可通过两个渠道申请工伤赔偿：一是通过新加坡劳工部索赔，其依据是《工伤赔偿法令》。根据该法令，无论雇主还是雇员的责任导致工伤事故的发生，雇员都可以得到赔偿。该程序简单易行，无须聘请律师，也不用承担任何费用，但赔偿金额比较有限。二是委托律师索赔，即走民事程序，依据新加坡《民法》，如果雇主或第三方对工伤事故的发生负有责任，法院就会判决责任方承担赔偿责任，而这个数额往往比劳工部赔偿的更高；但只有导致工伤的责任在雇主时，雇员才有可能获得事故责任方的赔偿；如果导致工伤的原因在于雇员自己，雇员不但得不到赔偿，而且还要支付有关律师费用。另外，民事诉讼更为复杂，可能会牵扯雇员更多时间和精力。新加坡《工伤赔偿法令》旨在保障因工受伤雇员的利益，防止不负责任的雇主不支付或延迟支付赔偿金，同时也保障雇主免受不良雇员的虚假索偿。

《工伤赔偿法令》保护所有雇佣关系中的雇员及学徒工，只要其因工作意外受伤或死亡，或者因工作而患上职业病，就可以得到工伤赔偿。雇员在工作时因工作意外受伤，就可被看作是因工作引起的意外，除非有证据证明该雇员不是因工作受伤。雇员以乘客身份乘坐由雇主驾驶或安排的车辆在上班或下班途中发生意外，而该车辆并非公共交通工具；或者居住在新加坡的雇员被其新加坡雇主派往外地工作时发生意外而受伤，都是因工作受伤。

根据《工伤赔偿法令》，雇员因工受伤可享有病假工资及医药费。若因工造成永久性伤残或导致死亡，还可索要永久性伤残赔偿金或死亡赔偿金。雇主应向雇员支付的工伤费用有：

（1）医药费。由发生意外当天开始计算一年内的医药费，顶限为25000新

元。在顶限范围内，雇主须支付所有向新加坡注册医生或任何政府批准的医院寻求治疗的医药费。雇主须直接支付这些医药费给医疗机构。医药费包括医生咨询费、治疗费及治疗开销、第一份估计雇员受伤程度的医疗报告和药费，以及医生证实所需之假肢及外科治疗器具。在医药费超出了上述顶限的情况下，如果雇员要获赔全部的医药费，则只能选择进行民事诉讼追讨损失，而不应该向劳工部申请索取工伤赔偿。雇员若选择索取工伤赔偿，则超出上述顶限的医药费全部由雇员自己承担。

(2)病假工资。病假工资包括门诊病假(全薪，顶限为 14 天)以及住院病假(全薪，顶限为 60 天)。超过上述顶限天数的病假，工资为正常工资的2/3，直至意外发生起的一年为止。公共节假日、休息日、非工作日不得计入病假天数。虽然工伤赔偿法令不将公共节假日划入带薪病假的范畴，但雇员仍然可以按照雇佣法的有关规定获得病假期间的公共节假日工资。雇主必须将病假工资在一般发薪日或之前支付给雇员。

(3)永久性伤残赔偿。永久性伤残赔偿数额计算方法如下：永久性伤残赔偿数额＝雇员月收入×增加系数×损失工作能力％赔偿金额，设有顶限及底线：顶限＝180000 新元×损失工作能力％；底线＝60000 新元×损失工作能力％。若雇员遭受完全永久性伤残(100％)，则还可额外获得相等于永久性伤残赔偿额 1/4 的赔偿额(即完全永久性伤残赔偿额将按 125％计算)。

关于工人伤亡的赔偿，新加坡法律主要有如下规定：

(1)工伤保险：雇主通常应为雇员购买工伤保险。若雇主没有购买保险，当有成功的索偿案件时，雇主必须向雇员支付工伤赔偿金。

(2)工伤意外事件的呈报：雇主须在以下期限内向新加坡劳工部呈报工伤意外事件：当意外导致员工死亡，事件发生后 10 天内向劳工部报告；当意外造成工人身体不适超过 3 天或须入医院接受至少 24 小时的观察，事件发生后 10 天内雇主须到劳工部网站(http://www.mom.gov.sg/iReport)，通过 iReport 的一站式网上呈报系统向劳工部呈报意外事件。

(3)工伤赔偿的索赔程序：一般来说，没有必要聘请律师协助索取工伤赔偿金。劳工部在处理索偿案件时，会联络有关各方，同时任何一方都可就索偿案件向劳工部寻求咨询或协助。不过，如果雇员想要评估工伤赔偿或民事诉讼以便进行比较和选择，则应该请教律师。

在新加坡追索工伤赔偿保险金的一般程序为：

(1)呈报意外。除非是意外伤亡，受伤雇员发生意外后，应尽快通知其雇主，否则可能得不到赔偿。雇主须在规定期限内向劳工部呈报意外事件，同时通知其保险公司。

(2)申请工伤赔偿。若雇员要申请工伤赔偿而不进行民事诉讼，必须在意外发生日起的一年内向劳工部提交申请。工伤赔偿申请受理期间，雇员(申请者)若更换地址，必须通知劳工部及其雇主。

(3)接受医药审查。有资格索取工伤赔偿的申请者，须接受医疗审查以评估其受伤程度，以决定赔偿额。劳工部会发出医疗报告表格给雇主或工伤赔偿申请人，以让主治药房或医院做医疗审查。收到劳工部发出的医疗报告表格后，雇主或工伤赔偿申请人必须立刻将表格呈交给其主治药房或医院，并缴交主治药房或医院规定的医疗报告费。雇主必须承担医疗报告费。工伤赔偿申请人若在工伤意外发生之后 3 个月内没有接受医疗审查，其工伤赔偿申请将被中止，可能得不到赔偿金。工伤赔偿申请人必须主动遵照主治药房或医院所定的复诊日期前往接受治疗及审查。工伤赔偿申请人被医生证明不适合工作期间，不应工作。若有疑问，工伤赔偿申请人或雇主应请示主治医生以了解工伤赔偿申请人是否适合工作。若工伤赔偿申请人不适合工作期间被强迫工作，可向劳工部求助。为确保持续性治疗以使伤势适当康复，工伤赔偿申请人应避免未经主治药房或医院的推荐而随意更换医生。工伤赔偿申请人若更换主治药房或医院，必须通知其雇主及劳工部。

(4)评估工伤赔偿额。劳工部收到主治药房或医院填妥的医疗报告书后，就会评估赔偿额，并发出赔偿评估通知书给所有的相关人士，包括雇主、保险公司及工伤赔偿申请人。赔偿评估通知书上会注明是否有赔偿及赔偿额。所有的相关人士在收到劳工部的赔偿评估通知书后，若有异议，可在赔偿评估通知书上注明的日期起 14 天内向劳工部提出反对，并在规定的表格上清楚注明反对的理由。在上述限期过后提出的反对理由将不被接受。

(5)选择索取工伤赔偿金。如果工伤赔偿申请人决定接受工伤赔偿金(也就是不反对赔偿评估通知书)，而其他各方对赔偿评估通知书均没有异议，则雇主(或其投保的保险公司)必须在赔偿评估通知书上注明的日期起的 21 天内支付赔偿金。如果任何一方对赔偿评估通知书提出反对，工伤赔偿申请人必须在赔偿评估通知书上注明的日期起的 28 天内作出以下选择：①撤销其工伤赔偿申请，改为向雇主采取民事诉讼。②通过以下途径继续申请工伤索赔：A. 通过工伤索赔体系的调解与裁决机制(详见步骤 6)；B. 撤销对赔偿评估通知书的反对(如果是工伤索赔申请人提出的反对)，转而接受赔偿评估通知书。

此时，如果其他各方并没有提出反对，则雇主(或其保险公司)必须在赔偿评估通知书上注明的日期起的35天内支付工伤赔偿金。工伤赔偿申请人一旦决定索取工伤赔偿金，就不能再向雇主提起民事诉讼。

(6)调解及裁决争执。劳工部会举行审前会议以调解反对赔偿评估通知书所引起的争执。无法调解的争执将提交劳工法庭听审裁决。如果任何一方对永久性伤残程度的评估提出反对，劳工部将要求工伤赔偿申请人到工伤赔偿医疗局接受评估。工伤赔偿医疗局的评估意见是最终裁决。提出反对的那方必须承担相关医疗报告费及工伤赔偿医疗局认为必须进行的检验的有关费用。所有争议在审前会议得到调解或劳工法庭裁决后，索偿案件结束，劳工部便签发指令，赔偿金须于指令发出后的21天内支付。若雇主或其保险公司没有支付所裁决的赔偿金，工伤赔偿申请人可要求劳工部协助。

工伤案例介绍：

(1)目的地在何方？

汤师傅，江苏扬州人，53岁，已经在新加坡工作10余年。2014年8月，他准备回国，老板留他再工作一段时间，帮他做一些管理工作。2014年11月，他正在建筑的大楼下巡视时，一个在楼上施工的工人不小心掉下来一个铁钉，正刺中他的右眼。他当时认为只是小伤，去医院治疗，做了一个手术。但是眼睛没有好转，于是转去另一家医院诊治，又进行了一次手术，但后来受伤眼部出现感染，去医院消炎治疗，没有效果，最后他的右眼失明了。汤师傅申请工伤赔偿，经过复杂的赔偿程序后，劳工部判决老板赔偿13万新币(约人民币65万元)。但老板拒绝赔偿，他说汤师傅只是小伤，是医院治疗不当导致汤师傅失明，责任应由医院承担。新加坡医疗委员会介入调查，但目前仍没有结果。汤师傅多次找劳工部要求解决，劳工部准备拍卖老板工厂的机器强制执行，但到现在仍没有实行。老板决定起诉医院，并且申请汤师傅留在新加坡作证，汤师傅无法回国。汤师傅眼睛失明又无法工作，没有任何生活来源，老板也不提供食宿，生活无法维持。汤师傅于是向慈善机构求助。新加坡移民工人权利保护中心(MWC)给他安排了住宿，康侗给他提供中餐和晚餐。但是汤师傅的住处离康侗餐馆很远。汤师傅没钱每天坐车来康侗，只得经常步行来往康侗和住处。每天从住处到康侗往返要走13个小时，不知道路线的时候，就跟着连接两地的地铁轨道走，一直走。有几次他吃完晚饭后走回住处，一直走到第二天凌晨才到。在等待工伤赔偿的漫长过程中，工人们往往要经历身心的双重创伤和压力。他们身体受伤，日日忍受着身体的痛苦，同时，经济上压力也很大，他们没有力所能及的工作做，新加坡政府禁止受工伤的工人工作。没有收入来源，生活十分艰难。有时候还要因为受伤受到雇主和某些新加坡人的歧视和误解，甚至有人认为他们是故意弄伤自己，以骗取钱财。[1] 他们渴望家人的亲情和照顾，但是他们不能回家，一旦回家他们的一切赔偿都没有了。因此受工伤的工人处在一种寂寞、落寞和痛苦之中。汤师傅在眼睛受伤后，等待了漫长的两年，目前仍没有结果，他的痛苦和压力是难以言说的。当他沿着漫长的新加坡地铁轨道往前走的时候，他会思念家人，回顾他在新加坡工作生活的酸甜苦辣，铁轨虽然漫长，目的地总会在前方。但是汤师傅的工伤赔偿好像比铁轨还漫长，而且不知道是否有终点。

(2)工伤事故百分之九十是工人的责任?

黄师傅，山东临沂人，32 岁，个子不高，但看着很结实。他的左手外侧(小拇指往下)骨折了，2016 年 4 月他在工地做工时手受了伤。黄师傅 2015 年 11 月和老婆一起来新加坡打工，他在建筑公司做木工，老婆在百利超市做收银员，他 16 岁开始学开塔吊机，做了 10 多年的塔吊机司机。他父亲是木工，做得一手好活。父亲年纪渐渐大了，想把手艺传给他。于是他就做了父亲的关门弟子，跟着父亲学了 3 年的木工手艺，并跟着父亲在外干活跑了不少地方。本来生活还安逸，就是父亲退休了，父母可以帮助照顾孩子，两口子没有什么负担，便想到外面闯一闯。去年他到浙江一建筑工培训学校培训木工，经该培训学校老师介绍来新加坡工作，该老师向他收取 2 万元人民币的介绍费。黄师傅的工作单位是中国上海黄浦建筑在新加坡承包项目，起初黄浦建筑为一包，后来该公司一年内连续工伤死亡 2 人，被降为二包。黄师傅在该公司是做电梯井，即电梯里面四周的木框。他们木工组总共有 20 人，管工每天分配工作，但是每天分配的活太多，按照正常工作一天根本做不完，有时候两天的活要他一天内做完。黄师傅是木工世家，他对木工的质量要求是有标准的，无论他怎样赶忙，还是很难按照正常质量完成任务。但是管工并不管这些，他为了在老板那里拿到进度奖，不管工人是否能够完成，只是一味地加工作任务。如果

① 见前文 TWC 实习日记，2016 年 7 月 28 日。

工人不能按时完成，便要扣工资。正常完成工作每天可以拿72新币，如果完不成工作任务，则只能拿60新币。每天60新币相当于人民币300元，这个数额他在国内工作也拿得到，而且没有这么辛苦。事故发生当天，管工要他4点前完工，说当天要刮灰(木框刨光滑后，涂一层石灰，以便上漆)。但是黄师傅感觉到当天4点前很难完工，建议第二天刮灰。但是管工不同意，要求一定在4点前完成，否则扣工资。黄师傅心里很着急，担心不能按时完成任务。黄师傅一个人负责做4楼电梯的木工，管工也没有派足够的人手，外面也没有人能帮忙扶一下木框。当他蹲下做活时，脚下的垫子往后滑动，他险些摔下电梯，所幸他摔下时，手撑在了电梯里面，导致左手骨折。如果摔下楼，就有生命危险。事故发生后，老板带他去定点的医院治疗，当天下午3点手术，第二天上午7点医院就要他出院。当时他人还在晃荡，站都站不稳。后来听情义之家的工作人员陈先生说，接诊黄师傅的这个医生在新加坡早就以坑害外国劳工臭名远扬，曾多次被投诉，但仍没被清除出医院。出院后，老板同他商量，建议他不报工伤，继续在单位干活，但做轻工(即稍微轻松一些的工作)，每天60新币。黄师傅身体仍很难受，同老婆商量后，没有接受老板的建议。于是老板就报了工伤。刚开始老板一个月分几次给他病假工资，但是这个月因为孩子快开学要用钱，找老板要求按月给，并要老板返还每月被扣的200新币住所费，老板承诺两年工作满后退还的，现在基本上都给了，只扣着他1000新币。

他看网上新闻，新加坡劳工部长说，新加坡90%的工伤都是工人自己的责任。黄师傅很生气。他认为工伤事故的发生和管工的责任分不开。雇主往往在一个工作组中挑选一个人，经考察合格后任命为管工，也就是某项工作的具体管理者。管工通常是技术略高的工人，会看图纸，看得懂活路。工资比一般工人高，通常每月可拿到2500～3000新币。这些管工往往为了业绩，为了工程进度，拼命地催工人赶活，欺压工人。不合理地安排过多的工作任务，这样就容易导致工伤。黄师傅是很纯熟的木工，技术也好，如果不是管工不合理催工，一般是不会出事故的。黄师傅认为，新加坡建筑行业要好好对管工进行管理，在对管工培训时，要加强他们的安全意识，而不是只强调进度业绩和奖励，出了事故管工要承担责任。新加坡建筑工地配备有安全官，但这些安全官并不能发挥很大作用。通常一个工地有两三个安全官，他们四处看看，但通常看不出所以然。

另外，黄师傅说，新加坡工伤事故多的另一个原因是工人的技术不对口。当某一个公司缺木工时，很多铁工、瓦工也应聘来做木工活，他们不懂木工中的安全问题，例如在拆除三脚架时，他们不懂应该先拆哪一根，拆上面还是拆下面。如果不按照安全的方法拆除，动一根棒子，整个三脚架一下子就垮塌下来或上面的东西掉下来砸伤工人。而且专业木工和转行木工报酬一样。他们公司江苏人很多，但大多不太懂木工，在做活时往往只是应付着做。公司的主体木工活还是靠黄师傅来做。一根柱子，铁工不可能把它做精致，大致是那么个样子就不管了，他只得自己按照标准再把它做好。最后所有木工的工资待遇是一样的，甚至有人说这根柱子是他做好的，反而比黄师傅拿更多的钱。黄师傅认为，建筑工人技术参差不齐，但是也没有顶尖人才。

黄师傅受伤的部位有一条蜈蚣似的伤疤，钢板还没有拆，但也恢复得差不多了，完全恢复后对生活和工作能力应该影响不大，但左手小拇指还是不能靠近无名指，而且他的手臂时常麻木，拿着手机时会控制不住掉下来。他的手机屏幕玻璃摔碎了。他同医生说，医生也没引起重视。他估计自己的赔偿金不会很多。他想等病好了后就和老婆一起回国，不想继续在新加坡工作。他老婆在百利超市工作，每月 1300 新币，其中基本工资 900 新币，另外还包括 200 新币的租房补贴，可以维持基本生活。但他们两口子并不住在一起，黄师傅住在公司的宿舍里，他老婆和别人合租房子住。尽管如此，休息日他们两口子还是可以在一起。本想两口子在一起好好打工挣钱，但是事与愿违，一切和他想象的差多了。

(3)老板，我可以信任你吗？

蔡师傅，48 岁(1969 年出生)，江苏扬州人，1999 年(30 岁时)来新加坡工作。当时他是通过中介公司花费 3 万人民币中介费找到的工作，同时他还提供了 2.83 万人民币担保费。到后退还他 2.5 万人民币。他在新加坡是做木工，工作几年后，于 2004 年回国做涂料生意，没有赚到钱。2006 年又通过中介来新加坡做建筑工。2007 年给一新加坡老板打工，该公司是一个 400 多人的综合公司，他带 30 多个孟加拉人工作，老板很器重他，月工资 2600 新币，老板每月要为他交 4000 新币的人头税，一般外籍工人人头税是 750 新币，他是作为双肩挑人才对待的。他给这个老板做了 7 年，其间他要求老板帮他申请双肩挑人才。但是当时该公司只有他一个中国人可以带孟加拉工人，而申请该资格是要参加培训的，因此老板没有帮他申请,或者是因为公司本身的条件不够新加坡的条件吧,总之最后并没有申请该资格。而他当时的同事有申请该资格,后来取得了新加坡永久居民资格,将两个孩子都带来新加坡读书,现在孩子已经在新加坡立足,成为新加坡公民了。蔡师傅觉得他现在和朋友的地位悬殊,同该朋友没有交往。蔡师傅自己的儿子现在24岁,以前学习不好,自己就没有申请永久居民,他认为孩子学习不好,申请永久居民没有什么作用,因为申请本身也是有困难的。

因为老板没有帮蔡师傅申请双肩挑人才资格,蔡师傅请求老板加工资。因当时公司效益不好,不景气,老板无法帮他加工资,于是他辞工了。辞工之前本联系好了一家公司,但后来没有去成,就去了现在的公司。现在的公司是一个中国人和两个新加坡合作设立的建筑公司,蔡师傅还是做木工,工资每月1900新币,加班可拿2700新币。2016年5月蔡师傅在工作时从楼梯上摔下伤了腰。公司先没报工伤,后被劳工部查出才报了工伤。在医院治疗时,医院评价的伤残指标为5%。蔡师傅不能接受,自己找了一个医院治疗鉴定伤残指标为15%。蔡师傅拒绝劳工部的工伤赔偿,委托律师向法院提起了民事诉讼。

公司对蔡师傅受伤的赔偿请求十分刁难,拒绝配合。前几天公司给他打电话,喊他去公司领上个月的工资。他到公司后,公司办公室的小姐拿出两封信让他签署,一张是7月29日就签发的工资单,一张是加班费。两封信均是用英文写的。蔡师傅不懂英文,于是就用中文在每张上写明"领到8月份工资多少元""领到6—8月份加班费多少元",然后签名。他把这两封信拍下来了,给同事看时说其中一封是"和解协议",即公司给蔡师傅付多少钱,蔡师傅同意放弃因他受伤所引起的一切权利。因此,如果蔡师傅简单地在了这封信上签名,而未注明工资或加班费的领取,他以后就不能再向公司申请赔偿了。蔡师傅把这封信从手机上翻出来给我看,确实是一份放弃权利的"和解协议"。

蔡师傅说,没事的时候,公司和工人关系还好,出事后,工人和公司之间就产生了利益冲突。很多公司想尽办法减少或推脱责任,并不惜采取各种恶劣手段,设陷阱,最终把工人赶回国,逼回国,这样公司就不用承担责任。

2016年5月蔡师傅受伤后,公司即同他交涉,说给他4000新币私了,并要他同家人商量一下。第二天,公司问他家里的意见。蔡师傅告诉公司，他同家里说了，但是以他的同事受伤的情况问的，家人说这种情况还是不回家好。公司就没话说了。蔡师傅说，工人受伤后，公司往往希望工人尽快告诉家人，而家人通常会很担心，催他们回国好照料。而根据新加坡法律，受伤工人应在新加坡治疗并鉴定工伤，一旦回国一切权利就没有了。这也是公司给他下的套。

(4)追求美好生活的代价

王女士，吉林人，41 岁，2016 年 7 月 13 日通过中介来东海岸的东北饺子馆做帮厨，7 月 25 日工作准证被批准。8 月 8 日她在饺子馆工作，做饺子的面皮，手被切面机夹住，手被削去一大片肉，手也拿不出来。报警后，警察来了，用切割机将机器割开后，手才拿出来，这时已被机器夹住半个多小时，王女士的右手手指、手心和手背都受了伤，先被送到小诊所，后转到中央医院，先后做了 4 次手术，批准病休 36 天。老板割了她的准证，并多次劝王女士她回国治疗。

王女士对自己的状况很茫然，经人介绍来情义之家求助。她个子不高，白白净净的，身穿粉色运动上衣，米色短裤，手上绑着绷带。她的右大腿上有手掌大一块深红的印记，她说是做手术时从这里移植的皮肤到手上。陈先生接待她，经过仔细询问得知，王女士工作的机器就是突兀的两个割轮，没有防护铁板，房间堆放着很多杂物，空间很挤很狭窄，光线很昏暗，机器放置略高，因她个子比较矮，她工作时比较吃力。出事时，她用手到机器前面掏出被切割好的面皮，结果被夹住。

陈先生认为，在这个案件中，雇主在安全方面存在一定过错，走民事程序有一定胜算。

陈先生建议王女士先搜集证据。王女士说她的两个同事亲眼看到了事情的经过，她们愿意给王女士作证。为了保险起见，陈先生建议王女士约谈两位女同事，在咖啡馆或她们的住处和她们聊聊事故发生当天的经过，涉及房间光线、空间拥挤等工作环境，并提及一下她们现在的工作时间。他建议王女士将谈话内容全程录音或录像。因为这两位同事虽然说愿意作证，但是她们现在仍在老板手下工作，担心她们出于压力可能不愿意站出来作证。主动取证更有利于王女士今后和老板交涉中的主动地位。因为老板未付加班工资，因此提及工作时间，也为今后讨要加班工资搜集证据。另外，陈先生得知，王女士到新加坡工作交了 27000 人民币的中介费，但她的中介协议上写着只给新加坡中介 1300 新币，因她来新加坡工作未满6个月，因此还能讨回650新币的中介费。

陈先生问了她现在的生活情况，知道她受伤住院治疗期间，老板多次催促她出院，但她还不能走路，医生让她又坚持了一周。出院后，老板让她住老板姐姐家，让老板姐姐照顾她的生活。但是老板姐姐也要工作，她早上七八点钟出门前将饭做好后出门，晚上10点多钟回家。其间她自己照顾自己，有时候不方便就吃冷饭。陈先生于是将她介绍给康伺，以便在康伺免费治疗和用餐，并叮嘱我稍后带她去康伺。

王女士还在吃消炎药，我给她倒水吃药，并同她聊天。王女士丈夫是船厂工人，儿子18岁正在读高三。丈夫单位效益不太好，儿子读书要用钱。同时，她婆婆身体不好，因心脏病做了三四次手术，以后还要做，需要花不少钱，公公身体也不好，因此家里经济压力大。王女士在国内曾在餐厅做厨师，月薪5000人民币，另外她还在另一家早点铺兼做面点师，每月工资2000元。她每月收入7000人民币，每天工作18个小时，但家里仍然入不敷出。2016年7月份她经中介介绍来现在这家餐馆工作，每天工作12小时(工作时间为上午10点至晚上11点)，邀请函中写明的工资是1300新币，但老板说她的基本工资是800新币，新加坡中介还让她签署了一大堆的英文文件，她不知道上面写的什么，是否约定了基本工资，她都按要求签字了。出事后，住院期间，老板发给她7月25日至8月8日的工资600新币，老板说实际应该是500多，多给了她一点。7月13日至7月24日的工资没给。

王女士决定接受陈先生的建议，首先取证，她准备回到餐馆找两位女同事取证。情义之家借给她微型录像机，我带她到商店买一件带扣子的上衣准备安装录像机，便顺便带她去了康伺。康伺的工人们见又来了一位工友，很热情，纷纷鼓励她，告诉她如果老板给她文件要签字，千万不要签，并说周末带她去教堂。王女士仿佛找到了大家庭，很高兴地和大家聊天。我便回情义之家了。随后我回国，2017年7月再次到新加坡，去康伺拜访时，听说她的案子后来走了民事程序，但目前仍没有结果。

(5)谁来帮助我？

杨师傅，55岁，江苏连云港人，2010年来新加坡做木工，工资1000多新币，刚到4个月就患上结肠炎，做手术切掉了一部分小肠，雇主支付了医疗费。后来雇主扣掉了他2000新币的押金，出院后就送他回国，并从工资里扣了他510新币的机票费用。杨师傅对老板帮他出医疗费非常感激。他不知道医疗费是老板应该支付的，他也不知道机票费应该由老板出。这一切老板并没有给杨师傅收据凭证，杨师傅只是将它记在自己的笔记本上。

2011年，杨师傅又经人介绍来新加坡工作，他自己买的来新加坡的机票。2014年杨师傅在工地施工时，从二楼掉下摔伤了头，住院10天。杨师傅的大脑受到影响，生活能力受到损害。因此，事故发生后，他一直没有得到工伤赔偿。后经过工友帮助向劳工部投诉，劳工部打电话问建筑商，建筑商说他并不知情，应该是负责施工的包工头没有告诉他。于是建筑商拒绝处理杨师傅的工伤问题。杨师傅也不知道怎么办。因头部受伤，杨师傅的智力似乎受到很大影响，他没有能力处理好自己的工伤赔偿问题，也没有家人过来帮助他。两年过去了，杨师傅的赔偿问题还是没有解决。于是经工友帮助，他委托何进才律师事务所对建筑商提起民事诉讼。时间已经过去两年了，杨师傅对事故的发生也表述不清楚，律师认为这件事不好处理。杨师傅三天两头地往律师事务所跑，至今没有进展。杨师傅受伤期间，到康侗求助，康侗给他提供午餐和晚餐，但赔偿问题似乎遥遥无期。杨师傅对新加坡法律完全不知道，在新加坡仍然按照中国的思维来处理问题，而且因为他过于老实木讷和身体受伤等原因，他的合法权利一直得不到保护。

2. 欠薪

新加坡没有最低工资制度，外国工人每月工资收入从780新币到1500新币不等，包括加班工资在内，工资水平明显低于当地工人的工资。而且外国工人工作时间更长，很多外国工人每天工作时间长达10个至12个小时，每月仅可以休息一至两天。很多招工广告和雇佣合同都写明加班时间但没说明是否有加班工资。例如，招工广告或雇佣合同写明，每月工资1200新元，工作时间是11个小时，每周休息一天。这里，没有写明是否有加班工资。另一份雇佣合同称：乙方每天的工作时间不得少于10个小时(除非有医生证明其体力不支)。如果工人完成了指定的工作，每个月可获得1000新元至1200新元的工资。工人必须按照雇主的要求加班。如果他每个月的工作天数少于29天，则每天要扣除 50 新元作为罚款。[①] 新加坡《雇佣法》规定，月工资收入低于 2000 新元的雇员，每周工作时间不得超过 44 个小时，每周至少应有一天休息时间，每月加班时间不得超过 72 个小时。加班应获得工资 1.5 倍的加班费。根据前述雇佣合同，工人的加班工资是没有得到保障的。

另外，新加坡法律规定，雇主要在约定的工资支付日期 7 天之内支付工资，工资支付周期不得长于一个月。《雇佣法》也规定，加班工资的支付期限应在工资支付周期后的 14 天之内。然而，在新加坡，克扣外籍劳工工资的现象非常普遍，一些建筑公司在雇佣合同中公开写明，工人要在工作 3 个月后，才能在第 4 个月的月初领取第一个月的工资，此后顺延。除了拖欠工资，雇主也经常克扣工人工资，并将应缴纳的保险费用转嫁到工人身上。

虽然新加坡《雇佣法》规定，在雇佣合同中，任何有关雇员的条款如果低于本法的规定，将视为违法和无效，但是雇主们经常规避这些条款。新加坡法律规定，雇主每月从工人工资中扣除的部分不得超过工资总额的 50%。政府不允许雇主将需要由雇主支付的费用（如招聘费、税、保证金和医疗保险费等）转嫁给工人。但新加坡《雇佣法》也规定，在外籍劳工工作 182 天之后，允许雇主直接从工人的工资中扣税。雇主常常利用这些法律上的灵活规定规避法律，将自己应缴纳的税费转嫁给工人。又如，新加坡法律规定，如果工人的年工资收入少于 2 万新元，将无须纳税。然而实践中雇主从外国工人工资中扣税是常见的。甚至有的雇佣合同规定，工人应当“请求”雇主从工资中扣除部分工资作为押金。例如有的雇佣合同规定，为保证外国工人在新加坡不会从事任何犯罪行为，保证外国工人按照法律纳税，服从雇主领导，为确保雇主的经济利益和商业声誉不受侵害，外国工人请求雇主扣除部分工资。并且告知工人，只有他们在合同期间没有诸如转换雇主、失踪、参与各种非法活动或者有不道德、不礼貌的行为，赌博或者嫖娼、制造麻烦以及参与任何形式的罢工等行为，可在合同期满后拿回“保证金”，但工人是否出现上述行为，则由雇主说了算。雇主有要求工人服从其单方决定的权力，如果工人投诉雇主的违法行为，雇主就可以各种理由说工人违反上述要求，从而没收工人的保证金。

根据 2014 年 7 月客工亦重所进行的一项调查，在所调查的 328 名外国工人中，只有 1/3 工人的工资是正确支付的，有 1/3 认为他们的工资得到了正确支付，但是没法核实，另有 1/3 工人的工资没有得到正确支付。尽管新加坡

---

① 林梅：《新加坡的中国劳务人员状况调查分析》，载《南洋问题研究》2009 第 3 期。

《雇佣法》规定，工人的基本工资必须在工作当月的第7天内支付，加班工资必须在工作当月的第14天内支付，但是目前法律还没有要求雇主在工资单上或银行支付中明确显示工资计算方法。因此工人通常并不知道他们的工资是否得到了正确支付，或者他们的加班工资是否有记录或者是否被非法地克扣？一些非法克扣常常是以代为保管或今后更新工作准证的费用名义掩饰进行的。在调查中，有77人说曾遇到过这种事，费用从16新币到300新币不等，最近的一份调查显示，在近300名不同类型的移民工人中，40%曾被以代为保管的名义克扣工资，其他是以更新工作准证费用的名义克扣的。但是工人常常难以取得被克扣工资的证据。①

欠薪案例介绍：

(1)招之即来，挥之即去

包女士，辽宁人，1969年出生，肤色黝黑，看来像50多岁，穿一件紫色红花的连衣裙，初看起来像东南亚人。她来自辽宁农村，一辈子从没有出过远门。因孩子大了，家里没有什么事做，2013年经朋友介绍，向中介交4万人民币来新加坡一清洁公司工作，2015年期满回家，一切还顺利。2016年1月她又交了3万中介费，来现在这家清洁公司工作，这是家新加坡有名的清洁服务公司，根据约定，她是到一家医院工作，每天工作12小时。但是她来到新加坡后，公司说医院还没有建好，没法按照原来的约定履行，先后安排她到学校、公寓等4个地方做清洁，每月工作30天，每天工作14个小时。中介因此退还她2000新币。包女士工作很辛苦，她请求公司每天只工作12小时，每周休息一天。但公司很严厉地拒绝了，说她再要坚持每天只做12小时和休息一天，就让她回家。包女士就坚持了下来。事情发生的这天是星期六，包女士的工作任务是做两个办公楼25层的清洁，包括楼道、楼梯、厕所等，任务很重，压力很大。包女士去上班时忘记了戴黄牌(工作证，公司规定工人工作时必须戴上)，被人发现了向公司投诉。周日下午公司即通知她被解雇了，通知她周一不用来上班了，并割了她的准证，买了周三早上的机票要她回国。包女士于是来情义

① TWC2, One third of male migrant workers aren't paid what they're due, http://twc2.org.sg/2014/07/08/one-third-of-male-migrant-workers-dont-get-paidwhat-theyre-due/, Accessed 13 September 2014.

之家求助。她来的目的主要是讨回她的加班工资。义工小庄接待了她。小庄是英国剑桥大学法学院大一学生，利用暑假在情义之家做义工。

包女士讨要加班工资的主要问题是要有证据证明她每天工作14小时，但是包女士说她并没有证据。小庄建议她去老板办公室找他或给老板打电话说工作14小时的事，并录音或录像。于是包女士回公司去找老板，老板办公室的员工告诉她老板不在公司，她给老板打电话，老板也不接，似乎他们都提防了她会录音录像，因此事情不好办，也担心向劳工部投诉不被接受。包女士说，她这次来新加坡才工作几个月，中介费还没完全赚回来。如果她已经工作了1年多再被解雇，她是不会找公司讨加班费的。这次公司仅仅因为这样一个小事就立即解雇她，她心里不舒服。

黄伟明过来帮忙，问她具体细节，知道她每天上下班都要签字，上午8点签字上班，晚上10点签字下班，公司都有记录。因此，还是可以帮到她。因为新加坡法律规定，雇主有义务提供工人工作时间，如果雇主提供不出工人工作的时间记录，雇主也要承担相应责任。因此，包女士可以据此和雇主和解，要求雇主赔偿一定的费用，因为雇主提供不出工作时间记录，劳工部是可能满足工人部分要求的。包女士不按时回国，公司也是有义务另给她买机票的。

如果包女士完全没有证据证明她继续留在新加坡的理由是合理的，即她的加班工资没有得到给付，她不按时回国，以后就要自己买机票回国。新加坡法律规定，工人有工资没有给付，受伤后没有得到赔偿等合法权利没有实现时，是可以拒绝雇主要求他们回国的，他们有权继续留在新加坡讨回自己的权利。

关于是否向劳工部投诉，黄伟明请教陈先生。陈先生过来帮包女士分析，他问包女士此次讨要到加班费回国后，今后是否还想到新加坡工作。包女士说当然想啊。陈先生说这样包女士可以先回国，再找到新加坡的工作，找到工作再来新加坡工作时，再讨要加班工资，只要不超过6个月即可。外国工人向新加坡劳工部投诉，问题解决后回国的，一般不允许再来新加坡工作，而且新加坡法律规定工人讨要工资的时效是半年，因此陈先生有此建议。包女士想了一下，她认为再在新加坡找工作比较难，而且她都48岁了，超过50岁的外国人在新加坡申请工作准证很难被批准，因此，她还是决定第二天不走，留在新加坡找老板讨要加班工资。于是，黄伟明就帮助包女士向劳工部投诉，并拿出8张表让包女士填写每个月的具体加班时间，希望包女士继续想办法找雇主取得证据。

包女士找不到雇主，很无奈地翻看上午去公司时的手机录像。其中有一个内容是老板不在，她去找主管人力的小姐。她向小姐诉说她一天工作14个小时，很辛苦，人力主管小姐在做记录，什么都没有说。陈先生也过来了，他说，只要该小姐没有反驳，还是有希望。小庄把手机贴近耳边，仔细听录像的声音，发现当包女士诉说她每天工作14小时的时候，人力主管小姐回复了一声"是的"。黄伟明把录像视频下载到电脑上，扩大音量，发现人力主管小姐确实回应了，她认可包女士每天工作14小时。于是他将这个视频保存下来，作为包女士加班工作时间的证据。

下午3点多钟，中介给她打电话，说要退还她600新币，让她回国。老板也打来电话，要她同中介见面协商。包女士的机票是周三也即是第二天早上，因此包女士不敢去见中介。如果中介或公司的人见到她，一定会强迫她去机场回国。因此，陈先生建议她不要回公司的宿舍住，并向她介绍了附近的廉价旅社，但是因她的护照被中介扣着，没法登记，陈先生派我和两个实习生带包女士去旅社并说明情况。

星期三的上午10点半左右，包女士来到情义之家，我们开始帮她准备材料去见劳工部长官，主要是情义之家写给劳工部的信、包女士的工资计算表等有关材料。陈先生决定派小庄带包女士去劳工部，这是小庄第一次陪工人去劳工部。我下午没事，也想陪着一起去。陈先生同意了，他说人多势众，多一个人多一份力。人多也许会让劳工部的人引起重视。陈先生叮嘱我们一定要据理力争，努力把包女士挤进新加坡的法律框架中去。

我们一行3人下午1点20分出发去劳工部，根据陈先生画的路线图乘坐公交车，2点半不到就来到了新加坡劳工部。新加坡劳工部有两个服务大厅，位于其在明地民亚路的办公大楼一楼，分别为A、B厅，A厅主要是登记、咨询服务，很多初次来劳工部的外国工人首先来到A厅，询问如何解决他们面临的问题。A厅摆放有很多长凳，工人们或坐在凳子上等候，人多的时候干脆坐在地上。A厅的墙柜里，摆放着各种小册子，有中文、英文以及其他语言，不同的册子列举了工人可能遇到的某类问题及解决方法，以便工人们在等候时学习。需要见长官的，先在排队处取号，然后到B厅等着见长官。A厅几乎每个工作日都有很多人，他们在这里来探寻怎样解决他们的困难。B厅是劳工部官员接待工人，以帮助解决具体问题的办公场所。B厅中间摆放凳子供工人等着叫号，左边有一个值班室，里面的工作人员负责登记工人信息和具体问题，右边是长官同工人交谈的办公室，共有3间。我们在A厅取了号，来到B厅等候，等了约半个小时，发现我们的号直接跳过去了，赶紧到A厅补了一个号，就去见左边的接待人员，只能包女士一个进去，我们在外面等。我在心中祈祷希望一切顺利。大约10多分钟后包女士出来了。我们急忙询问情况，包女士说接待人员只是问了具体情况，看了她的录像材料和投诉资料，记录下来，并告诉她还可以要求没有提前一周通知解雇的费用。我们心里踏实一些了，看来劳工部工作人员还是关心工人利益的。然后等着见长官，说是3号办公室。又等了10多分钟，叫包女士进3号办公室，小庄要陪着进去，被拒绝了，包女士自己进了3号长官室。我们在外面等着，不知道最后的结果会怎样，但想着不会太差吧！

不到半个小时，包女士就出来了。我们急切地上前询问。包女士告诉我们，长官说老板已经给包女士支付了加班工资，她的工资单列有每月工资组成部分，其中有一项就是写的加班费，包女士每月基本工资是900，现在每月拿1300，就是发了加班工资才这么多，包女士没理由讨要加班工资。我们都傻了。小庄给陈先生打电话说明了情况。陈先生说，老板的工资单名目是很混乱的，他们常常把工资分解成几个部分，随意列一些项目，例如没有住宿补贴，但他们随意捏造一个这样的项目，以混淆视听，工人往往只看工资总量，不注意分项，劳工部长官并以此为老板推脱责任。

陈先生说，即使工资单上的加班费是真实的，但是远远不够的，包女士每天工作14小时，超时工作达6小时，绝对不会只有这么一点加班费，长官经常处理工人纠纷，这一点她是一定知道的。她是故意在为难工人。陈先生告诉小庄，让包女士再进去同长官说明。小庄着急了，陪着包女士再去办公室，办公室里已经有一个工人在面谈了，他们只有出来再等。大约半个小时后，小庄和包女士在另一个人进去之前，进了办公室。长官要小庄出去，小庄坚持要进去说明。我便坐在外面的长凳上等他们。这时我们后排有两个人在大声说话，我回过头去看，是两个中国工人，其中一个50岁左右，瘦削而且苍老，脸色苍白。这是张师傅，河南人，2016年年底经人介绍到新加坡一建筑工地工作。张师傅的工地活很少，没有工作便拿不到工资，但是张师傅还是坚持了下来。2017年6月，张师傅和同事在地铁附近闲逛时，看到有个人在发名片，上面写着金诚中介，为外国工人介绍工作。他们便报了名,中介公司给他们介绍了一个建筑公司,说是有活干,每小时10新币(这个价格算比较高),但是要他们自己同前公司谈好,让前公司同意他们转换公司。他们同老板谈后老板同意了,他们便转到了现在这家公司。因为张师傅在以前的公司工作很少,基本没挣到什么钱。到新公司交了住宿费等费用后,手头便完全没钱了。张师傅没有生活费,和他同住的是一个印度工人,他每天做饭都多做一点,给张师傅吃。但这样也不是长久之计。张师傅便找老板,想先预支一点钱,并向他说明自己的困难。老板很不高兴,当时就割了他的准证,要他自己买机票回家。他们这一批去新公司的有8个人,其中6个都回家了。因为现在的老板很苛刻,难以相处,工作也很辛苦。但老板都帮他们买了机票。老板拒绝给张师傅买机票,张师傅便来劳工部投诉,希望老板买机票让他回家,之前工作4天的工资就不要了。正说着,他的号到了,赶紧进去见长官。过了不到10分钟,他就出来了。他说长官已经给老板打电话,老板已经同意给他买机票,并给他4天的工资及他先期支付的费用。这是一个令人满意的结果,比包女士的情况好多了。张师傅满是皱纹的脸舒展开来。

包女士和小庄进去大约20分钟就出来了。小庄说他把包女士的加班工资计算列表给长官看,详细说明,长官说不是那样的。长官也给老板打电话了,约好明天上午让包女士和老板面对面谈判。小庄和包女士只好出来了。给陈先生打电话,陈先生让我们先回去。

回到情义之家,向陈先生汇报具体情况,陈先生说这个长官应该是李姓长官,她是劳工部最为难工人的两个长官之一,曾受到多次投诉。他说,如果她不公平处理,我们也会再次投诉她。陈先生安排小庄帮忙包女士计算加班工资,包括实际应该得到的加班工资和扣除工资单上列明数额后的加班工资。据此计算,包女士拿不到多少加班费,大约2200新币,并准备明天上午同老板的谈判。包女士说她很害怕老板,请小庄同她一起去时她才敢去。于是决定第二天小庄陪包女士去谈判。

中午的时候小庄回来了,他说,谈判开始时,老板拒绝给钱,态度很强硬。小庄提出反对,并以情义之家的名义发表观点,老板态度就好了,他说给包女士1900新币,庄说最少2300新币,包女士没有表态,说是要自己想想。根据新加坡法律,工人投诉劳工部没有受理,就必须在准证被割后3天内离开新加坡。她今天要同劳工部联系说明情况,不然就要算非法居留了。下午的时候包女士过来了，问她考虑的情况，她说最少要2500新币，如果不同意就不走。小庄说包女士的加班工资正常就是2500～2600新币。小庄让她给老板打电话，老板让她找中介。她给中介打电话说要3000新币才回国，中介立刻就答应了，说买第二天早上的机票走。包女士说东西还没收拾好，要求第三天走，中介也答应了，并让她请情义之家帮写一份和解协议，在机场把钱给她。小庄帮她写好了协议，并给劳工部写信说明原因，请求允许包女士逗留到周六。因此包女士的问题比较满意地解决了。

(2)生命的代价

王师傅，35多岁，在新加坡一建筑工地工作时从工地的楼上坠下身亡。公司通知他的家属来新加坡处理后事。2016年9月5日，王师傅的妻子、父母和弟弟决定来新加坡，公司给他们买了机票，他们连夜赶往新加坡，凌晨3点多到新加坡机场，入关时新加坡移民官要他们出示回程机票，否则不让进关。公司在现场帮他们买了9月9日的回程机票，海关才让他们进关。公司安排王师傅的家人在酒店住下，安排他们下午见死者遗容，第二天举行火化仪式。王师傅的弟弟王晓峰(化名)在王师傅工友的陪同下来情义之家咨询。黄伟明接待了他。王晓峰说，他们不想这么快火化，想将遗体运回河南，不知道是否可以？黄伟明告诉他们，根据新加坡法律，他们是可以要求将王师傅的遗体运回中国的，也可以选择就在新加坡火化后将骨灰带回中国，但不同的选择可能会影响赔偿金的数额，具体情况和公司老板谈。王晓峰还说想知道事故发生的经过，因为他听有的工友说，王师傅发生事故后，公司先取证，而没有先救人。黄伟明说这个经过只有公司和王师傅的同事才知道，如果同事愿意作证，可以经过民事诉讼程序要求公司赔偿。但是，因为工人还在该公司工作，要他们站出来作证不容易。根据劳工部的程序，王师傅家人可以得到204000新币(约合人民币100万)的赔偿，走民事诉讼程序赔偿会高一些，但是没有证据风险很大，要王晓峰和家人好好考虑。

下午王师傅家属去殡仪馆，殡仪馆要他们尽快火化，因为尸体已经停放3天，不能再停了。而且要尸体火化后，公司才会给他们赔偿。王晓峰第二天来到情义之家，我们告诉他，殡仪馆的要求是不合理的，是否火化，什么时候火化由家属自己决定。王师傅妻子无业，有两个孩子，女儿7岁，儿子才2岁，上有60多岁的父母，还有80多岁的爷爷，家庭负担是很重的。黄伟明决定为王师傅家人募集捐款，希望对他们有所帮助。

第三天上午，王晓峰又来到了情义之家。他说他们和老板谈判后，决定接受在新加坡火化王师傅的遗体，老板答应给他们 13000 新币的抚慰金。他们商量后初步决定接受劳工部程序的赔偿。王师傅的遗体当天下午火化，他们过一天就要回国。他问他们是否可以多待三四天，拿回王师傅的遗物。黄伟明分析，多待三四天没有实质意义，劳工部赔偿程序按部就班进行，赔偿金在劳工部确认赔偿后 14 天才会赔偿下来，三四天赔偿肯定不能下来，因此建议他们按时回国。王晓峰也去了中国驻新加坡大使馆，委托他们关注赔偿事宜，新加坡劳工部决定将赔偿金通过中国大使馆转给他们。黄伟明也留下了王晓峰的电话，说募集的资金会联系他转给他们。王晓峰和家人就按时回国了。

一直很关注王师傅的死亡赔偿问题是否完成，2017 年 7 月份到新加坡时去情义之家拜访，黄伟明告诉我，他们的死亡赔偿金还没有落实到位。其间，因为王师傅的妻子委托律师想走民事程序，后来又放弃了。另外，需要他们签字的一些文件在新加坡没有人帮忙处理，处理程序就慢下来了。但是现在基本都处理好了，赔偿金应该很快会下来。也同王晓峰联系过，他说他的父母都生病了，心痛加上未知的赔偿程序给他们带来很大的压力。希望王师傅的家人能尽快得到应有的赔偿。

3. 中介

按照中国 2012 年《对外劳务合作管理条例》，开展对外劳务合作的企业要获得商务部批准的营业执照，要符合该条例关于人员和资金等方面的要求。中国有资格从事对外劳务合作的企业是有数量限制的，而且要随时接受商务部等部门的检查。但实践中仍有不少非法从事对外劳务合作的公司，即使是具有对外劳务合作资格的公司也仍然要通过设在小城镇或乡村的各个小公司，协助招聘工人，甚至通过个人，到边远地区招聘工人。在具有经营资格的对外劳务合作公司对下设的机构或个人管理不到位的情况下，被招聘的工人权利得不到保障也是很可能发生的。例如，20 世纪 90 年代初，中国政府就发现在劳务输出行业存在着严重的违法行为与舞弊现象，1998 年 11 月 2 日，中国对外贸易经济合作部发布《关于防范以对外劳务合作为名进行诈骗的紧急通知》，要求各级政府加强打击非法行为。2009 年，中国商务部、公安部、交通运输部、工商行政管理总局等中央政府部门会同部分省市政府进行了一次清理整顿外派劳务市场秩序的专项行动，在此行动中，共检查出违法违规企业

974家，抓获犯罪嫌疑人146人，查处非法外派劳务广告近6700条，涉及300余家企业及个人。

关于中介收费，1995年7月4日，中国财政部、对外贸易经济合作部发布《对外经济合作企业外派人员工资管理办法》，规定中介公司向外派劳务人员收取的管理费和手续费总额不得超过其合同工资的25%；1997年1月16日，财政部、对外贸易经济合作部发布《对外经济合作企业外派人员工资管理办法的补充规定》，将管理费和手续费改为"服务费"，并且要求，对于无工作单位或在派出期间与原工作单位脱离劳动合同关系的外派劳务人员，收取的服务费不得超过合同工资的12.5%。2003年9月，中国对外承包工程商会发布的《新加坡劳务合作业务协调管理暂行办法》规定，对外劳务合作公司收取的服务费及个人负担的各项费用总计不得超过每人1.9万元人民币（不含新加坡建设局要求的培训、考试及与其有关的食宿等费用）。公司的收费标准由公司所在地的物价局负责监督，但不少省的物价部门从未颁布有关劳务输出收费标准的文件。因此当前对外劳务合作公司的收费通常是根据市场行情确定的。中国申请出国工人通常要支付远高于规定标准的费用，到新加坡工作两年通常要向对外劳务合作公司支付3万至5万元的费用，而且所介绍的工作收入越高，所交费用越高。造成收费过高的原因一是因为要付给负责招募工人的地方机构和个人部分费用，二是新加坡有关机构如中介机构也要收取部分费用，有时甚至还要给新加坡雇主回扣。

新加坡的《就业中介法》对就业中介机构的收费是有严格规定的，要求不得超过外籍劳工第一个月工资总额的10%，对违反这一规定的处罚可达5000新元的罚金或者监禁6个月。但是，因为很难将雇主、中国就业中介机构和新加坡就业中介机构所收取的费用严格区分开来，这些法律规定并没有得到执行。这部法律还认定，就业中介机构向雇主支付回扣是违法行为，禁止雇主在雇佣外籍劳工的过程中，向就业中介机构或者其他人收取任何金钱或者好处。但是这种行为在新加坡很难禁止。一些雇主甚至专门从就业中介机构获取回扣盈利，他们在雇佣工人几个月后，就单方面解除合同，甚至仅仅只是让中国工人进入新加坡，根本不给他们提供工作岗位。这也是导致很多中国工人在新加坡打黑工的原因。

对外劳务合作管理条例规定，对外劳务合作企业应当负责协助劳务人员与国外雇主订立确定劳动关系的合同，并保证合同中有关劳务人员权益保障的条款与劳务合作合同相应条款的内容一致。但实际上，很多工人特别是那些通过无经营资格的公司出国的工人，都没有与雇主签订雇佣合同，与公司仅仅是口头协议，有些书面合同甚至是工人在上飞机前几个小时匆匆签订的，这些合同往往有很多违法条款，给工人设下了很多陷阱，为以后的纠纷埋下了隐患。甚至有一些工人通过亲戚朋友安排出国的，他们通常也向亲戚朋友交了一笔不菲的费用，对于通过这种违法行为出国工作的，今后在与新加坡雇主发生纠纷时，其权利很难得到保障，涉及中介有关的费用很难追偿。

中介有关案例介绍：

(1)中介欺诈

谭师傅，江西人，一周前来新加坡工作，交了3万元人民币中介费。在联系工作时，说是到新加坡搬货。因谭师傅比较瘦弱，他问搬多重的货物，担心重了他搬不起。电话联系新加坡雇主，他说10公斤左右不重。谭师傅便在雇主的协议上签了字。协议上并没有说明搬运什么货物，只说月工资1100新币，其中基本工资为900新币。协议中还说明谭师傅应服从公司安排的工作任务，要吃苦耐劳等。谭师傅于是来了新加坡。但他到工厂后，发现自己要搬100公斤左右的大油桶，而且油桶体积也很大，他搬运起来很危险，随时可能被压倒。坚持几天后，谭师傅实在吃不消，就找新加坡中介想要换一个工作。但是在新加坡只有建筑行业可以换工作，服务行业是不能换工作的。谭师傅的工作属于服务行业，中介拒绝给他换工作。于是谭师傅找新加坡中介要求退还中介费，但中介说才收了中国中介2200新币，而且谭师傅是自己不干的，不能退中介费。中介告诉谭师傅，老板希望他回去继续工作，但谭师傅实在不敢回去工作了。谭师傅几年前曾来新加坡一建筑工地做清洁工，工作了4年，后因受伤到情义之家请求帮助，得到了一笔赔偿后回国了。这次他又来新加坡遇到困难后，直接来到了情义之家，这里的工作人员还认识他。社工黄伟明接待他，建议他再回到公司去工作几天，其间用手机偷偷录下当时的工作环境和不安全的地方，并要谭师傅想办法让公司解雇他，拿到解雇书就可以要回一半的中介费。但谭师傅说工厂严禁带手机进工地，也不想再回公司了。正在这时，中介打电话给谭师傅，说要见他。黄伟明让谭师傅答应见面，约定见面的时间地点。约好的时间离这时只有一个小时，还要乘车。黄伟明安排我赶紧带谭师傅去商店买一件带扣的T恤，取掉一颗纽扣后将微型录像机安上。然后谭师傅赶紧就去与中介见面了。

第二天下午谭师傅又来到了情义之家，这次他是带了录像资料来的。我们将录像材料拷到电脑上观看，只见录像很凌乱，很多是录的人头以下的部分或者大腿，但仍有一个镜头说话人的脸露出来，还有他坐下的动作。录像中，谭师傅对中介说："我以前在中国的中介公司问搬多重的东西时，他们给你们打电话，你们说只搬 10 多公斤的货物，现在我来了，要搬 200 多斤，我实在搬不动，做不了这个活。你们把中介费退给我吧！"新加坡中介是一个强壮结实的中年男人，他听了谭师傅的话很生气，大声呵斥谭师傅，还用力拍打桌子，否认收了中国中介 2/3 的中介费，并要谭师傅在他们提供的辞职信和中介无责任声明上签字。谭师傅在辞职信上签了字，但是拒绝签中介无责任声明。中介答应退还谭师傅 1000 新币，并给了他当晚回家的机票，说在机场登机时给他这 1000 新币。

谭师傅不知道是否该接受，适逢陈先生有时间，就一起过来帮忙分析。陈先生认为：第一种情况，谭师傅不接受中介的条件，向劳工部投诉，假设劳工部接受谭师傅的投诉，并认定谭师傅无过错，特准谭师傅找工作，那么中介的 1000 新币就不会给他了。谭师傅在新加坡重新找工作，人生地不熟的，比较难在短期内找到工作，会在新加坡逗留一段时间，这期间的食宿开支，以及如果找不到工作回国重新买机票的费用，会是一笔不小的开支。但陈先生说谭师傅在找工作期间的食宿，情义之家可以提供帮助。第二种情况，劳工部不同意谭师傅另找工作，要他回家，但要中介退部分费用给他，退多少则难以确定。第三种情况，劳工部不同意谭师傅另找工作，也不要求中介给谭师傅退还中介费。这三种情况都有可能发生。最后谭师傅决定接受中介提供的条件，当天晚上回家。

(2)工人不是工具

周女士，40 岁，江苏扬州人，2016 年 7 月 25 日通过中介来到新加坡，向中介交 30330 元人民币。7 月 26 日，周女士到一家新加坡注册的皮革厂工作，原来说是到工厂做皮包，到厂之后却是修理皮包，每天要低头工作 10.5 小时。周女士的位置正好是在空调底下，她觉得很冷，于是上班时穿上外套，还是觉得很冷。她向老板请求换坐的位置，老板拒绝了。他说她不坐在这里谁坐这里，换别人也是一样不愿意。周女士只得继续坐在空调底下每天低头工作 10.5 小时，到第 6 天的时候，她开始觉得肩膀疼痛，左右肩不能正常移动，头发昏。又坚持了几天，情况更严重了。其间她去医院看中医，花费了 300 新币。8 月 16 日，她向老板提出了辞职，老板同意了。8 月 20 日支付了工资。周女士于是找新加坡中介要求拿回自己的护照并退中介费。原来周女士来新加坡时，中介把她的护照扣下了。中介要周女士尽快自己买机票回家，凭机票来领回护照，中介也拒绝退钱，说钱交给中国中介，自己没拿钱。而且周小姐是自己辞职的，不能退中介费。周女士听朋友介绍，来情义之家寻求帮助。

听完周女士的陈述，陈先生帮她分析了几种情况：(1)周女士是否可以要回医疗费和超时工资？周女士可以回去找老板要求收回辞职信，说自己改变主意了，想继续工作。如果老板不同意接受周女士，坚持辞退，可收回中国中介给新加坡中介费用的一半。如果老板接受周女士的请求，同意她继续工作，周女士可以在该公司继续工作下去，如果身体不舒服，可以请假去看病，老板应给她报销医疗费。如果老板因为她经常请假不高兴而辞退她，她可以要回中国中介给新加坡中介费用的一半。(2)如果周女士不愿意继续工作，而且也不在乎中介费是否可以要回，可给雇主写辞职信(周女士以前是口头辞职)，劳工部可以割她的准证(她工作 14 天后才申请准证)，让雇主或中介买机票让她回去。这大约需要 2～3 周的时间。她最近看过的西药的费用可报销。(3)与中介私了，满足中介要求，自己买机票回国，但仍要等提交辞职信后，劳工部割掉她的准证后，打出白卡(证明她在新加坡身份的卡片)，她才可以离开新加坡。这也会需要一段时间。

周女士很想尽快回家，她决定去找中介谈谈，要回自己的护照，并要回一部分费用。陈先生建议她用手机录像，并事先想好要问的问题。我陪同周女士去车站乘车，通过交谈知道，周女士在日本打工 3 年，才回到中国 2 个多月，她在日本是做缝纫工，也比较辛苦，但是头颈可以活动，比新加坡的工作轻松。她的好朋友也是和她一样从日本回来不久，约她一起来新加坡打工，通过中介很快就找到了，然后很快就到了新加坡。她儿子现在 19 岁了，一直是老公一个人在家管儿子，好不容易从日本回国，她老公希望她就待在家里，不愿意她出来，老公也很担心她的颈椎，很生气她不回国尽快治疗。因此，周女士还是决定回国，在同中介交涉后再办理回国手续。不过这样也至少得 2～3 个星期了，并且还会损失一大笔钱。看来出国务工一定要谨慎。

两天后，周女士来到情义之家。她说她已经同中介和解了，中介答应把护照还给她，退回她 4000 人民币，并给她买了回家的机票。周女士对情义之家的帮助表示感谢。

3. 维权需要勇气和智慧

周师傅，40岁，山东人，2017年2月来新加坡工作，来之前向当地的中介公司交了33000元中介费。他来新加坡工作不到5个月，雇主就辞退了他。在新加坡雇主是可以随时辞退工人的。在他5个月工作期间经常加班，但雇主并没有给他加班费。于是他来到情义之家请求帮助要回中介费和加班费。根据新加坡法律，工人来新加坡工作不到6个月被辞退的，中介公司应该返还一半的中介费。但周师傅的中介费是交给中国的中介公司，新加坡中介公司说中国中介公司只给了他们1300新币，这意味着周师傅只能要求新加坡中介退回650新币。而中国的法律并没有此种针对中介公司的规定。对于加班费，新加坡的法律规定雇主必须支付工人基本工资的1.5倍，周末或者节假日是基本工资的2倍，周师傅每月总薪水1500新币，但其中基本工资是多少无法证明。通常，新加坡雇主在同工人签订合同时，合同中应有工资条款，并列出工资的构成明细，如基本工资多少，加班费如何计算等等，但有些雇主为了今后对自己有利，故意不列出工资明细，而同工人私下商定报酬的具体情况，这样就会使得今后计算加班工资等产生困难。有的雇主在发放工资单时，故意捏造名目，以混淆视听。雇主的这些小动作工人一般无法发现。因此，工人在同雇主签订合同时，一定要小心，不要对雇主的一切条件全盘照收。当工人发现合同工资没有明细时，可以要求雇主补上，如果雇主拒绝，可以考虑不接受工作，找中介退中介费。周师傅在签合同时，应该就是没有注意到这个问题。

情义之家的陈先生要他自己想办法取证，并告诉他在拿到证据前先不要去劳工部投诉，以免打草惊蛇。陈先生向他详细地介绍了如何取证，并借给他微型录像机。陈先生首先告诉他给新加坡中介打电话或直接去中介机构要求退还一半的中介费，要周师傅说“我给中国的中介公司打电话问了，他们说给了你们25000元人民币的中介费，你们要退一半给我”，然后听新加坡中介的回复。陈先生认为，中国中介给新加坡中介的费用应该不会只有1300新币（7500人民币左右），通常会在20000人民币左右。因为新加坡法律规定工作不满6个月要退回一半的中介费，新加坡中介公司往往会隐瞒他们从中国中介公司收到的费用，而谎称一个较低的费用。这时候工人如果没有证据证明新加坡中介公司的中介费，就只能任由他们说了。因此，陈先生要他自己取证。对于加班费，陈先生告诉周师傅直接去找老板说："老板，我来工作了5个月，每个月基本工资1500新币，现在中介费也要不回来多少，你能否把我的加班费给我？"如果雇主不否认，就可以作为基本工资是1500元的证据。陈先生告诉他把微型录像机安在衣服的纽扣上，要录到雇主的正面脸像，如何录音等等，很详细地告知周师傅。周师傅很犹豫，陈先生告诉他，要想维护自己的权利，要想拿回自己的钱，只能靠自己的行动，并鼓励他一定要勇敢。雇主和中介很强大，也很狡猾，如果不努力，最后只有被他们吃掉，什么都拿不回。周师傅拿着录像机回去了，一副举棋不定的样子。

3天后周师傅又过来了，他告诉陈先生他已经向劳工部投诉了，劳工部给中介打了电话，也给老板打了电话。他也去找中介和老板了，但没有取得录像录音材料。陈先生告诉他找老板要的一些材料也没拿来，如加班时间表等。陈先生觉得很可惜，并说给劳工部打过电话后，他们一定已经警觉了，再取证会更困难。如果没有证据，中介和老板是不会主动把费用退给他的。陈先生说话时，周师傅很沉默，有时候低声地应承一下，一副任人宰割的样子。陈先生再一次鼓励周师傅去自己取证，并鼓励他即使困难也要去做，不然自己的权利就没法维护了。不知道周师傅是否能勇敢起来，维护自己的权利。

4. 雇佣关系

根据新加坡的法律规定，外国工人获得就业许可在新加坡就业期间，未经现在雇主的同意，是不可转换雇主的。但是，如果雇主不再需要劳工了，他可以撤销劳工的就业许可。一旦就业许可被撤销，外籍劳工就必须回国。尽管根据新加坡《雇佣法》规定，当雇员认为被无理由解雇的时候，他们可以向劳工部部长提交书面申诉文件，要求雇主召回；但是，雇主解雇外籍劳工则无须给出任何理由，只需给予他们一个合理的回国期限并支付回国费用即可。

因此在新加坡与工作有关的权利几乎都掌握在雇主的手上，外国工人的命运都被雇主掌控，几乎所有雇主都要求工人必须无条件地服从他们的指令，尽管新加坡法律规定雇主不能辱骂工人，但实践中雇主对工人是至高无上的，可以随时呵斥和指责，甚至辱骂，如果工人不遵守雇主的命令，将受到严厉的处罚甚至被遣送回国。很多工人在雇主强势的威慑下，对雇主的违法行为选择忍受,从而造成心理上的抑郁和焦虑。

新加坡法律规定,所有工人待遇是一样的,无论本国工人还是外国工人没有区别,所有工人的待遇取决于雇主的需要。但是外国工人工资水平明显低于当地工人的工资,工作时间更长。新加坡政府在执行有关新加坡工人的法律上时严格很多,如果存在明显的不公平,这些工人在选举时就不会投他们的票,会投反对派的票。政府是不敢得罪他们的。而在对待有关外国工人的法律上,新加坡往往会更迁就新加坡雇主的利益,而不惜牺牲外国工人的利益。

雇佣关系案例介绍:

(1)生杀予夺的老板

林女士,26岁,漂亮时尚,2017年6月份应聘来新加坡一酒吧工作,她是持6个月的演艺准证过来的,没有中介费用,但汇款500元人民币给老板作为签证费。林女士通常值夜班,日本客人比较多。8月18日,一名日本顾客在酒店待到很晚,凌晨1点多钟结账时,因是夜间消费,林女士打电话给老板问收多少费用,老板让她收600多新币,比实际消费多出200多新币。林女士觉得收费太高,但是也不敢违逆。日本顾客收到账单后很生气,骂骂咧咧,结账后将发票当着林女士的面撕毁,扔到她的脸上。林女士觉得很委屈,但也不敢吱声。第二天老板来酒店时,林女士说了前天晚上的情况,并同老板说希望这样的事以后不要再发生在她的身上。老板当时大发雷霆,指责林女士干涉他的经营,让她不要再来上班了,并当场开除她,在劳工部网站上取消了她的工作准证,并给她买了20号回中国的机票,机票费350新币从她的工资中扣除。林女士每月工资1500新币,其中基本工资900新币。老板和她结算时,除了扣除机票费,还扣除了当天的工资,也没有给她发加班费。

林女士2015年曾来该酒吧工作过6个月,也交了500元人民币的签证费,当时和老板交往还正常。老板是从中国来的,现在是新加坡永久居民,在新加坡经营酒吧多年。林女士此次来新加坡的准证正常情况应该是12月份到期,她想在新加坡多学一点东西,因此7月份报了一个新加坡的业余培训班,9月份才结束,她为此交了700新币的学费。如果现在回去,培训班也上不成了。林女士决定20号不离开,并到情义之家求助。

黄伟明接待她,帮她分析了她的权利:(1)老板2016年收取她500元人民币签证费、350新币的机票费是违法的,可以要老板返还,但2015年所收的500元人民币签证费已经过了时效，要不回来；(2)老板应按照新加坡法律支付她加班费；(3)雇主解雇她应提前一个星期通知，如果不通知，应该多支付她一个星期的工资。林女士根据黄伟明的建议向劳工部投诉，劳工部受理了该案，并联系了雇主，召集雇主和林女士一起坐下来谈判。黄伟明建议她谈判的主要态度：(1)她没有过错，雇主没有合理理由解雇她；(2)克扣工资是不合法的；(3)要求劳工部同意她在新加坡再找工作。并预计谈判结果有两种可能性：一是雇主返还被克扣的工资，并恢复她的工作；二是雇主返还被克扣的工资，并补偿失去工作的损失。黄伟明认为第二种可能性更大。因此建议林女士事先想好应提多少的工作损失补偿费，并要有合理理由。林女士说，她不光要失去工作的损失补偿，还要700新币学费的损失。但是黄伟明认为这种可能性不大，劳工部会认为林女士要求太过分，不合理。是否有可能老板同意恢复林女士的工作呢？如果有可能，林女士说，如果要她回去工作，要老板当着劳工部官员的面，签一份协议，即保证不随便开除她。黄伟明说，即使当着劳工部官员的面签了协议，也是没有任何作用的，除非劳工部官员在协议上签字，但劳工部官员肯定不会在这样的协议上签字。因为劳工部官员会说，这是林女士和她的雇主之间的事，因此他不会介入。不过老板让林女士再回去工作的可能性不大。

一周后，林女士又来情义之家。她告诉我们她的案子有结果了。劳工部只让老板赔欠她的工资，不让她换工作，也不补偿她所交的学费。她已经同意拿2500新币补偿的相关费用回家了。

(2)我不要受伤

林师傅，河南南阳人，高大健壮，穿着时尚。林师傅做了多年的海员，世界各地跑，一次他的船经过新加坡码头，他觉得新加坡这个地方不错，并萌生了以后来这里工作的想法。林师傅后来离开海员行业，2010年经中介介绍来新加坡一餐厅做厨房清洁工，他向中介交了45000元中介费。后来有一天林师傅在倒垃圾时，踏在地上的一摊油上，不小心摔倒了。当时没有觉得什么，2个小时后觉得后腿麻木，于是到医院看病，发现林师傅的腰部受伤了。于是通过劳工部程序申请工伤赔偿，劳工部给他打点24点，但是保险公司反了(对劳工部伤情评估表示异议)，又进行第二次打点，虽然最后也得到了正常的赔偿，但其间经历了八九个月的时间。这期间，他接受康伺和情义之家的帮助，在康伺吃饭和理疗，情义之家帮他协助办理工伤赔偿。他工作餐厅的老板是马来西亚的一个爵士，享受优惠贷款开办了农场，也在新加坡办了这个餐厅，生意很好。后来他因涉嫌贿赂被马来西亚调查，并关闭了在新加坡的餐厅。2011年林师傅拿到赔偿金回国，在家待了三年多，又想来新加坡工作，通过中介找了四五个工作，但是很多雇主知道他受过腰伤，担心他不能胜任工作，就拒绝了。后来找到的这家公司，他向雇主书面保证不能胜任工作时就回国，他身上所受的腰伤为旧伤，不要现在的雇主负责任，现在的雇主才雇佣他。他仍是在一家餐厅的中心厨房做清洁，该中心50多人，规模较大。他现在已经工作了一年多，觉得还是很辛苦，原腰伤还是有些影响，但他还是能坚持，希望能在新加坡多工作一段时间。

5. 非法劳工问题

非法劳工即没有合法工作准证在新加坡打工，俗称“打黑工”。据新加坡媒体报道，2006年新加坡逮捕的非法劳工多达2868人，比1995年的2150人高出许多。[①] 新加坡劳工部于2016年7月26日至27日曾采取了一次搜查非法劳工的行动，即逮捕44人。[②] 2011年，新加坡《就业中介法》(修订版)生效，该法加强了对非法劳务的打击力度，规定非法劳务中介第一次犯法，将面对罚款最高达8万新币(原为5000新币)或长达两年的监禁，或两者兼施。再犯则面对最高16万新币罚款，或长达4年监禁。中介如果在外国劳务人员的工作准证申请中做假声明，处罚将从目前罚款2000新币加重至罚款1.5万新币或长达12个月监禁，或者两者兼施。劳务中介须缴付政府的押金从2万新币提高到6万新币，并限定外籍劳工支付给新加坡中介的所有费用以其两个月薪金为限。对于非法劳工，一旦被发现，将被永久禁止在新加坡就业。非法劳工在新加坡会被处以罚款或者监禁、鞭刑，严重者多项处罚同时实施。新加坡的非法劳工大多来自中国、孟加拉国和印度，主要在建筑业、食物及饮料及其他服务行业工作，例如建筑工人、清洁工及摊点服务员等职业。近年，在严厉的法律管制下，新加坡的非法劳工有所减少，但是无法消除，这与新加坡现行雇

---

① 中国新闻网:《陪读妈妈遇色鬼　新加坡雇主非法雇用外劳刑罚加重》，载中国网，http://www.china.com.cn/overseas/txt/2007-05/24/content_8295820.htm，下载日期：2017年10月。

② Asia & Pacific Edition:44 arrested for bringing in foreign workers for illegal employment in Singapore, Xinhuanet, http://www.xinhuanet.com/english/2016-08/02/c_135558415.htm, downloading time:July 20,2017.

佣外国劳动力制度是息息相关的。

由于新加坡关于外国劳工引进的劳工税、保证金及依赖比等制度及相关政策的限制，新加坡雇主雇佣外国劳工往往要付出较高的成本，为了节约经济成本以及逃避严格的制度限制，一些雇主不惜铤而走险，导致新加坡从事非法劳工的中介机构及非法劳工数量多年居高不下。

除了加强法律对非法劳工的惩罚和控制，新加坡劳工部也为减少非法劳工采取了不少措施，例如对外国工人及雇主进行责任教育，让他们了解不遵守国家法律的后果，告诫他们要遵守雇佣条例。同时，劳工部还采取稽查的方法，对涉嫌非法雇用外国人的企业主动检查，或配合公众的举报进行检查。另外，新加坡警察局、移民局等均对非法劳工检查和控制。这一切行动对控制非法劳工发挥了一定的作用。但是，只要新加坡现行雇佣外国劳动力的制度不改变，对雇主的经济负担和限制不放松，即使采取再严格的制度，这种雇佣非法劳工的现象也难以杜绝。

非法劳工案例：

(1)非法劳工谁之过？

秦师傅，1971 年生，江苏人，2015 年 3 月通过一在新加坡打工的老乡介绍到新加坡一公司工作，秦师傅前后给老乡交了 1 万新币，终于来到了新加坡工作。但是，秦师傅来到新加坡后，工作没到 1 个月，公司就说没活给他干了。因为花了 1 万新币才来到新加坡，没有赚到钱，于是他到新加坡劳工部投诉，要求劳工部帮他追回 1 万新币。劳工部无能为力。他请求劳工部允许他继续在新加坡找工作，劳工部也不批准，还取消了他的工作准证，要他尽快回国。因为根据新加坡法律，没有工作，工作准证就要被取消。这时候如果秦师傅不按时回国，再待在新加坡就是非法居留。秦师傅不甘心就这么回去，不光是借的钱没法还，还很没面子，当初他出国可是让亲戚朋友们都很羡慕的。于是秦师傅决定留在新加坡打黑工(在新加坡称为“散工”或“自由工”)，一定要把花的中介费挣回来。在新加坡散工不受雇佣于一个固定的雇主，而是自己到处揽活，按小时计算报酬。因为新加坡公司利用廉价的外国劳工需要遵守“依赖比”[①]、交纳保证金和交纳价格不菲的人头税[②]，因此非法雇佣外国工人的公司不在少数。在新加坡打散工比合法劳工的收入要高很多，每月拿四五千新币是比较常见的，而合法劳工每月工资通常在2000新币以下。但是，新加坡严厉打击非法劳工，警察局、移民局和劳工部均对非法劳工有管辖权。秦师傅在新加坡打黑工11个月。2016年3月的一天，警察半夜闯进他住的出租屋。他被捕了，5月被判刑2个月，打了4鞭刑。7月份才刑满释放出来。他来到情义之家请求帮助，希望能申请到临时工作准证，继续在新加坡打工赚回中介费。

(2)非法劳工的命运

万师傅，1986年生，2010—2013年在新加坡工作4年，回国后，2014年1月通过交3万人民币中介费又来到新加坡一建筑公司工作。但是工作一个月以后，雇主就失踪了。他一分钱工资没拿到。于是他就决定在新加坡打散工。两个月前，移民官到他在芽笼的租住房抓他的室友，说他的室友打黑工，把他的室友带走后，顺便查他的工作准证，发现他的工作准证也被取消了，但不知道是什么时候被取消的。因此，移民官收走了他的护照和准证，以他涉嫌打黑工让他接受调查。万师傅很想回家，于是到情义之家询问。黄伟明接待他，并分析说，如果移民官通过调查发现，他准证上的公司不存在，就可能认定他打黑工，可能判刑或被实行鞭刑。但也有可能不追究他的责任。万师傅说他现在很想回家，现在不敢工作，房租和生活费他实在承受不起，因此请黄伟明打电话问一下负责他案件的移民官。黄伟明试着打了一下电话，但是没有打通。黄伟明告诉万师傅，打电话给移民官催问不是很妥当，因为万师傅可能被起诉，问后移民官可能决定起诉他，如果不问，移民官过一段时间可能会淡化他的案子，有可能不追究他的责任。万师傅于是决定不问了。在新加坡，警察局、移民局和劳工部都对非法劳工有管辖权。非法劳工被警察抓到，如果不严重，可

---

① 特地行业的公司，如果可以招收外国劳工，只有在该公司招收了一定数量的本国公民或永久居民后才能按一定比例招收外国工人，现在通常是招收7个本国工人或永久居民才能招收一个外国工人。

② 即“劳工税”，通过田野调查了解到，一般情况下，新加坡雇主要为外国工人每人每月交大约1500新币的人头税。

能只是被警告不让再打黑工；如果被移民官抓到，属于非法居留，可能被遣返；如果被劳工部抓到，可根据《外国劳动力雇佣法》判刑。非法劳工被不同的机构抓到可能会有不同的结果。万师傅只有耐心等待了。

(3)乡关何处？

谭师傅，48岁，山东人，高大健壮，2013年交了1万新币中介费来新加坡工作，来后3个月不到工作准证就被割了。于是他就到外面打散工，2015年3月被移民局在工作场所现场查获，移民局让他接受调查，到现在已经一年多了，调查还没有结果。谭师傅现在腿很疼，想要回国治疗，所以过来问一下陈先生，请陈先生帮忙问移民局的结果是否出来了。陈先生说他也没有办法，这种事情也不能催问。在调查结果没有出来之前，谭师傅是不能离开新加坡的，即使他走，没有劳工部的白卡，也是没办法出关的。什么时候有调查结果无法预见，这种遥遥无期的等候是非常痛苦的。这期间不能工作，整天处在惶恐之中，每天面临经济的压力，见不到亲人，是非常无助和无奈的。如果调查结果认定谭师傅打黑工，他有可能被施行鞭刑或坐牢，也不能马上回去，但是会有一个相对清晰的时间期限。谭师傅看起来很烦躁，很低沉，表情木木的，在办公室踱来踱去，宛若困兽。当天上午也有一个工人过来，请社工帮忙问移民局什么时候同意他回家，他说他妈妈得了癌症，快去世了，要他赶回去见他一面。他手里拿着一张医院的诊断书复印件给社工看，要他帮忙向移民局申请回国。社工说诊断书上的病人和他的关系需要文件来证明，可是这个工人说他家的户口本没法证明，他的户口上在他亲戚的户口本上，不能说明他和病人的母子关系。这样就没法向移民局申请。他也是在新加坡打散工被移民厅抓获，调查没完毕，不能回家。这是很悲哀的事情。之前也有不少中国在新加坡打散工的工人被抓获后，被调查期间来找情义之家帮忙想办法要回家，有的说家里有急事，有的说孩子要结婚，有的说家人生病，等等各种情况。这些工人被困在新加坡，束手无策，情义之家也只能帮忙问一下情况，帮忙申请一下，但效果甚微。虽然在新加坡打散工比合法工人每月要多挣两三倍，但一旦被发现，就要承担刑事责任。而且裁判之前的调查时间通常是非常漫长的，可能长达一两年，这期间工人承受的痛苦和一般工人比起来不止五六倍。因此，提醒同胞，在新加坡打黑工一定要谨慎。

6. 其他

中国工人到新加坡打工的重要动机是能够挣到比在国内打工更多的工资,但是也有不少工人是为了将来更好的生活走出来,开阔视野和学习新加坡的先进技术和经验。到新加坡工作会遇到各种困难和伤害,如工伤、欠薪、欺诈以及被欺压等等,但是在新加坡也有很多善良的人和慈善机构出于人道主义考虑,给予他们很大帮助。中国工人对这些帮助他们的新加坡人和慈善机构是十分感激的,并希望这些机构能越办越好。身处异国他乡,会遇到无数的困难。流落他乡的游子,为了美好的生活,一定要好保护自己,维护自己的正当权益。

案例介绍:

(1)慈善机构——外国工人的家

黄师傅,1971 年生,江苏东海人,1999 年来新加坡工作做建筑工,2001 年期满回国,然后娶妻生子,在家里过了几年,2007 年又来新加坡打工,每年回家一次。2009 年过来时,他向介绍工作的熟人交了 35000 元人民币费用,第二年又要他交了 1 万元费用。但老板并没有工作给他们做,让他们自己在外面找事做,不时向他们收取一些费用,有时 1000 元,有时 2000 元。2010 年,老板被劳工部查获。说他是贩卖人口。要将他手下的工人全部遣返。黄师傅和工人们想请劳工部帮忙追回他们所交的介绍费。但当时他们交熟人介绍费时并没有要收据。劳工部没有办法找到向他们收费的人,也没有办法帮他们追回费用。在此期间,情义之家为他们提供食宿,给了他们不少帮助。当时工人们曾想采取过激手段要回费用,但在情义之家的建议下,他们最终放弃了行动。现在想起来,当时没有采取过激手段是正确的,很庆幸当时没有这样做。

后来黄师傅他们没有得到补偿被遣送回国,当时没来得及向情义之家的员工们告别.当时他心里想着以后一定找机会来感谢他们,但一直没有机会,这次来新加坡工作,他没有困难需要求助,但专门来这里帮忙做义工,以表达对情义之家的感谢。

2010 年黄师傅回国后,新加坡禁止他们 2 年之内回新加坡,因此他不能立即回新加坡,于是黄师傅和老乡去南非打工 2 年多,也是做建筑工,工资比新加坡略高,而且工作也相对轻松一些。但是非洲政治动荡,经常有骚乱发生,他们曾多次面临十分惊险的时刻,现在想起来都很后怕,他们在非洲没有安全感,后来回国就再也不愿意去了。2015 年他再次通过朋友介绍来新加坡工作,工作了一年多,最近老板没事给他们做,通知他们回国。虽然他们可以向劳工部申请转换工作,但是要获得批准不容易,而且再找工作也要花不少钱。所以他说宁愿老板这次割掉他的准证,先回国待一段时间,再找机会在新加坡找工作。他说新加坡安全,相对来说是一个打工的好地方,所以他今后还会来的。

(2)出国务工只为今后更好的生活

涂女士,35 岁,湖北黄冈人,皮肤白皙有光泽,打扮很时尚。她在黄冈读了师范,在小学教学 3 年,她在工作期间利用业余时间自学读完湖北大学的本科酒店管理专业,毕业后辞职到一酒店工作 2 年,后又跳槽到厦门一日资企业工作 3 年。其间结婚生女。2010 年交 25000 元人民币给中国中介公司被介绍到新加坡工作,因她工作的太平洋公司是新加坡一家很大的公司,不让收取工人中介费,新加坡中介又退了她 4000 元人民币。公司安排她工作 3 天休息 3 天,因此工资不很高。后来新加坡经济危机,公司更加不景气,她基本上没有多少工资,生活难以维持下去,因此向公司辞职。公司不愿意她辞职,说当初是签订了 3 年的合同,她违约了要承担违约责任,并扣留了她的工资。涂女士经朋友介绍向康侗求助,康侗协助她同公司谈判,讨回了被扣留的工资,她也随即回国。回国后又生育一个男孩,现在已经 3 岁了。在国内期间,她找厨师学校学会了做面点。2016 年春节后,又通过中介在新加坡一家餐厅找到了工作。她交了 2 万人民币的中介费,其中 4000 元人民币交给中国中介,16000 元人民币交给新加坡中介。她在餐厅做厨师,主要是煎炸饺子等食物。每天早上 8 点上班,晚上 11 点下班,周六、周日工作,周一休息。周六、周日的工作最忙,很辛苦,但是她仍觉得很充实,就是很想念孩子们。她这次来情义之家,是想来打听情义之家是否有面点师的培训班,情义之家为了帮助外国工人找工作,开了一些免费的培训班,但是面点师的培训这一期已经开始了,涂女士想要学,只有从下一期即下个月开始了。涂女士说,新加坡的面点很有特色,有很多比中国做得好,或者是中国没有的品种。她希望在新加坡学好面点技术,今后回国有一个立身之本,她想将来回国了自己开一个面点店或者到大酒店做厨师。涂女士是一个有主见有远见的女子。这次来新加坡工作已经有半年多了,她说新加坡工作比国内好找,工作环境也比国内好。但是她说工作还是很辛苦,而且时时有被歧视的感觉。新加坡是一个等级社会，新加坡人、马来人、中国人以及印度等其他国家人从高到低分别处于不同的等级。因此她今后还是会回到国内工作。她说她在新加坡有很多朋友，工作之余很快乐，看起来她是一个很开朗的女子。她也很感谢康侣和情义之家这些慈善机构，给了他们很多帮助。最后，她说感谢主的仁慈，才使她有今天的生活。看来涂女士和很多中国工人一样，参加了新加坡基督教的活动。新加坡基督教会对中国工人有很多慈善活动，对中国工人的行为有劝导的一面，对处于无助、寂寞环境中的工人有一定的心理抚慰。

(3)在异国他乡你怎能不循规蹈矩？

马师傅，38岁，河北定州人，2015年11月经朋友介绍来新加坡建筑公司做木工，工资每小时6.5新币，没有中介费用。该公司有100多人。2016年7月在工地工作时，他同另一公司的一个孟加拉工人发生冲突。他说这个孟加拉工人看不惯中国工人，出言不逊，他就上前教训，结果自己也被这个孟加拉工人推倒在地摔断了右膀。老板报警后，警察要遣送他回国，但允许他在宿舍住到8月底。在新加坡外国工人是不许打架的，否则就会被取消工作准证，遣送回国。马师傅受伤是因打架的非法行为，不能被认定为工伤，得不到工伤赔偿。但他受伤后在准证被取消之前的时间是可以享受病假工资的。根据新加坡法律，外国工人在新加坡工作6个月以上的，可以享有14天非住院病假，2个月住院病假；工作3个月以上6个月以下的，可以享有8天非住院病假和1个月住院病假；工作3个月以下则没有病假。工人在病假期间享受14天全额病假工资，14天后享受2/3的病假工资。另外，根据新加坡法律，老板取消准证应该提前一周通知雇员，如果没有提前通知，他还可以多要一周的工资。马师傅来新加坡工作时，和雇主签订的合同中约定每小时6新币，但实际老板支付为每小时6.5新币，即他每月可拿工资1100新币左右。如果按照合同约定，他每月只能拿到900新币左右。新加坡雇主为了规避法律，往往和工人私下约定一个工资标准，而合同中另外确定一个较低的标准。因此，此时，马师傅是可以按照他的实际收入计算病假工资的，关键是他要拿出证据证明他的实际收入。另外马师傅还声称雇主每月从他的工资里扣了100新币，共扣了8个月，如果马师傅有证据能证明这个扣款，连同工作11个月的病假工资，他总共可以拿到1700多新币。但他把自己的雇佣协议弄丢了，也无法证明自己的实际工资是多少。因为每个月拿工资，都是在老板那里签字领取。

(4)外国并非天堂,小心处处有陷阱

小周和小余是初中同学,现年24岁,来自中国四川。她们听说新加坡好找工作,便通过中介来新加坡一家演艺公司工作,中介费用各5000人民币。说好她们是在演艺公司唱歌,但是来了不到半个月,老板就逼她们陪客人睡觉。她们不愿意,老板就打骂她们,把她们关在一个小屋子里,还取消了她们的工作准证,并安排她们当天就回国。她们想办法跑了出来,到劳工部去投诉。劳工部说她们并没有受到什么损失,不予受理,要他们按照公司的要求回中国。她们来情义之家求助。碧云接待了她们,建议她们先不离开新加坡,并帮她们安排住处。陈先生知道后很生气,说劳工部冷漠无情,不严格执法,难道要这两个女孩受害后才处理吗?损害发生之前劳工部介入才可以预防伤害发生啊。陈先生又说,新加坡法律故意留下很多漏洞让雇主钻,对雇主的违法行为睁一只眼闭一只眼,在很多情况下尽量偏袒雇主,以便这些漏洞为雇主利用得以实现。

陈先生给警察局打电话帮她们报警,但是警察局说他们没有证据不能介入,介入可能会被投诉。碧云也给劳工部写了一封信,请劳工部要求雇主承担精神损害赔偿,并允许小周和小余重新找工作,因为没有证据证明发生的一切,要实现是很难的。陈先生让她们再回去找老板,通过录音录像取得证据。但是小周和小余很害怕,不敢回去。最后她们决定先打电话,通过电话录音取证。随后她们直接去找老板,并和警察局取得了联系。后来经过情义之家的多次交涉,新加坡劳工部、警察局、安全部和移民局组成了一个联合工作小组(类似"打击绑架贩卖人口工作小组")专门调查她们的这个事件。新加坡实行自由经济,为了照顾到新加坡经商的外国商人,并没有禁止色情服务,但是此事涉及限制两个女孩的人身自由,将她们关在小屋子里,涉嫌绑架。

陈先生认为在处理工人与雇主的纠纷时,证据十分重要。而工人要取得证据时是很难的,只能通过智慧,在同雇主交涉时偷偷录音录像。这是没有办法之举。新加坡设计了表面很好的法律,但实际上工人遇到问题时,进入不了这个法律框架,其中最主要的是证据不足。没有证据,即使劳工部明知道工人的主张是合法的,但是因为偏袒雇主,就正好顺势拒绝工人的请求。但现在情况是越来越糟糕了,对一个雇主曾使用过这种偷偷录音录像的手段,下一次再有其他工人同他发生纠纷时,他就会非常谨慎,工人再用这种方法取证就会很困难,采用这种取证手段多了,总有一天这个方法就不管用了,工人们的权利就更难维护。陈先生说,雇主不少是唯利是图而且非常狡猾的,工人不认识到这一点,在处理和雇主的问题时不精明,不有胆有识,最后只会任人宰割。中国人从来是与人为善,忍气吞声,在面对雇主的欺诈行为时,权利容易受到侵害。

(二)对工作人员的访谈

和“客工亦重”一样,情义之家在保护包括中国工人在内的外国工人权利上所做的大量工作和成就离不开爱心员工和志愿者的无私付出。这里工作的所有工作人员和志愿者都为中国工人提供了很大的帮助,他们的工作和付出值得所有受到帮助的工人,所有中国人和中国政府以及世界人民的尊敬。

1. 情义之家社工陈先生(Luke Tan)

陈先生是情义之家的主要工作人员,负责芽笼站的具体接待工作。几乎所有得到过情义之家帮助的中国工人都知道陈先生。提起“陈先生”,工人们总是面带笑容,满是温柔与信赖地回应一句“陈先生啊!”,仿佛陈先生就是他们的家人。陈先生对工人十分温和,即使非常麻烦,非常复杂的事情,陈先生也从来都是十分耐心。有些工人对自己的事情不明白,陈先生反复交代多次,他仍说不知道,陈先生也不着急,耐心地交代。而我则在遇到类似的情况时,往往失去耐心,很烦躁。我自认为是一个有耐心也有爱心的人,可是和陈先生他们比起来则显得浮躁。因此很好奇,为什么陈先生和其他工作人员对工人这么有耐心有爱心呢?在内心支撑着他们的是什么呢?

陈先生通常很忙,多数时候在接待工人。下午快下班的时候,我见陈先生办公室没有工人,他在办公室写什么东西,于是我进去想与他交谈。我寒暄着问:“陈先生,您在工作啊?”陈先生抬起头,很生气地说:“不是,我不是在工作!如果只是工作就好了,这些事情我没法处理,我就打发他回去得了,我现在就可以下班了。可是现在我还在想办法怎样帮他。这是使命感,不是工作。”望着他激动的神情,我觉得有些迷惑。这个对工人总是十分温柔平和的老人,此时为什么这么激动呢?我在内心思索着,也只得到一点的感悟。这是一个以帮助外国工人为使命感的老人。他是一位基督教徒,办公室挂着基督教的一些照片和他早年的一些照片,在他的办公桌的正前方,有一个梅花刺绣,上面的字表明是受帮助的中国工人送的。我想他说的使命感,应该不是我们所认为的道德问题或者政治理想,可能与他的宗教信仰有关吧。

第二天上班后,我看时间还早,还没有工人到来。我又到陈先生办公室同他聊天。我问他昨天所说的使命感到底是什么?陈先生很吃惊。他说:“使命感就是使命感,怎么问是什么?是上帝的旨意,是帮助工人。如果是工作,下班了我可以回家,没法解决的问题就没法解决,就不会去想一些特别的办法。而我所做的这些事情可能让我承担风险,可能让劳工部不高兴,可能有一天他们会让我丢掉工作。”看着陈先生着急的样子,我还是有些疑惑。陈先生所说的使命感就是责任心?就是对外国工人的同情心?也许是陈先生的汉语表达很特殊我没法完全理解。陈先生平常经常说帮助外国劳工的工作是“受神祝福的工作”(God blessed job),那么是否可以理解他的敬业精神,就是对待外国工人的爱心和奉献精神,是受神的旨意必须要去做的工作?不管怎样,对于维护外国劳工权益的慈善机构及工作人员的爱心和奉献精神,是我十分赞叹和敬佩的。

陈先生是一位十分有经验的社工,在多年服务外国工人的工作中积累了非常丰富的经验。他对新加坡利用外国劳动力中的问题是看得很清楚的,并有自己独到的见解。陈先生说,新加坡雇主主要为了赢利,要赢利就要降低生产成本,提高竞争力,就会克扣、剥削工人。工人贪心,想要出来赚大钱,只看到表面的现象,不知道其中的诸多陷阱。最终不会赚到很多钱。

问他帮助工人时见到这么多不公平的现象是什么感受?生气吗?陈先生说他生气。他说新加坡法律故意留下很多漏洞,让雇主钻。外国工人挤不进新加坡法律框架内,得不到新加坡法律的保护。因为工人的主张一定要有证据来证明。新加坡刑事案件有警察调查取证,商业欺诈有商业调查局调查取证,劳工、婚姻等领域没有专门机构调查,要当事人自己调查取证。律师可以代为取证,但是劳工经济地位通常很低,很少请得起律师。因此工人通常是没有办法拿到证据的,例如工伤事故发生后,工人必须到雇主指定的医院治疗,医院的诊断书及有关检查结果等都要交给雇主,雇主才会给工人出医疗费或办理住院手续,而这些材料落入雇主手中,他们是不会给工人的,工人手里最多只会有复印件。因此在后面工人主张权利时,就没有有力的证据材料。陈先生认为,新加坡法律严明是假象,对雇主和中介的执行力很弱,新加坡法律偏向雇主和中介。陈先生说,他为了帮工人争取权利,多次同劳工部闹翻。他认为要真正做事,要认真做事,一定会得罪劳工部。劳工部等多次向情义之家的总经理投诉他们这些社工,他随时准备着离开。他已经在这里工作了3年,工作压力很大。他说，新加坡是自由经济，要保证在国际上的竞争地位，只有牺牲外国工人的利益。新加坡外国建筑工人每年死亡40多人，如果死亡的是新加坡人，新加坡人早就游行示威了。现在政党的政策不利于外国工人，新加坡是穷人越穷，富人越富的地方。陈先生还说，建筑行业的老板，现在在招工人的，多是不良商人。如果是商业信誉比较好的建筑商，工人不会轻易跳槽，因此不会缺乏工人。而不良老板常常主动挖人，四处招募工人，答应比较好的工资和待遇，如每小时6.5～8新币的工资，但是最多会按照承诺给一个月的工资，一个月后会要工人包工计件付酬。例如，需要3个月才能干完的活，让工人2个月做完，付2个月的工资。如果工人不干，他就不给工人工资。如果连续2个月不给工资，工人一定不干了，他就辞退工人，送工人回国。这是很多不良建筑商的套路。外国工人花费了大笔中介费来到新加坡，被辞退后经济上的损失是很大的。因此很多人留在新加坡打黑工（当然，打黑工的很多人，是因为公司和中介公司勾结，招聘工人来新加坡后不给工人工作做，而被迫打黑工的。这些公司和中介主要是骗取工人巨额中介费）。而这些不良雇主则继续招收外国工人。同时，新加坡政府收取雇主大笔人头费，全进了自己的腰包，而不管雇主为了降低成本对工人的剥削。

2. 情义之家的志愿者关先生

关先生，60多岁模样，看起来很精神很儒雅。他是新加坡老白脸，成功人士，毕业于哈佛大学经济管理专业，早年在美国和欧洲工作多年，也在壳牌中国上海公司工作过3年，也曾在湖北十堰的工厂待过一段时间。他在公司主要管理生产，同工人打交道比较多，熟悉工人的生活。他说在上海期间，还曾参与中国劳动法的制定，也比较了解中国政治经济文化发展情况，尤其是比较了解中国的劳资关系。他说在十堰期间曾参与处理中国工人的纠纷，一个工人在上班途中死于工厂大门前，家属要求赔偿，将尸体停放在工厂大门口，并聚集很多人堵在工厂门口。后来工厂通过向职工募集捐款进行了赔偿，但是家属因为争夺遗产，致使尸体停放20多天没有处理。在工厂和工人发生纠纷的时候，中国也习惯出动警察协助处理，利用行政力量来处理问题。这一切和新加坡有很大区别。在这样的情况下，警察不会出面，行政部门也不会干涉，只能依靠法律。

因此我问他关于中国工人是否可以加入新加坡工会的问题，他说外国工人可以加入新加坡工会，但是不能进入领导层。他说欧美很多国家也是这样的制度。在新加坡的外国工人可以要求通过工会与雇主谈判来维护自己的利益，实现自己的权益。

关先生本来决定在美国定居，因80多岁老母在新加坡无人照料，遂回到了新加坡，时间比较清闲，于是决定到情义之家做义工。讲到非政府组织，关先生认为，新加坡的非政府组织能实实在在地发挥作用，像这些外国工人慈善机构，他们的资金全靠募捐，他们的工作也是严格为工人服务，甚至不惜和政府发生矛盾。中国的非政府组织是政府的部门，听政府的，否则就会被取消，中国的社会科学也不能得到很好的发展。关先生还说，中国的法律很容易通过，但是执行不严格。而新加坡的法律要通过很难，但是都执行了。当然，关先生的这些观点我并不完全认同，他对中国的观察存在一定的偏见。

关先生对中国工人的建议：(1)谨慎。在中国不要轻易相信中介，要自己考察，用脑思考，不光是考虑来新加坡工作的工资，还要考虑在新加坡期间的生活成本，以及情感的承受力。在中国工作辛苦了可以回家，有家人的安慰，很快就好了。在新加坡工作的工人都很辛苦，但是没有地方寻求安慰。虽然现在有微信、QQ，但也不是很方便。[①] 因此，工人出来前一定要考虑好，是否能承受长期的痛苦。总之，工人不要轻易出国务工。(2)不要将中国的方法带到新加坡来维护自己的权利。中国人主要是通过闹解决问题，例如中国夫妇在新加坡跪街讨薪事件，在中国可能行得通，但是在新加坡这对夫妇被逮捕了，被判刑要承担法律责任。(3)工人在签订合同时要谨慎。要判断中介或中间人介绍的公司是否可信，三方当事人的合同内容是否一致(中介和工人之间的合同，中介和公司的合同，工人和公司的合同)，如果合同是英文写的，自己看不懂就不要签字。通常正规公司提供的合同不可能没有中文说明。如果抱着到了新加坡再说，来碰碰运气，胆大冒进，很容易吃亏。(4)高技术工人在新加坡不存在待遇问题。高技术工人无论来自哪个国家，无论是新加坡人还是中国人，待遇都没有差别。这和客工亦重的主席王贤勤的观点是一样的，即在新加坡没有国籍之别，只有阶级之分。不同阶层的工人待遇差别很明显，但同一阶层的工人待遇差别不是很大。(5)中国应以维护海外劳工利益为出发点，加强对外劳务合作管理。可以借鉴菲律宾的做法。菲律宾女佣在国内均要经过专门的培训，取得女佣资格证。菲律宾中介不能向工人收费，而只能向雇主

---

① 新加坡工人宿舍没有无线网络，新加坡工会要求安装，但还没有全面实施。参见李锦松：《新加坡制定新条例改善外劳宿舍　明年起提供WiFi》，载搜狐网http://www.sohu.com/a/112248068_188313，下载日期：2017年3月20日。

收费。所有菲律宾公民出国务工，都要填写合同等有关信息。在公民出国时，出入境处会检查他们的登记信息。菲律宾政府和新加坡政府谈判，就其公民在新加坡做女佣的最低工资标准达成了协定，即不得低于550新币。因此，出入境处在检查时，如果发现合同上的工资低于550新币，就不予放行。这个协议达成之前，菲律宾政府因其女佣在新加坡工资太低，而宣布停止一年向新加坡输送女佣。新加坡劳动法没有最低工资标准的规定，这个协议对保护菲律宾在新加坡女佣的利益很有帮助。印度尼西亚同新加坡也有类似的协定，印度尼西亚只有政府批准的机构才能派出劳务人员，并接受政府监控。他们也不能向工人收取中介费，只能向雇主收取。印度尼西亚还就派出工人的类型和数量进行控制。这样就能减少问题的发生，预防问题的发生。不能等问题发生时才来想办法。关先生认为，中国政府可以就中国工人利益有关的问题同新加坡进行谈判，从而争取对工人更有利的待遇，当然如果中国政府不谈判，新加坡政府不会主动采取行动。(6)中国可先在建筑工人方面同新加坡合作。中国建筑工人技术好，吃苦耐劳，在新加坡很受欢迎。尽管孟加拉、缅甸等国建筑工人的工资比中国建筑工人低很多，中国建筑工人通常在1000新币以上，很多可以拿到2000新币左右，孟加拉和缅甸的建筑工人通常每月只拿到500～800新币，新加坡雇主还是很愿意雇佣中国建筑工人，中国工人对新加坡建设的发展贡献是很大的。因此，中国可以将派往外国的建筑工人树为品牌。中国可以和新加坡政府就中国建筑工人的最低工资、工资保障、工作条件以及安全保障等方面进行谈判，缔结相关双边协定保护中国工人权利。新加坡是一个自由经济的国家，以推动商业繁荣为主要目标，它不会去主动对资本家进行控制，需要来源国结合国内管理，推动新加坡对中国工人保护。关先生认为，在服务行业，中国暂时还没法树立品牌，但是服务行业工人工资以及权利等方面问题不是太大。而目前中国建筑工人在新加坡遇到的问题最多，受到不公平待遇的更多。中国可以在这方面做一些工作。关先生站在中国角度的建议，很有见地，值得我国参考。

另外，关先生对新加坡政府的工作持肯定态度。他认为新加坡政府在保护外国劳工方面做了很多工作，例如新加坡外国劳工法律不断完善，针对外国劳工面临的问题不断改进政策，例如外国劳工宿舍条件的管理，打击非法拐卖人口等活动已经取得了很大成就。他认为在新加坡的外国劳工的利益总体上是得到了保护的，出现问题的毕竟是少数。每年到新加坡的外国劳工100多万，但出现权利得不到保护问题的只是极少数。到外国劳工权益保护慈善机构来求助的工人是这些权利出现问题的工人中的一部分。这正如医院，来医院看病的都是病人，但不代表所有的人都生病了。来这些外国劳工慈善机构求助的人都是权利保护方面遇到各种问题的人，但不代表所有的外国劳工权利保护都有问题。他说他和外国劳工保护中心的工作人员去外国劳工宿舍提供服务，看到工人们都很正常，他们工作后快乐地享受宿舍区的生活。外国劳工保护中心（MWC）在工人宿舍区设立有服务点，号召权利受到侵害的工人向他们求助，基本没有工人前来。他们也现场访问一些工人，这些工人都认为各个方面还好，没有受到不平等待遇的事情。因此，关先生是正面看待新加坡的外国劳工政策的，这在外国劳工慈善机构工作的人员中并不多。

3. 情义之家社工碧云

对中国在新加坡劳工的权利保护建议，碧云认为，中国应完善海外劳工保护立法，她听说中国建筑行业要求为外派劳工提供担保，她认为新加坡政府也应该为外国劳工设置保证金，以保障对中国工人工资的支付和受伤后的赔偿。中国政府应充分利用自己的影响力，同新加坡政府谈判，要求新加坡雇主在雇佣中国劳工时提供专门的资金账户担保。新加坡政府自己不愿意找麻烦去主动设置。如果中国政府与新加坡政府谈判，强烈要求设立这样的资金，以中国目前的实力是可以实现的。另外，他认为，新加坡的不少雇主是来自中国，甚至国企，他们把中国克扣拖延工人工资的做法带来了新加坡。在新加坡很多危害工人权利的行为是在新加坡的中国企业所为，中国政府应采取相应的措施对这些企业进行管理。

4. 情义之家社工明明(Kally)

明明，35 岁左右，新加坡华人，曾在康侗做社工接待工人，现调到情义之家负责募捐。她说做外国劳工权益保护慈善机构的社工很辛苦，工作任务重，压力大。每天面对无辜受欺负的工人，听到关于新加坡雇主不诚信唯利是图的恶行，和不能公正处理问题的劳工部打交道，是一件很痛苦的事。而且在帮助工人中还要面对劳工部和其他部门的压力，面临被有关部门投诉和解雇的风险。说到新加坡的外籍劳工，明明说，新加坡很漂亮，世界著名的花园城市，公共设施好，经济繁荣发达。但是在这繁荣和光鲜下面，是外籍劳工的辛勤付出和血汗。在新加坡向慈善机构捐款的欧洲人和美国人多，一些银行和政府部门也向他们捐款，但大部分仍是个人捐款。新加坡的外籍劳工慈善机构是靠捐款来运行的，没有捐款，没有爱心人士，这些慈善机构就没有办法运行。明明也曾去我国香港特区考察相关慈善机构，她认为，香港的外籍劳工地位比新加坡好很多，社工可以随时批评政府，政府也会相应予以回应。

5. 其他志愿者

今天情义之家来了两位年轻的志愿者，看起来只有十五六岁，问他们，才知道是莱佛士中学四年级的学生，利用假期来做 2 周的志愿者。情义之家曾到莱佛士中学做宣传，因此他们了解外国工人对新加坡的发展做出很大的贡献，但是他们受到了很多不公平的待遇。他们希望能帮助工人，申请来情义之家做志愿者。他们虽然年纪不大，但是做起事情很成熟，帮助接待工人做记录，陪伴工人去劳工部，工作非常认真，实实在在地帮到了工人们。

刘先生，30 岁左右，干练结实，身着黑色 T 恤。他是新来的志愿者。他曾经做过警察，接待并处理过涉及外国工人的案件：但多是外国工人受到欺负后打电话向警察报警，如他们受到雇主的辱骂，雇主不给他们正常的饮食等等。但这些事情不在警察的管辖范围，所以他不能强制性地采取措施。例如，一个雇主一直让雇员吃方便面，他的冰箱里放满了食物，如果工人要吃，就要工人付费，后产生纠纷。刘先生就只能好好同雇主交流，问他，如果让你一直吃方便面是否可以？后来雇主改变了态度。刘先生说他来做志愿者，就是想做一些帮助人的事情，他以前做过警察，接触过外国工人，很希望能帮助到外国工人。他看起来是一个很有正义感的年轻人。刘先生现在正在培训，准备换一个工作，他说他可以工作 6 个月，每周工作两三天。他很期待以情义之家志愿者的身份帮助工人。

6. 社会爱心人士

9 月 8 日，情义之家举办了一个保护外国工人权利的宣传会。会议在一个比较陈旧的房子里举行，里面有很多新加坡老城的摄影作品，募集外国劳工摄影作品 79 件，为外国工人制作宣传视频，提供食品和饮料。会议 7 点 30 分开始，到 8 点多的时候人比较多了，大约两三百人，房间里满满的。各个民族年龄的人都有，有老人也有儿童，其中孟加拉人居多，会议以孟加拉语和英语两种语言进行，一名在新加坡管理大学读书的孟加拉大学生作为翻译，主席 Shela 讲话，组织摄影的几个年轻女孩讲话，孟加拉摄影作者讲话，黄伟明讲话。但没有中国工人的摄影作品，也没有中国工人参加。

三、何进才律师事务所主任何进才访谈

经客工亦重的区伟鹏指点，我与何进才律师事务所联系，约好8月18日下午三点半去该所采访何进才律师。何进才律师事务所是新加坡以代理外国劳工案例著名的律师事务所，很多在新加坡的中国工人得到了该所的帮助。因何律师很忙，我在等候见何律师的时间里，见到很多在康侗和情义之家的老朋友，像杨师傅、张秀珍和她的丈夫等。何进才律师事务所专门处理劳工案件的办公室有七八个律师，律师们进进出出，看起来挺忙碌。何进才律师安排一个小时和我面谈。何律师50多岁，稍瘦很干练。我同何律师主要交谈了下列内容：

1. 何进才律师事务所办理外国劳工案件的类型和数量。该所主要办理外国劳工工伤案件。外国劳工在新加坡受工伤可以通过劳工部的程序索赔，只需要证明工伤是发生在工地。[①] 劳工部根据工人受伤程度及综合因素评估一个赔偿的百分比，据此确定赔偿数额，而无须证明雇主是否有过失。劳工部处理工伤赔偿期间，工人必须在新加坡等候评估结果，而评估是必须等工人的治疗完全结束之后才进行的，而且要完成劳工部的程序也尚需时日，因此工人会等候较长的时间，少则三个月半年，多则一两年，而其间工人不允许工作，通常也没有家人陪伴照顾，这个时间是非常难熬的。而且，劳工部程序的赔偿金额比较民事程序也低不少。据何进才介绍，劳工部赔偿1.3万新币的案件，他们通过民事程序可以赔偿到20万新币。当工人不愿意走劳工部工伤赔偿程序时，便通过律师走民事诉讼程序。民事诉讼程序期间，工人不需要一直待在新加坡，可以回中国等待判决结果。因此，当中国工人申请劳工部赔偿不顺利，或者不满意劳工部对工人伤残的评估，或者雇主对工人的工伤存在明显的过错时，可以委托律师通过民事诉讼程序维护自己的利益。但律师并不是接受外国劳工委托的所有案件，他们只接受自己认为可能胜诉的案件，即雇主可能有过错的案件。其一，因为新加坡外国劳工工伤事故十分普遍，而劳工部程序有诸多不足之处，因此很多工人希望请律师帮助处理案件，但是律师不可能代理所有这些案件；其二，新加坡的民事诉讼程序因袭英国的判例法，对于工人主张的工伤赔偿请求，一定要在能证明雇主有过错的情况下才能得到赔偿，

① 即使工人受伤时不是正在工作，或者是在来公司上班的公交车上受伤，都是工伤。

例如因为雇主的安全措施不当造成事故发生等等。因此，对于明显无法证明雇主过错的案件，通过民事诉讼程序，最后很可能败诉，这样工人会受到很大损失，例如通过劳工部程序可以得到一笔赔偿，但是民事诉讼程序败诉后，一分钱赔偿都没有，还要承担大笔律师费用。律师也可能承受损失，通常律师代理工伤赔偿案件，是按照判决赔偿金额的一定比例提起费用。因为外国劳工经济地位比较差，很多律师是通过风险代理的形式为工人服务的，工人得不到赔偿，律师也得不到报酬。在何进才律师事务所的宣传墙上，贴着很多工人不满意劳工部赔偿，提起民事诉讼，最后败诉得不到任何赔偿的案例介绍。除了工伤案件，何进才律师事务所还受理工人的欠薪、以及中介纠纷等案件。

何进才律师事务所 20 多年前就开始受理中国劳工委托案件。当时，有 2 个中国工人在新加坡受工伤，想要找雇主索赔，但不知道如何办理，因此他们找到中国驻新加坡大使馆，中国大使馆没有处理过这种事件，就建议工人去找当时在新加坡颇有名气的何进才律师事务所。工人的工伤赔偿因而得到了较好的处理。后来越来越多的外国劳工慕名而来，不仅是中国工人，孟加拉、缅甸等国工人也来了。随着新加坡外国劳工工伤事件的不断增多，何进才律师事务所是越来越忙，律师事务所的规模也越来越大。目前该所有处理不同国家外国劳工案件的律师 8 名，并专门设立一个外国劳工工伤赔偿案件办公室。现在，在新加坡的大部分工伤赔偿案件是在他们这里办理的，具体数量何律师没有统计。

2. 民事诉讼程序及法律适用。民事诉讼程序胜诉的关键在于认定雇主对工人的工伤存在过错，而这个过错，常常需要律师进行逻辑推理。例如，工人在施工时从楼上掉下摔伤了。正常情况下雇主应该为高空施工的工人安排防护设施，如果雇主为了省钱而没有安排防护设施，则雇主有过错，应承担损害赔偿责任。但是，如果雇主安排了防护设施，而工人自己没有用这个设施，则雇主对工人的受伤没有过错，而应由工人自己承担损害赔偿责任。在后一种情况下，工人是可以得到劳工部的工伤赔偿的，但是，如果通过民事程序，可能一分钱也得不到。另外，对于赔偿金的确定，新加坡医疗委员会制定有比较全面的工伤赔偿指南，例如一根手指完全被切断伤残程度是多少，一根手指被切掉1/3的伤残程度是多少，等等，细致到人体的各个部位。律师根据工人的伤残程度提出赔偿要求。但是这个指南中，对头部受伤确定的伤残程度较低，赔偿比较少，腰部受伤的赔偿也比较少，这些不很公平。

劳工部处理工伤赔偿适用新加坡《劳动法》和《外国劳动力雇佣法》等，而民事程序则适用英国传下来的判例法。但实践中遵循先例,可引用案例的并不多,主要适用新加坡民事法律上的过错损害赔偿原则,即在法庭上律师通过逻辑推理,使法官确信雇主有过错,法官即可判决雇主承担责任。这方面成文法很少,只有一部《工厂安全法》可为法官引用。

3. 对中国工人的看法和建议。对中国工人的看法,何律师认为,(1)中国工人总体比较团结,例如一个工人发生事故后,中国工友常常会指导他该怎样做,有利于事故得到及时的处理。中国工人也敢为受伤的工友作证。中国工人尤其是建筑工人技术比较高,在新加坡比较受欢迎,他们不少人来新加坡工作没有交中介费,因此不担心被开除,即使被解雇了,也比较容易再找到工作。但是孟加拉工人常常不敢为受伤的同胞作证,因为他们来新加坡工作往往支付了很高的中介费,如果被开除后,找不到工作,就会承受很大压力。(2)在中国工人发生工伤事故的场合,中国工友应善于通过现场拍照等方式帮忙受伤工人取证。对于中国工人的建议,何律师认为,中国工人到新加坡工作很多是经过亲朋好友介绍,自己本身对新加坡工作并不了解,盲目到新加坡工作,不适应工作环境。新加坡天气很热,尤其是建筑工人,早上七八点钟开始工作,在太阳下晒一整天,晚上还要加班,劳动强度大,精神上也很空虚压抑,容易出工伤事故。因此,建议中国对来新加坡工作的工人做一些适应性工作。另外,中国工人来到新加坡很多是为在新加坡的中国公司工作,其中产生的纠纷比在新加坡人开的公司多,因此,中国应加强对这些在新加坡中国公司的教育和管理。最后,何律师也认为,中国应该和新加坡就劳工权利保护进行谈判,通过双边条约解决一些问题。

四、外国劳工中心

2016年8月18日,我采访了新加坡外国劳工中心。

外国劳工中心在芽笼的分支机构位于Atrix工业大厦的一楼,正对着地铁出口,标准的写字楼办公室,里面有两个工作人员,一位是华裔,一位是东南亚裔。华裔工作人员陈先生接待我,40岁左右模样,很随和,我向他说了一下我来的目的:想了解他们在外国劳工保护方面的职责,他们做了哪些工作以及这些工作产生的效果。他说他们主要为有困难、无依无靠的外国工人提供食宿,关注外国劳工的整体福利,如外国劳工宿舍条件的改善,节假日开展大型活动向工人发放福利,例如“五一”和12月18日国际人权日向工人发放礼品等，也为单独的工人提供服务，如工伤赔偿、讨薪等。他说欠薪问题解决通常不是很顺利，即使劳工法庭最后判决雇主要支付工资，但工厂最后仍不给付。法庭也不强制执行，说是民间纠纷，没有强制执行力。谈及新加坡外国工人的状况不理想，他说主要由于工人刚到新加坡，不适应，工作效率低，雇主不愿意给高工资，其他没有正面回答。他说新加坡已经做了能做到的，工人面临的问题，新加坡政府没有责任了，已经做了很多了。外国劳工保护中心其实是新加坡工会下设的一个政府组织，但是他们常以非政府组织自称。虽然接待个别工人的比较少，但在改善工人住宿条件和整体利益上还是做了努力。

第二节　在新加坡中国工人权利现状理论分析

前述调研资料表明，在新加坡的中国劳务人员生存状况不容乐观，尽管他们的法律地位较之历史上的华工有本质的区别，但相较于新加坡雇主仍处于显著的弱势地位，他们的权利很容易受到侵犯，各种途径的救济往往不是很有效。在新加坡的中国劳工这一群体应受到各界广泛关注。

一、在新加坡中国工人的法律地位

正如前所述，我国公民出国务工历史悠久，但我国历代封建君主多将我国出国谋生人民视为叛徒，或者严加禁止公民出国，或者残酷惩罚或镇压，已经出国人员甚至禁止他们回国。这种情况下，我国出国务工人员甚至被视为敌人，根本没有法律地位可言。统治者对出国务工人员在外国的生活状况不闻不问，对我国公民在海外被迫害十分冷漠，中国出国务工人员被视为弃民。尽管在晚清时期，随着大量华工被贩卖出国，大量华工被虐待致死的事件发生，清朝政府迫于国内压力，为了缓和国内矛盾，和外国签订了一些规范华工贸易和维护华工利益的条约。但是在中国，清政府对出国务工人员仍视同弃民，没有为维护华工利益采取有效措施，致使我国海外华工成为中国近代史上最为悲惨的群体。

新中国成立后，我国号召海外华人回国建设新中国，大量海外华人回国参加建设，海外华人的利益受到了我国政府的重视。虽然在极左路线统治下，我国公民出国几乎停止，有海外关系的公民受到很多不公平待遇。但是改革开放后,我国纠正了错误政策,加强同世界的交流,并大力开展对外劳务合作。当前,对外劳务合作是我国走出去战略的重要组成部分,是我国今后将长期坚持的国策。改革开放以来我国出国劳务人员规模不断扩大,2017 年累计已近 1000 万人。我国是世界上人口最多的国家,劳动力人口数量大,国家的就业压力大。在改革开放的政策下,我国公民奔赴世界各地,用自己的辛勤劳动改善个人和家庭生活,为国家减轻了就业压力,赚取了外汇,同时也将外国先进的科学技术、管理经验或先进理念带回祖国,为我国的经济发展做出重要贡献。我国公民以勤劳善良、刻苦忍耐著称,他们也为劳务目的地国经济的发展做出重要贡献。

但是我国有关对外劳务合作的法律法规并没有对我国对外劳务合作企业派出的务工人员的法律地位做明确的规定。[①] 毫无疑问,作为我国公民的我国出国务工人员享有我国宪法和法律赋予的一切基本权利,但是,我国出国务工人员是不是我国劳动法律关系的主体,即我国出国务工人员是否享有我国劳动法规定的权利和义务,则没有明确的规定。一般说来,我国对外劳务合作法律关系通常具备三方主体[②],即对外劳务合作经营企业(派遣公司)、劳务合作人员(出国务工人员)和劳务合作目的地国的雇主。三方之间均会签订合同。国际劳务合作企业与境外雇主之间签订"外派劳务合作合同",是一种民事委托代理性质的合同;境外雇主和劳务人员之间签订合同,通常属于劳动合同的性质,根据国际私法规范通常适用劳务人员工作地的劳动法;而对外劳务合作企业与劳务人员之间签订的"外派劳务合同"应该属于什么性质,在理论上有很多争议。实践中,我国对外劳务合作企业和劳务人员之间的大多数纠纷也都与外派劳务合同有关。实践中,当出国劳务人员合法权益受到侵害时,首先想到的是与之签订劳务合同的外派企业,并根据外派劳务合同向外派企业主张权利和解决纠纷。

长期以来我国学界和司法实务界对外派劳务合同的定性一直较为模糊。目前主要有四种观点,分别为认为外派劳务合同属于中介合同、劳动合同、行

---

① 我国对外工程承包下带到境外的工人,根据其与对外工程承包企业的关系确定,如果其为该企业的工人,与企业具有劳动关系;如果是通过劳务外派的用工,则该工人与外派企业之间存在劳动关系。另外,我国公民自己出国务工,则不存在与外派劳务企业之间的关系问题。

② 实践中,承包工程带动劳务输出的法律关系,以及亲友介绍直接出国务工,可能会有所不同。

政合同关系或特殊类型的合同。第一种观点认为外派劳务合同属于居间合同关系。该种观点认为外派企业与外派劳务人员之间合同关系的法律性质，应适用《中华人民共和国合同法》的有关规定。实践中，发生的争议也是依据合同法的相关规定由我国仲裁机构或人民法院处理，而不是依据劳动法由劳动仲裁机构处理。第二种观点认为外派劳务合同属于劳动合同。早期我国劳动部门在针对对外劳务合作法律关系的意见和谈话中表明了这种观点。[①] 我国学界也有不少学者坚持这种观点。从这种角度考虑，主要考虑保护出国务工人员的权益，但是对对外劳务合作企业也无疑加重了负担。第三种观点认为属于行政合同性质。此种观点以最高人民法院 1990 年 10 月 9 日作出的《关于劳务输出合同的担保纠纷人民法院应否受理问题的复函》为代表，认为外派企业与外派劳务人员之间不存在民法和合同法意义上的合同关系，而是外派企业为达到依其享有的行政职权对外派劳务人员进行管理的目的而与外派人员订立的行政性质的合同。第四种观点是折中观点，认为外派劳务合同属于特殊类型的合同，此种观点或认为外派企业与外派劳务人员之间合同关系的法律性质兼具行政和劳动法律关系，或认为兼具民事和劳动法律关系，不属于合同法或任何专门法调整，应作特殊规定。对外派劳务合同性质的认识不同，意味着我国出国务工人员法律地位的差异。

根据第一种观点，我国出国务工人员与对外劳务合作企业之间是一种普通的民事合同法律关系，前者不享有劳动法上的权利，后者不用对劳务人员承担劳动法上的义务。这种观点更有利于对外劳务合作企业，不太符合我国对外劳务合作实践，也不利于劳动者利益的保护。从实践看，由于民事合同中劳务人员不享有劳动法的保护，当劳务人员的权利受到国外雇主的侵害时，由于在国外维权和寻求救济往往很困难，或者几乎不可能，劳务人员的权益因此得不到有效的保护。

从有利于劳动者利益角度看，第二种观点最有效。根据我国《劳动法》第二条规定，在中华人民共和国境内的企业、个体经济组织和与之形成劳动关系的劳动者适用本法。如果劳务人员与外派企业之间形成劳动关系，则我国劳

---

① 1995 年，原劳动部副部长赵雅芝同志就以“认真贯彻劳动法，依法维护外派劳务人员的合法权益”为题在发表讲话，并指出外派企业应当按照劳动法的规定，与外派劳务人员签订劳动合同，二者之间因合同关系发生的争议应由劳动法的相关规定调整。赵雅芝：《认真贯彻劳动法，依法维护外派劳务人员的合法权益》，载《劳动内参》1996 年第 1 期。

动法应予以适用。外派劳务企业在促成工人和外国雇主签订合同时，应考虑我国劳动法的规定，同时，对于其与劳务人员之间的纠纷也可以适用劳动法来调整。在这种观点下，外派企业需要承担更大的义务，劳动者受到更好的保护。但是也因此引起对外劳务合作领域各方当事人权利义务对等的问题。如果企业承担过大的负担，在经营中不能获得合理的回报，这个企业可能无法经营下去。因而也关系我国对外劳务合作发展的问题。事实上，由于远在海外，对外劳务合作企业对外派劳务人员，不如国内派遣那样更方便管理。同时劳动者在海外劳动保障等方面的手续办理不方便，对外劳务合作企业要付出更多的劳动。另外，通常我国和劳务目的地国的工资水平有差异，对于劳务人员误工期间的工资计算等对外派企业不利。还有我国现行国内法规定，务工人员只能与一个主体建立完整的劳动关系。虽然外派务工人员直接受对外劳务合作企业的指导和安排，但与境外雇主存在着劳动关系。因此，实践中有许多问题难以解决。从理论上看，如果认为外派企业与外派劳务人员之间形成劳动关系，劳动关系的构成要件包括双方主体合格、有劳动给付和接受行为、双方关系符合“从属性”标准要求，3个条件必须同时具备。显然在外派劳务中，外派企业与外派劳务人员间并无劳动给付和接受行为。

我国《对外劳务合作管理条例》第29条规定：“劳务人员在国外实际享有的权益不符合合同约定的，对外劳务合作企业应当协助劳务人员维护合法权益，要求国外雇主履行约定义务、赔偿损失；劳务人员未得到应有赔偿的，有权要求对外劳务合作企业承担相应的赔偿责任。对外劳务合作企业不协助劳务人员向国外雇主要求赔偿的，劳务人员可以直接向对外劳务合作企业要求赔偿。劳务人员在国外实际享有的权益不符合用工项目所在国家或者地区法律规定的，对外劳务合作企业应当协助劳务人员维护合法权益，要求国外雇主履行法律规定的义务、赔偿损失。因对外劳务合作企业隐瞒有关信息或者提供虚假信息等原因，导致劳务人员在国外实际享有的权益不符合合同约定的，对外劳务合作企业应当承担赔偿责任。”可见我国对外劳务合作企业与劳务人员之间的外派劳务合同，并不仅仅是民事中介合同这么简单。因为这种合同的特殊性，对外劳务合作企业要承担劳动法上的一些义务，我国出国务工人员享有劳动法上的一定权利。

第三种观点显然不可取。虽然早期我国派出国外进行技术或经济援助的工人，很多带有行政派遣的性质，但是随着市场经济的发展，我国对外劳务合作更多进入民商法或劳动法领域，早就摆脱了其行政性质。实践中，外派劳务合同通常是商务部门拟定的范本，且签订后需要相关部门进行审核和备案，在表面上看来确实具有契约和行政的双重属性，但从本质上看，其并不具有行政合同的要件。行政合同的当事人一方必须是行政主体，在行政合同的履行、变更或解除中，行政机关享有行政优益权，行政合同的订立通常采用公开竞争的原则。而这些都是外派劳务所不具备的。出国务工人员显然不属于行政工作人员。

第四种观点常常为人们所乐道，即外派劳务合同属于特殊类型的合同，兼具行政和劳动法律关系性质，或者兼具民事和劳动法律关系性质，不属于合同法或任何专门法调整，应作特殊类型从而折中找到更好的解决方案。这种观点往往通过对外劳务合作的过程分析，认为如果仅仅为民事居间合同，外派企业把劳务合作人员派送到境外之后，就不再和此次劳务合作存在关联。但是依据商务部规定，外派企业与境外雇主签署订立"对外劳务合作合同"的同时，外派劳务人员要与外派企业订立外派劳务合同。外派企业是劳务合作法律关系的一方主体，而居间合同居间人并不参与订立合同，只向双方提供订约信息，在当事人签订合同后，居间人即履行了自己的义务。因此，如果把外派企业与境外雇主的关系认为是简单的中介关系，从劳务人员派遣至用工单位，外派企业就完成了所有义务和责任，对外派劳务人员的权益一定会造成损害。相反，如果把外派企业定位于对外劳务合作法律关系的主体地位，甚至将外派企业视为劳务人员的雇主，当劳务人员的权益得不到保障的时候，其可以通过对国内的外派企业进行起诉而获得司法救济，从而使自己的权益得到保障。因此，在这种特殊类型的合同中，从劳动合同性质看，对外劳务合作企业必须遵守我国劳动法的有关规定，违反我国劳动法的规定签订的此类合同，属于民法上的无效合同，对外派劳务人员不发生法律效力，对外派劳务人员利益造成损失的，外派劳务企业应当承担相应的责任。另外，对外派劳务合同性质的认定，还有一种观点认为应该从对外劳务合作企业的收费多少来看。当对外劳务合作企业向劳务人员收取了大额劳务合作费时，其义务就并不仅仅只是中介居间，提供信息，促使当事人缔结合同，还包括保障对外派劳务合同履行、实现合同目的的义务。当履行义务不符合约定，对劳务人员造成损害时，应承担相应的责任。

理论上的分歧使得司法机关在解决外派劳务合同纠纷时出现法律依据多元、争议解决机制不一致情形，从而带来同一或相似案件在不同法院处理程序和结果多样化。我国外派劳务人员在与对外劳务合作企业交往中往往存在困惑，缺乏对自身行为后果的可预见性。因此，厘清对外派劳务合同的性质的，明确我国出国务工人员的法律地位，不仅有助于司法实践部门定分止争，还有利于我国对外劳务合作人员明确自身权利义务，维护自身权益。

我国对于外派合同法律性质的规定尚不完善，当前的法律没有明确界定我国出国务工人员的法律地位。我国《对外劳务合作条例》规定了对外劳务合作企业的广泛义务，显然不是将其与一般民事法律关系等同，而是更强调了行政法上或劳动法上的义务。如何认定这种法律关系的性质，权衡各方利益，通过立法对其作明确统一的界定，无疑有利于我国对外劳务合作的长远发展，有利于我国出国务工人员权利的保护。

二、我国在新加坡劳务人员权利现状分析

根据前述作者的实地调研材料，可以发现在新加坡中国工人权利方面的问题主要体现在如下几个方面。

（一）侵权普遍

根据新加坡“客工亦重”的调查，在新加坡的外国工人最普遍遇到的困难有如下几类：(1)工人抵达新加坡后，中介拖延到劳工部办理手续的时间，不仅没有安排工人领取适当的工作准证或S准证，也不即刻安排工人与雇主见面以展开工作，此时工人处于无所适从的两难境地；①(2)工人抵达新加坡后才发现实际工作的性质与协议或合约上的描述有极大的落差；(3)工人被雇主非法转让给另一名雇主聘用；②(4)拖欠薪资；(5)没有正确计算超时工作的时间，造成少付加班费；(6)不合法的扣薪；(7)提供的住宿卫生条件恶劣；(8)雇主拒绝提供医疗服务或拒绝承担医疗费用；(9)雇员经医生诊断必须动手术，手术前必须取得雇主的担保书，雇主不是拖延就是拒绝给予担保书，结果手术无法如期进行；(10)雇员受重伤以致数星期或数月无法工作，雇主提前终止聘

---

① 根据新加坡法律，工人在取得新加坡雇主或中介机构提供的“原则性准入证”(Principal Permit)后即可进入新加坡，无论工人是否实际从事工作，雇主或中介机构即应支付薪水。但中介或雇主应尽快帮助工人取得WP准证或S准证。

② 工人只能为准证上指明的雇主工作，否则为非法雇佣。但符合法律规定的企业可以转让雇员，如劳务派遣企业。

用合约，并且拒绝支付病假期间的工资；(11)工人对工伤赔偿的索赔程序感到困惑；(12)在雇主聘请的遣送公司人员的威吓凌辱下被遣返回国，以至无法向劳工部举报。[①]

同时“客工亦重”还调查发现，在新加坡的外国低技术劳工只有29.3%得到了正确支付，其他大部分人的工资中都有或多或少的各种不合法或不合理的扣减，如担保金、住宿费、续签费以及各项杂费等等。[②] 新加坡为了保证其境内的雇主遵守新加坡《外国劳动力雇佣法》的有关规定，规定了雇主招用外国人的“依赖比”制度以及“人头税”制度。因为新加坡雇主雇佣外国人的成本高，对工人的工资时有克扣的现象，或者设立名目将这些负担转嫁给工人，如向工人收取担保金等。[③] 同时，在新加坡外国工人加班加点是常见的。新加坡《雇佣法》规定工人每周工作时间为44小时，周一至周六上午工作，每天工作8小时。但是不少外国工人每天工作时间大大超过8小时，周六下午或周日还加班。但是雇主不支付加班工资或者在计算工人的加班工资时不按照新加坡法律的规定给予加倍的费用，只是象征性地给付一些。这类工资和加班费纠纷，占“客工亦重”处理纠纷的1/3。另外，很大一部分是工伤赔偿，外国工人在新加坡受伤的比例比较高，尤其是建筑工人，多数是手指、背部、腰、腿甚至头部受伤。在“客工亦重”服务体系下，每年为约350位受伤工人提供服务，包括通过劳工部程序索赔、提供免费食宿等。因中介服务引起的纠纷也占一小部分，主要是在来源国受到欺诈或在新加坡工作不到6个月要求退还中介费的纠纷。其中，为陷入工伤赔偿纠纷提供帮助是“客工亦重”最有效的工作

---

① 客工亦重：《如何取得帮助?》，载客工亦重网站，http://twc2.org.sg/zhongwen/in-chinese-how-workers-can-reach-us-for-assistance/，下载日期：2016年7月20日。

② Lim Swee, MOM Takes Fewer Than 10% Salary-Non-Payment-Employer to Court，载客工亦重网站：http://twc2.org.sg/2015/11/27/mom-takes-fewer-than-10-of-salary-non-payment-employers-to-court/，下载日期：2016年6月20日。

③ 客工亦重：26 to 40 percent of male workers suffer illegal “savings money” deduction，载客工亦重网站 http://twc2.org.sg/2014/09/10/26-to-40-percent-of-male-workers-suffer-illegal-savings-money-deduction/，下载日期：2016年6月20日；客工亦重：One third of male migrant workers aren't paid what they're due，载客工亦重网站：http://twc2.org.sg/2014/07/08/one-third-of-male-migrant-workers-dont-get-paid-what-theyre-due/，下载日期：2016年6月30日。

之一。[①]

(二)不敢维权

新加坡实行自由经济政策,以经济发展和提高企业竞争力为首要考虑,并在政策和法律等设计上更多考虑企业利益,营造一种亲商环境,并竭力保证新加坡企业在生产力方面的竞争力。因此,在外国劳动力利用政策上,新加坡更大程度上照顾资方的利益,给予企业在利用外国劳动力方面很大的自主权,例如外国人到新加坡工作必须由雇主申请准证,同时,雇主可以随时取消外国工人的准证而解雇该工人,不需要说明理由。[②] 因此可以说新加坡雇主掌握着外国工人的生杀大权,外国工人随时要看雇主的脸色行事,丝毫不敢得罪雇主,否则雇主随时就可以解雇外国工人。而外国工人往往是支付了大笔中介费才获得这个工作,家人朋友对他也寄予了很大希望。因此,无论做什么,他是一定要考虑是否有丢掉工作风险的。即使在雇主侵犯他的合法权利的情况下,他也是不敢公开表示反对,更不敢公开表示要向劳工部投诉或者寻求客工慈善机构帮助的。很多工人在合法权利受到侵害或遇到困难时,往往选择隐忍,不敢维权。[③]

(三)维权困难

即使工人决心维权,但是因为语言上的困难,法律上不熟悉,以及新加坡法律规定本身倾向于保护雇主利益的一些规定,使得工人维权非常困难。如果没有慈善机构的帮助,往往得不到赔偿。

另外,中国工人绝大部分英语水平很低,根本看不懂英文文件,雇主经常拿很多文件要工人签署,稍不留意,就可能签署对自己不利的文件。很多中国工人面对一大沓的英文文件,按照雇主的要求签字,毫不设防,最后陷入很被动的局面。中国工人在新加坡维权是非常复杂而艰难的。

---

① 张明亮:《新加坡的中国劳工权益问题与解决之道》,载《河南师范大学学报(哲学社会科学版)》2013 年第 4 期。

② 相对而言,在新加坡的技术工人或享有永久居住权的工人,经济状况和社会地位更高一些,外国工人,主要是低技术工人受到剥削和歧视的事件比较频繁,工人的权利保障上常常遇到一些困难。

③ Aris Chan:《招之即来、挥之即去:中国工人在新加坡的劳动权益状况报告》,载《中国劳工通讯》2011 年 5 月。

三、在新加坡中国工人权利现状的原因分析

在新加坡中国工人的生存状况不容乐观，权利容易受到侵害，且难以得到救济。作者认为其原因主要体现在如下几个方面。

（一）新加坡方面的原因

新加坡是中国工人工作地国家，中国工人受到不公平待遇主要是发生在新加坡，这与新加坡的雇佣外国劳动力的政策和法律制度有关。

1. 外国劳工历史地位的影响

新加坡有着利用外国劳工的悠久历史。历来外国劳工在新加坡与雇主的地位悬殊。尤其是在殖民地时期，外国劳工基本上处于奴隶地位。殖民者利用外国劳动力开发新加坡取得了很大利益，外国劳工长期被视为能带来利益的工具，从而忽视外国劳工权利的保护。即使今天，新加坡政府仍是出于自身经济发展需要利用外国劳动力，偏重保护雇主利益而轻视甚至无视外国劳工利益。而在部分新加坡人眼里，外国劳工愿意接受更低的工资待遇和更艰难的工作条件，抢夺了新加坡公民的工作机会。有少数新加坡公民认为外国劳工来新加坡只是赚取新加坡人的钱，而且总是希望赚得更多，工人的权利诉求只是为了钱。新加坡政府应该首先保护新加坡雇主和新加坡工人的利益，而无须过多顾及外国工人权利。①

2. 利用外国劳工政策方面的原因

外国劳工占新加坡劳动力人口的1/4。他们在新加坡经济中发挥着重要作用。建筑、企业和船舶工业对外国工人依赖很大，餐馆、公共汽车上以及街道清洁中都离不开外国工人的劳动。他们常常被视为是机器的一个部件，用来满足新加坡公民的需要，但他们和新加坡公民一样，有自己的思想和利益，他们是人类，需要关怀和尊重，但这点并未为雇主和很多人充分认识到。

新加坡需要外国工人，但不想那些低技术工人在本国定居下来，认为他们年老后会成为经济负担，并扰乱现有社会群体的平衡。因此，倾向于利用临时

---

① 参见 Alex Au, Overhauling Singapore's Migrant Labor System—An Alternative Plan, http://twc2.org.sg/2014/09/15/overhauling-singapores-migrant-labour-system-an-alternative-plan/.，下载时间：2016年6月5日。

移民。在105万外国工人中,87万是薪水在2000新币以下的WP准证持有者。他们只能为特定的雇主工作,如果他们想转换工作,只能通过现有雇主签发的许可证才行。他们不能带着家人一同前来,如果爱上当地人,他们可能不能与他们结婚。

这些临时的外国工人,通常从事新加坡人不愿意从事的工作。在工作中他们常常要面对恶劣的工作条件,尤其是建筑工人,常常在炎热的天气高空作业,工作时间长,工作压力大,可是工资待遇和加班工资都很低。尽管如此,他们在新加坡社会常常受到歧视,公众抱怨外国工人的数量和行为。他们说外国工人占用了当地人的房屋资源,使公共交通更加拥挤,乱扔垃圾,制造噪声,犯罪,降低了新加坡人的工资水平等。事实上,公租房屋、道路以及地铁主要是外国工人建造的。大多数外国工人并不能租用公共房屋。他们住在新加坡人都不愿意居住的宿舍里。乱扔垃圾和噪声是可以通过教育改变的。也没有证据表明外国工人应该为大量的犯罪率负责,实际上他们的犯罪率比本地人的犯罪率要低很多。

3. 法律制度方面的原因

新加坡除了《雇佣法》平等适用于新加坡和外国工人之外,专门制定了《外国劳动力雇佣法》调整外国工人与新加坡雇主之间的关系。除此之外,还有其他相关法律同样约束外国工人。总而言之,新加坡法律设立的制度更偏向于新加坡雇主,而不利于外国劳工权利的保护,例如外籍劳工的工作准证由新加坡雇主向劳工部申请,新加坡雇主也很容易取消外籍劳工的工作准证。中国劳务人员经常在不知情的情况下就被雇主取消工作准证,同时,雇主也经常用取消工作准证作为一种威胁手段来控制外籍劳工。这一制度的缺陷对外籍劳工是个极大的威胁。第一,这使得雇主可以很随意地解雇外籍劳工。工作准证被取消后7天之内,外籍劳工就必须回国,否则就属于非法滞留,将面临鞭刑之类的处罚。外籍劳工必须承担已经支付的中介费、体检费、培训费及签证费等损失。第二,一些不法的中介机构和雇主利用这一制度缺陷诈骗外籍劳工,骗取中介费等等。新加坡相关法律的具体内容我们将在下一章予以分析。

4. 劳务市场方面的原因

新加坡劳务市场存在不规范和混乱的现象。虽然新加坡以法治严明著称,但其在外国劳动力市场管理上存在漏洞。首先,新加坡存在倒卖外国劳工配额指标现象。新加坡劳工部规定,新加坡招收外国劳工,首先要申请劳工配额。新加坡劳工部会根据各行业外国劳动力的数量和需求来审批引进外国工人的配额指标。一些不良雇主和不法中介公司借此倒卖赚钱。随着进入新加坡劳动力市场的外国劳工日益增多，以及配额制的实施，劳务合作经营公司或中介公司之间的竞争日益激烈，有些劳务合作经营公司或中介公司为了获得工作机会，以给予雇主回扣的不正当手段来招揽生意，而有些不良雇主则以是否给予回扣来决定从哪家中介公司招聘外国劳工。这些费用最终作为招聘外国劳工的成本加到工人的中介费中。一些新加坡中介机构或雇主甚至利用制度缺陷单独或串通来骗取外国工人的中介费。他们通常利用中国中介机构收取中介费后，安排务工人员顺利进入新加坡工作，然后随便找一个借口将工人解雇，取消工人的工作准证。因为在新加坡他们这样做是合法的，不需要承担任何责任。而当前中国法律及司法实践多将对外劳务合同视为中介服务合同，据此，工人一旦派出，中介公司即完成合同义务，没有义务退还工人已经交纳的中介费。在这种情况下，中国赴新加坡劳务人员的权利在中国也是没法得到保护的。

（二）中国方面的原因

中国工人出国务工，主要是为了改善个人和家庭的生活，也为国家减轻了就业压力，赚回了外汇，同时工人自身也增长了见识，开阔了视野，学习了先进国家的技术水平。但是，我国工人出国务工也会承受国内和外国的很多压力，例如已婚妇女常要面临夫妻关系问题、子女的抚养问题以及父母的照顾问题等等，国内的压力很大，而在国外常常又受到不平等待遇。这些问题的发生一方面是因为外国的政策和法律方面存在一些问题，另一方面也与我国对对外劳务合作的管理不完善有关，存在方方面面的问题。

1. 对外劳务合作发展速度快，相关制度尚需建立和完善

改革开放以来，我国对外劳务合作得到了快速的发展，出国劳务人员规模庞大，但是我国相关法律制度没有跟上发展步伐。到目前为止，我国还没有一部专门调整对外劳务合作的法律，2012 年国务院制定的《对外劳务合作管理条例》对我国劳务合作活动的规范发挥了重要作用，但是它仍然属于政府规章，效力没有达到国家法律层面。另外，出入境管理宽松，与其他部门的管理脱节。2003 年公安部发布《关于执行〈办理劳务人员出国手续的办法〉有关问题的补充通知》（公境出[2003]352 号）第 5 条规定："对首次出境持境外取得的签证的劳务人员，边检站查验其所持有效护照和经营公司所属省、自治区、直辖市 、计划单列市外经贸委（厅、局）开具的、或经外经贸部国外经济合作

司、公安部出入境管理局共同授权的劳务经营公司开具的劳务人员出境证明放行。”但随着出入境管理的放宽，目前边防部门只查验前往新加坡的中国劳务人员的护照和新加坡劳工部签发的工作准证原则批准信(IPA)就放行，商务部对赴新加坡劳务中介活动的监管及劳务人员在新加坡权利保护不少流于形式。中国没有经营资格的中介公司甚至个人常常据此从事实际的出国劳务经营活动，而不受相关部门的监管，并由此引发了许多侵权行为的发生。目前我国关于个人或无资格的中介机构从事劳务中介活动并没有专门的法律规定，相关规定因其内容相互冲突或分散而难以发挥应有作用。

2. 劳务市场不规范

我国改革开放之初，对外劳务合作市场较为混乱。经过公安部、商务部等多部门联合打击和治理，市场秩序有所改善。但是由于对外劳务合作的复杂性，以及利益的驱动，我国劳务市场存在的不规范情况，主要体现在如下几个方面：(1)对外劳务合作经营公司经营不规范。一些对外劳务合作经营公司由于市场竞争的压力，对新加坡雇主和中介公司的资质没有进行严格审核，从而给新加坡不良雇主和中介造成了可乘之机，导致劳务人员在招聘过程中受骗；中国国内招聘劳务人员的过程中，由于部分省市的对外劳务合作公司对于地方甚至偏远乡村劳务人员的信息有限，并委托其他相应机构代为招募，而这些招募机构又向下委托，这样层层委托，导致招募关系复杂，招募成本增加。有的对外劳务公司甚至委托个人或没有工商注册的中介公司招募劳务人员，便导致欺诈或矛盾的产生；还有一些对外劳务合作公司与劳务人员签订的劳务合同不规范，劳务人员的福利、工作时间、待遇、工伤赔偿等未作明确规定，为劳务纠纷留下隐患；还有些对外劳务合作公司或其委托的中介公司伪造对外劳务合作项目，欺诈对外劳务人员。这些不规范经营，不仅埋下了纠纷隐患，也严重侵犯了我国对外劳务合作人员的利益。(2)外派劳务市场无序竞争，不利于对外劳务合作人员的利益。尽管国家明文规定，凡从事外派劳务业务的企业必须得到商务部的批准，但依然无法有效控制国内从事向新加坡派遣劳务业务的公司数量，市场上有大量的没有对外劳务经营资格的中介公司也从事对外劳务派遣活动，如教育咨询公司、留学咨询公司、出入境咨询公司，普通劳务人员往往难以区分。通过这些非正规机构派出的工人，权利受到侵害后往往难以索赔。而一些对外劳务合作公司为了拿到国外的工作，甚至给外国雇主回扣以获得订单。这样对外劳务合作服务的很大部分利润流入新加坡的中介机构。这样无疑增加了对外劳务合作招募成本，增加了工人负担。更甚者，有些对外劳务合作公司无原则地降低工人利益，甚至和外国雇佣一起欺骗工人，侵害工人利益。对外劳务合作市场的不规范是我国海外劳工权益受到侵害的一个重要原因。

3. 中国劳务人员本身素质有待提高、法律意识淡薄

本书的研究对象为我国赴新加坡的低技术劳务人员，即持新加坡 WP 的中国工人，这些工人是我国对外劳务合作的主体，也是在新加坡中国工人的主要组成部分。这部分出国务工人员主要由受教育程度低的小学至高中学历的人员构成，他们对新加坡和中国的劳务政策没有太多了解，容易上当受骗，而且由于没有合同意识和防范风险的心理素质，有时候仅仅凭口头承诺就把中介费交给中介公司，没有签订任何合同就前往新加坡，或者对合同不重视，对合同内容完全没有了解就直接签字，这样给非法中介以可乘之机，在国外遇到纠纷维权困难。

4. 法律关系复杂

我国对外劳务合作牵涉相关的利益群体多，关系复杂。在对外劳务合作中，劳务人员必须与中国的劳务中介公司、新加坡的劳务中介公司、新加坡的雇主发生不同关系，签署不同的合同。与中国劳务中介公司签订劳务派遣合同、与新加坡雇主签订劳动合同。我国相关部门规定，劳务派遣合同与劳动合同在待遇、福利、工作条件、工作时间、赔偿等方面的内容要一致，但在现实生活中常常不一致，从而发生劳务纠纷，而一旦发生劳务纠纷，劳务人员很难得到有利的结果，经常像皮球一样被劳务中介公司和雇主相互推诿。在这样的四角关系中，无论是知识、经验、资金、社会资源方面还是精力和能力方面，劳务人员都处于弱势地位，属于弱势群体。[1] 另外，我国法律对我国对外劳务合作公司和工人之间的对外劳务合同性质并没有明确的界定，当工人的利益因为前者的原因受到损害后，很难要求前者承担劳动法上的责任。

---

① 林梅：《新加坡的中国劳务人员状况调查分析》，载《南洋问题研究》2009 年第 3 期。

第四章 中新劳务合作相关法律制度分析

第一节　新加坡外国劳动力雇佣制度

一、演变与发展

新加坡自建国以来，经历了不同发展阶段。20 世纪 60 年代，新加坡是一个第三世界国家，人均生产总值低，经济主要依靠低端贸易，很少甚至完全没有外国直接投资。1965 年，新加坡从马来亚独立后，失去了生产原料的基地和广阔市场。1967 年，英国军队撤离以后，新加坡近 35000 人失业，创造就业机会成为当务之急。新加坡政府于是着手发展劳动力密集型工业。服装、纺织品、玩具、木制产品和假发等工业也开始起步。除了劳力密集工业以外，新加坡也发展一些资本与技术密集项目，并积极争取外国投资，发展出口产业，新加坡经济迅速发展起来。

20 世纪 70 年代，新加坡已完全解决失业问题，开始向资本与技能密集工业发展，并进一步扩大出口，出口贸易有了很大发展。20 世纪 70 年代后期，制造业超出贸易之上，成为新加坡经济中占主导地位的组成部分。20 世纪 80 年代新加坡开展了所谓“第二次工业革命”，研发、工程设计以及电脑软件服务等知识密集工业开始起步，促进工业从劳力密集型向高科技型转化，并实施高工资政策。其后，随着全球经济逐渐放缓，新加坡企业的工资负担增加，经济发展进入衰退状态。为了恢复经济竞争力，新加坡开始采用灵活工资制度，以公司自身盈利多少决定工人工资涨幅，并开始发展金融、教育、医疗、信息技术以及软件等国际服务企业,新加坡经济恢复增长。在此同时,新加坡也开始注重本地企业,采取一系列政策促进本地中小型企业发展,开始大量吸收外国非技术工人。这些外国非技术工人以低廉的工资和辛苦的劳动为新加坡经济竞争力的提高做出了重要的贡献。20 世纪 90 年代后,随着"全球化"的发展,新加坡将经济发展目光投向全球,寻找金融、技术、人力与信息等各方面的资源,同时发展新加坡以外的经济空间,促进当地公司和驻新跨国企业向相关资源丰富的国家拓展。因此,此期间引进外国技术工人、半技术工人和非技术工人比例大体持平。21 世纪以来,新加坡经济发展迅速,跨国企业迅速发展,经济结构多元化平衡发展;制造业与服务业,成为新加坡经济的两大支柱;本地商家也如繁星密布。在繁荣的经济环境下,新加坡大量引进来自世界各地的人才,尤其是高技术工人,从而更加促进了新加坡经济的发展。

由此可见,新加坡经济的迅速增长,除了吸引外国资本投入和科技创新,另一个很重要的原因是对人力资源的合理利用。新加坡吸引的外国人力资源不仅是高技术人才,也包括大量低技术工人,他们在新加坡经济发展中发挥了极为重要的作用。即使在今天,外国工人依然是新加坡劳动力市场不可或缺的组成部分,对新加坡经济发展发挥着非常重要的作用。因此,长期以来,新加坡经济社会发展特别依赖外国劳动力,其主要原因体现在如下几个方面:

1. 新加坡人口老龄化和出生率低,本地人口增长缓慢,劳动力资源不足。新加坡经济长期发展面临的一个最大局限,不是土地空间的狭小而是人力资源的局限。新加坡发展需要更多的人才,以创造更多发展机会,拓展创新空间。因此,新加坡除了鼓励当地人口增长,提高出生率,也大量引进外国劳动力,包括高技术人才和低技术工人。

2. 新加坡本国劳动力与外国劳动力之间存在互补关系。按照当前一些国家的观点,外国工人进入会与本地人产生竞争,减少了本国人的就业岗位。但是当前很多国家依然引进一定规模的外国劳动力,因为外国劳动力的进入,给当地经济的发展带来了很多的有利方面。例如外国工人的辛勤工作,能激励本地人进取;外国工人的进入可以降低当地服务和商品成本等等。同时,随着新加坡经济的发展,越来越多本地人转入到收入高工作环境好的现代化经济部门就业如金融、医疗、通讯等部门,而建筑、制造、家政服务、清洁以及零售等工资水平低、工作条件差的职业,许多本地人不愿意去做。因为外国劳动力尤其是低技术工人可以及时补充这部分岗位。当然,除了这些体力劳动行业,新加坡目前也需要大量的科技、管理人才以及技术人员。因此,外国劳动力包括低技术工人的引进是新加坡劳动力市场有益而必要的补充。

3.外国劳动力保障了新加坡部分产业的发展需要。外国工人尤其低技术工人低廉的工资和辛勤的劳动，降低了新加坡企业的生产成本，提高了新加坡企业的竞争力，也可以吸引更多国际企业到新加坡发展，从而为新加坡人创造更多的就业机会。与本国劳动力相比，外国劳动力对就业岗位和收入的期望较低，他们的进入大大降低了新加坡的平均劳动力成本，使制造业、建筑业、服务的价格能够维持在一个较低的水平，保证了这些企业的竞争力。同时，外国劳动力也为新加坡产业结构调整、提高企业经济效率发挥了重要作用。如果没有大量外国劳动力的进入，新加坡不少传统产业，如制造、建筑、运输、家政、清洁将会遇到严重的问题，商业服务业也难有今天的繁荣昌盛。

4.外国劳动力在新加坡生活对社会经济发展产生积极影响。新加坡大量吸收外国劳动力，形成庞大的外来人口，这些外来人口在购物、饮食、居住、教育、旅游、参观、就医以及学习培训等各种消费行为大大促进了新加坡消费和服务业的发展，直接或间接地产生出很多就业机会，加上外来人口缴纳的税费直接为新加坡带来各项收入等，对新加坡的经济社会发展产生了积极影响。①

新加坡《2016 人口简报》显示，2016 年新加坡人口 561 万多，其中外国人占人口总数近 40%，在所有外国人口中，40%以上为持工作准证(WP)的低技术工人。新加坡对国际环境的严重依赖使其必须在生产力方面具有竞争力，以吸引更多的跨国公司来投资建厂，本国在人才和人力资源方面存在的局限使其必须敞开就业市场大门，吸引其缺少的外国人才来新加坡工作，以保证其在生产力方面的竞争力。外国劳动力特别是低技术工人是新加坡经济发展的重要贡献者，他们以极低的成本和对艰苦岗位的较高承受力支持了新加坡经济发展，他们在新加坡短期工作也不会消耗其社会公共资源，对新加坡经济的发展起着重要的促进作用。

① 陈小谊:《新加坡外籍劳务政策及其经验借鉴》，上海交通大学 2010 年 MBA 学位论文，载中国知网，http://cdmd.cnki.com.cn/，下载日期:2016 年 10 月 30 日。

二、新加坡外国劳工制度的发展及主要内容

（一）新加坡外国劳工制度的发展

为了保障外国劳动力的供应，新加坡从建国初期就开始制定相关法律。1966年，新加坡政府颁布了《外国工人雇佣法》(*Employment of Foreign Workers Act*，以下简称“法令”)。1970年，政府对该“法令”进行了修改，其主要宗旨是建立可调控的外国劳动力资源库，调节本国的劳动力市场，缓解本地劳动力增长缓慢和人口老龄化问题。随着新加坡经济的迅速腾飞，大量的外国劳动力涌入。除传统来源国家外，还有许多非传统来源的国家，如印度尼西亚、孟加拉、菲律宾、缅甸、泰国、斯里兰卡等。为了对外国劳动力实行规范管理，新加坡对外国劳动力实行工作准证制度，并允许除传统来源外的非传统来源和非亚洲来源的外国劳动力入境就业。新法规范了外国劳动力到新加坡就业的行为，也大大拓宽了吸纳外国劳动力的途径，使新加坡的外国劳动力人数迅速增加。

到20世纪70年代末，在新加坡的外国劳动力已占劳动力总数的11%，1988年上升到16%。当时，新加坡政府对如此高的外国劳动力比重感到担忧，认为过多依靠外国劳动力会影响本国公民的就业机会，阻碍工业的自动化进程，降低生产率，同时带来医疗、住房、文化差异及高犯罪率等一系列社会问题。因此，1988年新加坡再次修改“法令”，以限制外国劳动力的数量，分散其来源。为此，新“法令”规定新加坡雇主雇用外国劳动力的月工资不能低于125美元，以保持和当地最低工资基本持平，并制定了相关限制雇用外国劳动力的措施。

20世纪90年代以来，新加坡政府本着发展经济、保护劳动力市场的原则，不断对“法令”进行修订，特别是对各行业雇佣外国劳工的税额以及雇用外国劳动力和当地劳动力比例重新调整，以达到鼓励引进外国高级技术人员，限制外国一般劳务人员入境就业的目的。同时还制定了一系列配套的政策和办法来处理非法就业的外国劳工，如强行解雇、被判入狱以及由雇主进行惩罚等。为防止外国劳工就业期满滞留，还规定外国劳工不允许与本地居民通婚等等。

进入21世纪，新加坡政府采取了一系列积极措施以保持当地劳动力市场

的良性循环，如提高生产力，增加妇女就业率，鼓励非全日制就业和延长退休年龄等。随着立法的不断健全和各项配套措施的逐步完善，外国劳工人数得到控制，外国劳工素质也不断提高。政府还注重引进高技术人才和技能性劳工，并进一步提高高级技术人员与普通外国劳务人员的比例。同时，新加坡对在建筑、海事工程、制造业及酒店等行业引进外国劳工则持积极态度。在普通劳务人员集中的建筑业，强化对劳务人员技能培训和资格认证的要求。2005年，45%的外国劳工获得技术资格，到2010年，这一比例扩大到60%。

新加坡外国劳动力入境就业的主要管理部门是劳工部与移民局，以劳工部为主。劳工部是负责外国劳动力管理的政府部门，按职能划分，下设劳动力关系、劳工福利、劳工政策、行政服务、工作准证与就业署等14个部门。外国劳动力事务管理由工作准证与就业署负责。它的主要职责是，制定有关外国劳工的法规和政策，直接负责外国劳动力的申请、审批、入境、管理和劳动监察，并经移民局授权代理移民局为外国劳工办理居留手续。新加坡中央公基金局配合工作准证署征收外国劳工的劳工税。

（二）与外国工人相关立法

新加坡主要通过《移民法》《雇佣法》《外国工人雇佣法》和《职场安全与健康法》等几部重点法律来规范其劳动力市场中所涉及的工作准证、劳动关系、外国工人管理及职业安全与健康、家属等方面问题。另外出台了《外国劳工管制条例》等规章。其中《外国工人雇佣法》是最重要的法律文件，2007年该法更名为《外国劳动力雇佣法》(*Employment of Foreign Manpower Act*)，将原由移民厅负责的工作准证签发权和劳工部负责的工作准证管理权合并，统一由劳工部执行。新法规定，劳工部工作准证局负责签发并管理与所有外国人在新就业有关的事务，移民厅只负责外国人入境和居留事务。为此，新法将旧法中“外国劳工”(foreign worker)的表述改为“外国雇员”(foreign employee)。2011年新加坡再次修订《外国劳动力雇佣法》，进一步明确了政府、雇主和工人之间的权利和义务关系。

1.《雇佣法》

新加坡《雇佣法》不分国籍，保护所有雇员，包括从事体力劳动的工人。但是，从事管理、行政或是机密级雇员、海员、家庭服务雇员、雇佣于法定机构或者政府部门的雇员除外。法律规定根据工作性质而非职衔来判定一名雇员是否属于管理、行政或是机密级雇员。不在《雇佣法》保护范围内的雇员受雇佣合同条款的制约。“雇员”与签订服务合同的自由工作者及独立契约人不同，“雇员”是在雇佣合同下为雇主工作的人，雇主有权在雇佣合同中规定工作时间以及受雇佣者可能享有的假期和超时工作补助等等。区别雇员和自由工作者的性质是很重要的，因为雇员受《雇佣法》保护，雇主须为雇员缴纳公积金。《雇佣法》通常规定了雇佣合同的一些基本条款，但非全部，当事人仍需要订立雇佣合同约定雇员的具体权利和义务。如果雇员受《雇佣法》保护，则合同条款不能低于《雇佣法》的规定。

《雇佣法》规定，雇佣合同只要是雇佣双方以书面、口头、明示或暗示等形式共同达成的协议均可，并规定了雇佣条件、雇主和雇员的权利与义务等。一般新加坡人每天工作 8 小时，或每星期工作 44 小时。超时工作报酬是每小时工资的至少 1.5 倍。雇员服务的第一年里可以有 7 天年休假，之后每连续服务 12 个月，就会获得 1 天的额外年假，以 14 天为最高限额。除此之外，新加坡每年有 11 天的带薪公休假，服务 6 个月以上的雇员还可以享受 14 天带薪病假，但申请病假必须出示由诊疗所或医院发出的医生证明书。另外，雇主还会给雇员亲人去世时至少 3 天的丧假，结婚时 3 天婚假，服务 180 天以上女雇员每个小孩 8 周的分娩假，有些公司也给男雇员 3 天的父假。工资报酬给付依据雇佣合同确定，工资通常还包括工人根据合同完成的超时工作奖金，但不包括住宿、水电费、医疗及其他生活福利等。雇主给付工人工资不应迟于第二个月的 7 日，超时工作奖金不应迟于第二个月的 14 日。雇主支付工人月工资时，可以扣除工人旷工的工资、因工人失职造成的钱物损失、向工人提供的食宿费用、提前支付工人的预付款或贷款或多支付的工资以及须由工人支付的所得税，但上述扣款一般不得超过月工资的 50%。

另外，《雇佣法》还规定，合同约定的具体工作完成或工作期限既满，合同自动解除。无具体期限的雇佣合同，签约双方均有权随时提出终止合同。合同当事人在期满前提出终止雇佣合同须提前书面通知对方，雇员提出终止合同的，其工作时间少于 26 周的须提前 1 天通知，工作期间为 26 周至 2 年须提前 1 周通知，雇员工作期间为 2 年至 5 年须提前 2 周通知，雇员工作超过 5 年须提前 4 周通知。雇主提出终止合同的，应提前 2 周通知，等等。新加坡《雇佣法》的这些规定从形式上平等地适用于新加坡本地工人和外国工人。但是，对于新加坡本地工人而言，如果雇主提出不合理的雇佣条件，他们可以随时拒绝，然后很容易找到新的工作。而对于外国工人而言，因为《外国劳动力雇佣法》的相关规定，他们在新加坡不能更换雇主，不接受雇主的条件就会失去工作，在此压力下他们的权利很容易受到侵犯，因而实质上是不平等的。

2.《外国劳动力雇佣法》

新加坡《外国劳动力雇佣法》规定了雇佣外国工人的条件及有关制度，也规定了对外国工人的特殊保护，以及对雇主或工人违法行为的处罚，有利于维护新加坡雇佣外国劳动力秩序，也一定程度上保护了外国工人的利益。

根据该法，新加坡以不同的准证来区别外国人聘用，即工作准证、雇佣准证和特别准证。在劳务人员抵达新加坡以前，雇主向劳工部申请劳务人员的工作准证。原则上，工作准证发给雇主并由雇主寄给外国从事对外劳务合作的机构或劳务人员，也可以在劳务人员抵达新加坡以后的两个月以内，由劳工部的工作准证管理机构签发。

工作准证持有者为月薪在2200新元以下之技术工，非技术性劳工，或到新加坡受训为期一个月以上之外国人。新加坡永久居民不需要工作准证。此类工作准证持有者受劳工税和各行业依赖比等方面的限制，我国大部分在新加坡劳工即为工作准证持有者，他们的权利生存状况及权利保护是本书的研究对象，这一点作者已经在第一章阐述。就业准证持有者通常拥有大学以上学历，或拥有专业资格，月薪为2800新元以上，属于外国高级技术人员或管理人员；特别准证是2004年7月1日新加坡劳工部推出的一类新型工作准证，主要发放给技师、护士等熟练工人和半专业人士。前述工资数额会随着新加坡经济的发展有所变化。

因此，新加坡工作的外国人，依其工作收入可发给不同准证，即根据该工人个人月薪确定工作准证。工作准证申请程序大致上为：(1)雇主领取工作准证申请表；(2)将工作准证申请表送工作准证局审核。但申请雇用外国劳工的建造业主，依雇主所承包之工程性质分送下列单位：A. 承包住屋发展局的建筑计划、综合建造计划或在住屋发展局注册有案的住屋更新计划之工程计划者，送住屋发展局；B. 承包民间建造计划或其他公共建造计划之工程计划者，送建造业发展委员会。经工作准证局审核准予雇用外国劳工者，发给原则性批准信(In-Principle Approval，简称IPA)。外国劳工均须由雇主自外国劳工之原籍国家直接招募聘用，在新加坡持旅游签证者，不得受聘用。

外国劳工持原则性批准信进入新加坡后，应遵守如下规定：(1)外国劳工入境之日起3天内，向工作准证局提出工作准证申请。(2)外国劳工入境之日起7天内，到新加坡有注册医师的诊所接受体检，体检不合格，不发给工作准证。新加坡雇主应履行的主要义务是，给予外国劳工的工资水平及其他福利应与当地劳工相同。外国劳工被雇佣后的主要义务包括：不得自行转换工作、不得结婚、同居及怀孕、定期体检、不得非法工作以及不得从事违法行为等。同时，外国工人在新加坡工作期间可以参加工会活动。

新加坡劳工部的劳动监察组负责取缔非法劳工。目前该组有劳动检查员15人，主要负责调查非法工作的外国劳工及劳动条件等。查缉方式有例行检查及联合检查等；但是由于人员有限，例行检查实施较少。通常都是接获通报后派员前往调查，或对经常申请雇佣外国劳工的单位加强进行检查。

具体而言，新加坡《外国劳动力雇佣法》主要规定了雇佣外国人的如下几个基本制度：

(1)外国劳工税。新加坡公民就业需要缴纳公积金，用于住房、医疗及保健等社会福利，而雇用外国劳动力不需缴纳公积金。但雇主雇用外国劳工必须向政府缴纳劳工税。劳工税的数额根据行业、岗位来定，技术性强的岗位劳工税低，非技术性岗位劳工税高，如2006年建筑业技术岗位100新元，非技术岗位470新元；海事业技术岗位100新元，非技术岗位295新元。不过，这个数额不是一成不变的，政府根据经济形势、产业政策的需求以及就业形势等因素对其进行调整。

(2)配额制。为了限制外国劳动力的数额，保证本国公民的就业机会，法律对各行业使用本地雇员与外国劳工的比例做出规定。这个配额的比例十分灵活，根据每一年的经济、就业的整体状况调整，例如，从2007年4月1日起，建筑业每雇用一个新加坡人就可聘用5个外国劳工，其外国劳工的比例是83.3%，而到了2009年6月，这个比例提高到87.5%；2007年对持有S准证员工的配额是不超过员工总数的15%，2009年6月起则调整为25%。

(3)保证金制。雇主需要为拟雇用的外国劳工提供担保，任何雇主在引进外国劳工时都必须向劳工部交纳每名外国劳工5000新元的保证金。该保证金可以以现金的形式交纳，也可以以银行或保险公司保函的形式交纳。如果以保险公司保函的形式交纳，一般公司只要向保险公司交纳120～150新元的保险费，即可以得到保险公司的保函。当外国劳工按时离境后，保金退还雇主。若外国劳工工作期满后，不离境，其保金充公。需要说明的是，交纳外国劳工入境的保证金是每个雇主的责任，不是外国劳工的责任。

因此，赴新工作的劳务人员不必向新方雇主交纳入境保证金，有关劳务代理公司也不可以代新方向工人收取入境保证金。

(4)来源控制。新加坡外国劳动力的传统来源主要是马来西亚，对马来西亚工人入境手续一切从简。其次是中国香港、澳门、台湾地区和韩国工人。非传统来源是印度尼西亚、孟加拉、菲律宾、缅甸、泰国、斯里兰卡等。一些行业对外国劳工来源有专门限制,如服务业只允许雇用传统来源国家的劳工。中国劳工在一些行业受到特别的限制:如家庭服务业不允许雇用中国劳工;在制造业中,中国籍工人不得超过所雇佣人员的10%。这些限制、比率会因为经济形势等原因调整,如2007年允许新加坡服务业公司聘用不超过公司外国员工总量5%的中国工人。

(5)工作期限。外国劳工在新加坡就业的时限受到严格管理。一般为2年,可延期一次。因此,一般而言,外国劳工在新加坡就业的最长时限为4年。如果是获得技术证书的技术劳工,则可根据实际需要在新加坡长期工作,但不能超过10年。①

总而言之,新加坡外国劳工相关法律制度是以维护其利用外国劳动力秩序,保护新加坡雇主利益而制定的。尽管新加坡法律规定保护外国劳工利益,但是这种保护是有限的,是以其本国利益为最终目标的。当然,如果外国劳工派遣国注重其本国劳工利益保护,致力于与新加坡政府进行交涉,以提高本国劳工利益,那么新加坡政府以本国雇主利益至上的制度会有所抑减,例如菲律宾、印度尼西亚等国都曾与新加坡政府交涉,如果其不能保障本国劳工利益,就停止向新加坡输出劳工。因此,在劳工派遣国的争取和努力下,新加坡最大限度克减外国劳工利益的法律制度才有可能会有一定的改进。

(三)争议解决机制

正如前第三章所述,外国劳工在新加坡会遇到各种各样的纠纷,尤其是与雇主之间的纠纷,如工作待遇、工资、工伤等。这些争议的公正合理解决同样关涉外国劳工利益,甚至关涉其基本人权的保障。

新加坡外国劳工所涉劳动争议主要通过新加坡劳工部争议解决途径和民事诉讼两个途径解决。那么,新加坡现行相关争议解决机制是否有利于外国劳工利益保护呢?根据新加坡《外国劳动力雇佣法》及民事诉讼法律等设立的外国劳工争议解决机制引起很多争议。

---

① 驻新加坡使馆经商处:《新加坡劳工法主要内容》,载商务部网站,http://sg.mofcom.gov.cn/article/maoyi/laogong/200902/20090206050449.shtml,下载日期:2016年12月5日。

1. 劳工部争议解决机制[①]

劳工部争议解决包括调解和劳工法庭。调解程序是由新加坡劳工部下设的一个特别调解机构进行的。如果雇主是个人，个人必须亲自参加调解，如果是公司，公司可以派其职员代表参加调解。工人必须亲自参加调解。为了实现调解程序的经济和简便，法律规定调解程序中不允许律师参与，即使是非政府组织的志愿者也不允许进入调解庭。如果通过调解当事人达成和解协议或解决了争议，该和解协议或通过调解文书应提交给劳工法庭认证，认证后的和解协议或调解文书即具有“完全和终局的效力”。如果当事人不能达成和解或通过调解解决争议，案件就进入第二个阶段，即新加坡劳工法庭(Employment Claims Tribunal，简称 ECT)。新加坡劳工法庭是类似法院的一个机构，但采用简易的程序。该程序同样不允许律师介入，雇主和工人必须亲自出庭，任何其他人或非政府组织工作人员都不允许入内。

(1)存在的问题

新加坡劳工部对于外国工人和雇主之间的纠纷首先通过调解程序解决，但是该程序存在诸多不利于工人利益保护的方面。以工资纠纷为例，当工人就工资纠纷提起申诉时，无论纠纷中雇主是否有违法行为存在，劳工部一律不进行初步评价而进行调解。这样做是有利于雇主的。因为雇主即使违法也不要紧，最终无非是通过调解程序补偿工人的工资。这对那些违法克扣工人工资的雇主是一种放纵行为，雇主即使严重不遵守《雇佣法》也不会受到惩罚。另外，虽然新加坡劳工部调解程序是以自愿和公正名义进行的，但是当工人们因工资纠纷提出申诉的时候，他们很可能已经被拖欠了数月的工资，实际上陷入生活困境，一些人甚至无家可归，只能依靠朋友或者慈善机构救济解决食宿问题。他们的工作准证因为提起申诉而被终止，工人们不能工作，因而失去了必要的收入来源。而且，新加坡外国工人工资争议的解决一般会持续 4～8 个月的时间。在纠纷没有解决之前，新加坡法律是不允许他们从事新的工作的。为了避免冗长的纠纷处理程序，工人们经常被迫接受小额补偿，而这笔钱要远远少于他们应当得到的法定补偿金额。因为雇主了解工人们的困境，有些雇主甚至故意拖延时间，以拖垮工人。

---

① 本部分参考 2017 年 11 月 11 日新加坡“客工亦重”副主席区伟鹏演在三峡大学的演讲稿内容。

在很多案例中,因为工人没有工资单或者没有证据证明自己的工资数额①。劳工部官员总会想尽办法劝说工人接受比他们应得工资低很多的工资。不少工人本身对通过调解使纠纷获得公正的解决也缺乏信心。因此不少工人选择妥协,接受比他们应得工资低很多的金额。即使雇主的违法行为以后被起诉,但是因为之前工人已经和雇主达成了调解协议,工人还是无权要回自己的全额工资,因为调解协议在法律上被认为是"全部和终局的"。因此在调解过程中,工人处于弱势地位。可见,这种调解制度本身具有不公平性和欺骗性,不利于维护工人利益。

如前所述,新加坡的法律规定,在劳动法庭上,为了确保劳资双方同等的地位,任何一方都不得聘请律师或者法律代表作为代理人,这种规定只是会对工人带来不利的限制。因为实际上雇主可以找一个熟悉法律的管理人员或者职员代为出庭。因为如果没有慈善机构的帮助,很多工人在庭审过程中,面对对方的攻击,往往不知道如何回应。因为语言问题,工人们无法获得想要了解的信息,而且几乎所有与劳资纠纷有关的表格和信息都是英文的,对几乎完全不懂英文的绝大多数中国工人来说,完成申诉过程是不可能的。

即使不存在上面的问题,工人要在工资申诉中胜诉也是非常困难的。由于工人的一切主张必须有证据予以证明,因此工人通常需要提供三个方面的证据:基本工资的证据、加班时间证据以及雇主已经支付的工资证据(如果已经支付了部分工资的话)。对工人而言,取得这些证据非常困难。雇主通常控制着证据文件。如果雇主不提供工人所需要的证据文件,工人是无法在法庭上证明他们的主张的。尽管新加坡法律规定,外国工人有权获得工资单等各项法律文件,但是工人平时通常没有向雇主要,因为他们不想让雇主生气。雇主生气了,可以随时解雇他们。

A. 关于基本工资

根据新加坡法律,低技术工人不能自行到新加坡找工作,需要通过本国中介机构介绍。本国中介机构同新加坡中介机构或直接同新加坡雇主联系,以寻找工作岗位。找到工作岗位后,雇主会向新加坡劳工部申请工作准证(低技术工人通常适用 WP 准证),申请工作准证时雇主应提供雇员的护照号、基本

---

① 新加坡慈善机构工作人员认为,政府应作出强制性要求,雇主必须给工人工资单并通过银行转账支付,应先对工资纠纷进行调查,调查结果出来后再举行调解,工人也应该允许转换工作。

工资及资格证等信息。如果劳工部同意该申请，就会发放一式两份的原则性同意信，一封给雇主，另一封给外国工人。工人来新加坡时，须携带该原则性同意信，在过移民关口时出示，以表明他是以工人的身份而非旅游者的身份进入了新加坡。在工人来新加坡之前，劳工部发放的原则性同意信包含基本月工资的信息。但是，新加坡法律允许雇主在工人到达新加坡之后、工作开始之前修改合同，可以在修改后的合同约定更低的工资，这样原则性同意信确定的基本工资为后面合同中的基本工资所取代。

当工人与雇主之间因为工资发生纠纷时，雇主经常会向调解员或劳工法庭出示一份有工人签字的、修改了基本工资内容的新合同。但是工人会说这个文件上的签字是伪造的，他说从来没有见过这样一份合同，也从未在任何类似文件上签过字。根据新加坡法律，要证明一份文件的真伪是非常困难的，而且费用也非常昂贵。很多情况下，虽然工人声称合同是伪造的，但是对于经济力量薄弱的外国工人，往往提不出证据，劳工部由此认定该文件是真实有效的。

有时候工人会说他是被迫在合同上签字的。他说如果他拒绝在新合同上签字，可能会丢掉工作，被遣送回国，这样他为了找到这份工作而付出的大笔中介费就会损失掉了。根据新加坡法律，如果工人确实是被迫签字的，该合同应该无效。但是害怕和受胁迫具有心理学的特征，要在法庭上证明也是很困难的。

实际上，工人被迫在新合同上签字是经常发生的。工人为找工作花了一大笔中介费，这些钱有些是找亲朋好友借的，有些甚至是卖房卖粮筹来的。如果他还没有赚到钱来还这笔钱就丢掉工作，这种代价是无法承受的。工人当然不想就这样回家面对家人和借钱给他的债权人。所以当雇主说："你要么在合同上签字，要么明天就回家"，工人通常是没有选择的。根据新加坡法律，雇主随时无需要任何理由解雇工人。尽管该规定同时适用于新加坡本国工人和外国工人，但是，对于新加坡本地工人而言，他们找到一份新工作是很容易的。如果雇主要求新加坡本地工人在一份约定更低基本工资的新合同上签字，新加坡工人通常是拒绝然后再找一份工作。但是这对外国工人而言，是根本行不通的。根据新加坡《外国劳动力雇佣法》，外国工人在新加坡不允许换工作，即外国工人通常只能为一个新加坡雇主工作。如果工人不能接受雇主提出的新的工资待遇和条件，可以辞职，但是工人一旦辞职，就必须回家，并再花钱找新工作。这种规定赋予雇主随时不需要任何理由解雇工人而迫使他回家的特权。这种特权容易令工人害怕被解雇而隐忍妥协，接受雇主提出的一切不合理条件，包括在降低了基本月工资的新合同上签字。

尽管新加坡法律也规定，如果雇主在新合同中减少了原则性同意信上规定的基本工资，应在合同生效前向劳工部报告。但实践中，很少有雇主遵守这个规定，也没有任何雇主因为没有将降低基本工资的信息通知劳工部而受到处罚。而且，即使雇主向劳工部报告了，劳工部应如何处理，法律也根本没有明确的规定。

B. 关于加班时间

很多雇主为了节约成本，不给工人付加班工资，或支付比法定标准少的加班工资，由此产生很多争议。

使用上班打卡的公司，特别是一些工厂，会对工人的上下班时间有很完整的记录。有些公司是使用记录本，由监督员每天记录工人上下班时间。到月底的时候，该签到本送到公司以计算工资，但是工人没有该签到本的副本。这时，工人就会面临如下问题：记录本上关于工人上下班时间的记录是错的，但工人好几个月不敢表示异议，直到忍无可忍；记录本上关于工人上下班时间的记录是正确的，但是公司用错误的计算公式来计算加班费，这样工人也少拿了不少加班费。公司通常不公开使用的计算公式，工人们自己也不知道其加班工资是怎样计算出来的。他们可能会怀疑有什么不对劲，但他们不敢确信，也不敢反对。无论如何，基于前述新加坡雇主的特权，工人们知道，如果他们反对，他们很可能因此丢了工作，所以他们只能尽量忍受。当工人忍受不了向官方申诉时，在调解或劳工法庭程序，雇主会因此伪造工作时间记录本，上面记录的加班时间比工人实际的加班时间少很多。

C. 关于雇主已经支付的工资

在一些工资案例中，对于应付多少基本工资或加班工资没有争议，但是雇主实际给工人付了多少钱，还有多少没有付却有争议。因为，雇主有时候是分期支付工资。其中最主要的问题是，新加坡允许雇主用现金支付工资。工人说雇主没有付工资，但是当争议进入法庭之后，雇主会提供一份有工人签字的文件（通常是工资收据），表明他已经付过工资了。工人会说上面的签字是假的。

还有的时候，工人会说，他是先写的收据，但是当他数钱的时候，发现雇主给的钱并没有收条上写的那么多。所以，当雇主向调解员或法庭出示已经给工人支付工资的收据时，调解员或法庭也是很难判断真伪的。当然这类案件有其复杂性。

综上可见，外国工人与新加坡雇主之间涉及工资等方面的劳动争议是非常复杂的。在某些案件中外国工人可能会受到公平的对待，在另一些案件中外国工人可能会遭受诸多不公平待遇。尽管如此，通过调解或劳工法庭审理程序，即使工人赢得了案子，也不能保证雇主会履行。当雇主直接不履行法律文件从而拒绝支付工人工资时，政府显得无能为力。2017 年新加坡劳工部向国会的报告中表明在劳工法庭的案件中，有 1400 件案件是判工人胜诉的，法庭也向雇主发出了执行令。但仍有约 350 个案件的工人没有被支付工资！占所有案件的四分之一。劳工部对此没有提供任何的解决方案。

(2)评析

双方当事人经济上的强弱势地位不同，国家法律赋予一方当事人更大的权利和自由，而赋予另一方当事人更少的权利和自由，是影响争议解决结果的重要原因，新加坡劳工部争议解决机制显然有很多不利于外国工人权利保护的方面需要改进。

2. 民事诉讼途径[①]

长期以来，新加坡解决外国工人与雇主之间的纠纷主要是通过劳工部途径解决的。劳工部争议解决机制本身固有缺陷带来的不利后果，激发很多外国工人通过司法途径寻求救济的愿望。但是民事诉讼中高昂的律师费、漫长的诉讼期间以及判决结果的不可预见性往往令外国工人望而却步。

外国工人在新加坡寻求司法救济，没有律师的帮助简直寸步难行。而从律师角度来看，因为外国工人经济实力弱，他们往往无力支付高昂的律师费，只能通过风险代理的形式，约定由律师从胜诉后得到的补偿中扣除律师费用。因此，如果案件没有胜诉的把握，律师可能白忙一场，得不到报酬。因此律师往往会有所选择，他们通常只接受雇主有过错而且容易取证的案件，而不接受他们认为胜诉可能不大的案件。这无疑限制了外国工人寻求司法救济。

新加坡的民事诉讼程序因袭英国的判例法，对于工人诉讼请求一定要有证据证明的情况下才能得到支持。例如工伤赔偿诉讼，对于工人的伤亡，一定要在能证明雇主有过错的情况下才能得到赔偿，例如因为雇主的安全措施不当造成事故发生等等。而无法证明雇主过错的案件败诉的可能性很大。对于

---

① 参见 The full judgement Liu Huaixi v. Haniffa PTE LTD（[2017]SGHC 270），载客工亦重网站，http://twc2.org.sg/wp-content/uploads/2017/11/liu-huaixi-v-haniffa.pdf，下载日期：2018 年 5 月 8 日。

请求支付工资的诉讼，因为外国工人和雇主之间不平等的地位，外国工人难以搜集必要的证据，不能证明自己实际应得到的工资数额而败诉。

很多情况下，外国工人能证明自己应得工资只有原则性批准信，原则性批准信是工人出发到新加坡工作之前收到的、据以决定是否接受工作和工资条件的正式文件。理论上看，它是由新加坡劳工部签发的，具有法律效力。但是，在新加坡司法实践中，历来并不认可原则性批准信上声明的基本工资数额为工人应得的工资数额，或者是以该信上表述本身不明确为由，或者以当事人签订了新的雇佣合同变更原来的雇佣条件为由，或者以即使没有签订新的雇佣合同，但是以当事人一直接受更低的工资从而构成默示同意为由。外国工人在新加坡通过司法途径进行诉讼的案件数量并不多，而这些提起民事诉讼的案件中，因为前述原因败诉的案件很多。因此，通常司法途径并不能达到公平有效地解决外国工人与雇主纠纷的效果。

近年来，外国工人权利问题引起了新加坡各界关注，司法界也逐步客观地面对外国工人和新加坡雇主之间的纠纷，并逐步出现了一些进步的倾向。2017 年 11 月，新加坡高等法院审理的“刘怀喜诉汉尼拔私人有限公司案”(Liu Huaixi v. Haniffa PTE LTD)便是一个具有里程碑意义的案例。

该案案情为：中国工人刘怀喜(Liu Huaixi 的音译)于 2014 年 4 月 7 日至 2016 年 3 月 23 日被汉尼拔私人有限公司(Haniffa PTE LTD，以下简称“汉尼拔公司”)雇佣，2014 年 4 月 7 日到 2015 年 7 月 12 日刘怀喜在该公司做仓库管理员，2015 年 7 月 13 日至 2016 年 3 月 23 日为超市售货员，持 WP 准证。汉尼拔公司是从事纺织品、珠宝、电子产品、化妆品和食品销售的公司。雇佣双方于 2016 年 3 月 23 日终止雇佣关系，究竟是谁先提出终止合同双方有不同意见。双方终止雇佣合同后，中国工人刘怀喜依据新加坡《雇佣法令》第 119 条向新加坡劳工部申诉，要求汉尼拔公司支付其被雇佣期间少支付的工资，2016 年 3 月 1 日至 2016 年 3 月 23 日未支付的工资以及汉尼拔公司终止雇佣合同没有事先通知的补偿费用。

尽管刘怀喜的工作期间是 2014 年 4 月 7 日至 2016 年 3 月 23 日，但新加坡《雇佣法令》第 115 条(2)只规定了一年时效期限，即劳工部只能就申诉前一年发生的争议享有管辖权。刘怀喜是 2016 年 3 月 28 日向劳工部提起申诉的，因此劳工部只能处理 2015 年 3 月 28 日至 2016 年 3 月 23 日期间的权利请求，这意味着刘怀喜 2014 年 4 月 7 日至 2015 年 3 月 28 日近一年的权利请求是得不到法律保护的。尽管如此，负责该案的劳工部劳动法庭助理专员(以下简称“专员”)在开庭审理后,依然在 2016 年 7 月 22 日的裁定中,驳回了刘怀喜的大部分申诉请求裁定,仅支持其认为汉尼拔公司因计算加班工资错误而少付的 457.7 新加坡元。

刘怀喜不服劳工部裁定,2017 年 2 月 16 日向新加坡高等法院提起上诉。新加坡高等法院受理了该案件,并指定李兆坚(Lee Seiu Kin J)法官负责该案的审理。

在本案审理中,新加坡高等法院声明其可以审理劳工法庭专员对事实的认定,并决定主要审查三个方面的问题:(a)被上诉人是否向上诉人支付了 2015 年 3 月 28 日至 2016 年 2 月 29 日期间的全部工资;(b)被上诉人是否向上诉人支付了 2016 年 3 月 1 日和 2016 年 3 月 23 日的工资;(c)被上诉人是否对上诉人负有为提前通知终止雇佣合同的补偿义务。其中,涉及刘怀喜利益最大的问题是被上诉人是否向上诉人支付了 2015 年 3 月 28 日至 2016 年 2 月 29 日期间的全部工资。

前述劳工法庭专员认为刘怀喜的基本月工资应该为 680 新加坡元,而不是其主张的 1100 新加坡元。专员认为,尽管雇主发给刘怀喜的原则性批准信上写的基本月工资是 1100 新加坡元,但是,刘怀喜到新加坡后,雇主每月按照 680 新加坡元的基本工资发放,其没有提出反对,视为已经默许 680 新加坡元每月基本工资,其主张 1100 新加坡元没有理由。但是,在上诉审理过程中,刘怀喜的代理人 Sharleen Eio 女士(以下称“Eio 女士”)主张上诉人的基本月工资是 1100 新加坡元而非 680 新加坡元,该 1100 新加坡元的基本工资不包括住房补贴和上诉人的加班工资和公共假日和休息日工作的工资。依据是两个法律文件,一是被上诉人提交的向劳工部申请工作时的原则性批准信。该原则性批准信表明上诉人的月基本工资为 1100 新加坡元,并明确表明该数额不包括每月 200 新加坡元的住房补贴。上诉人的代理人认为原则性批准信应该为决定上诉人月基本工资的首要基本文件,这是由 2012 年《外国劳动力雇佣法规》关于原则性批准信的法律地位规定所决定的。该法规第 4(3)规定上诉人的工作准证应符合该法规第三部分“三”和第四部分“四”规定的条件。第三部分“三”(4)规定,雇主应按照工作准证申请时申明的工资数额向雇员支付工资,除非雇主根据第四部分“四”(6a)规定进行了修正。尽管该条允许雇主向雇员支付的工资低于工作准证申请时申明的数额,但需要满足两个条件:一是雇员事先书面同意,二是雇主书面通知工作准证管理官员。Eio 女士认为,被上诉人并没有完成其中任何一个条件,原则性批准信中规定的月基本工资

1100 新加坡元仍然是双方当事人约定的月基本工资。根据该法规第四部分"四"(6b)对"基本工资"的界定，其不包括加班工资及其他形式的津贴在内。第二份文件是雇主的任命信，其中表明上诉人的月工资为 1100 新加坡元，该信有被上诉人的代理人签名，是具有法律约束力的。

至于前述专员认为上诉人已经默许 680 新加坡元每月基本工资，Eio 女士认为明显与第四部分"四"(6A)和第四部分"三"(4)对雇主降低雇员月工资必须履行两个程序的规定相抵触。如果像专员所认定的那样，当事人已口头同意降低月基本工资，那就完全否定了该法律的规定。因此，上诉人 2014 年 5 月 7 日和 2014 年 6 月 9 日在两份工资单上的签名并不表明上诉人同意降低这两个月的基本工资数额(因为他们并没有事先达成降低工资的协议)，即使他们达成了这样的协议，也因为没有满足第二个条件即书面通知管理官员而无效。

被上诉人的律师 Namazie Mirza Mohamed 先生(以下称"Namazie 先生")认为，劳工法庭专员认定上诉人的月基本工资为 680 新加坡元是正确的。他认为双方当事人之间存在口头的或非书面的合同。该口头合同是被上诉人同上诉人签订雇佣合同之前进行网上面试达成的。在该网上电话会议中，被上诉人的经理 Jose Varghese("Varghese")和就业中介机构 BT("BT")的雇佣代理人 Lim Kuan Heng Charles 对应聘者进行面试。在这次面试中，他们告诉上诉人其每月可以获得 1300 新加坡元的收入，这笔收入应该是包括 680 元的基本工资，200 元的住房补贴以及将来可能收入的加班工资。Namazie 先生认为该口头协定不受原则性批准信或雇佣任命书的影响。此次争议发生之前从未有人提及该雇佣任命信，而且上诉人和被上诉人均未在此信上签字。该信上签字的是另一个就业中介公司"Hub 就业服务私人有限公司"，该信完全与被上诉人及其雇佣代理人无关。被上诉人的雇佣代理机构是"BT 就业中介机构"而非"Hub 就业服务私人有限公司"。

对于原则性批准信，Namazie 先生承认该信上是写明了 1100 新加坡元这一笔金额，但他认为在原则性批准信上写上月基本工资是因为出现了失误。其一，BT 就业中介机构("BT")的雇佣代理人 Lim 先生提交了一份宣誓的证明书，说明这是一个失误。其二，Namazie 先生出示了发给另一个中国工人程龙(Cheng Long)的工资单，程龙(Cheng Long)也是被上诉人的雇员，在公司的工作岗位与上诉人相似。这张工资单显示，程龙的基本月薪也是 680 新加坡元。据此，Namazie 先生认为，这就能证明被上诉人雇佣的同一岗位的另一中国工人月基本工资也是 680 新加坡元。对于实际上与程龙具有相同职位的上诉人，每月支付 1100 新加坡元（不包括其他津贴）基本工资，是根本不可能的。Namazie 先生进一步认为更有可能的是，被上诉人同意根据上诉人的表现每月支付 1100 新加坡元的总报酬。关于 Eio 女士提到的雇佣规范，Namazie 先生认为它们与本案不相干。他认为雇佣规章不能用于民事诉讼，它们是为劳工部起诉不合法的雇主准备的。法院应查明的是当事人之间真实的共同意思，而不是雇佣法规。

李兆坚法官审理后，于 2017 年 11 月日作出判决，其中李兆坚关于每月基本工资的判决及理由如下：上诉人每月基本工资的确定取决于上诉人和被上诉人之间是否就 1100 新加坡元或 680 新加坡元的基本工资达成一致意见。难点是上诉人和被上诉人之间没有书面的雇佣合同。为了证明其观点，上诉人提出了规定基本工资为 1100 新加坡元的雇佣任命信，但是双方当事人均没有在该信上签名。信上有“Hub 就业服务私人有限公司”的盖章，但其并非被上诉人雇佣代理人的名称。上诉人提不出进一步的证据证明“Hub 就业服务私人有限公司”与被上诉人有关联。因此，这份文件不能作为当事人之间存在雇佣合同的证据。

因为没有书面的合同文件，如何确定雇佣合同条件只能依靠间接证据。显然当事人的口头证据是相互矛盾的，因为不得不求助于其他佐证证据。唯一可用的客观证据是原则性批准信。它表明上诉人的月基本工资是 1100 新加坡元。因此需要评价原则性批准信的重要性。首先是考查原则性批准信的立法意图，以及其实现这种意图的方法？国会的相关讨论文件表明，原则性批准信主要实现两个政策目的，一是确保外国工人知悉他们的雇佣条件，其中包括工资构成。劳工部部长谭川金（Tan Chuan-Jin）在 2012 年 2 月 29 日新加坡国会讨论官方报告第 88 卷提出：“劳工部应采取措施，确保外国工人进入新加坡之前知悉他们的工资构成。自 2011 年 6 月起，雇主在申请外国工人的工作准证时要说明外国工人的月基本工资、津贴及扣除。这些声明应明确规定在原则性批准信副本中，原则性批准信是 WP 工作准证持有者进入新加坡时必须向移民官员出示的。为了进一步保障 WP 工作准证持有者明白其雇佣条件，应向外国工人提供其本地语言的原则性批准信。该规定从今年其也适用于外国家庭工人。”由此可见，原则性批准信旨在让外国工人明确其工资构成。当雇主向人力部申请工作准证时，雇主必须申报工人的月基本工资、津贴和扣除。这是劳工部批准该申请的条件之一。第二个政策目的是要求雇佣外国工人的雇主承担更多的责任。这点也是劳工部部长谭川金（Tan Chuan-

Jin)在另一份文件中所主张的(2012 年 9 月 11 日新加坡国会讨论官方报告)。该官方报告第 89 卷规定:"目前劳工部长有权制定申请者在工作许可证有效期内需要满足的条件。为了必要时扩大雇主的责任,第 29 条进行了修订,该修订授权劳工部长可以就雇用前后的条件施加较《工作许可证规章》更多的限制,这些限制条件应详细规定雇主在外国工人入境、在新加坡工作、居留、行为以及离开新加坡等各方面义务。例如雇佣前的一个条件是,在外国工人出发前往新加坡之前,雇主应向外国工人提交用当地语言写成的原则性批准信,以使他们明确他们的实际工作条件,以降低他们对不良中介的依赖。"这些摘录不仅说明了让外国移民工人知悉实际雇佣条款的重要性,也说明了为什么原则性批准信施加给雇主更多义务的原因,即在雇佣程序中,使外国工人更少依赖中介。显然国会将保证外国工人知悉雇佣条件的义务,通过原则性批准信施加给雇主。前述两个政策目标本身说明了雇佣规范中确立的原则性批准信的三个要求:一是第四部分"四"(6b)以一种非常明确的方式对基本月工资进行了界定,即它是每月固定不变支付的报酬,其中不包括津贴和工人正常工作时间以外工作的报酬。通过明确规定每月基本工资,外国工人可以准确地知道他们能得到多少报酬。二是第四部分"四"(6a)对雇主施加的两个限制,雇主是否有权降低原则性批准信中规定的每月基本工资,取决于是否事先得到雇员的书面同意,以及第四部分"四"(6b)规定的雇主必须书面通知管理工作准证的官员。这些限制可以防止雇主滥用该制度,例如向工人实际支付低于申明支付的工资。三是除了让外国工人知道他们有权获得多少工资,以及其不能轻易更改外,还必须实际向外国工人支付这些工资。第四部分"三"(4)规定,除了非带薪休假外,必须一直向外国工人支付这些数额的工资,否则就是通过第四部分"四"(6a)修改了该条件。

综上所述,雇主在申请工作准证时要求申明外国工人的实际月基本工资并在雇佣期间保证支付该笔资金,除非根据雇佣法令进行了修改。除了原则性批准信的法定意图,法院也必须采信雇主在原则性批准信中月基本工资的申明,因为他做出该申明时必须被认定是真实的意思。本案中被上诉人要成功支持自己的主张,需要提供证据证明原则性批准信中声明的月基本工资数额没有正确地表达其在申请工作准证时的声明。被上诉人没有此类证据,从而认定上诉人成功地主张了其月基本工资为 1100 新加坡元。

实际上,还要进一步说明的是,即使存在雇佣合同,其中约定的月基本工资低于原则性批准信中声明的月基本工资,雇主也应承担义务说明为什么原则性批准信中规定的数额不是实际支付的数额。例如，雇主要举证证明原则性批准信中规定的数额不同于其申请工作准证时声明的数额，是劳工部弄错了。或者雇主承认他在申请工作准证时的声明弄错了，因此由他承担其他后果。尽管不排除上述情况存在的可能性。但根据原则性批准信的法律规定，其中陈述的数额构成雇员月基本工资的初步证据。相应的，被上诉人不能排除原则性批准信中陈述的雇佣条件的初步证据地位，因此，上诉人的月基本工资是除开津贴之外的1100新加坡元。

最后，李兆坚法官在判决中支持了上诉人要求雇主支付2015年3月28日至2016年2月29日少付的工资，即判决被上诉人补偿上诉人每月1100－680＝420(新加坡元)的工资。尽管对于工作时数和三月份的工资，法官以上诉请求因证据不足被驳回，但是上诉人的请求还是得到了一定的支持。而且，在新加坡司法实践中，该案是第一起认可原则性批准信确定的月基本工资具有法律效力的判决，具有里程碑的意义，有利于维护外国工人的利益。因为，新加坡适用英国判例法传统，在实践中遵循先例，之前的案例可以作为后来案例裁判的依据。新加坡司法实践的进步表明了今后外国工人的权利可能得到更多保障。

三、新加坡外国劳工制度评析

新加坡的上述制度是适应新加坡经济发展而建立的，主要是为了满足新加坡对外国劳动力的需要，保障新加坡雇主利用廉价劳动力从而提高国际竞争力。如前所述，早在17世纪英国殖民者为了开发新加坡，大力引进华工，为了维护劳动力使用秩序，殖民统治者也制定了一系列打击贩卖人口保障用工秩序的规则，并建立了华民护卫司维护利用华工的秩序。新加坡独立后，随着经济的发展和外国劳动力人口的增加，制定了一系列的制度，这些制度在本质上不同于殖民统治时期的法律，它们是在现代国际法基本原则下国家之间劳务合作的成果，对新加坡经济的发展具有一定积极作用。

但是新加坡外国劳工制度仍存在不少漏洞。新加坡的外劳配额制和劳工税，其设计初衷是保证新加坡居民优先就业，保护新加坡劳动力市场。每个企业要雇佣外国劳工首先必须向政府申请指标，而一些企业则通过出售配额来谋利，这种情况在建筑行业最为普遍。另外，每个企业雇佣一个外国劳工必须每月按人头向政府交纳金额不等的劳工税。尽管劳工税是由企业或雇主向新加坡政府交纳的，但最终企业或雇主会想尽办法把它转嫁到外国劳工身上。在劳动法的实施上，新加坡政府更严格地执行保护新加坡工人的法律，而对包括中国工人在内的外国工人，则执法不严，从而有利于新加坡雇主的利益。

新加坡实行自由经济政策，以经济发展和提高企业竞争力为首任，并在政策和法律等设计上更多考虑企业利益，营造一种亲商环境，以最大限度保证新加坡企业在生产力方面的竞争力。因此，在外国劳动力政策上，新加坡更大程度上照顾资方的利益，给予企业在利用外国劳动力方面很大的自主权，例如外国人到新加坡工作必须由雇主申请准证，雇主可以随时取消外国工人的准证而解雇该工人，不需要说明理由。为了降低企业成本，提高企业竞争力，新加坡没有规定工人的最低工资标准，工人工作时间也比较长，对雇主的限制比较宽泛。[①] 因此，工人权利受到侵害的现象比较严重，尤其是低技术工人，他们工作和生存中所遇到的困难和存在的风险比比皆是，他们的权利保护问题已引起新加坡社会各界的关注。

因此，新加坡引进外国劳动力主要出于自身经济发展的需要，而并非出于一种绝对的友谊或帮助发展中国家的目的。虽然客观上中国公民到新加坡工作，可以创造经济收入，改善自己和家庭的生活，提高中国就业率，甚至为中国赚取了外汇，对我国有积极有利的一面，但这绝对不是一种单方的帮助行为。中国也将公民出国务工称为对外劳务合作，即中国和新加坡是一种劳务上的合作关系。新加坡需要中国工人为其提供劳动力，中国也需要通过向新加坡派遣劳动力而实现一定的目标。在中国公民出国务工史上，中国公民前往东南亚务工主要是出于生存的需要，而且在中国近代史上，西方列强通过坚船利炮打开了中国劳务输出的大门，在中国雇佣大量劳工前往其殖民地满足其殖民需要。中国公民在东南亚、在新加坡劳务的历史是一部血泪史。殖民主义者为了获取最大利润，残酷地剥削中国工人。中国工人的血汗开拓了东南亚各国的经济资源，促进了新加坡等东南亚国家的发展。在现代，新加坡引进中国劳工，也是出于其经济发展的需要，只是在两国平等合作的基础上进行的，双方均应遵守国际法的基本原则和相关国际法规则，只有在新加坡中国工人的利益得到保护的前提下，中国才能开展大规模的对新加坡劳务合作，从而实现两国的共同目标。

---

① 相对而言，在新加坡的技术工人或享有永久居住权的工人，经济状况和社会地位更高一些，外国工人，主要是低技术工人受到剥削和歧视的事件比较频繁，工人的权利保障上常常遇到一些困难。

第二节　中国相关法律分析

尽管在近代华工出国史上，晚清政府制定了不少管制华工出国的法律，也同外国签订了不少双边条约约定缔约国在华工问题上的权利义务，具有一定的积极意义，但是在半殖民地半封建社会的中国，清朝政府主要是为了平息人民的反抗才制定相关的法律惩治拐骗华工的人口贩子，或者规范殖民者招工行为。在西方列强通过大炮打开中国大门之后，半殖民地半封建社会的清朝政府是不可能在平等基础上同殖民者签订条约，从而维护中国工人利益的。

新中国成立后推翻了旧中国的一切反人民的法律，废除了帝国主义强加给中国的一切不平等条约，坚持独立自主的外交政策，并在国际法基本原则的基础上和外国进行平等互利的交往。尤其是改革开放之后，随着中国对外劳务合作的发展，中国制定了相应的法律规范，也同不少劳务目的地国签订了双边条约，以实现对中国工人利益的保护。

一、中国立法

(一)2012 年 4 月 1 日以前的法律规范及评析

在 2012 年 8 月 1 日我国《对外劳务合作条例》(以下简称《条例》)生效前，我国除了在《劳动法》《劳动合同法》《对外贸易法》以及《涉外民事关系的法律适用法》等法律中有可适用于对外劳务合作关系的相关条款外，其他法律鲜有涉及，也没有专门立法。

实践中，我国主要通过行政法规或部门规章对对外劳务合作关系进行调整。这些行政规范及规章主要包括对外劳务合作人员出国手续办理、申办签证、出国手续、合作项目审查及培训管理等方面，以及国内各部门各行业对劳务合作的综合管理、行政管理、行业管理、境外领事保护和服务、财政扶持、统计制度、行业准入、经营资格、雇佣金制度以及市场准入及管理等广泛的内容。这些规范主要有：(1)对外贸易经济合作部《关于印发〈劳务输出合同主要条款内容〉的通知》(1996)；(2)对外贸易经济合作部《关于外派劳务培训收费标准的规定的通知》(1996);(3)外经贸部、外交部、公安部关于《办理外派劳务人员出国手续办法》(2002);(4)外交部领事司《外派劳务人员申办签证实施细则(试行)》(2002);(5)公安部《关于执行〈办理劳务人员出国手续办法〉有关问题的通知》(2003);(6)公安部《关于执行〈办理劳务人员出国手续的办法〉有关问题的补充通知》(2003);(7)对外贸易经济合作部《对外劳务合作项目审查有关问题的规定》(2002);(8)商务部《对外劳务合作项目审查有关问题的补充通知》(2003);(9)对外贸易经济合作部《外派劳务人员培训工作管理规定》(修订稿,2002);(10)商务部《外派劳务培训管理办法》(2004);(11)商务部办公厅《关于进一步加强外派劳务培训管理工作有关问题的通知》(2004);等。

总体而言,这一阶段的规范或规章可以用3个字来概括:少、杂、乱。我国涉及对外劳务合作方面的法律很少,迄今为止尚无一部基本法,大多以行政法规和通知的形式表示,法律位阶低,且法规与法规之间、通知与通知之间缺乏必要的衔接,不成体系。另外,各部门间职权分工不明,各部门的行政法规和通知存在重合之处,制定法规和发布通知的目的模糊,缺乏稳定性,不利于我国对外劳务合作的规范发展,也不利于我国海外劳工利益的保护,需要进一步完善相关立法。

在此阶段,我国也制定了一些专门针对新加坡劳务合作的部门规章或行业规范,对新加坡劳务合作的规范发展发挥了一定的积极作用。

1.2001年2月,对外贸易经济合作部发布《关于整顿和规范对新加坡劳务合作市场秩序的紧急通知》(以下简称《通知》),[①]分析了当时我国对外劳务合作的形势,指出我国对新加坡劳务合作市场中,随着竞争日益激烈,建筑业等劳动力市场出现许多违规违法现象,如倒卖用人指标、高额收费等,甚至招收为新政府禁止的自由工(非法劳工),严重损害我国赴新加坡劳工利益,引发了一些大规模的劳务纠纷,造成了许多不良影响。为此,对外贸易经济合作部商议外交部,作出如下要求:(1)严格禁止非法劳务。经营公司在签订对外合同时必须认真核实新加坡雇主的用工项目,劳务人员必须取得新加坡政府有关部门核发的工作准证后才能派出,禁止任何单位或个人以任何名义招收赴新加坡建筑等行业自由工。各级外经贸主管部门要认真审查,严格把关。(2)对新

---

① 文楠:《对外贸易经济合作部关于整顿和规范对新加坡劳务合作市场秩序的紧急通知》,载商务部网站,http://www.mofcom.gov.cn/article/b/bf/200207/20020700031363.shtml,下载日期:2016年12月10日。

加坡雇主或中介机构要进行确认，禁止我国对外劳务合作公司与新加坡非法中介合作。从 2001 年 6 月 1 日起，任何中国对外劳务合作经营公司在与新加坡公司签约前需请我国驻新加坡使馆经商处对该新加坡公司的资信予以确认，严禁向未经确认的新加坡公司派遣劳务人员。经过确认的新加坡公司如有违规行为，我国对外劳务合作经营公司发现后必须及时向我国驻新加坡使馆经商处反映，以便经商处掌握情况，采取措施。(3)严格收费标准。我国对外劳务合作经营公司收取劳务人员费用(服务费、履约保证金[①]及应由劳务人员个人负担的出国费用)必须严格按照财政部和外经贸部联合下发的《对外经济合作企业外派人员工资管理办法的补充规定》(财外字[1997]8 号文件)执行，不得超过规定标准或巧立名目增收收费。经营公司必须把劳务人员按规定交纳的履约保证金全额存在国内，不得以任何名义或形式交给新加坡雇主，并禁止向劳务人员收取非法费用(如所谓指标费、应由新方雇主向新政府交纳的抵押金等)。对外劳务合作经营公司如有前述非法收费，劳务人员可以抵制，并可随时要求公司无条件全额退款，对外经贸部也会在查清事实的基础上依据有关规定进行处罚。外经贸部适时对经营公司向新加坡派遣劳务情况及地方主管部门审批情况进行抽查，并处罚违规行为。

该《通知》对我国与新加坡劳务合作初期的一些不规范行为进行了有效规制，规范了对新加坡劳务合作市场，在一定程度上促进了我国对新加坡劳务合作的发展。

2. 2003 年 7 月 22 日中国对外承包工程商会发布《关于执行对新加坡劳务合作市场行业规范的通知》[②]。该通知指出，新加坡是我国开展对外劳务合作的重点目的地国，而目前新加坡建筑等行业市场不景气，中新劳务合作市场经营秩序混乱，劳务纠纷及各种突发事件频频发生，新加坡政府因此暂停引进中国建筑劳务。为了规范我国对新加坡劳务合作经营秩序、加强经营公司行业自律、保障我国对新加坡劳务人员合法权益以及保证我国对新加坡劳务合作健康有序地发展，中国对外承包工程商会会同商务部、中国驻新加坡大使馆，并征求部分经营公司和各级政府主管部门的意见，起草并通过了《中国对

---

① 该履约保证金后为商务部取消，禁止向工人收取履约保证金。

② 中国对外承包工程商会:《关于执行对新加坡劳务合作市场行业规范的通知》，载中国对外承包工程商会网站，http://texas.chinca.org/cms/html/main/col60/2012-05/30/20120530020405296281674_1.html，下载日期:2016 年 12 月 10 日。

外承包工程商会新加坡劳务合作业务协调管理暂行办法》《经营公司开展对新加坡劳务合作业务经营资格条件》及《外派新加坡劳务合作合同主要条款》，要求对新加坡劳务合作经营公司以及相关机构认真执行。

(1)《中国对外承包工程商会新加坡劳务合作业务协调管理暂行办法》(以下统称《办法》)

该《办法》规定了优化经营主体，突出动态管理、体现行业自律、保障权益及加强市场协调等原则。

该《办法》指出，对新加坡劳务合作是指经商务部批准的具有对外经济合作经营资格的企业根据与新加坡雇主(含经商务部批准的在新加坡注册的中资分公司、子公司)或中介机构签订的对外劳务合作合同，从国内选派符合条件的劳务人员赴新加坡务工，并提供派出后管理的业务。根据新加坡劳务合作业务发展需要和有关政府主管部门的建议，承包商会在新加坡设立分支机构，该分支机构经国家主管部门批准，在新加坡依法注册，受中国承包商会的管理和领导，并接受有关政府部门的指导，配合我国驻新加坡使馆工作。凡开展对新劳务合作业务经营公司必须加入该新加坡分支机构。该机构代表承包商会对成员开展工程承包和劳务合作业务进行指导、协调、监督与服务，并接受劳务人员投诉，调解劳资纠纷，维护劳务人员合法权益。

该《办法》还就我国对新加坡劳务合作中的各个具体问题进行了详细规定。

在我国对新加坡劳务合作经营公司的规范管理方面，该《办法》规定我国对新加坡劳务合作经营公司必须严格遵守我国和新加坡的法律法规，依法签约，依法经营，依法管理。自觉接受我国政府有关部门和我国驻新加坡使馆的指导、管理和监督。自觉接受承包商会的协调管理，遵守行业规范，坚持自签、自选、自派、自管的原则，不得接受其他任何经济组织、个人的挂靠和代理。在签订对外劳务合作合同时，必须认真核实新加坡雇主的用工项目，所签合同应在通过新加坡分支机构核准后，在我国驻新加坡使馆经商处进行项目确认。劳务人员必须取得新加坡政府有关部门核发的工作准证，经营公司不能以任何形式、名义招收赴新加坡劳务自由工。在与任何引进中国劳工的新加坡公司或就业代理公司(以下统称“新方雇主”)签订“外派新加坡劳务合作合同”前，必须经我国驻新加坡使馆对新加坡雇主的资格予以确认。严禁经营公司与任何未经我国驻新加坡使馆认证的新加坡雇主合作。经营公司应自觉维护外派劳务人员合法权益，在遇到问题时，依照合同约定的法律程序与新加坡雇主交涉。经营公司应在新加坡设立办事机构或专职管理人员，办事机构必须长期有人驻守，对所派劳务人员进行有效管理，并定期向我国驻新加坡使馆和新加坡分支机构汇报有关情况。按照中新政府有关主管部门及承包商会的有关规定对外派劳务人员进行严格培训和考试，加强对外派劳务人员综合素质、法制及技能等方面的教育，增强其依法务工意识。建立规范的企业从业人员管理和培训制度。严格执行重大问题请示、报告制度，并按照承包商会有关要求及时汇总报送业务开展情况。

在收费方面，我国对外劳务合作经营公司应严格遵守承包商会制订的"每派出一名劳务人员向其收取的服务费及个人负担的各项费用总计不得超过每人 19000 元人民币（不含新加坡建设局要求的培训、考试及与其有关的食宿等费用）"的行业指导收费标准。经营公司收取的费用应逐笔向劳务人员进行说明，据实收取并开具收据，不得加收任何附加费。经营公司一次性收取服务费的，劳务人员在合同期间如果无过失被提前解聘，经营公司应按比例退还未满合同期的服务费。经营公司不得支付和以任何方式向劳务人员收取应由新方雇主支付的入境保证金；并不得以签订"欠款委托扣款书"等方式由新方雇主以管理费等名义向劳务人员违规收取费用；经营公司按我国政府有关规定收取的劳务人员履约保证金应全额存放国内，不得以任何名义或形式交给新方雇主。劳务人员按期履约回国后，由经营公司在国内返还劳务人员。

在合同方面，我国对外劳务合作经营公司在新加坡开展劳务合作业务，必须与新方雇主签订"外派新加坡劳务合作合同"，"外派新加坡劳务合作合同"主要条款应符合我国政府有关主管部门的规定。经营公司与劳务人员或合作单位与劳务人员签订的"劳务派遣合同"，须在国内公证。合作单位与劳务人员签订的"劳务派遣合同"中必须明确其派出公司（即经营公司）名称。经营公司与合作单位之间的合作合同中应明确对劳务人员的管理由经营公司负责。经营公司须指导和协助劳务人员直接与新加坡用工单位签订"劳务雇佣合同"，并就合同条款向劳务人员进行宣讲。合同条款须符合中新两国的有关法律法规，保证劳务人员合法权益。合同中须有适用法律的约定。"劳务雇佣合同""劳务派遣合同"应与"外派新加坡劳务合作合同"的相关条款相一致。若两家或两家以上的经营公司与同一雇主进行合作，后签约的经营公司必须保证劳务人员的工资、福利待遇等条件不低于先行签约经营公司已经签订的合同标准。

针对考试，该《办法》规定，经批准设立的赴新加坡建筑劳务考试中心（以下简称“考试中心”)须接受承包商会的管理,严格执行该办法,认真落实各项培训、考试工作。各考试中心除经承包商会核准的经营公司外,不得接受其他企业及相关机构提出的有关赴新建筑劳务考试申请。各考试中心接受经营公司提出的赴新加坡建筑劳务考试申请后,须填写“赴新加坡建筑劳务考试确认表”向承包商会提出申请,承包商会同意后方能组织实施。考试结束后,通过考试的劳务人员数量和派出单位须及时通报承包商会及我国驻新加坡使馆经商处。各考试中心须加强内部管理,严格按照有关收费标准收取培训、考试费用。

该《办法》最后规定,对于我国对外劳务合作经营公司的违规行为,将依据《中国对外承包工程和劳务合作行业规范(试行)》《对外劳务合作协调暂行办法》有关规定予以处罚。

(2)《经营公司开展对新加坡劳务合作业务经营资格条件》(以下简称《经营资格条件》)

该《经营资格条件》规定了申请开展对新加坡劳务合作业务的企业必须具备的条件并向承包商会应提供书面证明材料,即具备经营资格;缴纳对外劳务合作备用金;当年通过商务部对外经济合作经营资格年度审核;系中国对外承包工程商会会员;自觉履行承包商会会员义务,服从承包商会协调;近 3 年在开展对新加坡劳务合作业务中无不良记录;具有省级外经贸主管部门书面推荐。具备这些条件的企业经核准后方可在新加坡开展相关业务。

承包商会对申请企业按照如下标准根据所得分值从高至低进行排序,然后根据市场容量,依次序允许进入新加坡劳务合作市场。这些标准有:开展对外劳务合作业务年限;是否受到过政府主管部门的行政处罚或承包商会的行业处罚、警告、通报批评或行政处罚;未出现重大劳务纠纷;因经营公司原因造成重大劳务纠纷,是否已妥善处理;无劳务人员脱岗、打自由工及非法滞留等现象;存在上述现象,是否已采取积极措施予以解决,是否造成影响;近两年累计派出人数是否达到标准;在新加坡(已)曾开展劳务合作业务两年以上,且在承包商会进行登记备案;在新加坡已设立办事机构并长期有人驻守,负责劳务人员的派出后管理;在中国驻新加坡使馆的指导下开展工作,未设立办事机构,但配备专职管理人员,负责劳务人员的派出后管理;在中国驻新加坡使馆的指导下开展工作,近两年在开展对外经济合作过程中,曾受到有关部委、我国驻外使(领)馆及承包商会的表彰或奖励。另外,在新加坡注册有建筑级别为 A1-C2 或 L6-L2 的全资或控股子公司的国内母公司在符合下列条件的情况下，允许向其新加坡子公司派遣建筑劳务人员：近 3 年内新加坡子公司没有出现重大工程责任事故；新加坡子公司在新开展建筑业务连续 3 年以上，且近 3 年累计完成工程额 2000 万新元以上；新加坡子公司的设立得到商务部的批准，且加入新加坡中资企业协会等。根据得分高低，经承包商会准许开展对新劳务合作业务的经营公司，应于每年 12 月份在承包商会进行年度登记；未进行年度登记或未通过年度登记的经营公司，承包商会将停止其开展对新劳务合作业务。

如果出现如下情况，承包商会取消其开展对新加坡劳务合作经营资格：3 次以上（含 3 次）无故不向承包商会、新加坡协会报送有关业务开展汇总情况；不履行承包商会及新加坡协会会员义务；受到政府主管部门行政处罚或承包商会的行业处罚；违反有关规定，不服从协调，情节严重且造成严重影响和后果；连续两年未向新加坡派遣劳务人员；连续两年向新派出劳务人员不足 200 人。据此，被取消及自主停止对新加坡劳务合作业务的企业，两年内禁止申请开展对新加坡劳务合作业务，但仍须对未执行完合同的境外劳务人员履行管理责任。

据此，经营公司应严格遵守有关规定申请开展对新加坡劳务合作业务。对未经核准而擅自开展业务的企业，将依据有关规定予以处罚。

（3）中国对外承包工程商会制定并颁布的《外派新加坡劳务合作合同主要条款》（以下简称《合同主要条款》）

《合同主要条款》规定，为促进我国对新加坡劳务合作业务健康有序地发展，保护我国输新劳务人员合法权益，中国对外承包工程商会制定了外派新加坡劳务合作合同主要条款。该合同是指以经确定开展对新加坡劳务合作业务的公司（以下简称"经营公司"）为一方、新加坡雇主（含经商务部批准的在新加坡注册的中资分公司、子公司）为另一方的有偿提供劳务的合作协议。

合同主要条款应包括以下内容：①合同签署双方的名称、地址、法定代表人以及联系电话、传真。②工作内容：职务（工种）、人数、技能要求。③合同期限：以新加坡政府批准的工作准证期限为准，雇佣起止日期，合同期限可以延长。④报酬：明确劳务人员月基本工资应不低于 650 新元、确定工资及奖金的计算方法、支付方式和日期。⑤工作/休息时间：明确按照新加坡《雇佣法》的规定确定每周工作时间。明确法定节假日和劳务人员带薪病假、带薪休假的具体标准。⑥加班费：按新加坡《雇佣法》明确规定超时工作以及节假日加班付费标准。⑦国际旅费：明确劳务人员往返国际旅费的承担方式。⑧工作条件与劳动保护：明确劳务人员应享有的工作条件与安全措施。⑨食宿和工作交通：明确劳务人员食宿的承担方式，若由雇主提供，雇主应提供符合新加坡政府规定的居住条件和必不可少的设施，负责住处至工地的往返交通。⑩保险、医疗：合同中必须明确雇主应为每名劳务人员办理保险并承担费用，明确劳务人员病、伤、亡的具体处理办法。⑪税金：明确外国劳工税由雇主承担。⑫保证金：明确5000新加坡元履约保证金不交付新加坡雇主，新加坡雇主也不得从工人的工资中逐月扣除该笔费用。⑬不可抗力和意外事件：明确在执行合同期间因不可抗力和意外事件发生而造成中止合同的处理程序和各方应承担的责任和义务。⑭解聘：明确劳务人员被解聘的条件及解聘程序和各方应承担的责任和义务。⑮仲裁：明确执行合同期间产生争议时的解决方式。如通过仲裁方式解决，明确仲裁机构名称；如通过民事诉讼，适用的法律和诉讼地。⑯法律手续：明确雇主（或中介机构）应负责办理劳务人员的入境、工作准证、居留手续，并负担有关费用。经营公司应负责办理劳务人员的出国手续、护照和出境手续。劳务人员应负责提供本人真实无误的履历表、身份证明等相关资料。⑰明确劳务人员在国内与新加坡雇主直接签订雇佣合同，且该雇佣合同适用于新加坡法律。雇主不得在工人抵新加坡后另行签订新的合同。⑱明确凡雇佣合同内容与新加坡《雇佣法》相抵触的，以《雇佣法》规定的内容为准。

中国对外承包工程商会要求经营公司应严格按该合同主要条款签约。对违反合同条款签约造成严重后果的，将依据有关规定予以处罚。

前述专门针对新加坡劳务合作的规章制度或行政规范，对规范我国早期新加坡劳务合作秩序发挥了重要作用，其中的许多规定逐渐固定下来，形成了目前我国对新加坡劳务合作的基本制度或习惯规范，成为我国对外劳务合作规范中的重要组成部分。

（二）2012年《对外劳务合作管理条例》（以下简称《条例》）生效以后

2012年8月1日《条例》生效，我国对外劳务合作进入一个新的时期。《条例》明确其制定目的之一是保护我国海外劳工利益，其内容更有利于海外劳工权益保护。

《条例》第21～28条规定了对外劳务合作企业应该承担的义务，明确了对外劳务合作企业与国外雇主和劳务人员订立合同的有关要求。其中明确规定合同应包含与劳务人员权益保障相关事项并有将此类事项及其他情况告知劳务人员的义务,对外劳务合作企业与劳务人员相互之间有信息告知义务。同时《条例》规定了服务费及有关费用的收取、合同备案、协助劳务人员与国外雇主订立确定劳动关系的合同以及保证合同中有关劳务人员权益保障的条款与劳务合作合同相应条款内容一致等义务。

《条例》第 12 条规定了对外劳务合作企业安排劳务人员职业培训的义务(第 33 条规定国家财政对职业培训给予必要的支持,人力资源社会保障部门指导和监督)。第 13 条规定了对外劳务合作企业为劳务人员购买在国外工作期间的人身意外伤害保险的义务。第 14 条规定对外劳务合作企业应当为劳务人员办理出境手续,并协助办理劳务人员在国外的居留、工作许可等手续,并在组织劳务人员出境后,向中国驻用工项目所在国使馆、领馆报告。

对外合作企业的规范活动对海外劳工权益保护具有重要作用。《条例》规定对外合作企业应:(1)遵守法律,不得组织劳务人员赴国外从事与赌博、色情活动(第 11 条)。(2)严格合同把关并协助在外劳务人员维权,并在一定情况下承担赔偿责任(第 29 条)。(3)遵守当地法律,尊重当地宗教信仰、风俗习惯和文化传统(第 15 条)。(4)跟踪了解劳务人员在国外的工作、生活情况,协助解决劳务人员工作、生活中的困难和问题,及时向国外雇主反映劳务人员的合理要求。对外劳务合作企业向同一国家或者地区派出的劳务人员数量超过 100 人的,应当安排随行管理人员,并将随行管理人员名单报中国驻用工项目所在国使馆、领馆备案(第 16 条)。(5)制定突发事件应急预案,突发事件发生时应当及时、妥善处理,并立即向中国驻用工项目所在国使馆、领馆和国内有关部门报告(第 17 条)。用工项目所在国家或者地区发生战争、暴乱、重大自然灾害等突发事件,中国政府作出相应避险安排的,对外劳务合作企业和劳务人员应当服从安排,予以配合(第 18 条)。

《条例》第 30～38 条规定了我国商务主管部门及相关政府部门的工作,这些工作主要涉及制度的建立与健全,例如国务院商务主管部门会同国务院有关部门建立对外劳务合作信息收集通报制度、对外劳务合作风险监测和评估机制、统计制度、对外劳务合作不良信用记录和公告制度、突发事件预警、防范和应急处置机制、违法违纪行为举报制度以及防范和制止非法组织劳务人员赴国外工作行为的相关管理制度等。县级以上地方人民政府根据本地区开展对外劳务合作情况,组织建立对外劳务合作服务平台并加强对服务平台运行的指导和监督。这些制度的建立健全及有效运行对整个对外劳务合作活动期间纠纷的预防与解决具有制度保障的作用。

《条例》第39～47规定了对外劳务合作当事人违反条例规定应承担的民事以及刑事责任。这些制度的确立，对从法律强制实施上保障对外劳务合作的有序进行，预防和减少纠纷的发生具有重要意义，并最终有利于我国海外劳工权益保护，有利于我国对外劳务合作活动的更好发展。

《条例》总结了我国多年来对外服务贸易和劳务合作的实践经验，同时借鉴国际上的良好做法，作了不少具有突破性的规定，与之前由各部门制定的规章相比，不仅在效力层次上有所提高，而且在内容上也更加完整，无疑是一个巨大的进步，有利于我国海外劳工权益保护，成为规范我国对外劳务合作包括对新加坡劳务合作的重要规范。《条例》中许多内容来自前述部门规章或行业规范的实践，是我国对外劳务合作管理实践多年发展的成果。《条例》颁布实施以后，我国对外劳务合作进入一个相对规范的阶段，我国对外劳务合作包括对新加坡劳务合作进一步规范地发展。

尽管如此，就我国海外劳工权益保护而言，《条例》仍然存在着一些不足。其一，《条例》属于行政法规，其效力级别低于法律，在劳工保护的效力上仍然不够。其二，大量使用"妥善安排""有关部门"等模糊性的词语，没有将保护海外劳工的责任明确到具体部门，不利于海外劳工权益的保护。其三，对外劳务合作企业与劳务人员签订的书面服务合同属于民法意义上的合同，适用私法的调整，如果对外合作企业违反了合同，承担的仅仅是违约责任，处于弱势地位的海外劳工权益很容易受到侵害。另外，《条例》对外劳务合作企业准入条件过于宽松；"有2名以上熟悉对外劳务合作业务的管理人员"，人员配备的要求过于简单，并且是否"熟悉业务"很难判断；"法定代表人没有故意犯罪的记录"等等，该规定显然没有很大的实际意义。另外，《条例》只规范对外劳务合作企业的行为，而对于实践中容易产生争议的一般中介机构和个人从事对外劳务服务的行为没有进行规范，从而在实践中留下很大漏洞，不利于我国对外劳务合作秩序的维护。总之，随着我国对外劳务合作实践的发展，《条例》仍需要进一步完善和发展。

除此之外，我国没有其他规范对外劳务合作的专门性法律和法规。我国《劳动法》明确规定："在中华人民共和国境内的企业、个体经济组织和与之形成劳动关系的劳动者，适用本法。"《劳动合同法》也将其适用范围限定在我国境内，海外劳工不适用该法关于劳动派遣的规定。《劳动法》与《劳动合同法》都将其效力范围限定在我国境内，对于中国公民在境外与国外雇主建立的劳动关系不进行直接调整。我国《劳动法》和《劳动合同法》缺少对对外劳务合作活动的规制，缺少对工人权益保护的相关规定，显然已经滞后于现实。我国

《对外贸易法》是有关国际服务贸易及对外劳务合作的规定。根据该规定，从事对外劳务合作的单位必须遵守《对外贸易法》和其他有关法律法规的规定，并应具备相应的资质或者资格。但该规定非常原则，根本无法指导服务贸易中劳务合作的开展，更谈不上对海外劳工权益的保护，导致出现海外劳工的外派主要靠行政法规、部门规章和行政手段来调整的局面。由此可见，我国现行法律在调整我国对外劳务合作及我国海外劳工权利保护上存在诸多不足和困境，而专门性法律的制定仍有很长的路要走。

二、中国相关司法实践

尽管法律有诸多不完善之处，中国法院仍解决了诸多涉及我国公民赴新加坡劳务合作的纠纷。其中大部分是民事案件，也有不少刑事案件。2018 年 5 月 1 日，笔者借用阿尔法软件，以“对外劳务合作”和“新加坡”为关键词进行搜索，显示案例 52 个[①]，经过甄别和筛选，选取 2012 年以后判决的有效案例 40 个，其中民事案例 22 个，刑事案例 18 个。就民事案例而言，主要涉及我国赴新加坡务工人员与我国国内相关经营公司、机构或个人进行出国劳务服务中的纠纷，通过对这些案例的分析，可以发现我国不同地区不同法院对于相同或相似案件的处理结果有较大差异。这些案件的处理结果均反映了在中国相关立法不完善的情况下，司法部门因为对相关法律的理解不同而作了不同的判决（见表 4-1）。尤其是有些地方法院完全不了解我国在新加坡劳务人员的生存状况和权利现状，根本不考虑《条例》及我国相关法律“有利于海外劳工权利保护”的原则，从而作出了不利于出国务工人员权利保护的判决，间接地助长了少数不良中介机构利用新加坡法律的漏洞侵害赴新加坡务工人员权益的行为。

---

① 案例（关键词“对外劳务合作”“新加坡”），alpha 案例库，https://alphalawyer.cn/#/app/tool/result/%7B%5B%7B%22name%22:%22keyword%22,%22value%22:%22%E5%AF%B9%E5%A4%96%E5%8A%B3%E5%8A%A1%E5%90%88%E4%BD%9C%22,%22description%22:%22%E5%AF%B9%E5%A4%96%E5%8A%B3%E5%8A%A1%E5%90%88%E4%BD%9C%22%7D,%7B%22name%22:%22keyword%22,%22value%22:%22%E6%96%B0%E5%8A%A0%E5%9D%A1%22,%22description%22:%22%E6%96%B0%E5%8A%A0%E5%9D%A1%22%7D%5D,%20%7D/list，下载日期：2018 年 5 月 1 日。

(一)民事案例

在22个民事案例中(见表4-1),大多数案件是关于劳务人员通过向国内不具有对外劳务合作经营资格的中介公司或个人交纳了2万～3万人民币不等的费用后,被安排到新加坡务工,但是在新加坡工作不长时间以后(最短仅9天,如“李某诉被告黑山县某职业中介服务有限公司、黑山县某镇某中介所、追加被告某海外教育与就业服务有限公司、追加被告某国际经济技术合作有限公司服务合同纠纷案”,以下简称“李某案”),因为各种理由被新加坡雇主解雇或被迫回国。他们向中介机构或个人要求返还费用向法院起诉。法院对这些案情相似的案件,在认定事实和适用法律上均有所差异,从而导致的判决结果也不相同。

表4-1　2012年以来涉我国与新加坡劳务合作的民事案例统计表

序号	案件名称	案号	案由	法院观点	裁判结果
1	李某诉被告黑山县某职业中介服务有限公司、黑山县某镇某中介所、追加被告某海外教育与就业服务有限公司、追加被告某国际经济技术合作有限公司服务合同纠纷案	黑山县人民法院(2017)辽0726民初2221号	服务合同纠纷	原告与某乙公司业务四部签订的外派劳务协议有效,被告某丙公司委托某乙公司业务四部为其招收赴新加坡建筑工,符合法律规定,并已履行完毕,该协议合法有效。	驳回原告李某的诉讼请求。
2	原告刘芳与被告海鑫公司委托合同纠纷案	铁岭市银州区人民法院(2016)辽1202民初139号	委托合同纠纷	原告刘芳与被告海鑫公司签订委托合同,约定由具备办理境外劳务相应资质的第三人厦门中旅公司履行主要委托事务的合同,合同有效。被告表示赴新加坡做窗帘工无须具备相应技能,而原告赴新加坡后却因不具备相应技能未被录用,被告构成欺诈。	被告再给付原告刘芳人民币12610元。

续表

序号	案件名称	案号	案由	法院观点	裁判结果
3	赵旭与冯永军、营口恒达劳务服务有限公司合同纠纷案	昌黎县人民法院(2016)冀0322民初2939号	合同纠纷	原被告达成一致意见,中介服务委托合同有效且已经履行。被告完成的委托事项明显存在瑕疵,应承担原告经济损失的次要责任(30%)。原告赵旭自愿出国提供务工,在向被告咨询和查看被告提供的信息资料时,未尽到完全注意义务,仓促出国,致使在新加坡工作时遇到困境,未等生活环境、工作情况的适应,就自主决定回国,因此产生的经济损失原告本人应承担主要责任(70%)。	被告支付原告赵旭经济损失人民币9900元。
4	滕霞与吉林省鸿跃国际人力资源开发有限公司劳务合同纠纷案	长春市朝阳区人民法院(2017)吉01民终4103号	劳务合同纠纷	双方之间本应签订的“对外劳务劳动合同”文本已经形成。根据《对外劳务合作管理条例》规定:“对外劳务合作企业不得向与其订立劳动合同的劳务人员收取服务费”,鸿跃公司作为劳务合作企业,向滕霞收的5000元服务费,违反该行政法规的规定,该款应当返还给滕霞。	吉林省鸿跃国际人力资源开发有限公司返还滕霞服务费5000元。
5	李江波与濮阳国际经济技术合作有限公司居间合同纠纷案	濮阳市华龙区人民法院(2016)豫0902民初5907号	居间合同纠纷	双方签订的中介服务合同对退费的约定为:如甲方非因本人原因在新工作未超过六个月回国则自乙方按照自身收取的中介费的50%退款。原告因打架被开除回国不能确认为“非因本人的原因”,原告所诉缺乏合同和事实依据,不予支持。	驳回原告李江波的诉讼请求。
6	陈大为与吉林市广知信息咨询服务有限公司、第三人辽宁精英国际合作有限公司委托合同纠纷案	吉林市船营区人民法院(2016)吉0204民初14号	委托合同纠纷	代理合作协议合法有效,为陈大为办理了全部合法的出国手续,为陈大为提供了雇主和工作岗位,全面履行了协议义务,广信公司及精英公司均无违约行为。	驳回原告陈大为的诉讼请求。

续表

序号	案件名称	案号	案由	法院观点	裁判结果
7	张哲与宁阳安和人力资源有限公司居间合同纠纷案	宁阳县人民法院(2015)宁民初字第2781号	居间合同纠纷	根据我国《境外就业中介管理规定》，从事境外就业中介活动的企业需具备相应资质，具备严格的市场准入条件。被告并未取得从事境外就业中介活动的许可，其与原告达成的口头协议应为无效合同。被告依合同取得的原告财产依法应予以返还。	被告返还原告劳务费人民币30000元。
8	徐铭与青岛陶隋人力资源有限公司、陶坚垒居间合同纠纷案	平度市人民法院(2015)平商初字第3527号	居间合同纠纷	企业开展对外劳务合作业务属特许经营事项，双方签订的“劳务中介协议”无效。双方应相互返还因合同取得的财产。原告因合同而取得的财产大于被告公司，可不再相互返还，原告请求不予支持。	“劳务中介协议”无效。驳回原告徐铭的其他诉讼请求。
9	孟凡平与王秀芳居间合同纠纷案	辽宁省本溪市中级人民法院(2015)本民二终字第00169号	居间合同纠纷	王秀芳是以居间人的身份为孟凡平提供用工信息，孟凡平确已与新加坡公司建立了雇佣合同关系并实际赴新加坡工作。王秀芳作为居间人已经完成了其应当履行的居间义务。孟凡平在没有证据证明是因王秀芳的原因不能继续履行与新加坡用工单位之间的合同而回国的情况下，返还中介费及利息的诉请不予支持。	驳回上诉，维持原判。
10	兰晓明与王秀芳居间合同纠纷案	辽宁省本溪市中级人民法院(2015)本民二终字第00162号	居间合同纠纷	王秀芳是以居间人的身份为兰晓明提供用工信息，兰晓明确已与新加坡公司建立了雇佣合同关系并实际赴新加坡工作。王秀芳作为居间人已经完成了其应当履行的居间义务。兰晓明在没有证据证明是因王秀芳的原因不能继续履行与新加坡用工单位之间的合同而回国的情况下，返还中介费及利息的诉请不予支持	驳回上诉，维持原判。

续表

序号	案件名称	案号	案由	法院观点	裁判结果
11	江妹英与蒋雪容居间合同纠纷案	闽清县人民法院(2015)梅民初字第716号	居间合同纠纷	被告蒋雪容不具备从事对外劳务合作的资质,其与原告签订无效。因合同而取得的财产,应当予以返还。鉴于被告在代办签证过程中出资为原告购买了往返新加坡与国内的飞机票等,确实也支出了相关费用,且原告轻信非法劳务中介,缺乏对行为风险的合理判断,对合同无效也有一定的责任,酌定在原告支付给被告的50000元费用中扣除8000元。	被告蒋雪容偿还原告江妹英人民币42000元。
12	彭兵与刘桂华居间合同纠纷案	泰安市岱岳区人民法院(2014)岱商初字第1164号	居间合同纠纷	被告为原告出国劳务事宜进行介绍联络,是一种典型的居间行为。《对外劳务合作管理条例》仅是就组织劳务人员进行出国劳务的企业或机构从事相关营业性活动而制定的行政法规,而本案被告以个人名义而非出国劳务中介机构的名义进行,法律法规并无禁止性规定;同时,原告确已前往新加坡并获得了工作机会,辞职系个人原因,被告对此并无过错。	驳回原告彭兵的诉讼请求。
13	庄河与大连市尚进商务咨询有限公司、张海坤委托合同纠纷案	大连市中级人民法院(2015)大民三终字第00089号	委托合同纠纷	一审法院支持被告尚进公司观点,办理出国劳务这种许可并不是国家规定的特许经营,而是一般许可。一般许可是经营者通过申请可以得到政府有关机关的批准,而特种许可是政府通过颁发授权书的形式许可经营者从事公共资源的利用和开发许可。特殊许可是一般经营者通过申请不能取得的,所以办理出国劳务资质是一般许可,双方签订"外派劳务服务协议"未违反国家强制规定是合法有效的,并不因尚进公司没有对外劳务合作资格而无效。	

续表

序号	案件名称	案号	案由	法院观点	裁判结果
13				二审法院认为，尚进公司为庄河办理出国劳务，双方达成了“外派劳务服务协议”，该协议系双方真实意思表示，内容不违反法律、行政法规的强制性规定，双方均已实际履行，应为有效。庄河在国外工作期间因自己的原因被辞退回国，致案涉服务协议提前终止，按照协议约定，尚进公司已收取的一切费用不予退还。原判认定事实清楚，适用法律正确。	驳回原告庄河的诉讼请求。
14	孙杰与刘永飞居间合同纠纷案	辽宁省本溪市中级人民法院(2014)本民二终字第00146号	居间合同纠纷	孙杰未有证据证明其已为刘永飞办理好去往新加坡出国劳务手续并通知刘永飞离境，刘永飞至今仍在国内，孙杰未按约定履行义务，构成违约。	驳回上诉，维持原判。
15	王骏与江苏阜宁国际经济技术合作有限公司劳务合同纠纷案	江苏省盐城市中级人民法院(2014)盐民终字第1467号	劳务合同纠纷	一审法院认为，公民的合法权益受法律保护。民事活动必须遵守法律，法律没有规定的，应当遵守国家政策。阜宁国际经济公司的营业执照载明其经营范围许可经营项目为境内职业中介服务，双方签订的委托书中明确了委托事项为由阜宁国际经济公司为王骏联系介绍出国劳务，阜宁国际经济公司与王骏签订介绍出国劳务委托书，同时收取代办费用，组织王骏赴新加坡为新加坡的企业或者机构工作的经营性活动违反了相关行政法规，不具有法律效力，应为无效合同。	一审判决阜宁国际经济技术合作有限公司向王骏返还人民币26240元。

续表

序号	案件名称	案号	案由	法院观点	裁判结果
15				二审法院认为，《对外劳务合作管理条例》施行的时间迟于江苏省苏政发(2008)57号文件，而且效力明显高于江苏省苏政发(2008)57号文件。上诉人并未取得对外劳务合作经营资格证书，其无权从事对外劳务合作的经营业务，双方当事人签订委托书的行为违反了相关行政法规，一审认定双方签订的委托书系无效合同并无不当。	二审驳回上诉，维持原判。
16	王远强与宁阳县天宇商务咨询服务有限公司劳务合同纠纷案	山东省泰安市中级人民法院(2014)泰商终字第169号	劳务合同纠纷	外派劳务行为受国家的法律法规严格控制的，必须具备该资质的企业才能实施外派劳务，本案中双方外派劳务的行为无效，上诉人所收取的30000元费用应予返还。	驳回上诉，维持原判。
17	张厂与沈抗、东海县久鼎商务信息咨询有限公司劳务合同纠纷一审民事判决书	东海县人民法院(2014)东商初字第0009号	劳务合同纠纷	被告沈抗并不具备对外劳务合作经营资格或对外承包工程经营资格，无权向国外派遣劳务人员，故被告沈抗与原告所签订的协议书无效，其收取原告的20000元应予返还。	被告退还向原告张厂收取的劳务费人民币20000元。
18	钱希琴与贾千凤居间合同纠纷一案二审民事判决书	山东省日照市中级人民法院(2014)日民一终字第164号	居间合同纠纷	双方之间的协议违背了国务院《对外劳务合作管理条例》，依法应当认定无效。合同无效，因合同取得的财产，应当予以返还。考虑合同实际履行情况和双方当事人过错大小，酌定由钱希琴按60%的比例予以返还并无不当。	驳回上诉，维持原判。

续表

序号	案件名称	案号	案由	法院观点	裁判结果
19	刘国年与衡水燕南国际经济技术合作有限公司服务合同纠纷案	衡水市桃城区人民法院(2013)衡桃西民二初字第179号	服务合同纠纷	原被告双方签订的劳务派遣合同系双方当事人真实意思表示,该合同真实有效。原、被告应当按照合同约定履行各自义务。原告主张被告未能向原告提供合同约定的工资待遇及劳动条件,本案举证责任应由更接近本案事实的被告燕南公司承担。因被告燕南公司不能合理证明原告在新加坡工作的工资待遇、劳动条件等情况,故对原告所述工资待遇、劳动条件与被告承诺不符的事实,予以认可,被告燕南公司应承担违约责任。	被告返还原告刘国年服务费人民币25000元及赔偿经济损失人民币5472元。
20	田战垒与濮阳富邦劳务信息咨询服务有限公司、北京华远富邦船舶企业管理有限公司居间合同纠纷案	濮阳市华龙区人民法院(2013)华法民初字第4585号	居间合同纠纷	被告濮阳富邦公司未能在2012年9月1日前安排原告上船并使得原告获得协议约定的工作待遇,属于违约,故原告要求被告濮阳富邦公司返还所收费用人民币29800元的主张,理由正当,应当予以支持。	被告濮阳富邦劳务信息咨询服务有限公司返还原告田战垒29800元。
21	河南尚华对外劳务合作有限公司、张玉君居间合同纠纷案	河南省驻马店市中级人民法院(2013)驻民一终字第351号	居间合同纠纷	上诉人与被上诉人之间为居间合同关系,《合同法》规定:“居间人应当就有关订立合同的事项向委托人如实报告。居间人故意隐瞒与订立合同有关的重要事实或者提供虚假情况,损害委托人利益的,不得要求支付报酬并应当承担损害赔偿责任。”被上诉人未明确告知该工作有三个月的试用期,存在一定的过错。同时,被上诉人张玉君在延长了三个试用期后仍未通过考核,致使用人单位新加坡君悦酒店与其终止工作关系,其对合同的终止亦负一定的责任。以上诉人承担60%的责任,张玉君承担40%的责任为宜。	撤销上蔡县人民法院(2012)上民二初字第151号民事判决;限河南尚华对外劳务合作退还张玉君人民币22800元。

续表

序号	案件名称	案号	案由	法院观点	裁判结果
22	董浩与扬州市富扬对外经济贸易有限公司、赣榆县天诚经济合作有限公司劳务合同纠纷案	扬州市广陵区人民法院(2013)扬广民初字第130号	劳务合同纠纷	富扬公司的委托行为并没有违反相关法律的规定,应认定为合法有效。天诚公司与富扬公司作为中介方在收取原告的劳务出国费用后,安排原告签订雇佣合同、办理至新加坡的出国手续,赴新加坡务工,已经完成作为中介方的义务。至于之后因新加坡雇主认为原告的抹灰技术达不到要求,提出降低原告的工资,从而导致原告回国,这是原告与新加坡雇主之间的矛盾,与两被告的中介行为无关。	驳回原告董浩的诉讼请求。

从前述案例看,法院最后的判决结果主要包括三种:一是认定当事人之间存在有效的居间合同或委托服务合同,并且以劳务人员已经实际被派往新加坡工作,以当事人之间的居间合同或服务合同已经履行完成,驳回作为原告或上诉人的出国务工人员的请求,案件以出国务工人员败诉而告终;二是同样认定当事人之间存在有效的居间合同或委托服务合同,并且因劳务人员已经出国合同履行完毕,但因被告或被上诉人隐瞒实情,服务有瑕疵导致原告损害,从而由原被告分别承担责任;三是认定合同无效或没有有效履行合同义务,判令个人、中介机构或对外劳务合作经营机构返还中介费或劳务费。

1. 当事人之间存在有效的居间合同或服务合同关系,因当事人已经出国,合同已经履行完成,驳回劳务人员要求返还中介费或服务费的请求

22个述案例中有7个此类案例。除前述"李某案"外,其他6个案例为"陈大为与吉林市广知信息咨询服务有限公司、第三人辽宁精英国际合作有限公司委托合同纠纷案"(以下简称"陈大为案")、"孟凡平与王秀芳居间合同纠纷案"(以下简称"孟凡平案")、"兰晓明与王秀芳居间合同纠纷案"(以下简称"兰晓明案")、"彭兵与刘桂华居间合同纠纷案"(以下简称"彭兵案")、"庄河与大连市尚进商务咨询有限公司、张海坤委托合同纠纷案"(以下简称"庄河案")、"田战垒与濮阳富邦劳务信息咨询服务有限公司、北京华远富邦船舶企业管理有限公司居间合同纠纷案"(以下简称"田战垒案")以及"董浩与扬州市富扬对外经济贸易有限公司、赣榆县天诚经济合作有限公司劳务合同纠纷案"(以下简称"董浩案")。

“李某案”中，43 岁的黑山县农民李某通过没有对外劳务合作经营资格的某甲公司、某中介所介绍，与具有对外劳务合作资格的某乙公司签订了外派劳务协议书，向各被告交纳出国劳务费共计 25000 元，并在某甲公司安排下去南京高等技术学校学习一个月木工技术，发生的各种费用包括培训费、交通费、住宿费、餐费、误工费等总计 8000 元。李某于 2017 年 7 月 12 日成功赴新加坡与雇主签订合同。2017 年 7 月 21 日雇主以李某不能胜任木工的工作，公司目前也没有其他工作让其继续留在公司工作为由，将李某辞退。李某回国后起诉各被告返还出国劳务费并赔偿损失。法院认为，某甲公司和某中介所虽然没有取得劳务合作经营资格，其是根据有对外劳务合作资格的某乙公司授权以其名义从事组织原告等人赴国外工作。各被告并未存在过错，原告被辞退的原因是其不能胜任木工的工作，责任在原告自身，原告要求被告返还出国劳务费用及培训期间损失和出国期间损失的请求不予支持。该案中，没有对外劳务合作经营资格的某甲公司、某中介所均收取了费用，并安排李某参加木工培训合格后派往新加坡务工，最后被新加坡雇主辞退，如果其中不存在中介和新加坡雇主串通诈取李某财物的因素，最起码各被告应对此承担不可推卸的责任。被告从事新加坡对外劳务合作(某乙公司)，不可能不知道新加坡雇主对木工技术的要求。而各被告在收取李某 25000 元费用后，仅仅对李某培训仅仅一个月后就派往新加坡工作，这最起码是对原告不负责任的行为，而且李某经被告介绍的培训机构培训后是取得了合格证的，最后其被以技术不合要求被辞退，各被告应至少应承担过失责任。

与本案判决结果相似的还有“董浩案”。原告董浩经被告组织培训考试合格后派往新加坡工作，雇主认为原告的抹灰技术达不到要求，提出降低原告的工资，每天为 18 新元(原告与新加坡雇主签订的雇佣合同中约定工资为每天为 35 新元)，原告拒绝后被解雇遣送回国。法院认为新加坡雇主认为原告的抹灰技术达不到要求，提出降低原告的工资，从而导致原告回国，这是原告与新加坡雇主之间的矛盾，与两被告的中介行为无关，因此驳回了原告的诉讼请求。

“陈大为案”中，陈大为向不具有对外劳务合作资格的广信公司缴纳人民币 36000 元，并由陈大为自行承担了去往新加坡的交通费(根据新加坡及我国相关法律，中国工人前往新加坡工作和从新加坡返回的交通费应该由雇主承担)。陈大为称，其到新加坡后，不是在合同约定的新加坡圣淘沙集团担任司机，而是在用工地点从事杂工工作，没有任何单位或个人与陈大为签订任何用工协议，每月也仅向陈大为支付生活费 300 元新币，没有支付按合同约定的司机工作 1500 元新币报酬，也没有人安排陈大为参加新加坡驾照考试，同新加坡相关人士和被告多次协商仍没有结果，最后陈大为被迫回国，向法院起诉要求被告返回出国劳务费并承担损失。法院认为两被告之间为委托关系，被告为陈大为办理了全部合法的出国手续，为陈大为提供了雇主和工作岗位，全面履行了协议义务，协议已履行完毕，合同的权利义务终止。对于陈大为在新加坡的工作，法院根据被告提供的陈大为在新加坡的工作准证号和新加坡驾照号，认定陈大为在新加坡与雇主签订了雇佣合同并从事司机驾驶工作，两被告全面地履行了合同。陈大为工作两个多月后自行回国，致雇佣合同无法履行，系工作协议中约定的"因个人原因导致雇佣合同无法履行"的情形，两被告均无违约行为，陈大为请求无法支持。本案中，法院显然没有采信陈大为在新加坡权利受到侵害的陈述，而仅仅根据被告提供的新加坡的工作准证号和新加坡驾照号，就认定新加坡雇主和原告签订了雇佣合同，并且从事了司机工作，理由是不充分的。如前所述，新加坡雇主欺压外国劳工的事件是时有发生的。工作准证不等同于雇佣合同，它只是新加坡劳工部批准并颁发的允许外国工人在新加坡工作的官方文件。新加坡法律要求雇主与工人签订雇佣合同，雇佣合同才能确定雇主和工人之间的权利义务关系。本案中各被告始终无法提供雇佣合同。被告提供陈大为在新加坡的驾照号只能证明新加坡雇主可能帮陈大为办理了驾照，但并不能证明陈大为实际从事司机工作并取得相应报酬。因此，本案中法院认定两被告全面地履行了协议事实依据是不足的，不利于出国务工人员权利的保护。

"彭兵案"中，彭兵交纳 32000 元通过公民刘桂华介绍到新加坡工作，很快被遣返回国。回国后，彭兵以介绍的情况和实际情况不符，且被告没有对外劳务合作经营资格起诉要求返还费用。法院认为，《对外劳务合作管理条例》仅是就组织劳务人员进行出国劳务的企业或机构从事相关营业性活动而制定的行政法规，而本案中被告为原告出国劳务联系新加坡中介机构、购置机票等行为，并非组织人员进行出国劳务，而是为原告出国劳务提供的联系及帮助作用，且其行为均是以个人名义而非出国劳务中介机构的名义进行，对此法律法规并无禁止性规定，双方存在居间合同关系；从双方间居间合同关系的实际履行情况来看，在被告的联络帮助下，原告确已前往新加坡并在当地中介机构的安排下获得了工作机会，也获得了相应的劳动报酬，其提出辞职系个人原因，被告对此并无过错。原告主张双方间的合同无效并据此要求返还费用的诉请，无事实及法律依据，依法驳回。本案中，法院将介绍出国务工视为普通的居间合同，从而认定合同有效并履行，驳回原告诉讼请求。这种认定是否正确值得商榷。

诚然，我国《对外劳务合作管理条例》仅仅适用于对外劳务合作经营企业，并不适用于个人。我国也没有专门立法就个人从事出国劳务服务进行规范，但是依然有相关立法可以适用。我国《对外贸易法》第2条将通过对外劳务合作形式开展的服务贸易纳入调整范围。该法其他相关条款包括第8条对外贸易经营者是指“依法办理工商登记或者其他执业手续，依照本法和其他有关法律、行政法规的规定从事对外贸易经营活动的法人、其他组织或者个人”。这里可见，从事对外服务贸易是依法办理工商登记或者其他执业手续后才能进入的行业。同时该法第13条规定：“对外贸易经营者应当按照国务院对外贸易主管部门或者国务院其他有关部门依法作出的规定，向有关部门提交与其对外贸易经营活动有关的文件及资料。有关部门应当为提供者保守商业秘密。”第25条规定“国务院对外贸易主管部门和国务院其他有关部门，依照本法和其他有关法律、行政法规的规定，对国际服务贸易进行管理。”可见，对外服务贸易活动应该遵守一定的程序，而非普通的居间行为。

2002年，劳动和社会保障部、公安部、国家工商行政管理总局颁布的《境外就业中介管理规定》第33条规定：“单位或者个人未经劳动保障行政部门批准和工商行政管理机关登记注册，擅自从事境外就业中介活动的，由劳动保障行政部门会同工商行政管理机关依法取缔、没收其经营物品和违法所得。因非法从事境外就业中介活动，给当事人造成损害的，应当承担赔偿责任。”这里提及个人从事对外劳务中介活动，也要经过相关部门批准登记。但是，个人应经过什么样的法定程序才能从事对外劳务服务？对此，1995年国家工商管理局《经纪人管理办法》第2条规定：“本办法所称经纪人，是指依照本办法的规定，在经济活动中，以收取佣金为目的，为促成他人交易而从事居间、经纪或者代理等经纪业务的公民、法人和其他经济组织。”第6条和第7条规定“经工商行政管理机关考核批准，取得经纪资格证书后，方可申请从事经纪活动”，“从事金融、保险、证券、期货和国家有专项规定的其他特殊行业经纪业务的，还应当具备相应的专业经纪资格证书”。作者认为，虽然从事对外劳务服务的个人无须像经营机构或中介机构一样经过严格的登记程序，但是，取得经纪人资格或相关的专业经纪资格，是最基本的要求。

由此可见，虽然当前我国关于个人从事对外劳务服务没有专门的法律规定，但是现有法律表明其是一种需要经过资格认证的主体才能从事的行为。因此，我国对外劳务合作管理部门，在制定和实施《对外劳务合作经营管理条例》的基础上，考虑我国实际存在的个人从事对外劳务服务活动现状及存在的问题，规范个人从事对外劳务服务行为，规范对外劳务合作秩序，以更好地维护我国出国务工人员的权益。

类似的，"孟凡平案"与"兰晓明案"的被告相同，都是"王秀英"。王秀英为从事国内劳务服务的个体经营者。她收取两原告的费用，然后以大连某中介公司（判决没有查明该公司是否具有对外劳务合作资格）的名义派遣两原告出国。后两原告在新加坡工作不到3个月即被遣返回国，以被告承诺待遇与实际差别巨大，实际工作时间也不是约定的8小时，而是14小时，工作环境恶劣为由要求返还费用，法院同样以孟凡平与王秀芳之间的媒介居间合同成立并生效。孟凡平在其出国后，王秀芳已经完成了双方的媒介居间合同义务为由驳回原告诉讼请求。这里，从事个体经营的被告具有和个人经营对外劳务合作相同的地位呢？还是应依据《境外就业中介管理规定》取得相应的资格？我国《境外就业中介管理规定》因与《对外劳务合作管理条例》规定的内容有某些重合之处，且因其只是部门规章，常常受到忽视。本案中被告从事的居间服务是否属于境外就业中介范围，法院应该查明而不宜以普通的居间合同进行裁决。

而在"庄河案"中，被告尚进公司没有对外劳务合作经营资格，也没有接受其他有对外劳务合作经营资格的公司委托或经过此类公司从事对外劳务服务。被告收取原告劳务外派费38000元后，同原告签订"外派劳务服务协议"派遣原告到新加坡工作，原告在新加坡工作不到一个月即被雇主辞退遣返。原告向法院起诉要求被告返还劳务外派费，一审法院支持被告的观点，认为原告与被告签订的协议应属于中介服务协议，该协议是原、被告真实意思表示，并没有违反法律强制性规定，并且该协议已实际履行完毕。原告系因个人原因从新加坡回国，所以不同意返还收取原告的中介费。被告认为办理出国劳务这种许可并不是国家规定的特许经营，而是一般许可，一般许可是经营者通过申请可以得到政府有关机关的批准，而特种许可是政府通过颁发授权书的形式许可经营者从事公共资源的利用和开发的许可，比如烟草等。特殊许可是一般经营者通过申请不能取得的，所以被告认为办理出国劳务资质是一般许可，双方的协议并没有违反国家强制性规定，双方协议真实有效。所以不同意原告的诉讼请求。一审法院据此驳回原告诉讼请求，原告不服提起上诉。

上诉后大连市中级人民法院作出维持原判的判决。关于原告认为尚进公司没有对外劳务合作经营资格的观点，上诉法院支持被告关于"特许经营""一般许可"的理解，并根据《最高人民法院关于适用〈中华人民共和国合同法〉若干问题的解释(一)》第4条“合同法实施以后,人民法院确认合同无效,应当以全国人大及其常委会指定的法律和国务院指定的行政法规为依据,不得以地方性法规、行政规章为依据”的规定,认为案涉的“外派劳务服务协议”未违反此规定,双方签订的“外派劳务服务协议”合法有效。被告尚进公司已履行对原告外派到新加坡工作的义务,原告要求被告返还劳务派遣费38000元、赔偿机票费损失2750元和误工费4200元的请求不予支持。

前述案例中,法院没有贯彻维护我国海外劳工利益原则,对新加坡雇主欺诈和剥削中国工人的现状没有正确认识,对中国中介和新加坡雇主串通欺诈赴新加坡务工人员的事件毫无了解,从而判决结果可能有违公平和不合理之处,甚至有助纣为虐之嫌。而且,即使新加坡雇主行为是完全正当的,各被告不承担任何责任也有悖于我国相关法律中规定的保护出国务工人员的权利。

2. 服务合同或委托合同有效,对外合作经营企业履行合同不符合约定,应返还服务费并承担损害赔偿责任

“刘国年与衡水燕南国际经济技术合作有限公司服务合同纠纷案”中,法院认为:原、被告双方签订的劳务派遣合同系双方当事人真实意思表示,该合同真实有效。原、被告应当按照合同约定履行各自义务。原告主张“被告违反劳务派遣合同的约定,未能向原告提供合同约定的工资待遇及劳动条件,被告向原告实际提供的工资待遇及劳动条件未能达到其所承诺的标准,与合同约定的内容严重不符”,因原告提供的证人与案件有利害关系及未出庭接受质证,故对该证据真实性不予支持。被告与国外公司(新加坡公司)有合作关系,签有“劳务合作合同”,能够了解本案中原告在新加坡工作的实际工作待遇及工作条件情况,故举证责任应由更接近案件事实的被告燕南公司承担。因被告燕南公司只能提供2007年10月份工资表一份,不能合理证明2008年4月份原告在新加坡工作的工资待遇、劳动条件等情况,故对原告所述工资待遇、劳动条件与被告承诺不符的事实,予以认可,被告燕南公司应承担违约责任,应返还原告刘国年服务费25000元并赔偿经济损失5472元。本案中法院未就衡水燕南国际经济技术合作有限公司是否具有对外劳务合作资格进行审查,按照合同法认定当事人之间合同有效。

“原告刘芳与被告海鑫公司委托合同纠纷案”案中,在被告海鑫公司口头表示赴新加坡做窗帘工无须具备相应技能后,毫无相应技能的原告遂决定委托被告办理赴新加坡做窗帘工事宜。原告与被告签订了代理服务合同,向被告支付28000元服务费。原告2015年10月10日飞抵新加坡,被告知应具备

相应技能方可做窗帘工。原告遂联系被告，被告表示新加坡雇主可为原告另找工作，但直到同月 19 日，亦未见新加坡雇主找到工作的消息，原告只得回国。回国后被告与原告签订了和解协议，并收到了约定的退款 10000 元。原告向法院起诉，主张被告不具备办理境外劳务相应资质，双方签订的委托合同无效。即使被告具备上述资质，由于其在签订委托合同时存在欺诈行为，在协商退款事宜时又存在胁迫行为，双方签订的委托合同和退款协议亦可变更或撤销的。因此无论是无效，还是可变更或撤销，被告均应退还所收款项并赔偿损失，故请求依法判决被告再退还代理服务费 13000 元(28000 元－15000 元)，并赔偿往返机票款 4610 元。

法院认为：原告刘芳与被告海鑫公司签订委托合同，委托被告办理赴新加坡做窗帘工事宜，虽然被告不具备办理境外劳务相应资质，但由于该合同系约定由第三人厦门中旅公司履行主要委托事务的合同，而该公司具备办理境外劳务相应资质，故不应认定该合同无效。被告表示赴新加坡做窗帘工无须具备相应技能，而原告赴新加坡后却因不具备相应技能未被录用，被告构成欺诈，故双方签订的委托合同系可变更或撤销合同。原告回国后要求被告退还所收款项并赔偿往返机票款，应视为系行使撤销权；被告与原告协商退款事宜，应视为被告已同意撤销委托合同。合同撤销后，被告因该合同取得的财产，在扣除履行合同而发生的必要费用后，应将余额退还原告，并应赔偿因其缔约过失而给原告造成的损失即往返机票款。被告并未证明其履行合同所发生的必要费用的数额，法院酌情确定为 5000 元，故被告应返还及赔偿的数额为 27610 元[32610 元(28000 元＋4610 元)－5000 元]。但被告仅返还原告 15000 元，故双方达成的所谓退款协议显失公平，应予变更，被告应再给付原告 12610 元(27610 元－15000 元)。

3. 居间合同或服务合同有效，但原告存在一定过错，应由原被告分别承担相应责任

此类案例中，法院认定无对外劳务合作经营资格的机构与劳务人员签订的合同系有效合同，但是因中介机构或经营机构故意隐瞒与订立合同有关的重要事实或者提供虚假情况，致使劳务人员被新加坡雇主解雇遣返，损害了出国务工人员的利益，中介机构或经营公司依法不得要求支付报酬并应当承担损害赔偿责任。不过法院同时认定出国务工人员存在一定的过错，例如未尽到完全注意义务，或自身工作能力有问题等，从而判决双方分别承担相应的责任。如“河南尚华对外劳务合作有限公司、张玉君居间合同纠纷案”中，二审法院认为，尽管河南尚华对外劳务合作有限公司没有对外劳务合作经营资格，但当事人之间为

居间合同关系，合同应为有效。但河南尚华对外劳务合作有限公司未明确告知张玉君该工作有3个月的试用期，存在一定的过错。同时，张玉君在用人单位君悦酒店给予的3个月试用期内，未通过试用期的考核，之后，用人单位君悦酒店又对其延长了3个月的试用期，对其进行考核，仍未通过考核，致使用人单位与其终止工作关系，其对合同的终止亦负一定的责任，改判上诉人河南尚华对外劳务合作有限公司承担60%的责任，原告张玉君承担40%责任。

"赵旭与冯永军、营口恒达劳务服务有限公司合同纠纷案"中，法院认为：原告与被告达成一致意见，形成了中介服务委托合同。原告支付了相关费用，被告为原告办理了各项出国手续，委托合同已经履行。合同履行中，被告在出国劳务的相关宣传上，在薪酬、待遇等方面，存在一定程度的夸大，对原告是否外出务工做决定时，有明显的误导性；被告在向原告提供新加坡方出具工作准证和原则性批准信等相关手续时没有按照相关的行业规则向原告提供完整的中文译本，也没有就工作性质、薪酬待遇、素质要求、违约责任等重要事项向原告进行明确的解释说明，被告具有一定的过错；被告安排务工时，没考虑原告个人能力，被告完成的委托事项明显存在瑕疵，存在一定的过错，承担次要责任(30%)。原告自愿出国务工，未尽到完全注意义务，回国自愿书非本人自愿所签没有证据证明，应承担主要责任(70%)。被告承担次要责任(30%)，原告承担主要责任(70%)。

其他案例如"滕霞与吉林省鸿跃国际人力资源开发有限公司劳务合同纠纷案""田战垒与濮阳富邦劳务信息咨询服务有限公司、北京华远富邦船舶企业管理有限公司居间合同纠纷案"中，法院亦认为居间合同或服务合同有效，但因为中介机构或对外劳务合作经营公司提供的条件不符合承诺，务工人员拒绝出国，要求返还已经交纳的中介费或服务费，最后法院判决中介机构或对外劳务合作经营机构予以返还。"孙杰与刘永飞居间合同纠纷案"中，孙杰不具有对外劳务合作经营资格，口头约定介绍刘永飞到新加坡工作，收取服务信息费24000元，后孙杰未能安排刘永飞到新加坡工作，刘永飞要求孙杰返还服务信息费及交通费1000元。法院认为，刘永飞与孙杰口头约定由孙杰为刘永飞办理出国劳务，刘永飞已按约定交纳了相应的费用，孙杰亦应按照约定履行办理出国劳务的义务。约定期限届满，孙杰未能按约定办理出国事宜，故孙杰构成违约，应承担相应的违约责任。"李江波与濮阳国际经济技术合作有限公司居间合同纠纷案"中，法院亦认为居间合同或服务合同有效，但出国务工人员与人打架导致被解雇，经营机构不承担返还费用责任。

4. 中介合同或服务合同因无效，中介机构或对外劳务合作企业返还中介费或劳务费

22个案例中，有6个案例认为，没有对外劳务合作经营资格的中介机构或个人与劳务人员签到的合同为无效合同，应当返还费用或并处承担赔偿责任。

“王骏与江苏阜宁国际经济技术合作有限公司劳务合同纠纷案”中，一审法院认为，公民的合法权益受法律保护。民事活动必须遵守法律，法律没有规定的，应当遵守国家政策。阜宁国际经济公司的营业执照载明其经营范围许可经营项目为境内职业中介服务，而双方签订的委托书中明确了委托事项为介绍出国劳务，其在没有取得对外劳务合作经营资格证书并办理登记的情况下，制作新加坡劳务信息表，并与王骏签订介绍出国劳务委托书，同时收取代办费用，组织王骏赴新加坡为新加坡的企业或者机构工作，该公司从事对外劳务合作的经营性活动违反了相关行政法规，故双方签订的委托书不具有法律效力，应为无效合同。对王骏要求返还35000元的主张，因其自身亦存有一定的过错，应对其行为承担相应的责任。鉴于购买机票已实际用去部分费用，一审法院酌定阜宁国际经济公司向王骏返还26240元。驳回其他诉讼请求。

阜宁国际经济公司不服一审判决提起上诉，主张按照江苏省政府苏政发(2008)57号文件，其是经有关部门核定批准的境内职业中介服务企业，有资格接受“对外劳务合作经营企业”和“境外就业企业”的委托中介，上诉人为被上诉人中介(介绍)出国劳务没有违反法律、行政法规，其介绍劳务委托书应为有效合同。二审法院认为：江苏省苏政发(2008)57号文件是江苏省政府于2008年颁发的，而国务院620号令《对外劳务合作管理条例》施行的时间是2012年8月1日，《对外劳务合作管理条例》施行的时间迟于江苏省苏政发(2008)57号文件，而且效力明显高于江苏省苏政发(2008)57号文件。本案中双方委托合同签订的时间为2012年9月，此时《对外劳务合作管理条例》已经施行，上诉人并未取得对外劳务合作经营资格证书，其无权从事对外劳务合作的经营业务，双方当事人签订委托书的行为违反了相关行政法规，一审认定是双方签订的委托书系无效合同并无不当。一审法院认定事实清楚，适用法律正确，依法应予维持。

此案与前述“孟凡平案”“兰晓明案”“彭兵案”以及“庄河案”等法院的判决在认定事实和适用法律上完全不同，反映了我国司法实践的不统一，从而给当事人带来的不便和权利维护的不力。

“张哲与宁阳安和人力资源有限公司居间合同纠纷案”中，法院认为，根据

我国《境外就业中介管理规定》,从事境外就业中介活动的企业需具备相应资质,具备严格的市场准入条件。被告宁阳安和公司虽经营范围为人才中介服务,但并未取得从事境外就业中介活动的许可。对于被告提交的新加坡公司HUACHANG TECHNOLOGY BUSINESS的委托书,第一为复印件,第二根据我国《对外劳务合作管理条例》的规定,"国外的企业、机构或者个人不得在中国境内招收劳务人员赴国外工作",即使被告有新加坡公司的委托,该委托也是违反国家强制性规定。被告未取得从事境外就业中介活动的许可,不能从事境外就业中介活动,其与原告达成的口头协议应为无效合同。被告依合同取得的原告财产依法应予以返还。对于原告回国原因,因其并不影响合同的效力,依法不予审查。被告主张收取的劳务费已经用于给原告办理出国劳务花费,原告对此不认可,被告未提供证据对资金流向予以证实,法院不予采信,且即使被告将收取的费用已经支出,也应返还基于无效合同取得的财产,故对原告要求被告返还出国劳务费用30000元的诉讼请求予以支持。此案中法院没有认定原告承担相应的过错责任,判决被告全额返还劳务费。

"王远强与宁阳县天宇商务咨询服务有限公司劳务合同纠纷案"中,一审法院认为,被告系中介公司,其为原告联系出国务工的行为系是中介行为。但被告从事的中介服务系对外劳务输出,而从事对外劳务合作经营活动的企业需具备相应资质,应具备严格的市场准入条件,不同于一般的中介组织。本案中,被告未取得中华人民共和国对外劳务合作经营资格证书,也未接受有经营资质的企业委托,而是自行联系新加坡方面,直接将原告派往境外,该行为违反了国家强制性规定,不利于维护外派务工人员的合法权益,其与原告达成的口头协议应为无效合同。被告依合同取得的原告财产依法应予以返还。被告提供原告自愿回国的承诺书一份,据此主张不应承担责任。双方对签订时间各执一词,但均未提供证据予以证实,该承诺书签订时间应按书面落款时间确认,因2012年11月30日宁阳天宇公司尚未成立,而承诺书却盖有其公章,该证据形成存在瑕疵,对承诺书效力依法不予认定,对被告主张依法不予支持。对于原告回国原因,因其并不影响合同的效力,对此不予审查。被告基于无效合同取得的财产依法应予以返还。对原告要求被告返还出国劳务费用的诉讼请求依法予以支持,判决被告返还全部劳务费30000元,但对于原告损害赔偿的请求予以驳回。

被告不服提起上诉。上诉法院认为,上诉人系面向社会提供商务咨询服务的公司,并没有外派劳务的资质,其实施的中介行为实质上是外派劳务的行为,该行为是受国家的法律法规严格控制的,必须具备该资质的企业才能实施外派劳务，其他没有该资质的企业所实施的外派劳务行为，因违反法律法规的强制性规定而无效，本案中双方外派劳务的行为也因此是无效的，上诉人所收取的 30000 元费用应予返还。对上诉人称的被上诉人自己签订了承诺书，承诺在做工期间出现的任何问题自愿承担一切费用，与上诉人无关，所以上诉人不应承担责任的主张，因双方的合同为无效合同，依据法律规定上诉人应承担返还的责任，并不因承诺书其就不承担返还责任，对上诉人的主张不予支持。

“钱希琴与贾千凤居间合同纠纷案”中，贾千凤与钱希琴签订协议书，约定贾千凤自愿委托钱希琴办理赴新加坡饰品店从事售货员职业的事宜。钱希琴先后向贾千凤收取现金 34000 元。贾千凤赴新加坡工作不到 2 个月即被遣送回国。贾千凤在新加坡期间签订回国声明，声明其系因无法胜任在新加坡的工作而回国。回国后，贾千凤向法院起诉要求钱希琴返还费用，主张其系在受到胁迫的情况下签订回国声明。一审法院认为，双方之间存在有效居间合同关系，应按照约定全面履行各自的义务。但钱希琴在明知贾千凤以劳务为目的出国的前提下，为其办理了赴新加坡的旅游签证，应当是导致贾千凤不能在新加坡提供劳务而被迫回国的原因。考虑到贾千凤孤身一人身处异国的实际情况，不排除回国声明有受胁迫的可能。贾千凤作为完全民事行为能力人，在明知钱希琴不具备相关资质的情况下委托其办理出国劳务手续，且持钱希琴提供的旅游签证赴新加坡提供劳务，主观上存在过错。判决钱希琴返还贾千凤 60%的费用。

钱希琴不服提起上诉，上诉法院认为，钱希琴不具备从事对外劳务合作的资质，却为贾千凤办理赴新加坡的旅游签证，去新加坡从事饰品店售货员职业。双方之间的协议违背了国务院《对外劳务合作管理条例》第 7 条第 4 款“未依法取得对外劳务合作经营资格证书并办理登记，不得从事对外劳务合作”和第 8 条第 2 款“任何单位和个人不得以商务、旅游、留学等名义组织劳务人员赴国外工作”的强制性规定，依法应当认定无效。合同无效，因合同取得的财产，应当予以返还。钱希琴先后收取贾千凤 34000 元，扣除合理花费后，剩余费用酌定由钱希琴按 60%的比例予以返还并无不当。

类似的，“徐铭与青岛陶隋人力资源有限公司、陶坚垒居间合同纠纷案”，法院认定合同无效，被告应返还中介费，但因原告到新加坡工作 40 余天取得了劳动报酬大于中介费，因此认定中介费损失由此抵消。该案不合理之处在于，原告在新加坡劳动所得是其合法劳动报酬，而被告取得的中介费是不合法的，应当返还。

“江妹英与蒋雪容居间合同纠纷案”中，被告收取原告 50000 元后，只为原告办理了到新加坡的旅游签证，并未能按约给原告办理赴新加坡劳务的工作签证。法院认为，蒋雪容不具备从事对外劳务合作的资质，其与原告江妹英所签订的协议违反法律、行政法规的强制性规定，依法认定无效。合同无效，因合同而取得的财产，应当予以返还。鉴于被告在代办签证过程中出资为原告购买了往返新加坡与国内的飞机票等，确实也支出了相关费用，且原告轻信非法劳务中介，缺乏对行为风险的合理判断，对合同无效也有一定的责任，结合本案的实际情况，酌定在原告支付给被告的50000元费用中扣除8000元较为妥当合理，故被告实际尚需返还原告42000元。

前述案例表明，尽管我国部分法院判决坚持了维护我国海外劳工利益原则，但我国司法实践的不统一状况是明显存在的，应引起国家重视，并加强我国立法完善，实现同案同判决，以维护国家法律的尊严，真正有效地实施保护我国海外劳工利益原则。

（二）刑事案例

18个刑事案例中（见表4-2），7个涉嫌非法经营罪，4个涉嫌合同诈骗罪，3个涉嫌诈骗罪（其中一个同时涉嫌偷越国境罪），3个涉嫌偷越国（边）境罪，1个涉嫌挪用资金罪。

表4-2　2012年以来涉我国与新加坡劳务合作的刑事案例统计表

序号	案件名称	案号	案由	案情及法院观点	裁判结果
1	伏守业非法经营案	梅河口市人民法院一审(2017)吉0581刑初396号	非法经营罪	2014年3月，被告人伏守业在没有办理出国劳务资质的情况下，为被害人岳某、王某、刘某等三人通过上线邵某办理赴新加坡出国劳务，共收取上述三人劳务费总计人民币7.9万元。上述人等到新加坡后因签证是旅游签证不是劳务签证而被迫陆续回到国内，在办理劳务过程中，伏守业非法获利人民币0.6万元。2016年，被告人伏守业招募苏某等9人赴迪拜的务工人员，收取上述劳务费共计34.25万元，非法获利7.65万元。上述人等到迪拜后因签证是旅游签证而不是劳务签证而被迫陆续回国。 法院认为，被告人伏守业违反国家规定，非法经营对外劳务合作业务，扰乱市场秩序，情节严重，其行为已构成非法经营罪。伏守业经公安机关电话传唤到案后，如实供述主要犯罪事实，属自首，对其从轻处罚；伏守业与被害人达成退赔意向并取得谅解，对其从轻处罚。经社区矫正部门评估，对伏守业适用非监禁刑对其居住社区无重大不良影响。	被告人伏守业犯非法经营罪，判处有期徒刑三年缓刑三年，并处罚金人民币8.5万元。 责令被告人伏守业退还各被害人24.7万人民币。

续表

序号	案件名称	案号	案由	案情及法院观点	裁判结果
2	鲁文婷非法经营案	连云港市赣榆区人民法院一审(2016)苏0707刑初745号	非法经营罪	刘某(另案处理)注册成立了赣榆区沙河镇恒耀商务信息咨询服务部。2015年2月18日,山东省临沂远扬人力资源有限公司书面委托刘某在江苏赣榆地区招聘涉外劳务储备人员,刘某与被告人鲁文婷招收劳务人员并收取相关费用。2015年4、5月,山东省临沂远扬人力资源有限公司通知刘某出国劳务项目取消。后被告人鲁文婷与刘某先后与盐城市中桥国际经济技术合作有限公司、东海县永康境外劳务派遣有限公司联系,通过上述公司为招收的63名务工人员办理赴斯里兰卡、尼日利亚等出国劳务手续,上述两公司均无相关出国劳务经营资质,与刘某收取务工人员出国劳务费用共计人民币61万元,后退还部分务工人员费用6.53万元。 法院认为,被告人鲁文婷违反国家规定,在未取得对外劳务合作经营资格的情况下,伙同他人从事出国劳务活动,扰乱市场秩序,情节严重,其行为已构成非法经营罪,且系共同犯罪,均应依法追究其刑事责任。公诉机关指控被告人鲁文婷犯非法经营罪事实清楚,证据确实、充分,指控罪名成立,本院予以支持。被告人鲁文婷在共同犯罪过程中起次要、辅助作用,系从犯,依法予以从轻处罚。	1. 被告人鲁文婷犯非法经营罪,判处有期徒刑二年,并处罚金人民币2万元。 2. 责令被告人鲁文婷退赔被害人经济损失人民币54.47万元。
3	沈某某挪用资金案	连云港市海州区人民法院一审(2017)苏0706刑初127号	挪用资金罪	被告人沈某某经营的某公司因没有对外劳务输出资质挂靠李某经营的某航公司,沈某某从李某某航公司利润中分成。2015年6月中旬,被告人沈某某在某航公司负责劳务输出相关事项,在与烟台某国际经贸有限公司两名劳务人员出境业务中又私自增加了五名劳务人员名单,共收取人民币227500元。某航公司李某遂向被告人沈某某银行账户汇入该款。将其中162500元出境款挪用在自己经营的服装店用于资金周转。案发后该款由被告人沈某近亲属向某航公司退还。 被告人沈某某利用职务上的便利,挪用本单位资金归个人使用,数额较大、超过三个月未还,其行为已构成挪用资金罪,应依法追究其刑事责任。被告人沈某某犯罪以后自动投案,并如实供述自己的罪行,系自首,可以从轻或减轻处罚。被告人沈某某已退赔了被害单位的全部损失,且当庭自愿认罪,量刑时酌情从轻处罚。	被告人沈某某犯挪用资金罪,判处有期徒刑一年,缓刑二年。

续表

序号	案件名称	案号	案由	案情及法院观点	裁判结果
4	姜泽合同诈骗案	长春市中级人民法院一审(2016)吉01刑初120号	合同诈骗罪	被告人姜泽注册成立了长春市海洋商务咨询有限公司并担任法定代表人(以下简称海洋商务咨询公司)。后以海洋商务咨询公司的名义与长春市建筑设计研究院(以下简称设计院)签订“合作履行协议书”,在明知自己没有能力办理劳务输出的情况下,以设计院的名义与吉林省梅河口市李炉乡政府(以下简称李炉乡政府)商谈为当地农民办理劳务输出事宜,并促成设计院与李炉乡政府签订劳务输出协议。李炉乡政府按照协议规定和约定将办理劳务输出费用的902万元交至设计院。被告人姜泽以办理劳务输出手续为名先后六次以借款的形式骗取设计院872万元。因姜泽未办理签证,导致劳务人员无法出境。姜泽于2007年5月20日逃匿。2015年12月25日,姜泽在上海机场被公安机关抓获。	被告人姜泽犯合同诈骗罪,判处有期徒刑十四年,并处罚金人民币50万元。 责令被告人退赔长春市建筑设计研究482.03764万元。
5	叶文红合同诈骗案	济源市人民法院一审(2016)豫9001刑初286号	合同诈骗罪	济源金桥劳务服务有限公司(以下简称“金桥公司”)的法定代表人叶文红,与四川加海出入境服务有限公司(以下简称“加海公司”)的业务员李某联系后,双方通过网络签订了推荐因私出境人员合同,但此后双方并无任何实际业务往来。后被告人叶文红在金桥公司不具备办理出国务工资质的情况下,利用李某传给其的加海公司出国务工合同样本,私自修改后以金桥公司的名义陆续与多名群众签订赴美国、加拿大、新加坡的出国务工合同,并收取相关费用。随后,出国务工合同到期却未能出国的群众多次找叶文红要求退款,叶文红编造各种理由推脱,并伪造国外的邀请函欺骗群众继续收钱。至案发,叶文红共收取30名出国务工人员72.92万元。 叶文红在明知自身不具备办理出国务工资质的情况下,对外宣称可以办理出国务工并以金桥公司名义陆续与多名群众签订合同、收取费用,所收取费用并未转给加海公司,亦未用于办理出国务工业务;在群众多次催促并要求退款时,其不仅伪造邀请函等出国务工手续推脱还款并继续收取费用,还伪造了加海公司收据并报假案,亦无法说清款项的具体去向,且至案发仍拒不支付,具有非法占有他人财物的故意。叶文红在签订、履行出国务工合同的过程中,虚构事实、隐瞒真相,骗取财物数额巨大,应以合同诈骗罪定罪处罚。	1. 被告人叶文红犯合同诈骗罪,判处有期徒刑七年六个月,并处罚金15万元。 2. 扣押在案的6000元由财物保管机关发还被害人;对被告人叶文红的违法所得继续予以追缴,发还被害人。

续表

序号	案件名称	案号	案由	案情及法院观点	裁判结果
6	许桓雨合同诈骗案	南县人民法院一审（2015）潼法刑初字第00344号	合同诈骗罪	许桓雨在未取得对外劳务派遣资质且无对外派遣能力的情况下，以“重庆渠成商务信息咨询有限公司”的名义发布赴美务工信息，虚构赴美务工高薪等优厚条件，以“重庆渠成商务信息咨询有限公司”的名义与奚某某等67名务工人员签订对美劳务派遣合同，骗取保证金人民币69.38万元。2015年2月，许桓雨用骗取的资金租用重庆市潼南区桂林街道办事处正东街47号门市成立“重庆渠成人力资源管理有限公司”，取得了为国内企业提供劳务派遣服务的资质，2015年3月至8月，许桓雨在未取得对外劳务派遣资质且无对外派遣能力的情况下，又以“重庆渠成人力资源管理有限公司”的名义发布赴美国、新加坡、马来西亚，以及我国澳门特区的务工信息，虚构赴上述国家和地区务工高薪等优厚条件，以“重庆渠成人力资源管理有限公司”的名义与杨某某等128名务工人员签订对外劳务派遣合同，骗取保证金人民币194.5万元，许桓雨先后骗取195人保证金人民币共计263.88万元。期间，许桓雨退回了付某某等少部分被害人的保证金共计人民币10.25万元。 法院认为，被告人许桓雨以非法占有为目的，在合同签订、履行过程中，没有实际履行能力，而以高额劳务报酬为幌，骗取对方当事人财物，数额特别巨大，其行为扰乱了市场秩序，已构成合同诈骗罪。许桓雨犯罪后虽然如实供述了自己的罪行，退还了少部分被害人的经济损失，也表示愿意积极配合办案机关将现有财产处置变卖以冲抵被害人的经济损失，但因本案涉案金额特别巨大，涉及人数众多，且绝大部分被害人的经济损失未予挽回，在当地造成了恶劣的社会影响，不宜从轻处罚。公安民警是在接到线索后将许桓雨带到公安机关进行讯问，许桓雨如实供述了犯罪事实，可以认定其有坦白情节。	1. 被告人许桓雨犯合同诈骗罪，判处有期徒刑十三年，并处罚金人民币20万元。 2. 责令被告人许桓雨退赔被害人奚某某、杨某某等人的经济损失共计人民币253.63万元。

续表

序号	案件名称	案号	案由	案情及法院观点	裁判结果
7	秦元荣、石运龙等犯偷越国（边）境案	蒙阴县人民法院一审(2015)蒙刑初字第233号	偷越国（边）境罪	被告人秦某某、石某甲、王某甲、周某、宋某甲、张某甲、车某与邱永超、孙胜华、孙鹏飞（以上三人均另案处理）等人交叉合伙，以牟利为目的，由被告人秦某某、石某甲、宋某甲、周某拉拢、组织人员，被告人王某甲、张某甲、车某与邱永超进行面签培训、办理签证，被告人石某甲与孙胜华、孙鹏飞在国外接机并安排工作，先后14次组织石运利、石某甲等34人偷越国境出国务工，其中张峰等9人分别进入美国、澳大利亚、加拿大、德国等国家非法务工，石某甲等25人因被拒签等原因未能出国。 法院认为，被告人弄虚作假，骗取出境证件，为他人组织偷越国境使用，符合组织他人偷越国境罪，同时构成骗取出境证件罪。	被告人秦某某、石某甲、王某甲、周某、宋某甲、张某甲、车某犯组织他人偷越国境罪，判处有期徒刑一至七年，并处罚金人民币5000元至20万元。
8	周某甲、王某甲犯非法经营案	东海县人民法院一审(2015)东刑初字第156号	非法经营罪	被告人周某甲、王某甲明知自己无外派劳务经营资质，仍然以其经营的连云港市超越劳务有限公司、常州欣雨人力资源有限公司的名义招收赴境外务工人员，先后收取陶某戊、顾某、徐某丙等100人各项出国费用共计人民币943750元。被告人周某甲主动到公安机关投案，如实供述了犯罪事实；被告人王某甲到案后如实供述了犯罪事实。被告人周某甲、王某甲已退赔被害人的部分经济损失。 法院认为，被告人周某甲、王某甲违反国家规定，非法经营外派劳务，扰乱市场秩序，情节严重，其行为均已构成非法经营罪，其中部分系共同犯罪。	被告人犯非法经营罪，分别判处有期徒刑三年，缓刑三年，并处罚金人民币25万元；有期徒刑二年六个月，缓刑三年，并处罚金人民币20万元。责令被告人周某甲退赔被害人经济损失。
9	余晓龙、马某等犯组织他人偷越国（边）境案	江苏省高级人民法院二审(2015)苏刑一终字第00166号	组织他人偷越国（边）境罪	被告人余晓龙、马某、刘某甲、刘某乙、杨某甲明知他人欲非法出境务工，共同或单独多次在辽宁省、吉林省和江苏省等地招募非法出境人员，通过编造出境事由、制作虚假材料和进行签证培训等方式骗领旅游签证，组织上述人员非法出境至美国、韩国务工，并从中收取高额费用。原审法院分别判决各被告犯组织他人偷越国境罪，判处一至八年有期徒刑，罚金人民币五至二十万元。被告人部分提起上诉，上诉法院判决上诉无事实依据，不予采纳。	驳回上诉，维持原判。

续表

序号	案件名称	案号	案由	案情及法院观点	裁判结果
10	章三苏诈骗案	宁海县人民法院一审(2015)甬宁刑初字第185号	诈骗罪	2012年3月至2013年6月，被告人章三苏在明知没有对外劳务输出资质、没有任何有资质公司授权委托的情况下，仍对外宣称招收去日本、新加坡、加拿大、沙特等国的务工人员，并以收取定金的方式从葛某、黄某乙等15人处共计骗取人民币32万余元。在当事人多次催讨后，被告人章三苏归还3.65万元。因无法安排至加拿大务工，被告人章三苏提出介绍骆某甲、张某乙到韩国打工，并以旅游签证的形式送至韩国，但被遣返回国。在多次催讨后，章三苏归还当事人人民币0.6万元。 被告人章三苏以非法占有为目的，采用虚构事实、隐瞒真相的方法，骗取他人财物，数额巨大，其行为已构成诈骗罪。	1. 被告人章三苏犯诈骗罪，判处有期徒刑五年九个月，并处罚金人民币6万元。 2. 责令被告人退赔当事人合计人民币32.55万元。
11	闫荣诈骗案	吉林市船营区人民法院一审(2014)船刑初字第58号	诈骗罪	2007年至2008年间，被告人闫荣在未经吉林市中信出国服务有限公司、吉林省国际人才技术合作有限公司、吉林省三龙对外经贸有限公司授权情况下，私刻吉林市中信出国服务有限公司北美业务部、吉林省国际人才技术合作有限公司吉林市咨询处、吉林省三龙对外经贸有限公司吉林市业务部公章，并以该些机构名义，在不具备资质情况下，谎称能够办理出国劳务，以收取办理费用形式骗取多人向其交付钱款共计57万元，至案发，该些交费人员均未被办理出国劳务。案发后，公安机关扣押12万元已分别返还于某甲3万元、刘某4万元、隋某5万元；另闫荣返还梁某美元2000元。被告人闫荣被取保候审期间曾外逃，后经抓获归案。 被告人闫荣以非法占有为目的，虚构事实、隐瞒真相，以吉林市中信出国服务有限公司北美业务部、吉林省国际人才技术合作有限公司吉林市咨询处、吉林省三龙对外经贸有限公司吉林市业务部名义，以收取办理出国劳务费用形式，骗取多名被害人钱款，数额特别巨大，其行为已构成诈骗罪。	1. 被告人闫荣犯诈骗罪，判处有期徒刑十一年，并处罚金人民币50万元。 2. 继续追缴被告人闫荣的违法所得。
12	付明星非法经营案	灌云县人民法院一审(2014)灌刑初字第0062号	非法经营罪	2012年8月份至12月份，被告人付某在明知任某设立的“上海诗杰劳务派遣有限公司”无外派劳务资格的情况下，仍以该公司名义，对外招收至韩国、新加坡、安哥拉等国家的务工人员。在招收的过程中，被告人付某以收取押金、办理护照、签证等方式，收取每人1000～56000元不等的出国费用，共计人民币175000元。 被告人付某与上海诗杰劳务派遣有限公司违反国家规定，在不具有外派劳务资质的情况下，进行非法经营活动，严重扰乱市场秩序，其行为已构成非法经营罪。	被告人付某犯非法经营罪，判处有期徒刑一年，缓刑一年，并处罚金人民币1万元。

续表

序号	案件名称	案号	案由	案情及法院观点	裁判结果
13	李超、李洪燕合同诈骗案	湘潭市中级人民法院一审(2013)新刑初字第0310号	合同诈骗罪	被告人李超、李洪燕在不具备境外劳务合作经营资质的情况下,以凯旋公司、友侨公司的名义,在连云港市新浦区招收江苏省灌云县、东海县、赣榆县和山东省日照市等地马某、王某、焦某、宋某等200余人赴加拿大、韩国等务工,共收取上述人员各项费用人民币500余万元,后因不能办理出国务工事宜,退还人民币39万余元。 被告人李超、李洪燕在两次未能将报名人员外派出国务工后,仍继续收取巨额劳务费用,且未为被害人安排外派劳务相关事宜,收取的巨额款项亦去向不明,足以认定其以非法占有为目的,在签订、履行合同过程中,骗取对方当事人财物,数额特别巨大,且系共同犯罪,应当认定其构成合同诈骗罪。公诉机关指控其构成非法经营罪系定性有误。公诉机关指控被告人李超犯虚报注册资本罪,因被告人李超所设立的公司均为注册资本认缴制公司,依法不构成虚报注册资本罪。	被告人犯合同诈骗罪,判处有期徒刑13年,并处罚金人民币50万元。责令两被告人退赔被害人损失人民币480余万元。
14	战某甲、战某乙组织他人偷越国(边)境案	莒县人民法院一审(2014)莒刑初字第236号	组织他人偷越国(边)境罪	被告人战某乙在北京注册成立北京中博名扬教育科技有限公司,并担任该公司法人代表;被告人战某甲(被告人战某乙之弟)在莒县成立北京中博名扬教育科技有限公司莒县分公司,并担任该分公司经理,两公司均不具有对外劳务输出的资质。2013年初,滕某(在逃)主动与被告人战某甲联系,两人经共同预谋,由被告人战某甲负责在国内招收赴韩国务工人员,由滕某负责务工人员到达韩国济州岛后的迎接和工作安排,利用韩国济州岛旅游免签的政策,组织他人偷渡韩国非法务工,每位务工人员拟收取人民币3万元作为费用。后战某丙、战某丁、史某从大连出境后被韩国移民机关在韩国济州岛的机场查获,并遣返回长春边防检查站。案发后,被告人战某甲、战某乙将收取的费用退还战某丙、战某丁。 法院认为,被告人战某甲、战某乙违反国家出入国(边)境管理法规,在没有对外劳务输出资质的情况下,利用韩国济州岛旅游免签证的政策,非法组织他人偷越国(边)境务工,其行为侵犯了国家对国(边)境的正常管理秩序,已构成组织他人偷越国(边)境罪。两被告人为赵某、崔某办理出国务工手续构成组织他人偷越国(边)境罪的事实不能成立。	被告人战某甲、战某乙犯组织他人偷越国(边)境罪,判处有期徒刑二年,缓刑二年,并处罚金人民币2万元。

续表

序号	案件名称	案号	案由	案情及法院观点	裁判结果
15	高某诈骗罪，高书江组织他人偷越国境案	潍坊高新技术产业开发区人民法院一审(2014)开刑初字第84号	诈骗罪	被告人高书江以办理旅游签证或商务签证等方式，多次非法组织、输送宋某等16人出国从事非法劳务。袁某甲等10人至案发尚未出国。该10人所交纳的办理出国劳务费用全部被高书江赌博、还高利贷等挥霍，至案发无法退还。另诈骗他人金额88.7万元。 被告人犯诈骗罪，另组织他人偷越国(边)境，且多次组织他人偷越国(边)境，组织人数众多，其行为构成组织他人偷越国(边)境罪。被告人高书江组织袁某甲等10人偷越国(边)境时，因意志以外的原因未遂。	被告人犯诈骗罪、组织他人偷越国(边)境罪，数罪并罚，执行有期徒刑十七年，并处罚金人民币18万元。
16	孙某甲非法经营案	东海县人民法院一审(2014)东刑初字第101号	非法经营罪	2012年10月至2013年2月间，被告人孙某甲在明知自己无对外劳务合作经营资格的情况下，利用其经营的东海县多益商务咨询有限公司宣传对外劳务，以赴澳大利亚工作为名，先后以保证金等名义分别收取马某乙、解某、王某等20人共计人民币223000元。被告人孙某甲违反国家对外劳务管理制度，在没有从事对外劳务合作资格的情况下，非法经营对外劳务，扰乱市场秩序，情节严重，其行为已构成非法经营罪。	1.被告人犯非法经营罪，判处有期徒刑三年，并处罚金人民币2万元。 2.责令被告人孙某甲退赔各被害人经济损失人民币22.3万元。
17	赵曦诈骗案	北京市朝阳区人民法院一审(2012)朝刑初字第3346号	诈骗罪	被告人赵曦虚构能办理相关央企海外项目出国务工的事实，在本市朝阳区霄云路26号鹏润大厦A座907号等地以收取出国务工人员保证金的方式，分别骗取扈某、谷某、韩某、史某及资阳市某有限公司人民币55.85万元。2012年2月6日，被告人赵曦被抓获归案，所骗款均已挥霍。 另被告人在2010年8月至2011年6月间，谎称可以办理北京市户口和进入北京市公安局工作，在北京市朝阳区霄云路26号鹏润大厦A座907号等地先后骗取张某、刘某、王某、袁某、田某、韩某、王某102万元。赃款均已挥霍。 被告人赵曦目无国法，为谋私利，虚构事实骗取他人钱财，且数额特别巨大，其行为触犯了刑律，已构成诈骗罪。	1.被告人犯诈骗罪，判处有期徒刑十二年，剥夺政治权利二年，罚金人民币1.2万元。 2.责令被告人退赔经济损失人民币167.85万，发还被害人。

续表

序号	案件名称	案号	案由	案情及法院观点	裁判结果
18	王某甲非法经营案	清丰县人民法院一审(2013)清刑初字第64号	非法经营罪	清丰县柳格乡高赵店村高方省欲在国内招收工人到新加坡打工,遂与王延超协商招工之事(二人均已判刑)。后二人与被告人王某甲达成使用其经营的清丰县城关镇涨潮职介所的办公地点和公章办理国外招工业务的协议。在无境外就业中介经营许可证及对外劳务合作经营资格的情况下,三人以该职介所的名义,向社会发布招工信息,并利用其办公地点和公章以清丰县城关镇涨潮职介所的名义和清丰县固城乡李郭村王某乙、古城乡叶村叶某甲等31名出国劳务人员达成去新加坡塑钢厂务工的口头协议,收取480200元的出国劳务费,严重扰乱了市场秩序。案发后尚有444200元未予退还务工人员。 法院认为,被告人王某甲伙同他人为牟取非法利益,在未经批准取得对外劳务合作和境外就业中介经营资格的情况下,违反规定非法从事对外劳务合作和境外就业中介经营活动,严重扰乱了市场经济秩序,给务工人员造成特别重大损失,并造成恶劣的社会影响,情节特别严重,其行为已构成非法经营罪。	被告人王某甲犯非法经营罪,判处有期徒刑四年,并处罚金人民币8万元。

前述案例中,对于没有对外劳务合作经营资格,从事对外劳务合作活动,造成受害人重大损失的行为,我国司法实践中到底将其认定为非法经营罪、合同诈骗罪还是诈骗罪,并没有统一的做法。

对于这种行为,通常有三种不同的观点。第一种观点认为,不具备对外劳务合作经营资格,仍以丰厚的待遇作诱饵,招收赴外国劳务人员,客观上具有隐瞒进行非法劳务合作真相的行为,主观上具有非法占有劳务人员钱财的故意,构成诈骗罪。第二种观点认为,在对外派遣劳务人员的过程中,如果是以签订合同的方式骗取被害人的钱财,这不仅侵犯了公私财产的所有权,也侵犯了经济合同管理秩序这一客体,应认定为合同诈骗罪。第三种观点认为未取得对外劳务合作经营资格的情况下,非法经营出国劳务业务,其主观目的是获取中介费,没有非法占有他人财物的故意,应构成非法经营罪。司法实践中不同的法院分别采纳不同的观点。

1. 非法经营罪

根据我国《刑法》第225条规定,非法经营罪,是指违反国家规定,有下列非法经营行为之一的犯罪。(1)未经许可经营法律、行政法规规定的专营、专卖物品或其他限制买卖的物品的;(2)买卖进出口许可证、进出口原产地证明以及其他法律、行政法规规定的经营许可证或者批准文件;(3)未经国家有关主管部门批准,非法经营证券、期货或者保险业务的,或者非法从事资金结算业务的;(4)从事其他非法经营活动,扰乱市场秩序,情节严重的行为。

对于非法经营罪的认定,学界认为通常有三个要件:(1)刑事违法性与行政违法性一致,即非法经营者必然违反有关的工商法规,没有行政违法性就不存在刑事违法性。我国目前行政经济法规不很健全,对该行为的认定具有一定的复杂性。(2)主观上要求行为人必须出于故意,明知违反行政法规而从事经营活动。(3)在犯罪情节上要求情节严重的才构成犯罪。通常以非法经营额和所得额的大小,以及是否给国家造成重大损失或者引起其他严重后果,经行政处罚后仍不悔改等来判断情节的严重性。

如表4-2中"伏守业非法经营案""周某甲、王某甲犯非法经营案"均判定为非法经营罪,被告人所受刑罚均为缓刑,刑罚较轻,而毫无疑问合同诈骗罪和诈骗罪的刑罚重很多。因此,明确其与合同诈骗罪的区别关涉是非常重要的。如前所述,非法经营罪犯罪嫌疑人从事的是一种真实的经营活动行为,即从事了对外劳务合作经营的相关业务,其主观上不具有诈骗他人财物的目的。但是未经相关部门批准,在明知其无劳务输出资质的情况下,仍然非法从事劳务输出活动,该行为既违反相关法规规定,又扰乱了我国对外劳务市场的管理制度,并造成较为严重的后果,构成非法经营罪,而非合同诈骗罪或诈骗罪。

2. 合同诈骗罪

我国《刑法》第224条规定:"有下列情形之一,以非法占有为目的,在签订、履行合同过程中,骗取对方当事人财物,数额较大的,处三年以下有期徒刑或者拘役,并处或者单处罚金;数额巨大或者有其他严重情节的,处三年以上十年以下有期徒刑,并处罚金;数额特别巨大或者有其他特别严重情节的,处十年以上有期徒刑或者无期徒刑,并处罚金或者没收财产:(一)以虚构的单位或者冒用他人名义签订合同的;(二)以伪造、变造、作废的票据或者其他虚假的产权证明担保的;(三)没有实际履约能力,以先履行小额合同或者部分履行合同的方法,诱骗对方当事人继续签订和履行合同的;(四)收受对方当事人给付的货物、货款、预付款或者担保财产后逃匿的;(五)以其他方法骗取对方当事人财物的。"

由此可见,合同诈骗罪是指以非法占有为目的,在签订、履行合同过程中,骗取对方当事人的财物，数额较大的行为。它侵犯的是复杂客体，即公私财物的所有权和合同管理制度。通常应具备下列三个特点：(1)无承担民事责任的主体。包括：虚构主体；签订合同后，故意注销、解散主体；卷款潜逃等。主体真实存在是行为人承担民事责任的基础，也是其主观上是否愿意承担民事责任的反映。行为人故意使主体消失，让合同对方当事人无从寻找应承担民事责任的主体，就意味着债务将无人清偿，反映出行为人有逃避民事责任，不愿偿还对方当事人的财物及损失的故意，这种故意的内容即包含有非法占有的目的。(2)没有实际履约能力。包括：自始即无履约能力，不告知对方真实情况而与之订立合同，骗取财物；开始有一定履约的可能性，而后履约能力丧失，但不告知对方情况，让对方继续履约，骗取对方财物；签订合同后，将对方财物大部或全部用于与履行合同无关的个人消费、还债、非法经营、违法犯罪等用途，造成无法归还对方财物的后果。无实际履约能力而签订合同或骗取对方履行合同，本身就具有骗取对方财物的故意；而将财物挥霍，使自己进一步陷于根本无法履行合同义务的状况，更可以反映出行为人不愿履行合同或归还财物的心理状态，而不愿归还财物就意味着有意非法占有。(3)欺诈的行为方式既可以是积极的作为，如虚构事实；也可以是消极的不作为，如故意隐瞒事实。

如表 4-2 中“姜泽合同诈骗案”“许桓雨合同诈骗案”“李超、李洪燕合同诈骗案”“叶文红合同诈骗案”等四个案例均认定为合同诈骗罪，被告人均被判处 13 年以上有期徒刑(其中姜泽被判处 14 年有期徒刑)，并处以高额罚金。相比前述非法经营罪的处罚要严厉很多。前述案例中的犯罪嫌疑人也是以经营对外劳务合作的形式，收取受害人的大量财物，但法院判定其为合同诈骗罪而非非法经营罪。其中最主要的区别应该是犯罪构成要件不同。因此，对于某一行为定性，即到底是非法经营罪还是合同诈骗罪，需要根据法律对各罪名的界定及特点进行分析。

3. 诈骗罪

我国《刑法》第 266 条规定，诈骗罪是指以非法占有为目的，用虚构事实或者隐瞒真相的方法，骗取公私财物数额较大的行为。这一法律规定阐明了诈骗罪的主观故意是以非法占有为目的，采取的手段是虚构事实或者隐瞒真相，一般不签订书面合同。侵犯的客体是单一客体，即公私财物的所有权。如表 4-2 中“章三苏诈骗案”被告人章三苏被判定为犯诈骗罪，判处有期徒刑五年九个月。

综上所述，前述案例中，犯罪嫌疑人的行为均没有对外劳务合作经营资格，而通过收取受害人的大量财物，派遣或不能派遣受害人到国外工作。这些行为分别被认定为非法经营罪、合同诈骗罪或诈骗罪，从而打击了破坏对外劳务合作中的犯罪行为，维护了我国对外劳务合作经营秩序。但是对罪名的不同认定，往往导致量刑的差异，例如被判定非法经营罪的犯罪嫌疑人，通常被判处缓刑或较轻刑罚，而合同诈骗罪和诈骗罪往往根据其犯罪情节，判处较重的不等刑罚。显然，对同一行为作非法经营罪和合同诈骗罪或诈骗罪的不同认定，会导致不同的判决结果，从而表明对非法中介活动的打击力度不同，产生不同的效果。前述"伏守业非法经营案""许桓雨合同诈骗案"和"章三苏诈骗案"分别认定为不同的罪名，从而适用不同的刑罚，但是3个案件中，犯罪嫌疑人是否具有以非法占有为目的，在合同签订、履行中虚构事实或虚构事实的行为，并没有明显的差异，差异只是法院的判断和认定。因此，加强对这些犯罪行为的统一定性，采取同样的刑事处罚，才能更好维护法律的权威性，打击犯罪行为，保护作为受害人的广大出国劳务人员的利益。

总之，我国司法实践中，无论是民事还是刑事领域，均存在法律适用不统一，维护我国海外劳务人员利益原则没有得到很好的贯彻等现象。我国在新加坡务工人员回国后权利的司法保护尚需要进一步加强。尽管如此，总体上看，我国现行司法实践，在维护我国在新加坡劳工利益上发挥了重要的作用，可以为今后的司法活动提供参考和借鉴。

第三节　国际法律制度

(一)国际条约

当前我国已经批准的国际劳工公约有：《职业安全和卫生及工作环境公约》、《确定准许儿童在海上工作的最低年龄公约》、《航运的重大包裹标明重量公约》、《船舶装卸工人伤害防护公约》(1932年修正)、《确定准许使用儿童于工业工作的最低年龄公约》(1937年修正)、《各种矿场井下劳动使用妇女公约》、《海员协议条款公约》、《海员遣返公约》、《制订最低工资确定办法公约》、《建筑业安全卫生公约》、《作业场所安全使用化学品公约》、《本国工人与外国工人关于事故赔偿的同等待遇公约》、《禁止和立即行动消除最恶劣形式的童工劳动公约》、《工业企业中实行每周休息公约》、《(残疾人)职业康复和就业公约》、《在海上工作的儿童及未成年人的强制体格检查公约》、《三方协商促进履行国际劳工标准公约》、《确定准许使用未成年人为扒炭工或司炉工的最低年龄公约》、《就业政策公约》、《准予就业最低年龄公约》、《工业企业中实行每周休息公约》、《对男女工人同等价值的工作付予同等报酬公约》、《农业工人的集会结社权公约》、《确定准许儿童在海上工作的最低年龄公约》以及《消除就业和职业歧视公约》等20多项。这些条约对在与我国同为批准国的国家工作的中国工人保护提供了法律依据，对我国海外劳工权益保护无疑具有重要意义。尤其是《消除就业和职业歧视公约》以及《本国工人与外国工人关于事故赔偿的同等待遇公约》等，具有针对性，有利于我国海外劳工权益保护。

但是，我国并没有参加1990年联合国《移民工人及其家庭成员权利保护公约》，也没有参加国际劳工组织制定的《移民雇佣公约》(1949年)和《移民工人公约》(1975年)及其他有关劳务移民的劳工标准。新加坡也没有批准这些条约或标准。因此，我国与新加坡之间劳务合作并没有专门的条约或标准可以适应，而对于中新双方均批准的相关条约则可以为中国工人提供相关保护。随着我国对外劳务合作的进一步发展，这些专门性的劳工公约及标准的批准，有可能提上我国立法议事日程，它们将与前述国内法与双边条约一起，共同构筑我国海外劳工权益保护法律体系。新加坡外国劳工权益保护机构对批准这些条约有诸多呼声，如前述新加坡“情义之家”曾呼吁政府批准1990年联合国《移民工人及其家庭成员权利保护公约》，但就新加坡国内的现状而言，这仍是一段很遥远的路程。

(二)双边条约

我国开展对外劳务合作以来，在我国与一些国家或地区的双边经济合作协议或自由贸易协定中规定了劳务合作的内容，如《中华人民共和国政府和新西兰政府自由贸易协定》中附件十一“自然人临时雇佣入境承诺”规定了劳务合作的内容。同时，我国也同不少国家和地区签订了专门的对外劳务合作条约，如《中华人民共和国政府和俄罗斯联邦政府关于中华人民共和国公民在俄罗斯联邦和俄罗斯联邦公民在中华人民共和国的短期劳务协定》《对澳门地区开展普通劳务合作管理办法》《关于输往香港普通劳务审批管理规定》《对香港地区劳务合作管理办法》《中华人民共和国商务部和大不列颠及北爱尔兰联合王国卫生部关于招聘护理专业人员合作意向书》《中华人民共和国政府和毛里求斯共和国政府关于双边劳务合作的协定》《中华人民共和国政府和阿拉伯联合酋长国政府关于双边劳务合作的谅解备忘录》《海峡两岸渔船船员劳务合作协议》以及《中华人民共和国商务部和大韩民国劳动部关于启动雇佣许可制劳务合作的谅解备忘录》等。与中国签订双边劳务合作协议的还有塞班、巴林、马来西亚、英国以及约旦等。

就同外国劳务合作而言,《关于中华人民共和国公民在俄罗斯联邦和俄罗斯联邦公民在中华人民共和国的短期劳务协定》第 4 条、第 8 条、第 9 条、第 10 条规定了许可证制度,第 12 条规定了保险赔偿制度。中国商务部和英国卫生部《关于招聘护理专业人员合作意向书》承诺将中国从不鼓励护理专业人员招聘的发展中国家名单中删除,并确定了《商业招聘机构道义框架》;中国和毛里求斯《关于双边劳务合作的协定》就劳动检查制度、雇佣合同解释制度以及定期交流制度等作了规定;中国和阿拉伯联合酋长国《关于双边劳务合作的谅解备忘录》规定了汇款制度以及轮流开会制度。中国商务部和韩国劳动部《关于启动雇佣许可制劳务合作的谅解备忘录》规定了信息保留制度及考试资格制度等;中国和新西兰《自由贸易协定》规定了市场准入制度。

就国内区际劳务合作而言,《对澳门地区开展普通劳务合作管理办法》第 5 条、第 6 条规定了合同的签订及审批制度,第 12 条、第 13 条、第 14 条规定了分级管理制度,第 15 条、第 16 条、第 17 条规定了总量控制与配额确定制度。《关于输往香港普通劳务审批管理规定》第 12 条、第 13 条、第 14 条规定了派往香港工人的合同制度,第 17 条、第 19 条、第 22 条规定了人员选派制度,第 25 条规定了保证金制度,第 26 条规定了劳务管理费制度,第 42 条规定了裁决制度;《对香港地区劳务合作管理办法》在有关条款规定了收费制度、报告制度。《海峡两岸渔船船员劳务合作协议》规定了双方协调机制和交流互访机制。

这些双边条约或协定是我国对外劳务合作法律制度的重要组成部分,连同我国批准参加的国际劳工标准及我国参加的有关国际条约,构成我国海外劳工权益保护法律制度体系,为劳动者、企业和有关管理部门所遵守。

就新加坡而言,我国也与新加坡签订了有关双边条约,为中国与新加坡开展劳务合作提供了重要法律依据。

1. 中国和新加坡关于建立外交关系的联合公报(1990 年)

中国与新加坡自 1990 年 10 月 3 日起建立外交关系,互派大使,并为对方使馆履行公务提供便利。该公报确立了中新双方进行交往的基本原则,即和平共处五项原则和联合国宪章的原则,这是中国和新加坡开展各方面交往包括对外劳务合作的重要法律基础。

2. 中国和新加坡科学技术合作协定(1992 年)

中国和新加坡重申在尊重平等、互利和主权原则的基础上,从增强两国的友好关系及双方利益的目的出发,促进发展两国在共同感兴趣的所有领域的科学技术合作,并且通过共同协议确定合作的领域和题目。这些科学技术合作包括:"一、互派科学技术专家;二、互换科学技术情报;三、转让科学技术知识和经验;四、吸收缔约国的科学家、工程师和其他技术人员承担项目;五、共同研究、开发双方感兴趣的具体科技项目,包括组织共同研究、开发中心、实验室,及科学团组等;六、开展科技成果商品化的合作;七、就共同感兴趣的题目组织双边研讨会、专题讨论会和会议,以及科技展览会;八、促进技术转让和技术贸易;九、进行缔约双方同意的其他方式的科技合作。"该协定 1992 年 3 月 2 日生效,有效期 5 年并可通过延续继续生效。该协定的签订有力地促进了双方在科技人才方面的合作。

3. 中华人民共和国政府和新加坡共和国政府关于双边合作的联合声明(2000 年)

该声明首先回顾和总结了自 1990 年 10 月 3 日中国与新加坡建交以来十年的密切友好关系及多层次广泛合作,并重申双方在坚实的基础上进一步发展双边关系,探讨新的合作领域以进一步加强双边关系,并为加强双边合作提供一个框架。双方同意在政治、经济、防务、法律、教育、文化以及环境领域进行合作,并表明该声明覆盖双边合作的各个领域,不排除双方商定的其他合作领域。就经济方面的合作而言,中国和新加坡声明,在现有良好合作的基础上,双方将在贸易、投资和人力资源开发方面寻求新的合作领域和方式。两国政府将鼓励双方企业直接合作,并探讨在各自国内市场以外进行合作。中方欢迎新加坡企业来华投资参与西部地区开发,在基础设施建设、通信等领域探讨合作。双方也将继续鼓励工商界、民间团体及青年团体的往来。其中涉及人力资源方面的合作。

4. 中华人民共和国政府与新加坡共和国政府关于成立双边合作联合委员会的谅解备忘录(2003 年)

该备忘录规定,中国与新加坡在进一步加强两国之间业已存在的睦邻友好互利合作关系的愿望下,双方同意成立"中华人民共和国政府与新加坡共和国政府双边合作联合委员会”(以下简称“联委会”),其主要任务是推动两国在高科技、中国西部开发、中国企业“走出去”和人才交流与培训四个重点领域的合作,并对中新合作发展方向进行宏观规划。“联委会”在两国总理指导下开展工作,由两国副总理共同担任主席。中方外交部、国家发展和改革委员会、科技部、商务部等有关部门的领导以及新方外交部、贸易及工业部等有关部门的领导和代表担任“联委会”委员。“联委会”会议可结合两主席互访在中国或新加坡举行。会议由“联委会”主席共同主持,并由两国外交部负责筹办。“联委会”的成立有利于双方在各个方面问题上的协商和沟通,包括劳务合作方面事务的沟通。

5.《中国和新加坡自由贸易协定》(以下简称《协定》)(2008 年)[①]

中新《自由贸易协定》是一项全面的自由贸易协定,共 14 章 115 条,包括初始条款、总定义、货物贸易、原产地规则、海关程序、贸易救济、技术性贸易壁垒及卫生与植物卫生措施、服务贸易、自然人移动、投资、经济合作、争端解决、例外、总条款和最后条款。此外,《协定》还包含 7 个附件、2 项换文。在 WTO 相关规则规范下,并在中国—东盟自由贸易区的基础上,《协定》是双方进一步相互开放市场,深化合作的法律文件。

在服务贸易方面,双方在 WTO 服务贸易承诺表和中国—东盟自贸区《服务贸易协议》市场准入承诺清单的基础上,进一步相互扩大市场准入范围。在商务人员入境方面,双方在《协定》中设立了自然人移动章节,明确了商务人员临时入境的纪律和准则,并就居留时间和条件做出了具体承诺,将进一步便利两国人员往来,为自然人临时入境建立透明的标准和简化的程序。与《协定》同时签署的《劳务合作谅解备忘录》,也将对我国赴新劳务人员的管理和维护我国在新劳务人员的权益,产生积极效果。此外,《协议》还强调,双方将在贸易投资促进、旅游合作、促进中国区域经济协调发展、人力资源开发和中国企业“走出去”等方面加强合作。

《协定》的签订是中新双边关系发展历程中新的里程碑,将进一步全面推进中新双边经贸关系的发展,也将对东亚经济一体化进程产生积极影响。有利于维护两国经济与贸易的稳定和增长,为维持世界经济稳定和促进贸易自

---

① 商务部国际司:《中国—新加坡自由贸易协定》简介,中国驻新加坡大使馆网站,http://sg.mofcom.gov.cn/article/maoyi/laogong/200811/20081105874052.shtml,下载日期:2016 年 12 月 28 日。

由化做出积极贡献。

6. 中国和新加坡关于双边劳务合作的谅解备忘录(2008年)

为进一步加强两国经贸合作,共同促进双边劳务合作业务的健康发展,根据双方现行的有关法律、法规,中新双方经过友好协商达成共识。

该备忘录首先界定了双方劳务合作中常用的一些概念,例如“中国经营公司”是指中国商务部批准的具有开展对外劳务合作经营资格的中国公司。“雇主”是指在新加坡境内注册成立的可以雇佣外籍劳务人员的企业法人。“人力公司”是指现行新加坡法律、法规定义下的在新加坡境内的雇佣代理公司。“劳务人员”是指工作准证(WP)制度下,雇主或人力公司委托中国经营公司招收、选拔和派遣到新加坡工作一段时间的中国公民。“工作准证”是指由新加坡政府主管部门向中国低技术工人签发的工作许可。备忘录中确定中国商务部和新加坡劳工部具体负责协定实施的部门。

中新两国政府在劳务合作中的义务包括:中方通过外交渠道向新方提供中国经营公司名单,名单内容如有变动,中方将及时书面通知新方。根据现行规定,雇主或人力公司不得通过中方名单以外的中国公司招收劳务人员。新方须将新人力公司名单提供中方。双方应加强对各自经营公司的管理,规范其经营行为。双方应共同合作,要求双方经营公司、人力公司和雇主遵守各自的法律和本协定。双方也将加强有关教育工作,使行业了解各自法律和规定。

关于招募,备忘录规定,在中国境内招收中国公民赴新工作须根据中国现行法律规定进行。中国经营公司应推动雇主与中国劳务人员签订雇佣合同。合同规定的各项雇佣条件须符合新加坡的有关法律、法规。新方将在中方的配合下采取必要措施,确保中国劳务人员的各项雇佣条件得到尊重,并根据新加坡的相关法律保障劳务人员的合法权益。中国劳务人员在新加坡应遵守新加坡的法律规定,尊重新加坡的风俗习惯。中国经营公司与新人力公司不得向劳务人员收取超出双方政府现行规定以外的任何费用。雇主不得向劳务人员收取新加坡现行法规不允许的任何费用,包括保证金。新人力公司向雇主收取的中介费应由雇主承担。中国经营公司与新加坡雇主签订劳务合作合同,根据合同负责挑选、培训、派遣符合合同要求的劳务人员。雇主和人力公司可到中国对劳务人员进行面试。

关于雇佣合同,该备忘录规定,雇主与劳务人员需签订雇佣合同。合同须符合新加坡法律规定,合同文本由雇主或人力公司提供,并应提前交给中国经营公司。中国经营公司应在劳务人员派遣前,就雇佣合同条款的具体内容向劳务人员做充分解释,包括新加坡法规下现行工作准证的条件,同时应确保劳务人员每人拥有一份与英文版雇佣合同内容一致的中文版雇佣合同。雇佣合同的内容应包括本协定附件中所列的基本条款,劳务合作合同的内容亦应包括本协定附件中所列的基本条款,具体规定应与雇佣合同保持一致。

关于雇主的义务,该备忘录规定,雇主或人力公司应确保劳务人员及时获得新加坡有关主管部门签发的有效工作准证。雇主负责为劳务人员在新加坡工作期间投保工作相关的意外伤害保险,并根据新加坡法律法规承担相关医疗保险费用。因雇主原因导致中国劳务人员提前回国、合同中止或无法正常履行,雇主须根据新加坡的有关法律、法规对劳务人员做出充分和及时的赔偿。若劳务人员认为被雇主无正当原因或理由解雇,其可以按照新加坡的法律法规寻求必要的帮助。

关于劳务合作管理,该备忘录规定,新加坡将根据其法律法规,促进工作准证的及时发放,便利中国劳务人员的出入境。双方应确保本协定有关雇佣中国劳务人员的协议条款得到履行。对在中新劳务合作中有违反法律法规或本协定行为的雇主、人力公司或中国经营公司,双方应及时采取必要措施予以处理并定期互相通报情况。

同时,根据该备忘录,中新双方同意成立中新劳务合作工作小组。根据需要,工作小组每年举行一次例会,并可在任何一方提出需要时举行会议,例会由双方轮流主持。其他临时会议由提出方主持。工作小组会议的主要任务是:(1)评估协定的执行情况;(2)评估双方经营公司的经营行为,并进行动态管理,优胜劣汰;(3)研究、解决双边劳务合作中出现的问题;(4)探讨加强双边劳务合作的措施。

该备忘录还规定,因本备忘录解释和适用过程中发生的分歧和争议,双方应通过谈判和友好协商解决。协定有效期为 5 年。除非任何一方在本协定有效期届满的 6 个月前书面通知另一方终止本协定,本协定有效期将自动延长 5 年,并依此法顺延。

总之,前述国内法、国际条约以及双边条约对调整中国与新加坡对外劳务合作关系,保护我国对新加坡劳务合作人员的权益具有积极作用,但是因为两国利益追求上的差异,以及两国国内形势的不同发展,这些法律对保护外国劳工权益包括我国劳工权益上仍存在许多问题,有待今后双方劳务合作的进一步发展及合作的加强予以完善和发展。

第五章 在新加坡中国工人权利保护制度的完善建议

我国在新加坡的中国工人数量庞大，为新加坡经济的发展做出贡献。但是，如前所述，他们在新加坡的生存状况不容乐观，他们的权利受到侵害的事件时有发生。新中国成立以来，十分重视保护包括海外劳工在内的海外公民利益。我国在新加坡工人是一个不容忽视的群体，有效保障我国海外公民的权益，是我国政府义不容辞的责任。因此，借鉴世界主要劳务输出国的经验，结合我国实际，建立切实可行的在新加坡的中国工人权利保护制度，具有必要性和重要意义。

第一节　中国制度与措施的完善

一、完善我国相关立法

在立法上，可以从宪法和一般立法两个方面完善对我国海外劳工权益的保护制度。宪法权利神圣不可侵犯，非有充分、合理的理由不得剥夺。国家可以通过宪法以及劳动法、海外劳工与公民权利保护法等明确海外劳工的法律地位，保护海外劳工利益。

1. 宪法

宪法是国家的根本大法，是公民权利的保障书。我国《宪法》第 50 条规定，中国保护华侨的正当的权利和利益，保护归侨和侨眷的合法的权利和利益。

我国海外华侨为中国革命和建设做出重大贡献，我国宪法明确规定了保护海外华侨及归侨和侨眷的权利和利益，这对于保护我国海外劳工利益具有借鉴意义。但是这里的华侨能否包括我国海外劳工，则是需要探讨的问题。对于我国海外劳工在目的地国家工作一定时间，已经取得了当地居民资格或加入外国国籍的，毫无疑问是华侨，受到我国宪法的保护，但是对于尚没有定居或入籍的中国工人，或者通常被外国认定为临时性的中国工人的利益是否受我国宪法该条保护，则没有明确规定。世界上有一些国家在宪法中明确规定保护海外劳工的利益，如菲律宾《宪法》第 13 章第 3 条规定："国家应为本地的、海外的、有组织的、无组织的劳工提供充分的保护，促进充分就业和平等的就业机会。"当然这与海外劳工在菲律宾的影响力以及菲律宾政府对海外劳工权益保护的高度重视有关。鉴于我国对外劳务合作的不断发展，以及我国"走出去"战略的进一步推进实施，我国海外劳工人数在世界上已经具有相当的规模，而且我国对外劳务合作政策仍将保持下去，因此，我国可以考虑将海外劳工利益保护纳入宪法范畴，或者将现行《宪法》第 50 条推定适用于我国海外劳工。

2. 劳动法

劳动法是调整劳动关系、规范劳动关系和保障劳动者利益的重要法律。我国出国务工人员通常和工作所在地国家的雇主签订劳动合同，适用工作所在地国家的法律规范其劳动关系。而劳动者来源国劳动法通常适用其本国境内的劳动关系。我国《劳动法》第 2 条规定，在中华人民共和国境内的企业、个体经济组织和与之形成劳动关系的劳动者适用本法。对于公民个人自行出国务工的情形，我国《劳动法》则不予适用。因此，我国《劳动法》是否适用我国出国劳务人员，则要视工人与派遣其到国外工作的我国对外劳务合作公司之间关系的认定，如果他们之间是劳动关系，则可以适用，如果不是，则不能适用。当前我国对出国务工人员与对外劳务合作公司之间的法律关系属于何种性质尚没有明确界定。因此我国《劳动法》是否适用我国出国务工人员尚没有明确的规定。

但是有些国家在劳动法中明确规定政府应为出国务工人员提供一定的保护。例如菲律宾《劳动法》规定，菲律宾政府应为在国外工作的工人提供足够的保护，履行提供法律援助、确保不受剥削和歧视、审查就业合同的合法性以及为公众提供就业信息等义务，还对私人机构招聘及其安置行为进行了明确规定，例如第 18 条规定："外国雇主不得直接雇佣菲律宾海外就业的工人。"这意味着菲律宾海外就业工人只能通过国内有关机构向外国雇主提供劳务。根据《劳动法》的规定，菲律宾建立了境外就业发展局和国家海员委员会，分别开展陆基工人和海员的系统化海外就业。1982 年,菲律宾根据总统令将境外就业发展局、国家海员委员会以及就业服务局的海外职能合并成为菲律宾海外就业管理局。我国相关内容规定在《对外劳务合作管理条例》中而非属于劳动法范畴。通过《劳动法》对海外劳工的权利进行规定,更有利于海外就业劳动者利益的保护。

3. 海外劳工与海外公民保护专门立法

我国没有制定专门的海外劳工法律,《对外劳务合作管理条例》属于行政规范,主要是规范对外劳务合作企业的行为,并不是专门针对海外劳动者利益保护的法律。在我国当前的对外劳务合作规模下,制定一部以海外工人权益保护为中心的法律能更好地保护我国海外工人的利益。菲律宾制定有《海外劳工与海外菲律宾人法》(2010 年修订),为海外劳工及其家人、处于困境中的海外菲律宾人以及因其他原因在海外的菲律宾人提供了较好的保护和福利,确定了菲律宾在国际交往中,任何时候都应当捍卫菲律宾公民特别是菲律宾海外劳工尊严的原则,同时规定菲律宾政府应当保护海外劳工,为海外劳工提供充分和及时的社会、经济和法律服务,国家要与非政府组织在菲律宾海外劳工的保护和改善其福利上开展合作等等,该法具有明显的针对性,有利于其海外劳工利益的保护。同时,《海外劳工与海外菲律宾人法》也明确了相关政府部门的管理职责,强调打击包括非法招聘在内的严重危害海外劳工利益的行为。该法在海外劳工和海外菲律宾人的保护上发挥着重要作用,值得包括我国学习和借鉴。①

因此,为了更好地保护我国海外劳工利益,我国应把海外劳工纳入《劳动法》及《劳动合同法》的调整范围,对其权益给予与国内的劳动者同等的保护。不能将对外劳务合作经营企业仅仅定性为"中介机构",要赋予其诸多雇主义务。同时,我国也应赋予《劳动法》与《劳动合同法》一定的域外效力,保障我国劳工在海外的自由选择职业权、公正报酬和平等待遇权、组织和参加工会权、休息和休假权等基本权利。最后,在完善《对外劳务合作管理条例》的基础上制定出我国海外劳工保护的专门法律,提高保护的法律层次。

我国在制定海外劳工保护的专门法律时,需要注意以下几点:一是借鉴《消费者权益保护法》,引入惩罚性赔偿机制。实践中,有时将对外合作企业违

① 戴三军:《菲律宾海外劳工权益保护制度及对我国的启示》,湖南师范大学 2014 年硕士论文,载中国知网,http://cdmd.cnki.com.cn/,下载日期:2017 年 1 月 30 日。

法经营的行为认定为违反服务合同，对外合作企业对劳工只承担违约责任，但违约金的金额不大，所面临的行政处罚金额也不高，难以起到威慑作用，不足以约束对外合作企业的行为，不利于海外劳工利益保护。建议引入不设定上限惩罚性赔偿，不让对外合作企业事先计算出来违法成本的多少，以此来衡量是否进行违法行为。较大的惩罚性赔偿能够客观上鼓励劳工维权行为，鼓励其“为权利而斗争”。二是建立有效的争议处理程序。正确而及时地解决劳动争议可以消除海外劳工与雇主之间的矛盾，促进合作，维护双方当事人的合法权益。如果争议处理程序繁杂，效率不高，不利于海外劳工利益的保护。三是明确规定各政府部门在海外劳工权益保护中应承担的责任，构建完备的海外劳工保护体系。四是提高对外劳务合作企业的准入条件。对从事对外劳务合作业务人员的条件做出更具体更高的标准，强化对外劳务合作企业的人员配备，特别是熟悉相关法律人员的配备。

二、加强执法，切实保护我国海外劳工权益

在完善我国海外劳工权益保护法律的前提下，我国也应该严格执行现行调整对外劳务合作的有关规范。尤其是《对外劳务合作管理条例》和我国商务部制定的有关规范。例如关于非法涉外劳务中介行为应严厉打击，对于外派新加坡劳务人员收费的规定应严格执行，等等。法律只有得到执行才能发挥其应有的效力。当前，我国有关对外劳务合作立法不可能在短期内健全起来，需要经历一定的时间。因此，只有将现有法律制度落到实处，才能在保护我国海外劳工利益上有所作为。

为了执行我国现行对外劳务合作有关立法，除了负责监管我国对外劳务合作的商务部门严格执法，我国也应加强其他机构在执行相关规章制度中的作用。例如我国司法机构应加强处理涉外劳动纠纷的人才培养，在特定地方适时设立涉外劳动法庭处理对外劳务合作纠纷，以保障我国对外劳务合作争议得到正确及时的解决，发挥法律在保护我国海外劳工权益上的作用。

三、借鉴外国经验，完善我国对外劳务合作管理机构设置

1. 我国对外劳务合作管理现状

我国对外劳务合作监督管理工作最初由劳动部门和商务部门共同管理，

但是分工并不明确，实践中经常出现两个不同部门在对外劳务合作业务上的冲突。最初由于两个部门都可以授予对外劳务经营资格，一段时期内出现我国对外劳务合作中介机构庞杂纷乱的现象，不利于我国对外劳务合作的有序开展。后来国务院将对外劳务合作监管统一归口商务部门。部门的统一在一定程度上有利于我国对外劳务合作秩序的好转。同时，商务部门主管也有利于我国对外劳务合作业务的扩大。但是我国对外劳务合作并不仅仅是一种经营活动，其中涉及我国海外劳工权利保护的重要问题。商务部门在保护我国海外劳工利益上做了很多工作，但是对劳动者权利保护毕竟不是商务部门的职责，商务部门也不善于运用保护劳动者利益的机制和手段。因此，现行监管体制在我国海外劳工权益保护上不可避免地存在一些不足。正如我国将从前的“对外劳务输出”更改为“对外劳务合作”一样，劳务输出，与资本输出和商品或技术输出一样，是同属于国际贸易领域的概念。但是，“劳动力不是商品”。这一概念显然忽略了劳动者的基本权利。因此，我国采用“对外劳务合作”的概念而非“劳务输出”的概念。而将对外劳务合作归口于商务部门管理，却难逃将劳动力视为商品之嫌。因此，对于对外劳务合作的监管，如果政府把重点放在保护和改善海外劳工的权利和福利上，而不仅是追求经济合作的效益，就应该由劳动部或其他专门部门监管海外劳工的权益保护，而由商务部门负责市场开发。

我国驻国外的大使馆一般设有商务参赞，而没有设立劳工参赞，发生劳务争议时，相关专业人才的不足会影响到争议处理的效率及效果。海外劳工在海外遇到的问题通常都比较紧急，如果我国驻外使领馆不能提供及时而且有效的帮助，则难以满足我国海外劳工的需要。久而久之，我国海外劳工在遇到问题时会忽视我国使领馆的作用，在没有当地慈善机构或法律人士的帮助下，他们往往自己采取行动，导致矛盾激化。实践中，我国海外劳工在国外曾发生多起群体性突发事件，如 2009 年在罗马尼亚 700 余名中国工人罢工事件、2012 年在新加坡 102 名中国司机罢工事件以及 2015 年中国夫妻在新加坡跪地讨薪事件等均产生了不良的国际影响。

另外，我国公安部门在协助打击非法涉外劳务中介，防止非法出境方面发挥了重要作用。但是，我国公安部门并没有设立专门针对非法劳务中介的机构经常性地打击非法中介活动，同时，我国边境海关对出国劳务人员的监管方面也还没有全面开展。

因此，针对我国对外劳务合作管理中存在的问题，我国可以借鉴有关外国经验，例如菲律宾、印度尼西亚以及斯里兰卡等国的经验，尤其是菲律宾，有悠久的对外劳务合作历史，建立了较为完善的劳务输出管理经验，值得我国借鉴和学习。

2. 菲律宾经验

菲律宾是世界劳务输出大国，有关劳务输出监管部门和机构设置较为完善。菲律宾涉及对外劳务合作的机构如下：

(1)劳工和就业部系统。该系统包括劳工和就业部及其下属的菲律宾海外就业管理局和国家劳动关系委员会。①劳工和就业部的职责是确保劳工接收国的劳工和社会保障法律对海外劳工及其他海外菲律宾人平等适用，下设海外劳工办公室作为执行机构，负责监督和协调海外劳工与海外菲律宾人资源中心的运作。②海外就业管理局专门管理劳工的海外派遣，负责行业监管与海外劳工的保护，其工作职责较为繁多，主要包括行业监管、颁发中介机构从事海外招聘的执照、设置最低劳动标准、监督各种形式的海外就业的招聘广告、对违法的雇主、工人和海员施加纪律处分等等。还有在促进就业、为菲律宾劳工争取最好的就业条件、保护劳动者、强化公众教育及就业宣传、为非法招聘的受害者提供法律援助、提供遣送回国援助、为劳工和就业部在起草双边和多边协议上提供技术支持以及常规的行政及支援服务等这一系列具体事务处理中发挥重要作用。③国家劳动关系委员会。该委员会是具有准司法性质的强制仲裁机构，在机构设置上附属于劳工和就业部的，但具有独立性，不受劳工和就业部管辖。根据菲律宾《海外劳工与海外菲律宾人法》规定：有关海外劳工劳资纠纷的仲裁请求，国家劳动关系委员会的仲裁员具有优先和排他的管辖权并进行审理和裁决。海外劳工可以提出的仲裁请求包括实际损害赔偿、精神损害赔偿、惩罚性赔偿以及其他形式的损害赔偿等。在有关海外劳动强制险的争议中，劳动关系委员会有权强制中介机构执行其所作出的终审裁决或者争议双方达成的和解协议，劳动关系委员会对此享有专属管辖权。由此可见，菲律宾劳工和就业部建立了一个从保障海外劳工平等工作环境，到招募、劳动条件、违法制裁、公众宣传、受害者保护与援助、实施海外双边条约以及通过仲裁机构解决纠纷及裁决执行等一套完备的运作体系，有利于海外劳工派遣的规范有序进行，也有利于劳工权利的保护。

(2)外交部。菲律宾外交部主要负责为海外劳工提供领事保护和法律援助。同时在国际性的会议上，为创制保护劳工的国际性公约积极努力，为菲律宾争取有利地位。外交部的一项重要任务就是促使海外劳工接收国遵守保护海外劳工的多边公约、宣言、有关的决议及双边协定等。菲律宾已经与多个国家和地区签订了有关海外劳工保护的备忘录，例如德国、韩国、阿联酋、沙特阿拉伯，以及我国台湾地区等。外交部在海外劳工权益保护中的职责还有：通过其国内和国外的职员，采取积极行动与国外相关机构合作与协调，保护海外劳工与海外公民的权利，及时救助遭受困境的海外劳工及海外菲律宾人，帮助他们回国；在法律上当个人不能提交申诉的情况下，通过国际和区域人权机制，由海外劳工法律援助办公室为权利受到侵害的海外劳工提供权利救济；如果在法律上个人能够提交申诉，外交部负责将相关信息充分告知海外劳工。菲律宾外交部在海外劳工权利保护上的作用明确具体而且能充分发挥实效。

(3)海外工人福利管理局。海外工人福利管理局负责管理海外劳工的福利基金会。该基金会是通过向外国雇主、陆上和海上工人强制性收取 25 美元会员费，并将这些资金的投资和利息收入以及其他来源的收入汇集起来而形成的一个单一的、具有准政府实体性质的信托基金。[①] 该基金在海外劳工保护、提供咨询、贷款、奖助学金、律师服务以及其他形式的援助和服务上提供了重要的资金保障。尤其在战争等特殊情况下，为保障遣返工人的资金发挥了重要作用。

(4)银行。为了防止非法招聘者趁海外劳工寻求海外就业机会之际，乘机剥削海外劳工及其家庭成员，政府金融机构还可以提供 3 种贷款。①出国前贷款。帮助支付出国前的费用需要，包括体检、生活津贴、服装和零用钱等，面向所有即将出国、需要经济援助的海外劳工。②家庭援助贷款。家庭援助贷款是用于紧急用途或家庭的需要。目前在职的海外劳工和他们符合条件的家属可以申请这一贷款。③民生贷款。民生贷款为海外劳工提供无抵押贷款，以保障他们回国后获得发展的机会。这些贷款可高达 5 万比索(约 1000 美元)。

(5)卫生部。卫生部负责监督和规范医疗机构在为劳工提供药物、身体、牙科、眼科及心理等服务时，收费符合规定；防止垄断行为；保障劳工有选择医疗机构的自由；所有的医疗机构都遵循同一个程序和符合国际公认的标准以及节省劳工的费用等。如果国外的雇主不承认菲律宾合法医疗机构的检查结果，根据海外就业管理局的规定，将会暂时性地被禁止参加海外劳工的招聘项目。如果劳工在抵达接收国后 15 天之内，发现其身体条件与检查结果不符，

---

① 基金包括强制性会员和自愿性会员，对于通过官方渠道出国的公民，成为会员是强制性的，其他则是自愿性的，通过在海外的工作点自愿登记成为会员。

实施该检查的医疗机构将承担该工人的回国费用以及所支付的中介费等。同时还会受到卫生部的调查和处罚。卫生部官员如果在监督过程中存在着渎职等行为,将会被开除,并且在5年之内不能在任何公共机构担任职务。①

由此可见,通过上述机构的紧密合作和充分发挥作用,菲律宾海外劳务输出处在政府的全面控制之下,而政府管制的中心目标是维护海外劳工利益。菲律宾要求各政府部门把保护和改善海外劳工的福利和权益作为重点工作,而不仅是进行劳务输出。为了防范公共权力被滥用,菲律宾禁止劳工和就业部、菲律宾海外就业管理局、海外工人福利管理局、外交部、司法部、卫生部、移民局以及保险委员会、国家劳动关系委员会等涉及海外劳工保护的政府部门的官员、职员和他们的近亲属直接或者间接从事对外劳务合作,否则将受到行政处罚,触犯刑法的,还将追究其刑事责任。同时菲律宾还设立强有力的专项资金,作为保护和救助工作的保障,在国内进行广泛的宣传和教育工作,以促进相关海外工作的顺利进行。通过这些强大而完善的机构的运作,加上菲律宾政府的努力,菲律宾海外劳工利益得到了较好的保护,从而保障了菲律宾海外劳务输出的迅速有序发展。

3. 对我国的借鉴意义

第一,借鉴菲律宾的经验,我国应加强对外劳务合作管理机构设置,以保障我国对外劳务合作的规范有序进行,有效保护我国海外劳工利益。因此,我国对外劳务合作中,应强化劳动部门的参与,改变商务部门主管海外劳工外派的格局,强化劳动部门在海外劳工外派体制中的参与度。可以考虑在劳动部门成立一个专门机构,管理劳工的海外派遣。该部门主要负责行业监管、海外劳工保护、常规的行政及支援服务等。其中行业监管职责包括颁发营业执照、设置最低劳动标准以及监督海外派遣等。海外劳工保护职责包括监督招募活动、监督劳工出国前的培训以及提供遣送回国援助等。

第二,在我国海外务工人员较多的国家大使馆内设立劳工参赞,在无官方机构的国家或地区设立劳工办事处。劳工参赞或者劳工办事处的职责主要是:研究派驻国的劳动和社会保障、诉讼、仲裁、民事以及刑事等法律、法规,以便在发生劳动争议时,能够及时有效地为我国海外劳工争取正当权益;收集当地劳务市场资料,通过国内劳工外派管理机构向国内定期发布;受国内有关方

---

① 戴三军:《菲律宾海外劳工权益保护制度及对我国的启示》,湖南师范大学2014年硕士论文,载中国知网,http://cdmd.cnki.com.cn/,下载日期:2017年1月30日。

面委托，对雇主的营业资质、项目的合法性、营业场所等进行一定的调查，降低我国海外务工人员受欺诈的可能性；在我国海外务工人员与雇主订立劳动合同时，提供合理的建议；协助大使，处理其他与劳工相关的事宜；等等。

第三，重视部门间的合作。从菲律宾经验中可以看出，由于海外劳工权益保护工作的复杂性，对海外劳工权益保护的职责绝不是仅依靠劳动部门就能承担下来的。保护海外劳工的权益，也并不只是劳动部门、外交部门、商务部门的职责。因此，在构建海外劳工的外派机制时，应当注重其他各政府部门之间的合作，例如工商执法部门应加大对管辖范围内的劳务中介检查力度，及早发现“黑中介”。

第四，外交部门应当借助于其国内的及外驻机构力量，与外国政府、非政府组织、国际机构等协调合作，为海外劳工提供充分而及时的外交保护，保护海外劳工的权益。例如在发生紧急情况的情况下，与当地的政府协调，将海外劳工遣送回国。

第五，公安部门按照法律的规定对侵害海外劳工权益行为的进行查处等。对侵犯我国海外务工人员的犯罪行为，采取包括国际合作在内的途径进行打击。

第六，司法机关坚持保护原则，加强熟悉对外劳务合作法律的人才培养，提高公平高效解决对外劳务合作争议的能力，正确实施我国相关法律和有关双边条约或国际条约中保护海外劳工利益的法律。

第七，我国银行、卫生以及宣传部门等也应在保障我国对外劳务合作的顺利进行，在维护我国海外劳工利益上发挥各自相应的作用。

四、借鉴外国经验，完善对外劳务合作各项服务制度

目前，我国对外劳务合作各项服务制度初步建立，如出国劳务培训制度有利于我国劳务人员对海外工作的适应，保险制度有利于我国劳务人员的损害赔偿等，但是我国对外劳务合作服务制度仍不完善，需要进一步发展。对此，我们也可以借鉴相关国家的经验，如菲律宾通过国内法及实践建立了较周到的海外劳务输出服务制度，值得我国借鉴：

1. 菲律宾的经验

(1)在选择劳务目的地国上把关。为了降低海外劳工在接受国的政治风险，菲律宾选择性地仅向其海外劳工的权利能得到保护的国家和地区派遣海

外劳工。此类劳工接收国必须满足以下条件：有现行的保护海外劳工权利的法律；签署了海外劳工保护多边公约、宣言或决议；已经和菲律宾签署与保护劳工权利相关的双边协议或合约；或正在采取积极而具体的措施来保护海外劳工的权利。外交部经过考察认为符合以上条件，即向海外就业管理局出具一项认定书，详细说明该国的劳动和社会保障法律对菲律宾海外劳工的适用状况、菲律宾与之签订的有关海外劳工保护的双边协议与安排等。外交部在必要时还可以对该项认定进行复审。海外就业管理局管理委员会只允许向已经通过外交部认定的劳工接收国派遣海外劳工，海外就业管理局必须遵守其管理委员会的决定。如果海外就业管理局管理委员会在没有得到外交部认定的情况下违规批准向不符合条件的国家派遣海外劳工，相关责任人将会被解雇，并且5年之内不得担任公职。另外，为了提高海外劳工的竞争力和就业质量，保证海外劳工的工资水平，菲律宾政府只允许向海外派遣具有一定技能的工人。为了国家利益或社会公共利益的需要，菲律宾政府可在必要时禁止向海外派遣劳工，例如当劳工接收国发生战争、出现政治动荡等情况下。

(2)定期发布与就业相关的信息。海外劳工的权益受到损害，一个非常重要的原因是信息的不对称。信息不对称，海外劳工在作出就业决策时就容易被欺骗。因此，菲律宾采取了诸多重要措施，以防范非法招聘、欺诈、剥削和虐待。所有菲律宾驻外大使馆和领事馆都会通过海外就业管理局发布旅行忠告或者与就业相关的信息，同时介绍海外劳工的实际生存状况、劳工接受国遵守人权和工人权利保护国际公约、惯例的情况等，以使个人在决定海外就业前作出明智的选择，并做好充分准备。这类信息也会定期在普遍发行的报纸上刊登。海外就业管理局还通过其他的方式宣传这些信息，例如全国性的活动、外派前的任职培训课等，以防止劳工受到欺诈。①

(3)组织出国前培训。在出国前的培训课程中，不仅对劳工进行职业技能的培训，还讨论劳工应享有的权利和承担的义务，并分析非法招聘常用的伎俩以及防止非法招聘的方法等。海外就业管理局还在培训中向劳工传授该通过何种途径获得人权和劳动权利救济以及降低损害等知识。

(4)海外劳工法律援助。为了确保非法招聘的受害者的权利得到救济，菲律宾政府为非法招聘受害者提供义务法律援助，包括提出法律意见、帮助受害

---

① 戴三军：《菲律宾海外劳工权益保护制度及对我国的启示》，湖南师范大学2014年硕士论文，载中国知网，http://cdmd.cnki.com.cn/，下载日期：2017年1月30日。

者提起民事或者刑事诉讼、出具支持性的文件、聘请律师以及缴纳保证金等。菲律宾在外交部下设海外劳工法律援助办公室。海外劳工法律援助办公室的负责人应当具有独立性、足够胜任工作的能力(例如10年以上执业律师的工作经验)以及良好的职业操守,该办公室负责人由菲律宾总统任命,其级别、待遇和权力相当于外交部副部长。法律援助办公室的最基本职责是对菲律宾海外劳工及处于困境中的其他海外菲律宾人的法律援助工作进行总体协调。其他具体职责包括:发布法律服务指南、程序和标准;与劳工和就业部、菲律宾海外就业管理局、海外工人福利管理局、其他相关的政府部门以及海外的非政府组织建立紧密的合作关系以确保在为海外劳工提供法律服务时更有效的协调与合作;引进声誉好的律师事务所及菲律宾律师协会或者其他律师协会的帮助,来补充政府为海外劳工所提供的法律援助;管理并支出法律援助基金。

(5)帮助海外劳工再融入菲律宾社会。为了解决海外劳工从海外归国后的就业问题,菲律宾建立了再安置和监测中心,为归国的菲律宾海外劳工提供一个重新融入菲律宾社会的途径。该中心主要提供如下服务:与私营部门合作,开发民生计划和项目;与私人和政府机构合作,提高、发展、充分利用劳工的潜能以备再安置;和其他政府机构合作,建立信息系统,以使海外劳工能够获得所有本地招聘机构和雇主的信息系统;提供定期就业机会介绍。

(6)海外劳工与海外菲律宾人资源中心提供服务。劳工和就业部在菲律宾海外劳工集中的国家建立海外劳工与海外菲律宾人资源中心,该中心如附属在菲律宾大使馆内,则受大使的管理,如不是附属在大使馆,则菲律宾外交部要尽力让接收国能够承认该机构的合法性。海外劳工与海外菲律宾人资源中心有代表菲律宾政府的劳工参赞以及其他提供服务的官员和职员。资源中心配备了心理专家、社会学家、伊斯兰法或人权律师、劳工接收国非政府组织的志愿者、熟悉当地语言、法律、习惯和宗教的公关人员以及劳工和就业部部长认为需要的其他法律官员。劳工参赞负责协调中心的运作,并且定期以书面形式向菲律宾海外劳工办公室报告。海外劳工与海外菲律宾人资源中心在外交部、劳工和就业部、海外工人福利管理局设有24小时对口的信息和援助中心,以确保不间断的协调机制。海外劳工与海外菲律宾人资源中心每天24小时开放,包括周六、周日和节假日,主要提供以下服务:律师和法律服务;福利援助,包括采购药品和就医服务;信息咨询,以促进社会融合,例如劳工到达接收国后的指导、安置及融合社区;建立非法务工人员的登记措施,将他们纳入到保护范围内;人力资源开发,如技能培训和提升;为海外女劳工提供特殊保护；为准备回国的工人和其他菲律宾人进行指导；关注劳工接收国影响海外劳工和海外菲律宾人的日常情况及活动；确保接收国的劳动和社会保障法律对海外劳工与海外菲律宾人平等适用；调解雇主与劳工之间的劳动争议。

(7)海外劳工强制险制度。保险是风险转移的常用手段，保险合同规定保险公司为预定的损失支付补偿，在一定程度上能够减轻突发事件和重大事故给劳工造成的生命和财产损失。通过中介结构外派到国外的菲律宾海外劳工都必须参加强制保险，保险费用不由劳工承担，由中介机构支付。如果中介机构以任何方式将保险费用转移给海外劳工，将会被吊销执照，并受到其他的处罚。海外就业管理局为中介机构颁发"海外就业证明"的一个条件就是：中介机构必须向海外就业管理局提交所有海外劳工都参加了强制险的证明。菲律宾设定了保险公司经营强制险业务的条件，国外的保险公司也能经营这一业务。中介机构可以自由选择合作的保险公司。在海外劳工出国前，中介机构和保险机构有义务为劳工解释清楚保险涵盖的范围以及申领保险的程序。保险的时间涵盖整个劳动合同的期限。强制险至少包括：意外死亡险；自然死亡险；永久性全残险；雇主无合理理由终止劳务合同或雇员有合理理由终止劳务合同时的回国费用险；涉诉情况下最长支付 6 个月的每月 100 美元生活津贴；因雇主的原因，需要将纠纷提交至劳资关系委员会进行裁决的，支付至少是相当于按照合同规定的 3 个月的工资；在劳工需至少连续住 7 天院的情况下，安排其家人或者病人指定的人护理，并承担交通费用等；医疗撤退险；医疗转移险等。被保险人或者受益人根据政策向保险公司索赔时，需要提供书面的索赔请求和相关文件。保险公司应当立刻查明事实以及需要赔付的范围，在提交索赔请求的 10 天之内进行赔付。法律对请求赔付意外死亡险、自然死亡险、永久性全残险的程序和条件作了对被保险人有利的规定。只要提交经菲律宾外交部驻国外机构认证过的死亡证明、警方报告或者事故报告和医疗证明，就视为索赔的证据充足，保险公司应当无条件地支付保险金，无须考虑被保险人存在的过错。对于其他险种的赔付，法律也都要求驻外外交机构为海外劳工提供证明及认证等相关服务，以便于海外劳工及时获得赔付。

(8) 设立奖学金。菲律宾为海外劳工及其近亲属设立了形式多样的专门奖学金，为海外劳工及其亲属提升劳动技能、科学和文化素养提供了很好的条件。[①]

---

① 戴三军：《菲律宾海外劳工权益保护制度及对我国的启示》，湖南师范大学 2014 年硕士论文，载中国知网，http://cdmd.cnki.com.cn/，下载日期：2017 年 1 月 30 日。

菲律宾海外劳务输出服务制度,为菲律宾人出国劳务提供了有力的帮助。根据我国有关规定及《对外劳务合作管理条例》,我国也建立了相应的对外劳务合作机构,例如,我国商务部网站发布目的地国的安全信息,提醒公民出国务工风险;我国也设立了出国前培训制度、海外劳工出国保险制度以及通过对外劳务合作服务平台提供服务的制度等。毫无疑问,我国对外劳务合作服务制度日益完善。但是,我国对外劳务合作服务制度不健全,尚有许多需要完善之处。首先,已经建立制度的完善问题。例如,我国商务部网站提醒公民出国务工风险虽然可以在避免我国公民出国务工风险上发挥一定的作用,但是只有配合公安部门在出入境时把关,我国外交部的郑重公告,以及加以我国对外劳务合作经营机构不允许向风险国家派遣的强制义务及责任制度等等,才能有效地防范风险。我国对外劳务合作平台为出国务工人员提供了投诉网站和电话等,但是这种任意性和随机性的措施难以在维护海外劳工利益上发挥真正的作用。其次,新制度的建立问题。例如我国需要建立专门的信息发布制度、海外服务中心和法律援助机构,为我国海外劳工提供及时和专业的服务。最后,菲律宾的奖学金制度也是值得我国效仿的,对于我国出国务工人员在海外取得了卓越贡献,掌握了先进的劳动技能和科学知识,提高了自身文化素养的,我国有关部门应给予他们适当的鼓励或奖励,以激励我国海外务工人员奋发自强,通过海外务工改善自身经济条件的同时,提升自己的文化素质和水平。总之,我国对外劳务合作服务制度体系仍不健全,具体制度还需要进一步完善。

2. 对我国的借鉴

(1)加强境外商业保险服务

《对外劳务合作管理条例》规定:"劳务合作合同应当载明劳务人员人身意外伤害保险的购买。"该条款考虑到通过商业保险保障我国海外务工人员的人身安全,但是该条并没有将购买保险作强制性规定,另外我国海外劳工在海外可能遭遇的风险是多种多样的,人身意外伤害保险只覆盖了其中很小的一部分,海外劳工其他大多数风险并未得保障,如未能获得报酬、被提前解约等等。当然,这与我国保险业的发展相关。因此,我国应鼓励保险机构尽快开发适合海外劳工的保险产品,调动保险企业积极参与国际市场竞争的积极性。就人身意外伤害保险责任而言,除身故及全残外,还应包括如境外救援、境外就医、运转回国、急发病门诊以及住院补偿等,以使海外劳工充分受惠。同时,也要加强与境外保险企业的合作,使所有参加保险的海外劳工无论在全球的哪个角落发生损失,通过有效协调,都能得到及时的理赔。

(2)加强海外劳工回国后的服务

改革开放以来,我国出国务工人数累计已近一千万,这些出国务工回国人员在海外工作多年,回国后的重新适应和融入是一件不容忽视的问题。这些回国人员,经历了外国的文化,开阔了视野,学习了外国的先进技术和经验,如何将他们的新经验新技术运用到回国后的工作和生活中,为我国的经济建设和文化发展做出贡献,是值得思考和有所作为的。另外,这些出国务工人员在海外多年,他们中有很多已经结婚,为人父母或子女,因远在海外,没有尽到相应的家庭职责,对家庭关系的负面影响是难以避免的。因此,有不少出国务工人员回国后,家庭破裂,子女教育缺位,导致难以弥补的后果。因此,我国应针对这些出国回国人员建立相应的服务机制,借助社区或有关机构,对出国务工人员在国外工作期间以及在回国后提供相应的帮扶,以解决他们因长期离开而产生的家庭问题,并帮他们尽快融入原来的生活,以保障他们在生产和生活上为社会做出更大贡献。我国海外劳工回国后,也存在重新就业的问题。因此,政府部门应该对此进行关注,提供就业指导和引导以及职业技能培训,并鼓励他们自主创业,以解决好回国后的再就业问题。

另外,我国公民在年老、疾病或者丧失劳动能力时,有从国家和社会获得物质帮助的权利。我国海外劳工出国务工应通过何种途径享受社会保障也是需要考虑的问题。《对外劳务合作管理条例》要求对外劳务合作企业与国外雇主订立书面劳务合作合同时应载明劳务人员社会保险费的缴纳,但未明确劳务人员社会保险费的缴纳是依据国内的法律还是劳工接受国的法律。各国社会保障制度存在较大差异,按照有些国家法律的要求,外国劳工必须加入当地社会保险。当海外劳工回国后,其在国外所缴纳的社会保障费用是否随之转移回国以及如何转移回国,目前仍然没有明确的规定。海外劳工在国外工作,一旦受到疾病或者事故的伤害,如何确保他们能通过社会保险得到及时有效的治疗和康复,而不至于因治疗费用过高而影响其治疗,减少他们经济上的损失和身体上的痛苦,也是同样需要关注的。因此,我国应对此作出相应的规定,并同有关国家缔结相关协定,为我国海外劳工享受社会保障提供合理安排。

(3)设立海外劳工保护专项基金

我国可参照菲律宾的做法,设立海外劳工保护专项基金,为海外劳工权益保护提供资金支持。该基金的工作人员主要驻守在劳工接收国,附属于我国驻该国大使馆或领事馆,与劳工参赞一起协助大使或领事工作。当劳工接收国或者地区发生战争、暴乱或自然灾害等突发事件时，该机构负责协助我国劳工紧急遣返回国。该机构还为其会员提供贷款、教育及培训等等广泛的社会服务和家庭福利援助。基金采用会员制，其资金主要来源于会员费和一定数量的财政拨款。国外的雇主或国内的劳务合作单位为海外劳工支付会员费。每名被外派出国的劳工是该机构的强制性会员，会籍有效期从出国工作时起直至其在国外的劳动合同期满，如果在海外续签了合同，则需更新其会员资格。会员费可投资于国库券和债券等，以确保资金的保值与增值。在劳工接收国发生紧急情况，需要将我国劳工遣送回国时，包括机票、食宿以及人力资源等费用都可以从该基金中先行支出。这样可以减轻外交部门及其驻外机构保护劳工的压力，为海外劳工提供更专业的保护力量，并为海外劳工提供各种类型的福利，包括出国前的技能培训、语言培训、贷款、奖学金以及保险等，以转移海外劳工的风险。

(4)加强法律援助

海外劳工在工作地国家遇到的大多数纠纷主要涉及经济利益和人身利益等方面，是可以通过法律手段解决的，但是由于海外劳工不熟悉当地法律，往往不敢维权或者付出更高维权成本。而且我国对外劳务合作企业对工作地国家或地区有关外国劳工的法律规定大多不熟悉，但国外的雇主熟悉本国的法律，处于有利的地位。当我国海外劳工与外国雇主发生劳务争议时，往往会因不熟悉当地法律处于不利地位。当我国海外劳工权益受到侵害而引发重大纠纷时，很多时候是由我国外交部门通过外交途径来平息事态。在我国当前对外劳务合作规模不断扩大的形势下，如果在国外发生的所有劳务合作纠纷全部依靠外交手段来进行应对和处理，无疑会增加我国外交部门的负担，在效果和效率上也不可能理想。因此，我国对外劳务合作管理部门应该配备一定数量的法律人才，或与国内高校的法律专家合作，并聘请一定数量的专家作为法律顾问；也可以引进社会力量如国内外优秀的律师事务所及律师，协助政府为海外劳工提供法律援助，并在海外劳工权利受到侵害或遭遇到诉讼或其他困境时，及时提供法律援助。同时，国家也可以设立法律援助基金，专门用于为海外劳工提供法律援助。

(5)向社会广泛宣传，保护我国海外劳工权益

加强我国及工作地国家法律制度的宣传，呼吁社会各界维护我国海外劳工利益，是我国海外劳工权益保护的重要方面。如前所述，随着全球化的发展，各国从本国利益考虑，往往对外国工人的准入及在该国的活动苛以许多限

制，不重视外国工人权利的保护。实践中，海外劳工权利受到侵害时，由于语言不通以及不懂当地的法律等原因，他们有时候只能通过一些非正常的方式来抗议和维护自己的权益，诸如罢工、怠工等。但这些行为在一些工作地国家是违法的，从而可能对海外劳工产生不利的法律后果，甚至影响到国家间的外交关系。因此，海外劳工权利的实现不但关系他们本身的利益，而且影响我国与接受国之间的国家关系。广泛宣传对外劳务合作法律制度，加强我国出国务工人员法律教育具有重要意义。

同时，我国对外劳务合作管理部门也应通过媒体等，向我国有关部门宣传，呼吁它们重视我国海外劳工权益保护，并建立特定机构负责此类宣传教育。另外，新加坡也应该加强对新加坡民众宣传，提高其尊重外国劳工权益意识。不少新加坡人不信任不尊重外国工人，甚至认为外国工人受工伤是故意为之，以敲诈新加坡雇主钱财，这些错误思想可以通过中新合作交流机制，要求新加坡加强民众意识的提高从而得以改进。

当然，由于各国宪法及具体法律制度的不同，以及各国可利用的资源不同，各国在外国工人权利保护的政策及法律等方面存在着巨大的差异，不可能有适合于所有国家的保护方式，也不可能所有国家海外劳利益都能得到完全有效的保护。因此，采取何种保护方式取决于一国的具体国情，并借鉴其他国家的先进经验，促使海外劳工利益保护制度真正发挥实效。

他山之石，可以攻玉。采百家之长，补己之短，才能不断发展壮大。结合我国实际情况，吸收其他国家的经验和教训，不断完善我国对外劳务合作法律制度，无疑对我国对外劳务合作的进一步发展，维护我国海外劳工利益具有重要作用和积极意义。

第二节　国际法视角的保护措施

我国对外劳务合作是国际经济合作的重要组成部分，要保障我国对外劳务合作的顺利进行，必须遵守国际法的基本原则，即应该以联合国宪章确立的基本原则以及我国的和平共处五项原则作为我国与有关国家进行劳务合作的基本原则，并遵守我国缔结、参加与批准的有关条约，在国际法的轨道上促进我国对外劳务合作的发展，维护我国海外劳工利益。

一、国际立法

当前国际社会关于国际劳务移民及移民工人[①]权利保护的法律主要有国际劳工组织立法和联合国立法两个系统。国际劳工组织是以劳工权益保护为宗旨成立的机构，该组织自成立以来，制定了许多国际劳工公约和建议书，其内容包括劳动问题的许多方面，如劳工基本权利、就业和人力资源开发、工资、工作时间和休息时间、职业安全和卫生、女工保护、童工和未成年工保护、社会保障、劳动关系、劳动检查、劳动行政以及移民工人权利保护等，已经构成了一套完整的国际劳动法体系，并随着其成员国的不断增多，其适用的范围不断扩大，影响力也越来越大。我国已经批准了职业安全和卫生及工作环境公约、本国工人与外国工人关于事故赔偿的同等待遇公约以及消除就业和职业歧视公约等 20 多项公约，这些公约不仅对我国劳动标准的提高发挥了作用，对在共同参加公约国家工作的我国工人权利保护也提供了法律依据。另一个保护人权及保护移民工人权利的机构是联合国。联合国不仅制定了一系列人权公约如《公民权利与政治权利公约》《经济、社会与文化权利公约》等，还针对移民工人专门制定了《移民工人及其家庭成员权利保护公约》。该公约于 2003 年 7 月生效，就移民工人的权利及保护作了较为详尽的规定，对保护移民工人具有重要作用。目前有印度尼西亚、土耳其、埃及、孟加拉、泰国、菲律宾以及斯里兰卡等 30 个国家签字批准该公约[②]。我国没有参加该公约，新加坡也没有参加该公约。该公约确定的标准代表了国际社会在保护移民工人上的基本要求。随着我国对外劳务合作的进一步发展，我国海外劳工数量的不断增加，我国应积极考虑批准或参加该公约或国际劳工组织制定的其他国际劳工标准。这些公约或国际劳工标准无疑对维护我国公民利益具有积极作用。同时，作

---

① 从劳务输出国的角度看，是对外劳务合作或劳务输出，而从国际视角看，则是国际劳务移民，虽然名称不同，但它们实际是指向的同一行为。对于劳务输出国而言是海外劳工，对于劳务输入国来说是外国工人或客工，但从国际视角看，则是移民工，他们实际是指向的同一类人。

② Treaty Collection Office of Legal Affairs: International Convention on the Protection of the Rights of All Migrant Workers and Members of their Families, United States Website, https://treaties.un.org/Pages/ViewDetails.aspx? src=TREATY&mtdsg_no=IV-13 & chapter=4&lang=en&clang=_en, download time: July 20, 2017.

为负责任的国际社会成员，我国也应该积极参与海外劳工权益保护方面国际制度的制定，确立更完善的国际制度，实现我国海外劳工权益的保护。

我国批准或参加的有关国际条约与我国国内法及我国缔结的双边条约一起，共同构筑我国海外劳工权益保护法律体系。

二、国际机制

对海外劳工权利的保护是在我国批准或加入的国际条约基础上进行的，尤其是人权保护方面的公约，国际社会据此成立了相应的国际人权保护执行机制。在保护我国海外劳工利益上，我国可以充分利用该机制，利用国际社会日益重视国际人权保护的趋势，同有关劳务目的地国交涉，从政策层面和个案上实现对劳工权益的保护。

当然，在这些人权公约基础上建立的保护机制本身固有一定的局限性。这主要体现在如下几个方面：一是公约的拘束力有赖于国家的批准或加入，即公约只对缔约国有拘束力。二是公约的执行机制需要缔约国的自愿合作，一旦有关缔约国的合作达不到公约的要求，则会影响公约执行机制的有效运转。三是缔约国违反其所承担的义务，公约无有效的制裁。例如，一些人权公约执行机制要求缔约国承担条约执行情况的强制性报告义务，但是如果缔约国不及时履行，执行机构也只是将其列入名单，并发出“提醒函”，而无其他强有力的制裁措施。

第三节　加强双边合作，促进国家间共识

国际劳务合作是有利劳工派出国和劳工接受国的双赢活动，是劳动力资源在全球范围内合理分配的重要方式。但是由于劳工派出国和劳工接受国各有不同的利益，双方之间在劳务合作中往往出现诸多矛盾和冲突。为了实现双方利益最大化，国家之间需要进行合作，通过缔结双边条约或协定的方式协调双方的利益需求。同时，海外劳工保护是具有很强挑战性的跨国问题，尤其是在价值观和世界观与我国不同的劳工接受国，与之建立有效的合作关系至关重要。在当前国际条约执行机制存在诸多不足的情况下，充分利用劳工接

受国的国内法是保护我国劳工利益的最佳途径之一。因此，与劳工接收国在劳工保护上加强合作，在就业政策、劳动报酬、劳动时间、职业安全、司法协助以及劳动执法等问题上，与劳工接收国签订双边条约或协定，同时疏通劳务争议处理渠道，才能进一步有效地实现我国海外劳工利益保护目标。因此，针对两国实际情况，缔结有利于双方的劳务合作条约，并建立海外劳工权益保护机制，对促进我国对外劳务合作的顺利开展，加强我国海外劳工权益保护具有重要意义。

如前所述，我国与新加坡在双边劳务合作上已经取得了显著成就，双方为实现合作共赢进行了不懈的努力。但随着我国与新加坡劳务合作的进一步发展，双方在双边劳务合作方面仍有不少需要进一步完善的空间。总体来说，我国与新加坡签订的双边条约更注重“友好”方面，而在维护我国海外劳工利益上与新加坡政府博弈较少，新加坡政府承担的维护我国海外劳工利益的义务相对较少。具体而言，有如下几个主要方面需要进一步完善：第一，我国虽与新加坡签订了《关于双边劳务合作的谅解备忘录》，但规定较为抽象，且内容比较简单，因此，需要进一步明确海外劳工从选聘到辞退各个阶段中所涉各方的权利义务，以更具确定性和可操作性。第二，对劳动者来讲，社会保险是非常重要的内容。但是中国与新加坡的双边条约中没有涉及。保险是关乎海外劳工权益保护的重要问题，应该有具体明确的规定。第三，劳动者遇到意外伤害的救济没有提及。劳动者在国外工作，遭遇各方面意外伤害的可能性是较高的，而中国与新加坡的双边条约并没有明确地规定这方面的问题，这对海外劳工人身安全的保护是不利的。第四，中国与新加坡的双边条约中没有提及法律援助机构的问题。我国劳工在海外遇到法律问题需要咨询或者寻求救济时，没有专门的机构提供帮助服务。因此，通过双边合作建立海外劳工法律援助机构也是必要的。第五，定期交流机制的建立并不完善。虽然规定有交流机制，但对于具体交流的时间、期限和内容等没有明确规定，尚需要进一步细化。

另外，我国也可以通过工会与新加坡工会建立联系。通过工会间合作商请新加坡工会在保护我国在新加坡劳工的利益上发挥作用。

第四节　加强与社会组织或民间机构合作

新加坡保护外国劳工的非政府组织在保护外国劳工利益上发挥了很大作用。加强与新加坡非政府组织联系，可以减少维护劳工权益的成本，降低劳工的损失，强化维护劳工权益的效果。长期以来，我国劳工在新加坡遭遇薪金、待遇及工伤赔偿等问题时，很少主动求助新加坡当地致力于维护外国劳工权益的公益组织，尽管这类公益组织通常是最为积极、最有实效的。如 2012 年中国在新加坡巴士司机罢工事件前，中国司机曾因认为受到不公正待遇求助于新加坡工会，但并未想到求助像“客工亦重”这样的本土公益组织。因此，对于我国在新加坡劳务人员，在遇到困难时，一个很有效的求助机构便是新加坡海外劳工权利保护非政府组织，如前所述“客工亦重”“情义之家”以及“康侗”等。这些公益组织的工作效率是值得信赖的，如“客工亦重”专门聘请有华文社工，如前面介绍的 Minyi 和李康耀，他们都是优秀的工作人员。“客工亦重”也有许多华裔的志愿者。他们懂中文，可以解决语言问题，具有良好的工作经验和爱心。但在前述田野调查中作者发现，“客工亦重”服务的对象 70%以上是来自孟加拉、缅甸以及印度等其他国家的工人，我国工人到“客工亦重”寻求帮助的并不多。其中原因也许是多样的，但我国工人认识不足是其中一个很重要的原因。

中国驻新加坡使领馆在保护中国公民权利上发挥了重要作用，但使领馆在驻在国代表国家，有很多重大的任务要处理，而中国公民在新加坡务工人数众多，实难面面俱到、及时提供有效的帮助。因此，在我国赴新加坡劳工中宣传新加坡劳工非政府组织的功能与作用，将新加坡非政府组织的地点和联系方式印发给我国赴新加坡劳工，有利于他们在需要时寻求帮助。另外，我国对外劳务合作机构也可以同新加坡非政府组织加强联系，在我国海外劳工利益需要保护的时候，委托这些机构提供帮助和服务。同时，我国也可以鼓励建立地方或国家层面的海外劳工权益保护民间机构的建立，就某一地区或某一行业我国海外劳工权益保护发挥作用，并加强信息沟通，建立我国海外劳工权益保护的民间机构网络。

总 结

外国劳动力是新加坡发展的贡献者,他们以极低的劳动报酬和对艰苦岗位的较高承受力支持了新加坡经济发展,他们在新加坡短期工作也不会消耗其社会公共资源。如果没有大量外国劳动力进入,新加坡不少传统产业如制造、建筑、运输、家政及清洁等将会遇到严重的问题,商业服务业也不会有现在这样的繁荣昌盛。

我国在新加坡劳工数量庞大,为新加坡经济社会发展做出巨大贡献。但我国在新加坡劳工生存状况不容乐观,他们的权利保护应该引起我国和新加坡各界的重视。在新加坡中国劳工权益保护是国际劳务移民保护的重要组成部分,是国际劳务移民法保护的对象,应引起我国学界相应关注。

劳务移民是一个复杂的政治、经济、社会和法律现象,涉及劳务移民来源国、目的地国法律以及国际法律制度。人类社会的最终目标在于和平共处,共同发展。保障移民工人权利,是实现这一目标的重要途径之一。尽管在未来社会的很长一段时间内,冲突、矛盾依然存在,但我们可以相当乐观地认为,只要实行正确的权利保护政策,通过各国的共同努力,移民工人的社会地位和生活条件将得到重大改善,悲剧将不会重演,人类将步入一个更加和谐、充满希望的新世纪。

参考文献

1. 陈里特:《中国海外移民史》,山西人民出版社 2014 年版。

2. 陈翰笙主编:《华工出国史料汇编》,中华书局 1984 年版。

3. 王铁崖:《中外旧约章汇编》,三联书店 1957 年版。

4. 董丛林:《华工史话》,社会科学文献出版社 2011 年版。

5. 林远辉、张应龙:《新加坡马来西亚华侨史》,广东高等教育出版社 2008 版。

6. 汪大渊:《岛夷志略》,中华书局 1981 年版。

7. 姚贤镐:《中国近代外贸史资料》,中华书局 1962 年版。

8. 魏源:《海国图志》(卷六),中州古籍出版社 1997 年版。

9.[荷]包乐史:《巴达维亚华人与中荷贸易》,庄国土译,广西人民出版社 1997 年版。

10. 容闳(著),沈潜、杨增麒(评注):《西学东渐记》,中州古籍出版社 1998 年版。

11. 蒋良骐:《东华录》,中华书局 1980 年版。

12. 谢美华:《清代前期中国海外移民的主要类型》,载《八桂侨刊》2010 年第 3 期。

13. 傅衣凌:《厦门沧海石塘(谢氏家乘)有关华侨史料》,载《华侨问题资料》1981 年第 1 期。

14. 颜清湟:《出国华工与清朝官员》,中国友谊出版公司 1990 年版。

15. 温雄飞:《南洋华侨通史》,载《民国丛书》1991 年第三编。

16. 周南京主编:《世界华侨华人词典》,北京大学出版社 1993 年版。

17. 李长傅:《南洋华侨史》,上海书店 1991 年版。

18. 赵尔巽等撰:《清史稿》(卷一一九),中华书局 1971 年版。

19. 沈健:《历史上的大移民:下南洋》,北京工业大学出版社 2013 年版。

20. 李硕征:《想象与领悟——饰演现代琼剧〈下南洋〉阿龙的体会》,载《戏剧之家》2014 年第 9 期。

21. 陈佳荣、谢方、陆峻岭:《古代南海地名汇释》,中华书局1986年版。

22. 王彦威:《清季外交史料》(卷二一),书目文献出版社1987年版。

23. 余定邦、黄重言:《中国古籍中有关新加坡马来西亚资料汇编》,中华书局2002年版。

24. 布莱司:《马来西亚华侨劳工简史》,载《南洋问题资料译丛》1957年第2期。

25. B. H. 詹扬粘科:《美英帝国主义争夺橡胶的斗争》,载《东南亚研究资料》1963年第4期。

26. 庄国土:《中国封建政府的华侨政策》,厦门大学出版社1989年版。

27. 田涛主编:《清朝条约全集》(一),黑龙江人民出版社1999年版。

28. 丁伯龄:《中国近代小说全集》(第一辑《晚清小说全集》),博远出版有限公司1976年版。

29. 陈崇凯:《华人华工与近代的中非关系》,载《文史杂志》1990年第1期。

30. 包爱芹:《1925—1945年国民政府侨务政策及工作述论》,载《华侨华人历史研究》2000年第2期。

31. 陈伟、明侯波:《20世纪以前的南洋华侨在中外饮食文化交流中的作用》,载《东南亚研究》2006年第1期。

32. 郭振东:《华侨华人在世界的分布及发展》,载《八桂侨刊》2005年第2期。

33. 任贵祥:《孙中山、袁世凯及其代表的南北政府侨务政策比较研究》,载《江汉论坛》2005第9期。

34. 何爱国:《略论十六~十七世纪中国与欧洲列强关于东南亚事务的冲突》,载《昆明理工大学学报(社科版)》2001年12月第4期。

35. 王华:《晚清民国华侨档案整理与研究》,载《河南图书馆学刊》2015年12期。

36. 李一平、刘文正:《论冷战国际环境中的中国与新加坡关系》,载《厦门大学学报(哲学社会科学版)》2008年第1期。

37. 焦朝霞:《小议中国—新加坡自由贸易协定对双方经贸合作的影响》,载《黑龙江对外经贸》2011年第2期。

38. Aris Chan:《招之即来、挥之即去:中国工人在新加坡的劳动权益状况报告》,载《中国劳工通讯》2011年5月。

39. 林梅:《新加坡的中国劳务人员状况调查分析》,载《南洋问题研究》

2009年第3期。

40. 张明亮:《新加坡的中国劳工权益问题与解决之道》,载《河南师范大学学报(哲学社会科学版)》2013年第7期。

41. 何晓裴:《新加坡社会组织考察》,载《群文天地》2011年第8期。

42. 廖小健:《新加坡外籍员工政策的变化及影响》,载《东南亚纵横》2011年第10期。

43. 李奎:《新加坡〈叻报〉小说初探(1887—1919)》,上海师范大学2010年硕士论文,载中国知网,http://cdmd.cnki.com.cn/。

44. 赵颖:《新加坡华文旧体诗研究》,陕西师范大学2012年博士论文,载中国知网,http://cdmd.cnki.com.cn/。

45. 陈文山:《新加坡志愿性福利组织研究》,苏州科技学院2011年硕士学位论文,载中国知网,http://cdmd.cnki.com.cn/。

46. 陈小谊:《新加坡外籍劳务政策及其经验借鉴》,上海交通大学2010年MBA学位论文,载中国知网,http://cdmd.cnki.com.cn/。

47. 黄小明:《晚清华工政策研究》,湖南师范大学2003年硕士论文,载中国知网,http://kns.cnki.net/kns/brief/default_result.aspx。

48. 杨颖:《晚清华工小说价值论——以"赴美华工小说"为论述主体》,安徽大学2013年硕士论文,载中国知网,http://kns.cnki.net/kns/brief/default_result.aspx。

49. 戴三军:《菲律宾海外劳工权益保护制度及对我国的启示》,湖南师范大学2014年硕士论文,载中国知网,http://cdmd.cnki.com.cn/。

50. Robert L. Iriek: China Policy Toward the Coolie Trade 1874—1878, Materials Centre, 1982.

51. Alex Au, Overhauling Singapore's Migrant Labor System—An Alternative Plan, http://twc2.org.sg/2014/09/15/overhauling-singapores-migrant-labour-system-an-alternative-plan/.

后记

2018年1月，我在美丽的海南省文昌市完成了书稿的最后部分。至此，历时近两年的研究主体工程已经完成。其后的几个月，因为工作的原因，修改进度一直很慢。

对于本书的题目以及内容，我总是觉得不尽如人意。因为想法太多，知识太少？抑或由于本书主题的博大精深，涉及的领域太广，难以从法学的视角恰当表达？诚然，对于在新加坡的中国务工人员，其生存状况和权利保护，不仅涉及法学领域，还涉及政治学、社会学、管理学甚至心理学等领域。法学视角的研究仅仅是宏伟宽阔大厦之一隅。只有其他各学科领域的参与才有可能搭建适宜的框架。

其实，2016年9月我完成在新加坡的调研回国后，曾想写一部文学作品，更生动地描述我国在新加坡工人的生存状况，从而能更好地倾吐我内心蕴蓄已久的情感，但是因想象力和文学水平的缺乏，一时难以完成。也许今后的某一天我会开始这个对我而言艰难的工作。在考察了我国对外劳务输出尤其是对新加坡劳务输出历史之后，我也曾想写一部中国对新加坡劳务合作历史与现状之比较的理论研究著作，但是囿于历史知识的不足和历史研究功底的薄弱，我也望而止步。最后，我还是回归到我比较熟悉的法学研究领域，以期在掌握较为详细而丰富的实践材料基础上，从中国和新加坡法律制度的角度，分析我国在新加坡劳工权利现状及法律保护不足方面存在的原因，并结合实地访谈资料等提出若干法律完善建议。因此，本书研究成果虽然是在理论与实践之间取舍，但就理论与实践结合的把握，依然不能灵活运用并做到游刃有余。尽管与我自己从前的研究成果相比，本书的研究角度和内容有所创新，但是从法律制度的研究方法和内容上看还是显得创新不足和深度不够。

就整个写作过程而言,我仿佛是一个爱采蘑菇的小女孩,挎着竹篮闯入一片广袤无边的大森林,森林里百花盛开,百草葱茏,各种美丽的蘑菇遍布四野。我满怀兴奋与激情,尽情采摘。蓦然回首,发现尽管入篮的蘑菇不少,但是难免撸入了些许的杂草和异物。最后我将采摘的这些蘑菇做成一盘食物奉献给读者,尽管我也尽力挑选和剔除杂草和异物,但其中仍然有诸多不尽完善之处,不能给读者奉献一碟最精美无瑕的食物。因为知识浅陋和研究水平有限,本书难免会有失误或不足,敬请大家谅解和批评。

如前言所述,唯愿读者能在文字之外收获更多自己想要的东西。

范姣艳

2018年5月12日